E. Thomas Wood, Stanisław M. Jankowski
Jan Karski

W0035521

Zu diesem Buch

Jan Karski, ein junger polnischer Katholik und Geheimagent der polnischen Untergrundbewegung, erhielt 1942 den Auftrag, die Alliierten über Hitlers Pläne zur Vernichtung der Juden zu informieren. Zunächst ließ er sich ins Warschauer Ghetto, dann, als Wärter getarnt, in das Todeslager Izbica Lubelska einschleusen. Was er dort erlebte, hat ihn zum ersten und eindringlichsten Warner vor der deutschen Vernichtungspolitik gemacht, der je die freie Welt erreichte. Der Augenzeuge Karski reiste nach London, später nach New York. Er sprach mit hohen Politikern wie Anthony Eden und Präsident Roosevelt, mit maßgeblichen Journalisten, mit Intellektuellen wie H. G. Wells und Arthur Koestler. Er schilderte Leben und Sterben im Warschauer Ghetto, er berichtete von den versiegelten Todeszügen nach Auschwitz – die meisten seiner Zuhörer reagierten ungläubig, manche betroffen, andere desinteressiert. Karski sah seine Mission gescheitert. Nach Kriegsende emigrierte er in die USA und wurde Professor für Osteuropa-Politik in Washington. Für dieses Buch hat er erstmals sein jahrzehntelanges Schweigen gebrochen.

E. Thomas Wood ist freier Schriftsteller und Journalist, schreibt unter anderem für die »New York Times« und das »Wall Street Journal«.
Stanisław M. Jankowski ist Historiker mit dem Spezialgebiet Geschichte der polnischen Untergrundbewegung.

Inhalt

*Für Jan Karski und in Erinnerung
an Pola Nirenska Karski*

Vorwort

Ich verdanke meine Begegnung mit Jan Karski einer Idee, die ich in Moskau hatte.

Es war im August 1979. In meiner Eigenschaft als Vorsitzender der *President's Commission on the Holocaust* hielt ich mich an der Spitze einer offiziellen Delegation in Moskau auf. Unter den Persönlichkeiten, die mir seitens der Regierungsvertreter vorgestellt wurden, befand sich jener Oberst, der Auschwitz befreit hatte. Wir tauschten Eindrücke und Erinnerungen der letzten Nacht aus, die wir dort – jeder in seiner eigenen Welt und getrennt durch die Frontlinie – verbracht hatten. Ich war tief berührt von der Tatsache, daß es sich bei dem Mann, mit dem ich mich gerade unterhielt, um den ersten freien Menschen handelte, der in die Hölle geblickt hatte. So wurde die Idee von einer internationalen Konferenz der KZ-Befreier geboren.

Jemand brachte den Namen Karski ins Spiel: Hatte er nicht mit eigenen Augen die Durchführung der »Endlösung« gesehen? Hatte er nicht vehement und wie kaum ein anderer versucht, Einhalt zu gebieten? Der Gedanke reizte mich. Aber wo befand sich Karski? Was machte er? Lebte er überhaupt noch? Ich war nicht der einzige, der ihn tot glaubte.

Man stellte ihn mir während der Konferenz vor. Er wollte mich aus dringendem Grund sprechen: um von mir die Erlaubnis zu erhalten, länger als die den einzelnen Rednern zugebilligten dreißig Minuten sprechen zu dürfen. Ich fragte ihn, wieviel Zeit er denn benötige. Seine Antwort war knapp: zweiunddreißig Minuten.

Wie konnte er so sicher sein? – Er war es. Sein ergreifendes Zeugnis gehörte zu den beeindruckendsten der Konferenz.

Ich bin mehr als froh, dazu beigetragen zu haben, ihn den Rückhalt einer breiten Anhängerschaft wiederentdecken zu lassen. Was er zu sagen hat, ist wichtig; man muß ihm zuhören. Er verdient einen größeren Bekanntheitsgrad, eine höhere Wertschätzung.

Ich kenne seine Abenteuer durch die Lektüre seiner 1944 in Boston erschienenen und leider vergriffenen autobiographischen »Geschichte eines geheimen Staates« (*Story of a Secret State*). Er berichtet darin über sein Leben in Polen vor und während des Krieges; über seine Inhaftierungen – zunächst durch die Sowjets und dann durch die Deutschen –; über sein Engagement im zwar unleugbar kampfbereiten, jedoch von interner Spaltung geschwächten polnischen Widerstand; über seine geheimen Missionen in Frankreich, Großbritannien und den Vereinigten Staaten. War sein Leben eine faszinierende Geschichte? Es war mehr als das: Sein Leben war ein Meisterstück an Mut, Integrität und Humanismus.

Wie könnte man diesen großen Polen – groß in jeder Bedeutung des Wortes – nicht bewundern: ihn, der es wagte, den in chauvinistischen Teilen des polnischen Untergrunds herrschenden Antisemitismus aufzudecken und zu verurteilen; diesen bekennenden Katholiken, der sein Leben riskierte, um Millionen von Juden zu schützen, denen es bestimmt war, in den von den Deutschen in seinem Land errichteten Todeslagern zugrunde zu gehen. Wie besessen von ihrer Tragödie, konnte er an nichts anderes mehr denken. Er sprach darüber mit jedem, den er auf seinen Reisen erreichen konnte – mit Staatsmännern, Politikern, Journalisten, Diplomaten. Einige weigerten sich, ihm zuzuhören, andere, ihm zu glauben. Von General Sikorski bis Anthony Eden, von Präsident Roosevelt bis Richter Frankfurter, ihnen allen berichtete er vom Leben und Sterben im Warschauer Ghetto, von den Todeszügen, den versiegelten Güterwaggons nach Auschwitz, von der Angst und dem Hunger, der Einsamkeit und den Qualen von Männern, Frauen und Kindern, die die sogenannte zivilisierte Welt im Stich gelassen und vergessen hatte. Als er erkannte, daß seine Worte vergeblich waren, schwieg er. Die Leute waren mit anderen Dingen beschäftigt, führende Persönlichkeiten setzten andere Prioritäten. Ich glaube, dies war die deprimierendste Zeit für Jan Karski. Er muß sich nutzlos gefühlt haben.

Aber sein Zeugnis ist von bleibendem Wert. Dank seiner wissen wir, daß das Individuum die Fähigkeit besitzt, die Geschichte zu beein-flussen. Als die Alliierten im Sommer 1944 – spät, sehr spät – ihre Stimmen für die Budapester Juden erhoben, geschah dies, weil es Männern wie Jan Karski gelungen war, in ihr Bewußtsein vorzudrin-gen.

Weder der Lauf der Zeit noch die Kräfte des Bösen vermochten die Bedeutung von Jan Karskis humaner und humanistischer Botschaft auszuradieren oder zu schmälern.

Dank seiner glaubt schon mehr als eine Generation weiterhin an die Menschlichkeit.

Elie Wiesel

Aufnahmeriten
August 1939 – Juni 1940

1. Herbst der Flucht

In frisch gebügelter Khakiuniform, die Reithosen wadenhoch in blankgeputzte Lederstiefel gesteckt, saß Leutnant Jan Kozielewski im Büro und wartete auf seinen Chef. An seinem polierten Ledergürtel trug er einen Säbel mit silbernem Griff, den ihm der polnische Präsident Ignacy Mościcki als Anerkennung für seine Auszeichnung als bester Kadett der berittenen Artillerie verliehen hatte. Auf dem Rücken eines edlen Armeepferdes würde er diese preisgekrönte Waffe in ein Gefecht führen – oder in die Schlacht, sollte tatsächlich der eher unwahrscheinliche Fall eines Krieges zwischen Polen und Nazi-Deutschland eintreten.

Der geheime Mobilmachungsbefehl war an diesem Morgen des 23. Augusts 1939 in aller Frühe eingetroffen. Jan und Tausenden anderer Reservisten blieben gerade einmal zwei Stunden Zeit, um Zivilangelegenheiten zu regeln, zu packen und sich abmarschbereit bei ihrer Einheit zu melden. Der Befehl brachte Jan in eine Zwickmühle. Ein Flügel von Polens Regierung, die polnische Armee, forderte seine Anwesenheit. Aber er hatte auch noch Verpflichtungen gegenüber einem anderen Flügel, dem Außenministerium. Seit Anfang 1939 war er Verwaltungsassistent des Personalchefs des Außenministeriums, Tomir Drymmer. Normalerweise setzte diese Position langjährige Diensterfahrung im Außenministerium voraus, Jan hatte sich die gutbezahlte Stelle jedoch schon im Alter von fünfundzwanzig Jahren gesichert.

Der Personalchef wußte, daß Kozielewski zu seinem vorherigen Chef im Diplomatischen Corps freundschaftliche Bande geknüpft hatte. So etwas würde es in der Personalabteilung nicht geben. »Sie werden hier nicht als mein Freund, sondern als mein Sekretär beschäftigt«, hatte Drymmer zu Beginn des Arbeitsverhältnisses erklärt. Drymmer war durch und durch korrekter Beamter, und Jan achtete genau darauf, stets einen guten Eindruck zu hinterlassen, um die angestrebte Diplomatenkarriere – bis zum Botschafter – voranzutreiben.

Laut des um fünf Uhr morgens ausgehändigten Mobilmachungsbefehls hatte er sich um sieben Uhr am Bahnhof einzufinden, um per Zug die Reise zu seiner im Süden des Landes stationierten Einheit anzutreten. Jan befürchtete jedoch Konsequenzen, wenn er seine Arbeit im Außenministerium im Stich ließ, ohne Drymmer über den Stand bestimmter schwebender Verfahren zu informieren und die Schlüssel im Safe der Abteilung zu deponieren. Seine diplomatischen Pflichten hatten Vorrang. Er würde eben zu spät zum Krieg kommen.

Also begab sich Jan nach dem Packen von der Wohnung seines älteren Bruders Marian, der ihn in Warschau beherbergte, zum Außenministerium und wartete dort auf Drymmer. Der Personalchef erschien im Lauf des Vormittags, stutzte beim Anblick von Jans Uniform und bemerkte herablassend grinsend: »Sie sehen aus wie ein Clown.«

Jan stammelte eine Entschuldigung wegen seines bevorstehenden plötzlichen Aufbruchs. Drymmer tat die Angelegenheit mit einem Achselzucken ab:

»Machen Sie sich deswegen keine Gedanken. Sie werden in ein paar Wochen wieder hier sein. Dieser ganze Unsinn mit Hitler wird sich von selbst erledigen. Wir müssen ihm nur zeigen, daß wir keine Tschechen sind.«

Jan neigte dazu, ihm zuzustimmen. Nachdem er seine Diplomatenlehrzeit in Rumänien, Deutschland, der Schweiz und England absolviert hatte, hielt er sich selbst für einen kompetenten Beobachter der Außenpolitik seines Landes. Durch seine unmittelbare Nähe zu Außenminister Józef Beck hatte er die diplomatischen Scharmützel der letzten Monate zwischen Polen und Deutschland sozusagen aus der vordersten Reihe verfolgen können.

Wie alle Polen kannte Jan Hitlers Drohungen bezüglich des Korridors von Danzig, jenes umstrittenen Gebietes im Norden, das Polen als einziger direkter Zugang zum Meer diente. Er hatte 1938 beunruhigt den Einmarsch deutscher Truppen in die Tschechoslowakei beobachtet, als Polens südlicher Nachbar eingenommen wurde, ohne

14

daß ein einziger Schuß gefallen war. Aber er kannte auch Becks zuversichtliche Antwort auf die deutsche Bedrohung: In den zwei Jahrzehnten seiner Unabhängigkeit habe sich Polen zu einem mächtigen souveränen Staat entwickelt. Disziplin und Kampfbereitschaft seiner Streitkräfte genössen weltweite Bewunderung. Während der letzten sechs Jahre sei fast die Hälfte des Staatshaushalts in die Verteidigung geflossen. Und mit Großbritannien und Frankreich besitze Polen mächtige Verbündete. Die Beistandspakte mit diesen Ländern garantierten im Falle eines Nazi-Angriffs auf Polen unmittelbare Vergeltungsschläge. Hitler würde niemals so töricht sein.

In fast jovialem Ton merkte Drymmer an:

»Sie sehen ohnehin etwas blaß aus. Genießen Sie die frische Luft, reiten Sie, tanken Sie etwas Sonne. Das wird Ihrer körperlichen Verfassung gut tun.«

In der mittäglichen Augusthitze bestieg Jan den Zug, um sich am Aufmarschort in Südpolen seiner Einheit anzuschließen. Sein Kleidersack lastete vom Gewicht der Winterkleidung, die er auf Drängen seiner Schwester – »für alle Fälle« – eingepackt hatte, schwer auf seinen Schultern. Von größerem Nutzen schien ihm seine neue Leica-Kamera zu sein. Vielleicht, spekulierte er scherzhaft, würde sich ihm die Gelegenheit bieten, Fotos zu schießen, wenn die polnische Armee bei ihrer Parade Unter den Linden in Berlin besiegte deutsche Generäle vorführte.

Was Jan jedoch sah, während der Zug Richtung Süden rollte, strafte die vielgepriesene heitere Keckheit von Warschaus Elite Lügen. Je mehr Wehrpflichtige sich an jedem Bahnhof in sein Abteil drängten – aufgrund einer Mobilmachung, die offensichtlich nur auf dem Papier »geheim« war – desto weniger entgingen Jan die aschfahlen Gesichter der bäuerlichen Soldaten und die Scharen weinender Mütter und Ehefrauen auf den Bahnsteigen. Es schien, als ahnten sie die Katastrophe voraus.

Als Leutnant Kozielewski bei seiner Einheit eintraf, stellte er fest, daß dort eine positive Stimmung überwog. Seine Offizierskollegen teilten Drymmers optimistische Einschätzung. Sie waren überzeugt, daß der Truppenaufmarsch nur als Zeichen an Hitler gedacht war, ein Säbelrasseln, um zu demonstrieren, daß Polen es ernst meinte. Der Fünfte Berittene Geschützzug – eine an eine Kavalleriebrigade angegliederte Eliteeinheit – gehörte zu Polens erster Verteidigungslinie und war nur wenige Kilometer von der deutschen Grenze entfernt im südwestlichsten Zipfel des Landes stationiert. Die Umgebung wirkte wenig einladend. Die Kaserne und die Ställe – eine Hinterlassenschaft der österreichisch-ungarischen Armee – waren völlig heruntergekommen. Und in der benachbarten Ortschaft, einer verschlafenen Industriestadt namens Oświęcim, gab es nichts von Interesse.

Doch Jan beklagte sich nicht. Nach der hektischen Mobilmachung fanden sich die Reservisten in eine gelassene Routine hinein. Ein Teil des Tages verging mit dem Reinigen der Gewehre, mit Pferdepflege und Gefechtsübungen, aber Jan blieb noch genügend Zeit für sich selbst. Leichtes Arbeitspensum und warmes Wetter gestatteten ihm beschauliche Ausritte in die ländliche Umgebung von Oświęcim. Seine Offizierskollegen und er erhielten sogar mehrmals Ausgang für abendliche Stadtbummel im nahegelegenen Krakau. Auf diese entspannte Weise verbrachten Jan und seine Waffenkameraden die erste Woche ihrer Einberufung.

Der Morgen des ersten Septembertages dämmerte klar und sanft über den hügeligen Feldern Südpolens. Das Wetter verlockte zum Ausreiten. Jan reckte seinen hageren Körper über dem Waschbecken, blinzelte in den Spiegel und zog behutsam ein Rasiermesser über sein noch immer von Akne gezeichnetes Gesicht. Um 5 Uhr 5 wurde er jäh aus seinen Meditationen über dem Waschbecken gerissen. Zwei kurz aufeinanderfolgende gewaltige Explosionen erschütterten das Lager. Als Jan ins Freie rannte, hörte er die deutschen Jagdflugzeuge gerade noch in der Ferne entschwinden. Für den Augenblick blieb man vor weiteren Angriffen verschont. Doch im Kasernenhof herrschte bereits Chaos. Die Pferde hatten bei der Explosion gescheut, waren aus ihren Ställen ausgebrochen und stürmten nun wie wild geworden durch das Lager. Alle Versuche, die Tiere wieder einzupferchen, erwiesen sich als vergeblich. Ohne Zugpferde für die Geschütze würde es den Kanonieren unmöglich gelingen, wirksam Verteidigungsstellung gegen die Invasoren zu beziehen. Die deutsche Luftwaffe flog bald den nächsten Angriff. Ein Brandbombenregen ging auf das Lager nieder. Als die Baracken in lodernden Flammen standen, hörte Jan schweren Gefechtslärm von der Front, wo andere Artilleriezüge von der deutschen Vierzehnten Armee dezimiert wurden. Erst später sollte Jan die ganze Tragweite dieser chaotischen Ereignisse begreifen. In jener Eröffnungsphase des Zweiten Weltkriegs wurde Polens von Pferden gezogene Artillerie durch die Taktik einer neuen Ära der Kriegsführung als Streitmacht eliminiert: Die Zeit des Blitzkriegs hatte begonnen.

In dem verzweifelten Versuch, die militärische Ordnung zu wahren, ließen Jan und seine Offizierskollegen die überlebenden Männer ihrer Einheit in Reihen antreten, um einen disziplinierten Rückzug Richtung Bahnlinie zu organisieren. Als die Soldaten durch die Straßen von Oświęcim marschierten, wurden sie aus Häusern von Einwohnern beschossen. Es handelte sich dabei um später unter dem Namen »Volksdeutsche« bekannt gewordene polnische Bürger deutscher Abstammung – die »Fünfte Kolonne« der Nazis im unmittelbar vor seiner Unterwerfung stehenden Polen. Die Offiziere mußten ihre Männer davor zurückhalten, die Stadt als Vergeltung für diesen Verrat in Brand zu stecken.

Nachdem die niedergedrückten Soldaten stundenlang am Stadtrand gewartet hatten, während die Gleise notdürftig repariert wurden, kletterten sie in eine lange Reihe von Güterwaggons, um per Bahn den Rückzug nach Krakau anzutreten. Jan warf einen letzten Blick auf die »Verräterfenster« von Oświęcim. Er würde niemals in diese Kleinstadt zurückkehren, in die ihn das Schicksal am Morgen des Blitzkriegs verschlagen hatte. Viele seiner Freunde und Millionen anderer sollten in den folgenden Jahren allerdings die Ortschaft passieren, auf denselben Eisenbahngleisen und zu demselben Lager, das dann von den Nazis wiederaufgebaut sein würde. Oświęcim sollte bald einen neuen, deutschen Namen bekommen: Auschwitz.

Der Zug kroch durch die Nacht, häufig aufgehalten von langen Wartezeiten. Er hatte die kurze Strecke nach Krakau immer noch nicht zurückgelegt, als er am nächsten Morgen von deutschen Heinkel-111-Bombern als Angriffsziel ausgemacht wurde. Über eine Stunde lang kreisten die Kriegsflugzeuge am klaren Himmel und bombardierten die wehrlose Truppe. Als schließlich Hunderte von Soldaten tot waren oder sterbend zwischen den rauchenden Trümmern der Güterwaggons lagen, zogen die Heinkel-Bomber weiter zu einem lohnenderen Ziel.

Jans Waggon war nicht getroffen worden. Auf jegliche militärische Disziplin verzichtend stolperten er und andere Überlebende vom Ort des Blutbades fort und flohen zu Fuß Richtung Osten. Entlang der Hauptstraßen trafen sie Armeeangehörige, die ähnliche Traumata erlitten hatten. Einige, darunter auch Jan, suchten nach Möglichkeiten, sich einer noch kämpfenden Einheit anzuschließen. Unter diesen Männern verbreiteten sich Gerüchte über eine sich neu formierende Kampftruppe, für die man sich am Bahnhof dieser oder jener Stadt melden könne. Tag für Tag zogen die Soldaten von einem Dorf zum nächsten. Jedesmal, wenn sie an dem bezeichneten Bahnhof eintrafen, fanden sie diesen in Trümmern vor.

Inmitten eines endlosen Stromes kriegsneurotischer Zivilisten trieb es Jan und andere Soldaten auf der Flucht vor den unaufhaltsam vorrückenden Deutschen weiter ostwärts. In Scheunen übernachtend, die noch nicht eingebrachte Ernte so mancher Felder niedertrampelnd, wanderten die Polen einem unbekannten Ziel entgegen. Als Jans Armeevorräte nach ein paar Tagen zur Neige gingen, fiel es ihm nicht schwer, seine elegante Leica gegen eine Tüte voll Brot und Pökelfleisch einzutauschen.

Jans bestgehegter Besitz, der silberne Säbel, hing noch immer an seinem Gürtel. Als sich Jan nach über einer Woche dazu durchgerungen hatte, sich für weitere Vorräte von der sperrigen Last zu trennen, versuchte er, den Besitzer eines Dorfladens zu dem Tauschgeschäft zu überreden:

»Er ist sehr wertvoll. Vielleicht wird er sogar einmal historische Bedeutung haben.«

Sicher war er eine ganze Menge Käse und Wurst wert, schätzte Jan. Der Ladenbesitzer musterte ihn mißtrauisch und brummte:

»Sie sind verrückt. Lassen Sie dieses Miststück verschwinden, bevor es uns beiden Unglück bringt!«

Der Bauer ahnte weitsichtiger als der junge Diplomat, daß der Besitz dieses besonderen Andenkens im zukünftigen Polen wenig vorteilhaft sein würde. Die Besatzer würden spezielle Maßnahmen gegen jeden ergreifen, der Statussymbole der vormals herrschenden Schicht zur Schau trug.

Jan stolzierte aus dem Laden, entfernte sich schnellen Schrittes, schleuderte seinen Säbel in ein Feld und setzte seinen Weg fort. Leutnant Jan Kozielewski war nun kaum mehr als ein Flüchtling: Er ließ seine Karriere, seinen Besitz und die Menschen und Orte, die er kannte, hinter sich zurück. Zum gegebenen Zeitpunkt würde er sogar seinen Namen aufgeben, um im Kampf der kommenden Jahre eine falsche Identität nach der anderen anzunehmen.

Die Niederlage traf Jan um so heftiger, als sie von einem Augenblick zum nächsten die grenzenlosen Ambitionen seines Lebens vor September 1939 zunichte machte. Obwohl Jan 1914, während der elenden Jahre zaristischer Herrschaft, geboren wurde, war er doch ein Kind des nach dem Ersten Weltkrieg wiedererstandenen Polen. Als jüngstes von acht Kindern trug er die Hoffnungen einer Generation, die gekämpft und sich aufgeopfert hatte, um den lange unterdrückten polnischen Staat wiederzuerwecken.

Spätere Weggefährten bezeichneten Jans Manieren oft als »aristokratisch«, in Wahrheit hatte seine Familie mit Polens begütertem Adel allerdings wenig gemein. Jan wuchs weder auf einem eleganten Landsitz noch in einer der berühmten traditionsreichen Großstädte wie Warschau oder Krakau auf, sondern in Łódź – einer kaum zweihundert Jahre jungen, im Zuge der industriellen Revolution entstandenen Stadt. Durch einige große Textilfabriken erhielt Łódź seinen Ruf als Polens Bekleidungsmetropole, darüber hinaus wimmelte es dort von kleineren Handwerksbetrieben. Ganz typisch für diese Art von Kleinindustrie war die Gerberei und Lederfabrik – kaum mehr als eine schäbige Werkstatt – von Stefan Kozielewski. Da der Vater schon früh gestorben war, konnte sich Jan kaum an ihn erinnern.

Den größten Einfluß auf Jans Kindheit übten sein ältester Bruder Marian und seine Mutter, Walentyna Kozielewska, aus.

Der achtzehn Jahre ältere Marian fungierte als Ersatzvater und spielte eine wichtige Rolle bei der Wahl von Jans Ausbildung und Berufsziel. Walentyna Kozielewska, die mit ihrem jüngsten Sohn in einer bescheidenen Wohnung lebte, schärfte ihm eine Reihe sich scheinbar widersprechender Prinzipien ein, die unauslöschlich sein Dasein prägten.

Jans Mutter war eine überzeugte Anhängerin des Personenkultes um Józef Piłsudski, jenes Revolutionsführers, der nach dem Staatsstreich von 1926 in Polen an die Macht kam. Piłsudski hielt zwar nichts von Demokratie, aber aufgrund seiner Vergangenheit als aufopferungsvoller Kämpfer für Polens Unabhängigkeit, seines Rufes der Unbestechlichkeit und seines offensichtlichen Engagements für das Wohlergehen des Volkes genoß der Marschall breite öffentliche Unterstützung. In gewisser Weise konnte man seine Regierung als wohlwollende Diktatur bezeichnen. Walentyna Kozielewska verwies niemals namentlich auf Piłsudski, sondern nannte ihn einfach »unseren Landesvater«. Zusammen mit Marian, einst treuer Legionär des Marschalls im Unabhängigkeitskampf, übertrug sie diese fanatische Ehrfurcht auf Jan.

Außerdem erzog sie ihren Sohn mit einer Leidenschaft zum christlichen Glauben, die selbst im streng katholischen Polen ungewöhnlich war. Mit ihrer Fähigkeit, gleichzeitig die Kirche und den agnostischen, häufig im Widerstreit mit dem polnischen Klerus stehenden Marschall Piłsudski zu verehren, lebte Walentyna dem Jungen jene Widersprüchlichkeit vor, die sich in ähnlicher Form später auch bei Jan zeigen sollte.

Ebenso vermittelte Walentyna ihrem Sohn einen bleibenden Sinn für gesellschaftliche Toleranz – ungeachtet ihrer glühenden Bewunderung für Piłsudskis autoritäres Regime. Sie erzog Jan insbesondere dazu, die jüdische Gemeinde von Łódź, der fast vierzig Prozent der örtlichen Bevölkerung angehörte, zu respektieren und freundlichen Umgang mit ihr zu pflegen. Offensichtlich nahm sich die Mutter Piłsudskis hochtrabende Proklamation von Gleichheit und ethnischer Harmonie in Polen sehr zu Herzen; Worte, die der Marschall selbst nicht immer durch Taten untermauerte. Schon bald nach ihrem Tod im Jahre 1935 sollte ihre Sympathie für Juden, die sie auf ihren Sohn übertrug, Konsequenzen haben, die sie sich niemals hätte vorstellen können.

Mit sechs Jahren hatte der kleine Jan Kozielewski nicht nur bereits lesen gelernt, sondern er erfreute die Erwachsenen auch schon mit Rezitationen langer Passagen aus den Gedichten solch renommierter polnischer Poeten wie Adam Mickiewicz. Ein Jahr früher als die meisten Kinder eingeschult, zeichnete sich Jan beständig in Geschichte und Literatur aus, während ihm Mathematik und Naturwissenschaften schwer fielen.

Gleichzeitig entwickelte er unter dem Einfluß seiner Mutter und der die Grundschule leitenden Jesuiten einen fast fanatischen religiösen Eifer. Im festen Glauben daran, nur mit harter Arbeit und Frömmigkeit in den Himmel zu kommen, schloß er sich dem halbgeheimen Schülerbund Sodalicja Mariańska an, der sich der Verehrung der Jungfrau Maria widmete. Unter der Obhut eines reizbaren Priesters studierten die Jungen stundenlang von Künstlern geschaffene Porträts der Heiligen Jungfrau, Adams und Evas und anderer biblischer Gestalten. Der Priester dozierte immer wieder über den Unterschied zwischen der Reinheit Marias und der Verruchtheit Evas, wobei er die Schüler stets eindringlich vor bösen Frauen wie Eva warnte.

Als Jugendlicher bekam Jan eines Sommers von seiner Großmutter ein Fahrrad geschenkt. Sie hielt es für an der Zeit, daß ihr Enkel sein Heimatland besser kennenlernte. Mit dem Fahrrad im Gepäck reiste Jan per Bahn in den östlichsten Teil Polens, um von dort eine Radtour zurück nach Hause zu starten. Während er von Osten nach Westen radelte, überraschte ihn der Kontrast zwischen der trostlosen Schäbigkeit der Dörfer in vormals von Russen besetzten Gegenden und der preussischen Sauberkeit der Städte, die vor dem Ersten Weltkrieg unter deutscher Herrschaft gestanden hatten. Wo immer er einkehrte, begegnete er Bauern, deren Leben dem seinen ziemlich fremd war. In ihrer rauhen, aber herzlichen Art boten sie ihm Essen, Unterkunft und ihre Gastfreundschaft an. Jan kehrte mit einem ganz neuen Verständnis von Polens Gesellschaft nach Łódź zurück.

Schon vor dem Abitur im Jahre 1931 hatte sich Jan dazu entschlossen, die Diplomatenlaufbahn einzuschlagen. Marian Kozielewski, der Jans Ausbildung finanzierte, unterstützte diese Ambitionen und nutzte seine hervorragenden Kontakte zu Regierungskreisen, um seinem Bruder die Tür zum Außenministerium zu öffnen. Jan nahm an der Jan-Kazimierz-Universität in der im Osten gelegenen Stadt Lwów das Studium der Rechtswissenschaften und der Diplomatie auf. Im Sommer 1933 absolvierte er ein Praktikum am Polnischen Konsulat in Cernauti, Rumänien.

Aus Respekt vor seinem väterlichen älteren Bruder trat Jan der Jugendlegion, einer Piłsudski nahestehenden Organisation, bei, ohne jedoch selbst mit ganzem Herzen dabei zu sein. Seine Begeisterung für den Marschall war nicht etwa abgekühlt, Jan fand nur keinen Geschmack an Politik und traute sich kein Führungstalent zu. Außerdem fürchtete er, seine Mitgliedschaft in der Bewegung könne eines Tages seinen Ruf als unparteiischer Diplomat gefährden. Dennoch wurde er, zu seiner Überraschung, in seinem zweiten Studienjahr in Lwów zum Kommandanten gewählt. Er selbst hielt dieses Amt für katastrophal. In der Überzeugung, zur Menschenführung nicht geschaffen zu sein, trat er aus der Jugendlegion aus.

In einer anderen akademischen Disziplin hatte Jan wesentlich mehr Erfolg. 1934, in seinem Abschlußjahr in Lwów, nahm er am traditionellen Rhetorikwettbewerb der Universität teil. In einem mit Studenten, Fakultätsmitgliedern und Bürgern der Stadt gefüllten Hörsaal trat ein junger Redner nach dem anderen ans Podium, um Argumente aus einem selbstgewählten Fachgebiet vorzutragen. Jan Kozielewski, der letzte Redner, nahm als Thema Recht oder Unrecht der zugemessenen Strafe für König Ludwig XVI von Frankreich, der während der Revolution guillotiniert wurde. Jan argumentierte, der König, oder zumindest sein Ruf, verdiene einen neuen Prozeß. Indem er eine Fülle von Beweisen gegen den gestürzten Monarchen präsentierte, baute Jan geschickt sein Schlußplädoyer als Ankläger auf und schloß mit der Ermahnung an die »Geschworenen« im Publikum, König Ludwig XVI und sein Andenken durch Handzeichen erneut schuldig zu sprechen.

Der den Vorsitz der Veranstaltung führende Professor war von Jans Kunstgriff, das Publikum einzubeziehen, zwar zunächst überrascht, sah darin nach kurzer Bedenkzeit jedoch nichts Unzulässiges und forderte die Menge zur Stimmabgabe auf. Überall flogen Hände in die Luft. Der Raum hallte wider von Jubelrufen wie »Liberté! Fraternité! Egalité!« oder »Mort au Roi!« Mit fast einstimmiger Entscheidung wurde Kozielewski die *Adeptus-Eloquentissimus-Urkunde* für den talentiertesten Rhetoriker der Jan-Kazimierz-Universität verliehen.

Nach dem Examen absolvierte Jan in Diensten des Außenministeriums ein mehrmonatiges Praktikum in Deutschland. Zu jener Zeit herrschten freundschaftliche Beziehungen zwischen der polnischen und der deutschen Regierung. Als Repräsentant der polnischen Jugend erhielt Jan eine Einladung zu dem im Juli 1935 in Nürnberg stattfindenden Parteitag der NSDAP, der als Kulisse für die Verkündung der Nürnberger Gesetze gegen die deutschen Juden diente. Uneingedenk der Tragweite seines Besuches nahm Jan in Gesellschaft junger Männer und Frauen aus Belgien, Frankreich und anderen europäischen Staaten, die Hitlers Regime durch die Entsendung von Delegationen nur allzu gerne stützten, an einem Jugendtreffen teil. Auf dem Weg zur Versammlungsstätte wunderte sich Jan über die Verbände der Hitlerjugend, die im Stechschritt durch die Straßen marschierten und dabei die ihnen von der begeisterten Menge zugeworfenen Blumen zertrampelten.

Am Versammlungsort standen Jan und die übrigen Ausländer in den hinteren Reihen des ummauerten Amphitheaters in der Nähe der die gesamte Arena umspannenden, gigantischen Lautsprecher. Vor ihnen lag eine nackte, abgedunkelte Bühne. Die anwesenden Jugendlichen vertrieben sich fröhlich die Zeit. Einige Jungen versuchten, im Schutz der Dunkelheit »Arbeitsgemeinschaften« mit den jungen Mädchen unter den Parteianhängern anzuknüpfen. Nach einigen Minuten ertönte plötzlich ein dröhnender Bariton aus den Lautsprechern: »Achtung!« Als nach einem Augenblick erwartungsvoller Stille nichts geschah, erhob sich das muntere Stimmengewirr von neuem, und die Balzriten wurden fortgesetzt. Dann war wieder die körperlose Stimme zu hören: »Achtung!« – wiederum gefolgt von Stille und anschwellendem Geräuschpegel. Plötzlich strahlten drei Scheinwerfer auf die Bühne – heller als alle, die Jan je gesehen hatte. Als sich seine Augen an das grelle Licht gewöhnt hatten, erkannte er in der Bühnenmitte das charakteristische Profil von Adolf Hitlers rechter Hand, Reichsmarschall Hermann Göring.

»Sieg Heil!« brüllte Göring und erhob seinen Arm zum Nazi-Gruß. Seine Stimme donnerte aus den Lautsprechern, gefolgt von der ohrenbetäubenden Antwort aus Gegengruß und Applaus (deren größter Teil – wie Jan später erfuhr – nicht etwa von der anwesenden Menge, sondern von Bandaufnahmen stammte). Göring – Fliegerheld des Ersten Weltkriegs – näherte sich zu jener Zeit gerade dem Höhepunkt seiner Macht. Einige Monate zuvor hatte er der Welt dreist die Reformierung der im Geheimen, in Verletzung der Versailler Verträge aufgebauten deutschen Luftwaffe verkündet. Jetzt stand Göring in selbst entworfener, mit Orden geschmückter Uniform vor der Hitlerjugend und trieb seine Zuhörer mit brüllender Stimme in nationalistische Ekstase:

»Ihr, die deutsche Jugend, müßt die Verantwortung für die menschliche Rasse übernehmen, denn ihr gehört der überlegenen Rasse an! Wir sind dazu bestimmt, zu herrschen, die Welt zu ordnen und dauerhaften Frieden zu schaffen.«

Immer wieder unterbrach frenetischer Jubel der Hitlerjugend die Rede.

Jan und die anderen Ausländer schauten sich etwas verlegen an. Die Welt zu beherrschen schien Jan kein so schlechter Vorschlag zu sein. Mitgerissen von der Begeisterungswelle, fragte er sich: »Warum konnte ich nicht als Deutscher geboren werden, um auch überlegen zu sein?«

Wie alle wehrfähigen jungen Polen wurde Jan zum Militärdienst einberufen. Er meldete sich 1935 zur Kadettenschule der Artillerie und zeichnete sich in allen reiterlichen und kriegstechnischen Disziplinen aus. Je mehr er jedoch leistete, desto größere Aufmerksamkeit widmete ihm sein Ausbilder, Hauptmann Rankowicz. Bei Reitermanövern musterte ihn Rankowicz mit Adleraugen, und falls Jan einen Fehler machte, brüllte der Hauptmann über das Feld:

»Kadett Kozielewski, was genau tun Sie da eigentlich? Ich schwöre Ihnen, wenn Sie so lang wie dumm wären, könnten Sie dem Mond auf Knien den Hintern küssen.«

Jan nahm es von seiner hohen Warte aus gelassen zur Kenntnis.

Nachdem er die Kadettenschule als bester seines vierundachtzig Mann starken Jahrgangs abgeschlossen hatte (und sich den begehrten Säbel verdient hatte), zog Jan im Sommer 1936 nach Genf. Wiederum mit finanzieller Unterstützung seines Bruders Marian und von dessen enger Verbindung zu Regierungskreisen profitierend, arbeitete Jan an der Verbesserung seines Französisch und bekleidete einen Posten bei der polnischen Gesandtschaft einer internationalen Gewerkschaftsorganisation. 1937 versetzte ihn das Außenministerium nach London, wo er als untergeordneter Angestellter der polnischen Botschaft Englisch lernen konnte. Entweder aufgrund familiärer Beziehungen oder aufgrund eigener Profilierung wurde Jan im

Februar 1938 aus London zurückbeordert und in Warschau zu einem weiterführenden Schulungsprogramm für den Auswärtigen Dienst zugelassen, obwohl er noch nicht die hierfür normalerweise verlangte Erfahrung besaß.

Der kometenhafte Verlauf von Jans Diplomatenkarriere setzte sich in Polen fort. Nachdem er die Abschlußprüfung als bester des Lehrgangs absolviert hatte, schien seine Laufbahn im Auswärtigen Dienst gesichert. Mit der Zeit würde er sich die Karriereleiter bis zum Botschafter hinaufarbeiten können. Nichts würde der Verwirklichung seines Lebensziels im Wege stehen.

In für die Jahreszeit ungewöhnlicher Hitze schleppte sich Jan humpelnd und bei jedem Schritt unter dem Schmerz einer offenen Blase an seiner Ferse zusammenzuckend auf einer staubigen Straße durch einen weiteren Tag der Flucht vor den Deutschen. Es war der 17. September 1939.

Jan näherte sich Tarnopol, das inzwischen zur Ukraine gehört, damals aber im südöstlichsten Winkel Polens lag. Tausende von polnischen Soldaten und Zivilisten drängten sich südwärts durch Tarnopol in Richtung des relativ sicheren neutralen Rumäniens. Der einzige andere offene Fluchtweg war der in die Sowjetunion, deren Grenze siebzehn Kilometer östlich der Stadt lag. Aber kaum ein Pole wollte diese Grenze freiwillig überqueren.

Die polnische Antipathie gegenüber Rußland wurzelte in einem jahrhundertelangen Konflikt. Bis zur Mitte des 18. Jahrhunderts war das westlich orientierte, katholische Polen eine der dominierenden Mächte Mitteleuropas, während das orthodoxe Rußland rückständig und isoliert blieb. 1772 und 1792 wurde Polen durch Gebietsaufteilungen zwischen Rußland, Österreich und Preußen geschwächt. 1794 kam es in Restpolen unter der Führung von Tadeusz Kościuszko zu einer Rebellion gegen die russische Vorherrschaft; nach dem Scheitern der Revolte verbanden sich Preußen und Österreich mit Rußland, um mit einer dritten, vollständigen Teilung die letzten Spuren polnischer Unabhängigkeit auszulöschen. Polen blieb bis zum Ende des Ersten Weltkriegs unter Fremdherrschaft.

Die Volksaufstände von 1830 und 1863 sowie regional begrenzte Unruhen 1905 entfachten zwar die Flammen polnischen Nationalismus', provozierten jedoch gleichzeitig brutale Unterdrückung durch die zaristischen Truppen. Erst im Anschluß an den Ersten Weltkrieg und die bolschewistische Revolution in Rußland von 1917 erstand nach zweijährigen Kämpfen zwischen Polen und Roter Armee wieder eine unabhängige polnische Nation. Vor dem Hintergrund solch tief verwurzelter Feindschaft zwischen den beiden Ländern hegten die Polen allgemein starkes Mißtrauen gegenüber ihrem östlichen Nachbarn.

Trotz der langen Geschichte russischer Überfälle schlugen die allmählich durchsickernden Nachrichten bei den Richtung Tarnopol ziehenden Menschen wie eine Bombe ein: Die Rote Armee war in Polen einmarschiert. Jan rätselte zusammen mit einer Gruppe von Sanitätsoffizieren über die möglichen Folgen dieser Entwicklung. Zwar herrschte allgemeine Besorgnis, da man zunächst aber nicht von feindlichen Absichten der Sowjets ausging, entschlossen sich Jan und die Mediziner, ihren Weg nach Tarnopol fortzusetzen, um sich dort einen genaueren Überblick zu verschaffen. Wenige Kilometer vor der Stadt kam der Fußgängerstrom zum Stillstand. Tausende von Polen blieben in der Septembersonne stehen, um einer aus einem kaum sichtbaren Fahrzeug am Horizont kommenden Stimme zu lauschen. Die Ansprache wurde in Polnisch mit starkem russischen Akzent gehalten. Per Lautsprecher, der auf einem Militärlastwagen aufgestellt war, forderte die Stimme die Polen auf, sich in brüderlicher Allianz mit Rußland zu verbinden. Bei näherem Herantreten erkannte Jan eine Kolonne von sowjetischen V-26-Panzern mit dem roten Stern als Emblem.

Die Menge reagierte mit mißtrauischem Raunen. Nach kurzer Beratung unter den anwesenden hohen polnischen Offizieren löste sich ein Hauptmann aus der Gruppe und ging auf die Panzer zu, wobei er ein weißes Taschentuch über seinem Kopf schwenkte. Nach gegenseitigem Salutieren verschwand er mit einem sowjetischen Offizier hinter einem Fahrzeug. Zehn Minuten später wandte sich der Hauptmann per Lautsprecher an seine Landsleute:

»Die sowjetische Armee hat die Grenze überschritten, um uns in unserem Kampf gegen die Deutschen, den Todfeind der Slawen und der gesamten menschlichen Rasse, beizustehen. Wir können nicht auf Befehle des polnischen Oberkommandos warten. Wir müssen uns mit der sowjetischen Streitmacht vereinen. Oberst Plaskov fordert, daß wir uns sofort unter sein Kommando stellen und unsere Waffen übergeben. Diese werden uns später wieder ausgehändigt.«

Diese Szene wiederholte sich in der einen oder anderen Form im gesamten östlichen Polen. Einige Polen erfuhren von der sowjetischen Invasion durch primitiv gedruckte Flugblätter, die auf ihre Städte niederflatterten und in denen die Bevölkerung in falschem, unbeholfenem Polnisch aufgefordert wurde, die »brüderliche Hilfe« der Roten Armee willkommen zu heißen, denn die Soldaten kämen »nicht als Feinde, sondern als Brüder im Klassenkampf, als Befreier vom Joch der Grundbesitzer und Kapitalisten«. In anderen Gegenden verzichteten die Invasoren auf verbale Kommunikation und verliehen ihrer Botschaft statt dessen mit Gewehrfeuer Nachdruck. In einem Ort in der Nähe von Grodno wurde ein polnischer General aus seinem Wagen gezerrt und vor den Augen seiner Frau ermordet; bei Augustów entwaffneten sowjetische Soldaten dreißig Polizisten und exekutierten sie anschließend; in Grodno wurden 130 Schüler und Kadetten erschossen.

Trotz seiner ehemaligen Stellung im Außenministerium konnte Jan unmöglich von der Existenz eines geheimen Zusatzprotokolls zum deutsch-sowjetischen Nichtangriffspakt wissen, der am 23. August – dem Tag von Jans Einberufung – ratifiziert worden war. Jenes Protokoll teilte Polen in eine unter sowjetischer und eine unter deutscher Kontrolle stehende Zone. Der junge Diplomat geriet in den Strudel einer diplomatischen Vereinbarung zweier Mächte – einer faschistischen und einer kommunistischen –, die nach außen hin gegenseitige Todfeindschaft bekundeten.

In der Ferne ertönte ein Schuß. Sofort machte ein Gerücht die Runde: Ein Feldwebel habe sich aus Verzweiflung über Polens Schicksal eine Pistole an die Schläfe gedrückt und erschossen. Jan erfuhr niemals, ob dies der Wahrheit entsprach.

»Offiziere nach rechts. Unteroffiziere nach links«, bellte eine russische Stimme aus dem Lautsprecher und riß damit die versammelten Soldaten aus ihrem Schockzustand. Die Stimme befahl, alle Waffen auf einem Stapel unter einem Baum abzulegen. Zu benommen, um zu widersprechen, gehorchten die Männer.

Auf russische Anordnung hin stellte sich die Menge in Reihen auf und setzte sich Richtung Tarnopol in Marsch. An der Spitze, am Ende und entlang beider Flanken der Kolonne rollten die Panzer von Polens neuem Alliierten mit auf polnische Soldaten gerichteten Gewehren.

Krachend fielen die Türen des Güterwaggons ins Schloß; dann hörten die Männer, wie mit lautem Quietschen ein Eisenriegel vorgeschoben wurde, der sie sicher einschloß. Jan saß drinnen in der Dunkelheit und wartete. Die einzigen Lichtquellen waren ein Lüftungsschlitz direkt unterhalb des Wagendachs und ein rundes Loch im Boden, das als Toilette diente. Nachdem sich Jans Augen an die Dunkelheit gewöhnt hatten, erkannte er einige der anderen neunundfünfzig Offiziere in dem Waggon, einen gußeisernen Ofen in der Mitte und seine ihm zugeteilte Essensration aus Schwarzbrot und getrocknetem Fisch.

Da Jans Waggon einer der ersten von insgesamt mehr als sechzig war, die an diesem Tag im Bahnhof von Tarnopol beladen wurden, vergingen noch zwei Stunden, bis sich der Zug endlich in Bewegung setzte. Innerhalb weniger Stunden überquerte er die Grenze zur Sowjetunion. Zahllose weitere Güterzüge würden in den folgenden Wochen auf derselben Route mehr als 250 000 polnische Offiziere und Soldaten in Gefangenschaft bringen. Für Tausende von ihnen sollte es eine Reise ohne Wiederkehr werden.

Die Fahrt zog sich endlos hin. Einmal pro Tag hielt der Zug an, und die Türen öffneten sich. Eine Ration Schwarzbrot und getrockneter Fisch wurden verteilt, und die Insassen durften unter strenger Bewachung aussteigen, um fünfzehn Minuten frische Luft zu schnappen, bevor sich der Eisenriegel wieder für vierundzwanzig Stunden hinter ihnen schloß.

Eine von Jans Mitgefangenen war die Luftwaffenpilotin Leutnant Janina Lewandowska. Die Tochter eines bekannten Generals hatte erst knapp drei Monate vor ihrer Festnahme geheiratet. Wie und warum sie in dem mit Ausnahme von ihr rein männlichen Gefangenentransport landete, ist nicht bekannt; vermutlich prädestinierten sie ihr Rang, die Tatsache, daß ihr Mann Offizier war, und die gesellschaftliche Stellung ihrer Familie für eine Sonderbehandlung. Jan und die anderen Männer in seinem Waggon wußten wenig über die große blonde Frau, die die Reise mit ihnen ertrug. Sie saß schweigend im Dämmerlicht, ohne zu jemandem Kontakt zu suchen. Wenn sie das Loch im Fußboden benutzen mußte, sahen die Männer in eine andere Richtung.

Die Temperatur kühlte merklich ab. Die Offiziere hielten sparsam mit dem kleinen Kohlevorrat Haus, der ihnen zugeteilt worden war. (Spätere polnische Deportierte nach Rußland – Soldaten wie Zivilisten – kamen kaum noch in den Genuß von Brennmaterial, um sich auf der Reise warm zu halten.) Das Feuer im Ofen zu schüren, war die einzig verfügbare Aktivität, um die Monotonie der Haft zu durchbrechen. Fünf Tage nach der Abfahrt in Tarnopol entlud der Zug seine menschliche Fracht auf dem kahlen Bahnsteig eines Dorfes namens Kozel'shchina. Aufgrund des eisigen Windes und der langen Fahrzeit schloß Jan, das Dorf müsse sich in der arktischen Region Rußlands befinden. Tatsächlich liegt Kozel'shchina jedoch mitten in der Ukraine, südöstlich von Kiew und etwas südlich von Poltava, wo die russische Streitmacht Peters des Großen die einfallenden Schweden 1709 vernichtend schlug. Der Zug hatte in fünf Tagen nur knapp über sechshundert Kilometer zurückgelegt. Dies war sogar ein vergleichsweise guter Schnitt; andere Gefangenenzüge brauchten für dieselbe Strecke neun Tage.

Die Polen, von denen viele durch Erkältungen, die sie sich unterwegs geholt hatten, geschwächt waren, erhielten den Befehl, sich vom Bahnhof aus zu Fuß in Bewegung zu setzen. Nach einem längeren Marsch durch einen Wald, öffnete sich vor ihnen eine weite Ebene. Sie kamen an einer Sägemühle, mehreren Lehm- und Strohhütten und einigen Scheunen vorbei. Dann tauchte vor ihnen eine Lagerhalle auf, an die der rote Stern gemalt war. Daneben stand ein größerer Flachbau, der offensichtlich Büros beherbergte. Über eine Kopfsteinpflasterstraße wurden die Gefangenen zu diesem Gebäudekomplex geführt. In der Ferne konnte man die Zwiebelkuppel einer orthodoxen Kirche erkennen. Der gesamte Lagerbereich war mit Stacheldraht und Wachtürmen gesichert. An einem Wachhaus vorbei, das der allgegenwärtige rote Stern und ein Porträt Stalins zierten, schlichen die besiegten Polen der Reihe nach durch das Tor. Sie hatten ihr Gefängnis erreicht.

Jans Gruppe war die erste, die im Lager von Kozel'shchina eintraf – eines von 140 solcher Anlagen, die eigens zur Unterbringung polnischer Kriegsgefangener errichtet worden waren. Innerhalb des umzäunten Geländes befanden sich die Ställe und Scheunen einer Kolchose, Gebäude einer ehemaligen Internatsschule und eine Reihe kleinerer Häuser, die vor der Revolution zu einem Kloster gehört hatten. Im Zentrum der Siedlung stand die alte Kirche. Der Lagerinsasse Kamiński schrieb darüber in seinem Tagebuch:

> In dieser prachtvollen, erhabenen Barockkirche steht anstelle des Altars ein Podium. Die Weihestätte beherbergt einen Club und ein bolschewistisches Kino.[1]

Die sowjetischen Lagerleiter – Offiziere des Geheimdienstes NKVD – gaben den Gefangenen sofort zu verstehen, daß sie in Zukunft unter einer neuen Gesellschaftsordnung leben würden. Offiziere der polnischen Armee sowie alle übrigen mit »bourgeoisen Tendenzen« oder einer Vergangenheit als »Unterdrücker der polnischen Arbeiter« würden der untersten Schicht der Lagergesellschaft angehören. Die lange unterdrückten »Arbeiter« (die niederen Mannschaftsdienstgrade) würden die höchste Stufe auf der Leiter des neuen Systems erklimmen, Unteroffiziere irgendwo dazwischen angesiedelt werden.

In der Praxis bedeutete diese theoretische Klassifizierung, daß Jan in einer Scheune schlief, während sich einfache Soldaten in der Kapelle und im Wohntrakt des ehemaligen Klosters einrichteten. Seine Rangabzeichen identifizierten Jan noch als Offiziersanwärter, obwohl er bereits als Unterleutnant diente. Er hatte die Militärakademie zwar abgeschlossen, seine offizielle Ernennung stand jedoch bei Kriegsbeginn noch aus. Also vermied er eine Einstufung als Offizier. Besonders beleidigende Erniedrigungen, die sich die Sowjets für Gefangene mit »bourgeoisen« Zivilberufen ausgedacht hatten, blieben ihm ebenfalls erspart. Hätte man ihn als Diplomaten identifiziert, hätte er vermutlich das Schicksal der Ärzte (die in einem

---

[1]   Das Tagebuch wurde auf Kamińskis Leichnam in einem Massengrab in Katyń gefunden. Das Original wurde zwar später vernichtet, Bauarbeiter fanden 1991 in Krakau jedoch eine Kopie davon. Das Dokument war während der kommunistischen Herrschaft, als das Thema ›Katyń‹ in Polen tabu war, auf einem Speicher versteckt.

Schweinestall hausten) oder der Polizisten, Anwälte und Richter (die sich auf dem Klosterhof ihre eigenen Baracken bauen mußten) geteilt. Eingedenk dieser Gefahr hatte Jan rechtzeitig Schritte zu deren Vermeidung unternommen.

Bei seiner Verhaftung trug Jan seinen Diplomatenpaß bei sich. Sobald er den eigenartigen modus vivendi von Kozel'shchina begriff, entschloß er sich, das geschätzte Statussymbol loszuwerden. Das Verschwindenlassen als solches bedeutete bereits eine Herausforderung – er konnte ein Dokument, das ihn so eindeutig identifizierte, nicht einfach wegwerfen. Im Laufe einiger Abende suchte Jan mehrfach die verschiedenen Lagerlatrinen auf. Jedesmal riß er einen kleinen Fetzen des verräterischen Papiers ab, bis der ganze Paß sicher entsorgt war.

Andere Offiziere brauchten etwas länger, um das neue System zu begreifen. An ihrem ersten Tag im Lager hielt der NKVD-Kommandant von Kozel'shchina beim Anwesenheitsappell eine Ansprache. Major Józef Konopka, ein fließend Russisch sprechender Gefangener, übersetzte, obgleich die Polen einen großen Teil der Rede aufgrund der Ähnlichkeiten beider Sprachen verstanden.

Der Kommandant begann seine Begrüßungsansprache mit den Worten:

»Ihr seid Ausbeuter und Blutsauger. Ihr werdet in unserem Land arbeiten lernen. Wir werden euch keine Gelegenheit mehr geben, andere Menschen auszubeuten. Ihr seid Kriegsgefangene. Ihr müßt euch euren Lebensunterhalt verdienen. Ihr werdet genauso arbeiten wie die Mannschaften.«

Konopka unterbrach protestierend:

»Wir sind Offiziere. Laut Genfer Konvention dürfen Offiziere nicht für körperliche Arbeiten eingesetzt werden.«

Der Kommandant wies dieses Argument nicht einfach von der Hand, sondern nickte und versprach, die Sachlage zu überprüfen. Beim nächsten Morgenappell erklärte er Konopka und dessen Mitgefangenen, er habe höheren Ortes Rücksprache gehalten und sei darüber informiert worden, daß die Sowjetunion die Genfer Konvention nicht unterzeichnet habe. Der Kommandant schloß:

»Demzufolge untersteht ihr sowjetischen Gesetzen. Nach sowjetischem Recht muß jeder arbeiten.«

Die Offiziere beschwerten sich bei ihrem NKVD-Aufseher auch über die Essensregelung. Anfangs hatten sowjetische Soldaten die Mahlzeiten für sie zubereitet. Nach einigen Tagen kündigte der Kommandant an, die Offiziere müßten in Zukunft für sich selbst kochen. Wieder erhob Konopka seine Stimme, dieses Mal mit leichtem Grinsen, als kenne er die Antwort im voraus:

»Vielleicht gibt es unter den Unteroffizieren ein paar Köche«, wagte der Übersetzer zu bemerken.

Der Kommandant schloß jede solche Form der Ausbeutung von niederen Rängen aus.

»Aber Genosse Kommandant, es gibt keinen Koch unter den Offizieren«, erwiderte Konopka in scherzhaftem Ton.

»Wenn ihr nicht kochen wollt oder nicht kochen könnt, dann müßt ihr euer Essen eben roh verzehren«, war die kategorische Antwort des Kommandanten.

Sie lernten kochen. Aber nachdem sie am nächsten Tag in Eisenkesseln Eintopf zubereitet hatten, hinterließen sie einen Berg schmutziges Geschirr in der Annahme, es würde jemand für sie spülen. Beim nächsten Appell griff der Kommandant das Problem auf:

»Es ist ziemlich unzivilisiert, den Abwasch liegenzulassen. Wenn ihr euer Essen allerdings in schmutzigen Kesseln kochen möchtet, werde ich mich natürlich nicht einmischen.«

Der Ruf nach Freiwilligen für den Küchendienst zeigte nur geringe Resonanz. Die meisten Offiziere sahen eine solch unangenehme Arbeit als unter ihrer Würde an. Nicht so Jan. Er meldete sich sofort freiwillig. Sein erster Abwascheinsatz erfüllte seine Hoffnungen: Er konnte sich von den Kesselrändern Essensreste abkratzen und auf diese Weise seine magere Diät aufbessern. Als ihm die anderen, in der Regel wesentlich älteren Offiziere »unziemliches« Verhalten vorwarfen, grinste Jan nur.

Bei aller Strenge im Lager wurden die Gefangenen von ihren Aufsehern niemals körperlich mißhandelt. Jan zollte der tiefen Überzeugung, die ihm bei einigen Kommunisten begegnete, sogar einen gewissen neidvollen Respekt. Doch vom Augenblick seiner Ankunft in Kozel'shchina an konzentrierte er sich nur auf ein Ziel: seine Flucht aus der UdSSR. Wie die meisten gebildeten Polen der oberen Mittelschicht hielt Jan Rußland für ein unzivilisiertes Land. Und wie andere Offiziere im Lager kannte er die historischen Vorläufer seiner Gefangenschaft: die Inhaftierung Tausender Polen durch das zaristische Rußland nach den gescheiterten Aufständen von 1830 und 1863. Die Russen hatten viele dieser Polen in lebenslängliche Verbannung nach Sibirien deportiert. Die Deutschen hingegen verkörperten für Jan die westliche Zivilisation. Er haßte sie zwar für die Invasion in sein Land, bewunderte aber dennoch ihre Kultur. Er glaubte, daß er von den Deutschen weniger zu befürchten habe.

Kriegsgefangene aller Ränge wurden zum Holzhacken in den Wald geschickt. Die Arbeit beflügelte Jans Fluchtphantasien. Es war ihm jedoch klar, daß er in einem feindlichen Land nicht weit kommen würde.

Im Laufe des Oktobers stellte sich eine ermüdende Routine ein. Je mehr das Lager durch die Ankunft neuer Gefangener wuchs, desto länger dauerte der tägliche Morgenappell in bitterer Herbstkälte. Essen und Holzhacken waren die einzigen offiziellen Aktivitäten.

Inoffiziell, doch mit Duldung des NKVD, eröffnete der unternehmungslustige Arzt Zbigniew Czarnek im Lager eine Behelfsklinik, um die medizinischen Probleme, deren größtes eine Läuseplage war, zu behandeln. Die Männer trafen sich heimlich, um Nachrichten zu analysieren, die sie gelegentlich aus sowjetischen Publikationen oder aus dem Radio aufschnappten. Streng geheim betreute ein Kaplan, der Major Jan Leon Ziółkowski, die Lagergemeinde und las zumindest eine heimliche Messe, was eine eklatante Mißachtung des sowjetischen Verbotes der Religionsausübung bedeutete.

Ende Oktober begannen Gerüchte über einen möglichen Ausweg aus sowjetischer Gefangenschaft zu kursieren. Ein Gefangenenaustausch war im Gespräch. Angeblich wollten die Sowjets alle Polen, die entweder deutscher Abstammung waren oder in vom Dritten Reich annektierten Gebieten gelebt hatten, an die Nazis übergeben. Im Gegenzug sollten die Deutschen alle polnischen Gefangenen ukrainischer oder weißrussischer Herkunft an Rußland ausliefern. Logische Gründe für diesen Austausch sind unklar, mögen jedoch im Zusammenhang gestanden haben mit Stalins Anspruch auf das östliche Polen als Gebietserweiterung der Ukraine und Weißrußlands.

Da Jan aus Łódź stammte, das jetzt dem Deutschen Reich angegliedert war, besaß er die notwendigen Papiere. Der Austausch beschränkte sich zwar auf einfache Soldaten, doch Jans Uniform war so schmutzig, daß ihn niemand für einen Leutnant gehalten haben würde. Ein Hindernis stand seiner Teilnahme am Austauschprogramm allerdings noch im Wege: sein Schuhwerk. Ein Offizier war sofort an seinen Stiefeln zu erkennen. Aus strapazierfähigem Oberleder mit kniehohem weichen Kalbslederschaft, waren polnische Offiziersstiefel zugleich elegant, haltbar und bequem. Aber Jan würde seine loswerden und statt dessen ein Paar Soldatenstiefel auftreiben müssen.

Jan hielt den Augenblick für gekommen, mit einem Mitglied der Truppe Freundschaft zu schließen. Er lernte einen Gefreiten kennen, der dieselbe Schuhgröße hatte wie er, und der aufgrund seiner ukrainischen Abstammung für einen Austausch nicht in Frage kam. Der Handel war schnell besiegelt, und die Männer vereinbarten für den folgenden Tag ein Treffen im Wald. Während ihres Arbeitseinsatzes verschwanden Jan und der Gefreite kurz hinter einem Baum und tauschten die Stiefel. Dann entfernte Jan die Reste seiner Rangabzeichen von der Uniform und schlenderte unauffällig zur Kirche, die als Mannschaftsbaracke diente.

Die gewohnte Wachsamkeit des NKVD hatte in jener Phase etwas nachgelassen. So wurde die Identität der Gefangenen nicht mehr genau überprüft, sondern jeder Mann antwortete beim Morgenappell einfach auf eine ihm zugeteilte Nummer. Nachdem Jan die abendliche Bettenkontrolle ohne Zwischenfall überstanden hatte, bat er um eine Unterredung mit dem Lagerkommandanten.

In einem etwas gebrocheneren Russisch, als er es eigentlich beherrschte, erklärte Jan dem NKVD-Funktionär:

»Ich bin ein einfacher Anstreicher aus Łódź. Meine Frau erwartet unser erstes Kind. Ich möchte gerne bei ihr sein. Mir sind die Deutschen nicht etwa lieber, ich will nur meine Frau sehen.«

Der Kommandant warf einen flüchtigen Blick auf die Papiere des Gefangenen, bevor er mit leichtem Grinsen aufblickte. Jan war sich sicher, daß der Kommandant den Schwindel durchschaute. Der NKVD-Mann erhob sich hinter seinem Schreibtisch und musterte bedächtig den Soldaten, der da in einer zerlumpten Uniformjacke ohne Rangabzeichen, aber in der Reithose eines Offiziers vor ihm stand. Dann setzte er sich wieder, unterschrieb ein Blatt Papier und begann, eine Schreibtischschublade zu durchwühlen. In Erwartung des Schlimmsten stand Jan stramm.

»Worauf warten Sie noch?« bellte der Kommandant, wobei er zur Tür zeigte. Falls er tatsächlich einen Verdacht hegte, zog er es offensichtlich vor, sich nicht damit zu belasten. Am nächsten Morgen bestieg Jan mit zweitausend anderen Gefangenen einen Zug Richtung Polen.

Von den polnischen Soldaten und Unteroffizieren, die in Kozel'shchina zurückblieben, wurde die Mehrheit bald auf Arbeitslager in der gesamten Sowjetunion verteilt. Viele dieser Gefangenen starben während der folgenden Jahre unter den harten Haftbedingungen. Einige der Überlebenden traten später in eine, nach Hitlers Überfall auf die Sowjetunion am 22. Juni 1941 mit dem Segen Stalins neu formierte polnische Armee ein und kämpften schließlich unter polnischer Flagge an der Seite der Briten und Amerikaner in Nordafrika und Italien.

Dagegen hatten die Sowjets mit den meisten von Jans Offizierskollegen sowie allen übrigen »bourgeoisen Elementen« im Lager – den Ärzten, Priestern, Rabbinern, Anwälten – andere Pläne. Nur wenige Tage nach Jans Abreise begann der NKVD mit der Verlegung dieser Gefangenen von Kozel'shchina in drei andere Lager in Rußland und der Ukraine. Am 5. März 1940 erließ das Politbüro geheime Direktiven bezüglich ihrer endgültigen Verwendung. Im April und Mai 1940 wurden die Männer per Zug und speziell konstruierten Gefängnislastern zu ausgewählten Standorten transportiert. Jeweils zwei NKVD-Funktionäre zerrten einen Gefangenen zum Rand einer Grube, wo ihm ein dritter eine 7,65 mm Walther-Pistole ins Genick drückte und einen einzigen Schuß abfeuerte.

Die Exekutionen fanden an verschiedenen Orten statt, so zum Beispiel in Gefängnissen der im Norden gelegenen Stadt Kalinin, im ukrainischen Kharkov und an der Stelle, die dem Massaker ihren Namen gab: dem Wald von Katyń bei Smolensk. Der NKVD »richtete« bei dieser Aktion etwa zweiundzwanzigtausend von Polens führenden Bürgern – Militärangehörige und Zivilisten, Männer und einige Frauen, darunter Janina Lewandowska.[2] Bis Ende Mai lagen die meisten Offiziere, die mit Jan gefangen genommen worden waren, sauber aufgestapelt in Massengräbern tief im Herzen der Sowjetunion.

Die deutschen Offiziere standen in schmucken Uniformen am Ende der Brücke und starrten gelassen auf Jan und die anderen zerlumpten Polen, die ihnen zögernd entgegenkamen. Die Stadt hieß Przemyśl; und der Fluß San war als Demarkationslinie gewählt worden, als Deutsche und Sowjets Polen unter sich aufteilten. Es war Ende Oktober 1939, und die Besatzungsmächte arbeiteten reibungslos zusammen.

Nachdem Jans Gruppe die Brücke zur deutschen Seite überquert hatte und alle aus deutscher Gefangenschaft Entlassenen zur sowjetischen Seite übergewechselt waren, hielt ein deutscher Offizier eine Ansprache. Kern der Rede war, daß die Polen sich unter den Nazis auf Arbeit, Essen und gute Behandlung verlassen könnten. Bevor die Männer in Güterwaggons verladen wurden, erhielt jeder eine Ration Brot und Ersatzhonig. Da der Zug unterwegs häufig auf Nebengleise umgeleitet wurde, um dringenderen Verkehr passieren zu lassen, dauerte es 48 Stunden, bis sich die Waggontüren in Kielce, einer Stadt an der Eisenbahnlinie Warschau – Krakau, endlich wieder öffneten. Heute legen Personenzüge dieselbe Strecke in knapp sechs Stunden zurück. Jans Illusionen hinsichtlich der »zivilisierten« Deutschen wurden nach dem Eintreffen seiner Gruppe im neuen Lager, das sich auf dem Gelände einer ehemaligen polnischen Militärbasis einige Kilometer nördlich von Kielce in Richtung Radom befand, schnell zerstört. Das Lager war ein Musterbeispiel einer Nazi-Einrichtung. Es erfüllte in jeder Beziehung den Zweck, seine Insassen zu entmenschlichen. Die Gefangenen – von den Deutschen als »polnische Schweine« bezeichnet – erhielten winzige Mengen ungenießbaren Essens, das so gut wie keinen Nährwert hatte. Sie schliefen auf dem nackten Boden. Obwohl der Winter nahte,

---

[2] Die 22 000 Morde wurden von ungefähr 150 Mitgliedern eines speziellen Exekutionskommandos des NKVD begangen. Viele der Täter sind inzwischen identifiziert, einige von ihnen leben noch.

wurden ihnen weder Decken noch Mäntel bewilligt. Zahlreiche Männer starben an Kälte, Erschöpfung und Krankheit. Andere wurden von den Wachen erschlagen oder erschossen. Jan überstand seine zehntägige Gefangenschaft mit Unterstützung von Mithäftlingen und mit Hilfe einer anonymen Hand, die Päckchen mit Lebensmitteln und Medikamenten über den Stacheldraht warf. Während seiner zweiten Woche im Lager bekam er ein Päckchen, dem folgende Nachricht beigefügt war: »In ein paar Tagen werdet ihr zur Zwangsarbeit abtransportiert.« Nach dieser Vorwarnung begann Jan, Fluchtpläne zu schmieden.

Der Viehwaggon bot einen leichten Vorteil gegenüber den Güterwagen, die Jan während der vergangenen Wochen nur allzu gut kennengelernt hatte: Die etwa dreißig Zentimeter hohen Lüftungsschlitze lagen auf Augenhöhe statt direkt unterhalb der Decke. Wie die vorherigen Züge wurde jedoch auch der Konvoi, der an einem Novembermorgen Radom verließ, durch MG-Geschützstände in den ersten und letzten Wagen sowie durch Suchscheinwerfer auf den Dächern gesichert. Jan saß in einem der Waggons, versuchte, die Geruchsmischung aus Viehrückständen und ungewaschenen Menschenkörpern zu ignorieren, und wog seine Möglichkeiten ab. Der Zug fuhr nach Süden, in Richtung Krakau. Da ein bequemer, stilvoller Transport polnischer Gefangener nicht zu Hitlers Kriegszielen gehörte, würde sich der Zug vermutlich im Kriechtempo fortbewegen und sich die Reise bis weit nach Einbruch der Dunkelheit hinziehen. Einer von Jans Mitgefangenen, der sich in der Gegend auskannte, hatte erwähnt, daß die Bahnlinie durch ein dicht bewaldetes Gebiet führe. Die Lüftungsschlitze lagen zu hoch, um ohne fremde Hilfe hinauszuspringen; außerdem wäre es den anderen gegenüber unfair gewesen. Die Männer, denen nach seiner Flucht womöglich Repressalien drohten, sollten ebenfalls die Chance zur Flucht erhalten. Während Jan auf den Einbruch der Dunkelheit wartete und die Landschaft beobachtete, begann er unauffällig, Mitstreiter zu rekrutieren. Als sich der Zug dem Waldgebiet näherte, hatten sich drei Freiwillige für die Operation gemeldet. Jan stellte sich in die Mitte des Waggons und machte folgende Ankündigung: »Bürger von Polen! Ich habe euch etwas mitzuteilen. Ich bin kein

Gefreiter, sondern Offizier. Diese drei Männer und ich werden aus dem Zug springen. Polen ist nicht besiegt. Ich habe Informationen, daß eine starke polnische Armee in den Wäldern und in den Bergen stationiert ist.«

Jan besaß natürlich keinerlei solche Information, wollte jedoch die Männer, von denen die meisten einfache Rekruten vom Lande zu sein schienen, begeistern. Er ergänzte:

»Ich kann nicht alleine springen. Ich brauche drei Männer, die mich hochheben und vorsichtig hinauswerfen, und zwar an einer Stelle, an der die Strecke unbeleuchtet ist.«

Die Resonanz auf diese Ansprache war nicht gerade überwältigend. Einige Männer protestierten, da sie fürchteten, im Falle von Jans Flucht erschossen zu werden. Andere argumentierten, die Deutschen würden einen ordentlich behandeln, wenn man sich nur gut betrage. Aber Jan fand genügend Befürworter, um die Opposition zum Schweigen zu bringen. Zwölf Männer erklärten sich bereit, aus dem Zug zu springen, andere boten sich freiwillig als Werfer an.

Die Dunkelheit, der dichte Wald und ein Regenschauer begünstigten das Unternehmen. Jan ließ die Männer in einer Reihe antreten. Er beobachtete gespannt, wie drei Gefangene den ersten Ausreißer in eine horizontale Position stemmten und nach kurzer Pause auf Jans Kommando durch die Öffnung schubsten. Von draußen war kein Laut zu hören. Das Team im Waggon zwängte rasch drei weitere Männer durch das schmale Loch. In diesem Augenblick ertönten Schüsse, und Suchscheinwerfer durchbrachen die Dunkelheit.

Die Nazis hatten die Ausreißer entdeckt. Jan wies das Team an, noch solange Männer hinauszuwerfen, bis der Zug zum Stillstand käme. Wieder flogen waagrecht ausgestreckte Körper aus dem Waggon in die Finsternis. Es war unmöglich festzustellen, wie viele getroffen wurden; zumindest hatten es die Deutschen nicht der Mühe wert befunden, den Zug zu stoppen.

Jan war als letzter dran. Zum Nachdenken blieb keine Zeit. Mit den Händen, die er in Uniformfetzen gewickelt hatte, klammerte er sich an der Fensterkante fest. Das Drei-Mann-Team stemmte ihn in Position und katapultierte ihn ins Freie. Er landete auf den Füßen, stolperte und fiel kopfüber ins nasse Gras. Der Suchscheinwerfer hatte ihn nicht entdeckt, aber die Schüsse peitschten weiter durch die

Nacht. Jan stürmte auf den Waldrand zu, suchte Deckung hinter einem Baum und sah von dort dem sich entfernenden Zug hinterher. Durchnäßt vom eisigen Regen und zitternd vor Kälte spähte Jan in die Finsternis auf der Suche nach denen, die vor ihm gesprungen waren. Er entdeckte nur einen Soldaten, der sich als sehr junger, ängstlicher Rekrut herausstellte. Nachdem Jan ihn etwas beruhigt hatte, bahnte er sich mit ihm einen Weg durch die Wälder. Jan beschloß, jeden beliebigen Polen, den er finden würde, um Hilfe zu bitten. Hungrig, erschöpft, schlecht gekleidet und in unbekannter Umgebung, wußten die Männer, daß sie auf das Wohlwollen von Fremden angewiesen waren – eine Eigenschaft, die vermutlich nicht sehr verbreitet war. Nicht nur, daß jeder, der ihnen half, mit Vergeltungsschlägen der Nazis rechnen mußte, sondern es bestand auch die Gefahr, auf Volksdeutsche zu treffen und in diesem Fall sofort verraten zu werden.

In der Morgendämmerung schlichen sie sich an ein schlafendes Dorf heran. Jan klopfte an der erstbesten Hütte an. Ein grauhaariger alter Mann öffnete. »Sind Sie Pole oder kein Pole?« fragte Jan in Befehlston. Leicht irritiert antwortete der Bauer, er sei polnischer Patriot. Nach einigen weiteren Einschüchterungsversuchen konfrontierte Jan den Mann mit der Forderung:

»Sie müssen uns helfen und uns Zivilkleidung geben. Falls Sie sich weigern und uns an die Deutschen zu verraten versuchen, wird Gott Sie strafen.«

Es war nicht die freundlichste Art, um Hilfe zu bitten, aber sie funktionierte. Der alte Mann bat sie ins Haus; seine Frau bereitete ihnen eine Mahlzeit aus heißer Milch und Schwarzbrot. Jan und sein Kamerad legten sich auf einer zerschlissenen Matratze zur Ruhe, die, wie sie bald feststellten, von Flöhen bevölkert war. Unter den gegebenen Umständen konnte sich Jan kaum beklagen – die Bauernhütte war der pure Luxus im Vergleich zu seinen Unterkünften der letzten Wochen.

Am späten Nachmittag machten sich Jan und der junge Rekrut in abgetragener Zivilkleidung und mit ein paar Laib Brot im Gepäck auf den Weg nach Warschau. Als sie nach einigen Stunden Kielce erreichten, erkannte Jan, daß der Junge, der schon unterwegs pausenlos gejammert und geweint hatte, einen Nervenzusammenbruch erlitt. Das Trauma der Niederlage seines Landes und die Schrecken der Gefangenschaft schienen erst nach seiner Flucht in sein Bewußtsein gedrungen zu sein. Jan übergab den Jungen, den er für selbstmordgefährdet hielt, in Kielce einer Krankenschwester des polnischen Roten Kreuzes. Dann setzte er seinen Weg Richtung Warschau fort.

2. Lehrzeit im Untergrund

Ohne Mantel, in dem schlecht sitzenden Anzug des Bauern vor Kälte zitternd, schlug sich Jan im November mit leeren Taschen Richtung Norden durch. Bevor er entscheiden konnte, was er nach dem Verlust seiner Arbeit und seines Landes mit sich anfangen sollte, mußte er zuerst einmal Warschau erreichen.

Sechs Wochen nach Polens Kapitulation strömten noch immer Flüchtlinge über die Landstraßen. Jan war dankbar für ihre Gesellschaft auf seinem über hundert Kilometer langen Marsch nach Warschau. In der Masse unterzutauchen, verringerte die Gefahr, von einer deutschen Patrouille aufgespürt zu werden. Er war jetzt schließlich ein Flüchtling.

Die mühsame Reise stellte eine weitere Herausforderung an seinen Erfindungsreichtum dar. Schon bald nutzte Jan sein Wissen, indem er bei den Bauern unterwegs Pferdegeschirre reparierte oder wundgescheuerte Stellen der Tiere behandelte und diese Dienste im Tausch gegen Wagenfahrten, Verpflegung und Unterkunft anbot. Aus Gesprächen mit seinen Weggefährten sammelte er Informationen über den Ausgang des katastrophalen Armeefeldzugs vom September und die aktuelle Lage im erneut besetzten Polen.

Am meisten interessierte ihn, was aus der Warschauer Polizeitruppe nach der Übergabe der Stadt an die Deutschen am 28. September geworden war. Bald fand er jemanden, der ihm Auskunft geben konnte: Die Polizeitruppe war noch im Dienst und kooperierte mit den Deutschen. Und wie stand es um Warschaus Sicherheitschef, den Polizeikommandanten, einen gewissen Marian Kozielewski? Laut Auskunft war auch er noch im Amt.

Die Nachrichten beunruhigten Jan zutiefst. Sein Bruder konnte doch unmöglich zum Verräter geworden sein. Wieso aber hielt Marian noch immer seinen Posten und arbeitete unter deutscher Kontrolle?

Ohne Antwort auf diese Frage konnte Jan unmöglich zur Wohnung seines Bruders, wo er vor der Mobilmachung gelebt hatte, zurückkehren. Er würde sich also weder an Marian um Rat wenden können, noch an seine wenigen ihm verbliebenen Besitztümer herankommen.

Sechs erschöpfende Tage nach seinem Aufbruch in Kielce machte Jan an einem Bahnhof halt. Er hatte gehört, daß Fahrkarten in der gegenwärtigen chaotischen Situation belanglos waren. Es hieß, man könne kostenlos mit dem Zug reisen – falls es einem gelang, sich einen Platz zu erkämpfen. Die Menschenmenge auf dem Bahnsteig sprach für die weite Verbreitung dieses Gerüchtes. Als ein Zug mit Ziel Warschau einfuhr, begann ein panisches Gedränge. Unter Einsatz von Fäusten und unter wütenden Beschimpfungen schubsten sich die Flüchtlinge gegenseitig aus dem Weg. Eingeklemmt in der wogenden Menge, gelang es Jan, eine Tür zu erreichen und sich in einen Waggon hochzuziehen.

Aus Furcht vor Personenkontrollen der Deutschen am Warschauer Hauptbahnhof verließ Jan den Zug in einem Vorort. Im Schutz einer auch hier dichten Menge von Flüchtlingen machte er sich auf den Weg in die Innenstadt und ging dann Richtung Praga-Bezirk. Die schwere Zerstörung verwirrte ihn; die Bombardierungen des Blitzkriegs hatten vertraute Orientierungspunkte in Schutthaufen verwandelt.

Der Wohnblock, in dem Jans Schwester Laura und ihr Mann gelebt hatten, war verschont geblieben. Erheitert von dem Gedanken, daß die beiden ihn in seinem unrasierten, abgerissenen Zustand womöglich für einen Bettler hielten, klopfte Jan an die Tür. Laura öffnete ohne ein Zeichen von Überraschung. Ihr Gesicht wirkte eingefallen. Mit gesenktem Blick bedeutete sie ihm schweigend, einzutreten.

»Was ist passiert, wo ist Aleksander?« fragte Jan.

Laura heftete ihren Blick auf ein Foto ihres Mannes und erklärte leise:

»Er ist tot. Er wurde vor drei Wochen verhaftet. Sie haben ihn verhört und gefoltert. Und dann haben sie ihn erschossen.«

Jans Schwager hatte sich einer der mehr als zweihundert Widerstandsgruppen angeschlossen, die sich nach Polens Unterwerfung unter

Naziherrschaft spontan gebildet hatten. Die Bewegung, der Aleksander angehört hatte, operierte – wie die meisten ihrer Zeit – dilettantisch, in Unterschätzung der erbarmungslosen Methoden der Gestapo.

Jan war hin- und hergerissen zwischen Erschütterung über Aleksanders Schicksal und Sorge um sein eigenes. Nachdem er Laura, so gut es ihm eben möglich war, Trost zugesprochen hatte, erzählte er ihr von seiner Flucht nach Warschau. Die Geschichte beunruhigte seine Schwester. Da sie befürchtete, unter Überwachung der Gestapo zu stehen, drängte sie Jan, die Wohnung nach einer kurzen Ruhepause und einer Rasur wieder zu verlassen. Das einzige, was sie für ihn tun könne, sei, ihm etwas Geld und einen von Aleksanders Anzügen anzubieten.

Jan fragte seine Schwester, ob sie Verbindung zu Marian aufnehmen könne. Er schilderte ihr seine Befürchtungen bezüglich Marians Verbleib im Dienst.

Es war nicht schwer, den älteren Bruder zu erreichen. Laura rief ihn im Büro an. Auf Jans eindringliche Warnung hin erwähnte sie am möglicherweise abgehörten Telefon seinen Namen nicht, gab jedoch deutlich zu verstehen, daß sich Jan in der Stadt aufhalte und Kontakt zu seinem Bruder suche.

»Marian sagt, du sollst dir keine Gedanken machen«, murmelte Laura ausdruckslos, nachdem sie den Hörer aufgelegt hatte. »Er hat mir erklärt, wie ihr euch treffen könnt.«

Am Anfang der *Krakowskie Przedmieście*, eine von Warschaus Hauptstraßen, befanden sich in unmittelbarer Nachbarschaft staatliche und kirchliche Institutionen. In Nummer 1 war das Hauptquartier der Polizei untergebracht, direkt daneben, jenseits eines kleinen eingeschlossenen Innenhofes, lag die Heilig-Kreuz-Kirche, eine Kathedrale aus dem siebzehnten Jahrhundert, die durch eine ihrer Reliquien – eine Urne mit dem Herzen von Frédéric Chopin – Berühmtheit erlangt hatte.

Jan betrat die Kirche von der Straßenseite her. Er kniete in einer der vertrauten Kirchenbänke vor dem Altar nieder, betete und wartete. Nach einigen Minuten näherten sich aus dem Seitenschiff Schritte. Jan starrte regungslos zum Altar, als sich Marian neben ihn kniete.

Dann senkten beide Männer die Köpfe.

»Wieso bist du immer noch im Amt?« flüsterte Jan, selbst überrascht vom anklagenden Ton in seiner Stimme. Jan war seinem viel älteren Bruder, dessen schroffe Art ihn einschüchterte, stets mit Respekt begegnet.

»Glaubst du, ich wüßte nicht, was ich tue?« zischte Marian. »Ich habe schon für die Freiheit unseres Vaterlandes gekämpft, als du noch nicht geboren warst.«

Jan hatte solche Töne schon oft gehört; derselbe alte Marian.

In flüsterndem Gebetston erläuterte Marian seine Situation.

Während des Septemberfeldzuges hatte er seinen Teil zur Verteidigung Warschaus beigetragen. Kurz vor der Kapitulation war ihm von Bürgermeister Stefan Starzyński das Tapferkeitskreuz verliehen worden. Nach dem Fall der Stadt wurden der Bürgermeister und er vor eine schwere Entscheidung gestellt. In dem Bestreben, die öffentliche Ordnung aufrecht zu erhalten, forderten die deutschen Machthaber Starzyński auf, auf seinem Posten zu bleiben und Feuerwehr, Polizei und andere Dienstleistungsabteilungen einsatzbereit zu halten. Dementsprechend zu handeln konnte jedoch als Verrat ausgelegt werden. Außerdem mußte Starzyński das Risiko, für die Deutschen greifbar zu bleiben, abwägen gegen die Möglichkeit unterzutauchen.

Der Bürgermeister entschied sich für den Verbleib im Amt. Vor einer Versammlung von Polizisten erklärte Starzyński, er fühle sich dazu verpflichtet, alles in seiner Macht Stehende zu unternehmen, um wenigstens die letzten Spuren polnischer Selbstverwaltung zu erhalten. Er appellierte an die Polizisten, weiterhin ihren Dienst zu versehen, allerdings nach einem geheimen Einsatzbefehl. Als einzige unter deutscher Regierung zum Tragen von Waffen berechtigte Ordnungskraft müsse die Polizeitruppe auf ihrem Posten bleiben, um sich im Falle eines Aufstandes oder einer alliierten Invasion gegen die Nazis zu wenden. Gleichzeitig würden sich die Sicherheitskräfte in einer idealen Position befinden, um Spionage gegen die Deutschen zu betreiben und eine Spionageabwehr aufzubauen.

Bürgermeister Starzyńskis Beweisführung basierte auf der stillschweigenden Annahme, daß eine zusammenhaltende Untergrundbewegung entstehen würde, um die Deutschen zu bekämpfen. Seine

Zuversicht gründete sich auf Polens lange Geschichte. Marschall Piłsudski hatte den modernen polnischen Staat aus einer Revolution gegen österreichische, deutsche und russische Herrschaft im Ersten Weltkrieg heraus geformt; viele Polen erinnerten sich noch persönlich an die Unruhen gegen das zaristische Regime von 1905. Die Revolten von 1830 und 1863 lieferten den Stoff für romantische Legenden. Natürlich würde es Widerstand geben. Es stellte sich nur noch die Frage, wie man ihn koordinierte. Starzyński und die Polizei konnten dabei eine wichtige Rolle spielen, wenn sie die Möglichkeiten, die ihnen die Deutschen boten, optimal nutzten. Einige Polizisten quittierten aus Furcht, als Kollaborateure abgestempelt zu werden, den Dienst; andere blieben unter dem Kommando von Marian Kozielewski auf ihren Posten.

Starzyński bezahlte für seine Entscheidung, im Amt zu bleiben, einen hohen Preis. Die Deutschen hatten schon bald keine Verwendung mehr für seine Dienste. Bei Jans Rückkehr nach Warschau saß er bereits in Haft. Stefan Starzyński starb in Nazi-Gefangenschaft.

»Fühlst du dich sicher?« fragte Jan seinen Bruder, nachdem er von Starzyńskis Verhaftung gehört hatte.

»Im Augenblick sehe ich noch keinerlei Gefahr«, beruhigte ihn Marian, »aber was ist mit dir, wie ist es dir ergangen?«

Jan gab seinem Bruder eine kurze Zusammenfassung seiner Abenteuer. Marian verriet weder Bewunderung noch Sorge angesichts der Gefahren, die Jan gemeistert hatte. Er blieb völlig sachlich und bemerkte knapp:

»Du hast eine gute Geschichte für den Fall, daß man dich verhaften sollte. Hier auf den Straßen werden ständig Razzien durchgeführt. Sie suchen nach Leuten wie dir. Ich kann dir innerhalb weniger Tage falsche Papiere besorgen. Falls du in der Zwischenzeit erwischt wirst, bleib bei deiner Geschichte, wie du dich aus dem russischen Lager herausgeschmuggelt hast. Aber erzähle ihnen auch folgendes: Du hast dich zur Flucht aus der Sowjetunion entschlossen, weil du die Bolschewiken haßt, weil du die Juden haßt, und weil du dir unter den Deutschen ein besseres Leben versprichst. Nenne ihnen deinen wirklichen Namen. Da ich mit ihren Behörden zu tun habe, werde ich es erfahren, falls man dich verhaftet hat. Vielleicht kann ich dich herausholen.«

Marian ließ vieles unausgesprochen. Er erwähnte nicht die »POL Versicherungsgesellschaft« – Deckname einer Verschwörung von Polizisten, die er mitbegründet hatte. Er verriet nichts von seinen Plänen, ein zentrales Widerstandskommando ins Leben zu rufen, das ein über ganz Polen verteiltes Netz von Polizeizellen umschließen sollte. Es bestand auch kein Anlaß, die Rolle seines kleinen Bruders innerhalb der Bewegung zu diskutieren. Zu diesem Punkt würde man später kommen.

Marian erhob sich mit den Worten:

»Du kannst bei uns bleiben, unter der Bedingung, daß du durch die Kirche kommst und gehst. Warte noch eine Weile und überquere dann den Hof.«

Ein paar Minuten später schlüpfte Jan aus einer Seitentür der Kathedrale und lief hinüber zu seinem früheren Zuhause, Marians Wohnung im Erdgeschoß der Polizeizentrale.

Ausgestattet mit makellos gefälschten Papieren, die seine Erwerbstätigkeit in einem kriegswichtigen Betrieb beurkundeten, konnte sich Jan in Warschau frei bewegen. Er suchte Freunde aus Vorkriegszeiten auf und sammelte so viele Informationen wie möglich über den gegenwärtigen Verlauf des Krieges, über Zukunftsaussichten und den Alltag unter Fremdherrschaft. Fast jedes Treffen verlief gleich: zuerst ein freudiges Wiedersehen, dann eine Diskussion über die aktuelle Lage und schließlich die Aufforderung des Freundes an Jan, sich einer konspirativen Gruppe anzuschließen.

Jeder Möchtegernkrieger unter Jans Bekannten hielt sich ganz persönlich zur Rettung Polens berufen. Jeder beugte sich zu Jan hinüber und berichtete im Flüsterton von den ausgefeilten Plänen seiner Organisation zur Vertreibung der Deutschen. Und auf jeden reagierte Jan auf dieselbe Weise: »Rechnet nicht mit mir. Ich will meinen Frieden haben.« Als Folge von dem, was Jan vom Schicksal seines Schwagers gehört hatte, wäre ein gewisses Mißtrauen gegenüber abenteuerlichen Untergrundaktivitäten durchaus verständlich gewesen. In Wirklichkeit allerdings konstruierte Jan nur eine Tarnung für sich. Eine *echte* Widerstandsbewegung existierte bereits, und Jan war im Begriff, Mitglied zu werden.

Marian verbrachte viele Abende damit, seinem jüngeren Bruder seine eigenen konspirativen Initiativen zu erläutern und die Dynamik des Untergrundlebens zu diskutieren. Er gab ihm außerdem einen Überblick über die politische Entwicklung nach Polens Niederlage. Die bei Kriegsausbruch amtierende Regierung hatte jegliche Glaubwürdigkeit verloren. Ihre höchsten Repräsentanten waren außer Landes geflohen und inzwischen im neutralen Rumänien interniert. Sie hatten ihren Machtanspruch offiziell an polnische Exilpolitiker in Paris abgetreten; Paris galt seit langem als Zentrum verbannter Gegner des Piłsudski-Regimes und seiner Nachfolger.

Der bekannteste dieser Oppositionellen, General Władysław Sikorski, war zum Premierminister und Oberbefehlshaber ernannt worden. Frankreich hatte Sikorski die Bildung einer Exilregierung in der Provinzstadt Angers gestattet. Die Nachricht von der Regierungsbildung und der Anerkennung ihrer Souveränität durch die Alliierten hatte sich in ganz Polen wie ein Lauffeuer verbreitet, kaum daß sie von der BBC und anderen Kurzwellensendern gemeldet worden war. Nach mehreren Tagen bestellte Marian seinen Bruder schließlich ins Büro. Er erhob sich hinter seinem Schreibtisch, als Jan eintrat.

»Hebe deine rechte Hand«, befahl er streng. Jan gehorchte. »Sprich mir nach: Im Namen des Vaterlandes –«

»Im Namen des Vaterlandes«, wiederholte Jan zaghaft und sah Marian dabei in die Augen.

»– schwöre ich vor Gott, dem Sohn und dem Heiligen Geist –«

»– schwöre ich vor Gott, dem Sohn und dem Heiligen Geist –«

»– daß ich keine der Informationen, die ich gleich erhalten werde, jemals weitergeben werde, ebensowenig wie eine jener Geheimsachen, in die ich in Zukunft eingeweiht sein werde; es sei denn, ich bin dazu ermächtigt worden.«

Jan wiederholte die Worte.

»Ich gelobe hiermit, mich jeder gegen Polen gerichteten Aggression mit allen mir zur Verfügung stehenden Mitteln zu widersetzen. Ich schwöre vor Gott, daß ich selbst unter äußersten Umständen, sogar bis zum Tod, der polnischen Nation treu bleiben werde.«

Jan vollendete den Schwur.

Dann fuhr Marian fort:

»Ich habe dir noch nicht alles erzählt. Es gibt in diesem Land eine stellvertretende Untergrundregierung. Sie repräsentiert General

Sikorskis Regierung. Ich stehe mit ihr in Kontakt. Mein Polizeinetz ist ihr unterstellt. Durch den Eid, den du gerade geleistet hast, bist du Mitglied der Untergrundbewegung geworden.«

Marian hatte seinem Bruder die Existenz dieser »offiziellen« Widerstandsbewegung solange verschwiegen, bis er mit einem ihrer Führer über Jans Rolle beraten konnte. Beeindruckt von dem, was er über diesen ziemlich erfolgreichen jungen Mann zu hören bekam, bat jener Führer um ein Treffen.

Die Wohnungstür öffnete sich einen Spaltbreit. Nachdem sich Jan mit dem verabredeten Kennwort identifiziert hatte, bat ihn ein elegant gekleideter Herr herein. Er stellte sich als Marian Borzęcki vor – ehemals Innenminister und von Piłsudski des Amtes enthoben.

»Ich weiß alles über Sie«, begann Borzęcki. Als religiöser Mann betrachtete er Jans frühe Mitgliedschaft in der Sodalicja Mariańska als besondere Empfehlung. »Dies sagt mir sehr viel«, bemerkte Borzęcki, »ich zweifle nicht daran, daß Sie vertrauenswürdig sind, daß Sie ein Patriot sind.«

Jan unterdrückte ein Lächeln, als Borzęcki eine Schublade öffnete, ein religiöses Medaillon herausholte, es ihm in die linke Hand legte und ihn aufforderte, die rechte Hand zu erheben. Noch ein Eid! Offensichtlich, dachte Jan, war ihm der Ruf der Frömmigkeit wieder vorausgeeilt. Feierlich sprach er Borzęcki dasselbe Gelöbnis nach, das er bereits vor seinem Bruder abgelegt hatte.

Danach kam Borzęcki zu seinem eigentlichen Anliegen:

»Ich habe gehört, daß Sie mehrere Sprachen sprechen. Sie kennen sich in Europa aus. Ich weiß, daß Sie in England, in der Schweiz und in Deutschland gelebt haben. Man hat mir erzählt, daß Sie ein kluger junger Mann sind. Wir brauchen jemanden wie Sie für den Nachrichtenaustausch zwischen unserer Bewegung und der Regierung im Ausland. Wir beabsichtigen, Sie nach Frankreich zu schicken.«

Jan nahm die Neuigkeiten gelassen auf. Er hatte bereits erwogen, das Land zu verlassen und sich in Frankreich der sich aus Flüchtlingen neu formierenden Exilarmee anzuschließen. Aber er war Diplomat, kein Soldat. Wenn ihn die Untergrundbewegung als Botschafter einsetzen wollte, würde er diesem Wunsch entsprechen.

Borzęcki versicherte Jan, bald wieder mit ihm in Kontakt zu treten.

Marian Kozielewski befürwortete die Idee, Jan ins Ausland zu schikken. Aber er hatte auch noch eigene Pläne mit seinem kleinen Bruder. Vor der Abreise in die freie Welt wartete auf Jan Arbeit in Polen. Überall im Land rangen Polizisten um die gleiche Entscheidung, vor der auch Marian und Bürgermeister Starzyński gestanden hatten – entweder im Dienst zu bleiben oder sich den Befehlen der Deutschen zu entziehen und unterzutauchen. Marian Kozielewski mußte unbedingt mit jenen Kollegen in Kontakt bleiben, um sie, ungeachtet ihrer Entscheidung, zum Verbleib im Dienst zu drängen. Die Verschwörung erhielte einen stärkeren Zusammenhalt und die Beamten seien sicherer, wenn sie auf ihren Posten blieben, argumentierte Marian.

Jemand mußte diese Nachricht den Polizisten in Polens anderen Städten überbringen – keine leichte Aufgabe, zumal das Land inzwischen in drei Zonen unterteilt war. Westpolen, einschließlich Jans Heimatstadt Łódź, war von Deutschland annektiert worden. Städte und Gemeinden hatten deutsche Namen erhalten, ihre Einwohner wurden systematisch deportiert, und die Invasoren versuchten, alle Spuren polnischer Kultur auszulöschen. Zentralpolen, einschließlich der Städte Warschau, Krakau und Lublin, wurde eine Art polnisches Reservat unter deutscher Kontrolle – das sogenannte Generalgouvernement. Ostpolen, einschließlich Jans Universitätsstadt Lwów und der späteren litauischen Haupstadt Wilna, fiel unter sowjetische Verwaltung. Kurz nach dem Einmarsch der Roten Armee war in dieser Region ein »Volksentscheid« durchgeführt worden, bei dem eine überwältigende Mehrheit der Bevölkerung (so hieß es zumindest) für den Anschluß ihrer Gebiete an die Sozialistischen Sowjetrepubliken Ukraine und Weißrußland gestimmt hatte.

Marians Position erlaubte es ihm, Jan zu seinem Bevollmächtigten zu ernennen und ihn unter einem Vorwand in offizieller Polizeimission in verschiedene Städte reisen zu lassen. Zumindest in den beiden von den Deutschen besetzten Zonen war diese Methode narrensicher. In einer Zeit der Reisebeschränkungen, in der allen gesunden jungen Polen, die auf der Straße angetroffen wurden, die

Deportation in ein Arbeitslager drohte, boten Marians erfundene Polizeimissionen Jan erheblichen Schutz.

In den letzten zwei Novemberwochen und den ersten Dezembertagen des Jahres 1939 unternahm Jan eine Blitztour durch sein erobertes Land. Der polnischen Regierung in Frankreich erstattete er später Bericht über seine Besuche in Poznań und Łódź in der westlichen Zone, Lublin und Krakau im Generalgouvernement und Wilna auf sowjetischem Gebiet. (Wie er die Genehmigung erhielt, nach Wilna zu reisen, bleibt ein Rätsel, da Marians Macht nicht bis dorthin reichte.) Neben seiner eigentlichen Aufgabe, der Konsolidierung der Polizeiverschwörung, nahm Jan die Gelegenheit wahr, unterwegs Informationen und Eindrücke zu sammeln, die er später der Exilregierung in Frankreich mitteilen konnte.

In Łódź, kurz zuvor in Litzmannstadt umbenannt, wurde Jan Augenzeuge der Verwandlung einer polnischen Stadt in eine »typische, ordentliche deutsche Stadt«, wie er zwei Monate später schrieb. Jans ausführlicher Bericht (datiert »zweite Februarhälfte 1940«) vermittelt auch einen Eindruck seiner Betroffenheit angesichts seiner von den Nazis geschändeten Heimatstadt:

Nicht nur, daß alle Straßen, Geschäfte, Büros usw. deutsche Namen bekommen haben; nicht nur, daß Łódź überschwemmt ist mit deutschen Fahnen, Parolen, Plakaten; nicht nur, daß uns gigantische Porträts von Nazi-Würdenträgern von den Fenstern und Mauern unserer Häuser entgegenstarren; auch nicht, daß fast überall deutsche Zeitungen, Broschüren und Bücher herumliegen. Nein, was am meisten stört, ist, daß man absolut überall ausschließlich Deutsch sprechen hört. Wer kein Deutsch kann, schweigt ... Wer in einer Warteschlange für Brot, Benzin oder Kartoffeln laut Polnisch zu sprechen wagt, riskiert, ans Ende der Schlange zurückgestoßen oder gar nicht bedient zu werden.

Durch Kontakte zu Tanten und Onkeln in den Westgebieten erfuhr ' ın Einzelheiten über die Durchführung der Germanisierung:

Mitglieder meiner Familie wurden gezwungen, aus Łódź, Zduńska Wola und Cieszyn wegzuziehen. Es ist verboten, mehr als zwanzig Kilogramm (manchmal sogar weniger) Lebensmittel und Kleidung mitzunehmen. Wohnung oder Haus müssen innerhalb von zwei Stunden verlassen werden. Die Deutschen gehen so systematisch vor, daß ein Gestapo-Beamter meine Tante in Zduńska Wola belehrte, daß »das Zeitlimit von zwei Stunden nicht von meiner Ankunft an gilt, sondern von dem Moment an, wenn ich meine Befehle erhalte«.

Als die Gestapo das Haus seines Onkels beschlagnahmte, rieten sie dem Mann, »Blumen oder etwas dementsprechendes auf dem Tisch stehen zu lassen, als Zeichen seines friedlichen Abzugs«.

Solche Höflichkeiten waren keineswegs überall in dem vom Dritten Reich annektierten Territorium zu beobachten. Im Młyńska-Gefängnis von Poznań wurden diejenigen, die man eines »Verbrechens« auf jetzt deutschem Boden für schuldig befunden hatte, auf eine Art bestraft, die der mittelalterlichen Vorstellung des »Führers« entsprach: Sie wurden vom Scharfrichter mit der Axt enthauptet. Im selben Gefängnis wurden später Tausende aufsässiger Polen durch eine Guillotine hingerichtet.

Während der Reise erzählte Jan ein Freund, der als Übersetzer für die Deutschen arbeitete, von einer Unterhaltung mit einem fünfundzwanzigjährigen Wehrmachtsoffizier, einem jener Herren der neuen Ordnung. Der Offizier hatte dem Polen höflich erklärt, Gewalt gegen Zivilisten sei nur ein Aspekt der »mannhaften Methoden«, denen sich die Deutschen verpflichtet hätten, denn »sie sind nicht nur effektiv, sie regenerieren uns auch. Sie machen Männer aus uns, sie führen uns unsere Stellung als Herrenrasse vor Augen. Tschechen, Slowaken und Polen erlauben uns, wiedergeboren zu werden als das großartige, barbarische und mächtige alte Deutschland, frei vom Kleingeist und der Schwäche verweichlichter Kulturen und jüdischen Christentums.«

Die Moral der Nation war zutiefst erschüttert. Jan berichtete der Exilregierung in Frankreich:

Als Folge dieser Unterdrückung, Einschüchterung und Erniedrigung sind die Polen unglaublich deprimiert, ängstlich und verzweifelt. Die einfachen Leute glauben, daß der Antichrist auf die Erde hinabgestiegen ist.

Die Verzweiflung stärkte jedoch den Widerstandswillen der Polen. »Jeder«, schrieb Jan, »ist davon überzeugt, sich in das Schicksal zu fügen, bedeute den sicheren Tod.«

Die Leiden der Polen waren unbestreitbar groß. Doch Jan hatte bereits damals klar erkannt, daß die Nazis gegen Polens Juden noch teuflischere Absichten hegten. Schon kurz nach seiner Rückkehr nach Polen sollte er dann mit eigenen Augen sehen, wie sich die Nazi-Schlinge um die jüdische Gemeinschaft des eroberten Landes zusammenzog.

Angesichts der Judenverfolgung in Deutschland während der ersten sechs Jahre von Adolf Hitlers Regime hätte eigentlich jeder ahnen müssen, daß die Invasoren die Juden auch in Polen mißhandeln würden. Zunächst gab es jedoch keine offenkundigen Hinweise darauf, daß das Programm der Massenvernichtung auf polnischem Boden durchgeführt werden sollte. In den ersten Monaten der Besatzung verkündeten die deutschen Machthaber antijüdische Gesetze schrittweise: im Oktober das Verbot der koscheren Speisenzubereitung; Ende November ein Dekret, das alle Juden zum Tragen einer Armbinde mit dem Davidsstern verpflichtete; im Januar Zwangsregistrierung jüdischen Eigentums usw.

Dennoch spürte Jan bereits, daß auf Polens Juden ein noch schrecklicheres Schicksal wartete. In seinem Bericht an die Exilregierung über seine Reise durch das von Deutschland annektierte westliche Territorium notierte Jan, daß die Deutschen »das von ihnen beschlagnahmte Gebiet von Juden säubern, auf Kosten einer Judaisierung des Generalgouvernements«. Und er begriff, daß die polnischen Juden, zumindest im westlichen Teil, »zur Vernichtung oder Vertreibung bestimmt« waren.

In Lublin, nahe der östlichen Grenze des Generalgouvernements, bezeugte Jan mit eigenen Augen den beginnenden Holocaust. Er erlebte dort zufällig sogenannte »Leibes- und Körperpflegeübungen«, die ein paar Dutzend Juden im Freien absolvieren mußten. Während der Übungen wurden die Opfer nicht nur zum Singen erniedrigender Lieder gezwungen, sondern sie waren auch ständiger Verhöhnung und körperlicher Mißhandlung durch die Deutschen ausgesetzt. Bei eisigem Wetter wurden die Juden in kaltes Wasser getaucht. Alte Menschen brachen als Folge von Schock oder Erschöpfung bewußtlos zusammen. Jungen wurden von den Wachen nackt ausgezogen, verspottet und bedroht.

»Die ›Herrenrasse‹ ist wahrhaftig eine Nation von Wahnsinnigen, brutalen Hassern und herzlosen Kreaturen«, schrieb Jan über das Ereignis.

Dieser Fall von Mißhandlung war keine Ausnahme. Auf dem Warschauer Marktplatz beobachtete Jan, wie ein deutscher Soldat zum Stand eines jüdischen Trödlers ging, Socken, Kämme und andere Artikel in die Taschen seines Mantels steckte und wie selbstverständlich davonschlenderte. Der Jude folgte ihm und forderte wütend sein Geld. Unbeeindruckt setzte der Soldat seinen Weg fort. Aus Sorge um seine Sicherheit versuchten andere Juden, den Trödler zurückzuhalten. »Was kann er mir schon tun?« schrie der Händler. »Er kann mich höchstens töten. Laßt ihn mich doch töten. Ich habe genug von all dem. Ich kann nicht mehr.« Der Soldat starrte den Mann kurz an. »Verdammte Juden«, zischte er und ging weiter.

Ebenfalls in Warschau sah Jan, als er im Büro der Gestapo einen Paß beantragte, wie eine schwangere Jüdin um eine Genehmigung zur Überschreitung der Sperrstunde bat, für den Fall, daß ihre Wehen während der Nacht einsetzen sollten. Ein deutscher Sekretär schnauzte die Frau an:

»Du brauchst keinen Passierschein! Wir werden es dir nicht leicht machen, einen Juden auf die Welt zu bringen. Hunde sterben vor Hunger und Elend, und da willst du einen Juden in die Welt setzen? Raus hier!«

Solche Szenen müssen alle schockiert haben, die sie beobachteten. Doch bei Jan Kozielewski stieß die Judenverfolgung auf besonders heftige Resonanz. Der Grund dafür lag in seiner Vergangenheit.

Die Ghettomauern des europäischen Mittelalters, die Hitler während des Krieges wiedererrichtete, waren in Polen nur von psychologischer Gegenwart gewesen. So waren es die Judenverfolgungen in anderen Teilen Europas, die im frühen Mittelalter die ersten jüdischen Einwanderungswellen nach Polen auslösten. Mit der Möglichkeit, in einem System begrenzter Selbstverwaltung zu Wohlstand zu gelangen, sonderten sich viele polnische Juden in Dörfern und jüdischen Stadtbezirken – dem Schtetl – ab, wo sie überwiegend Jiddisch sprachen und kaum mit Polen in Kontakt kamen. Andere paßten sich an die polnische Gesellschaft an, wobei der Assimilation schon vor der Nazi-Invasion Grenzen gesetzt waren durch ein

System antisemitischer Vorschriften, wie dem Numerus clausus, der die Aufnahme jüdischer Studenten an polnische Universitäten beschränkte.

Zu der Zeit, als Jan aufwuchs, zeigten viele Polen offen ihre Feindschaft gegenüber Juden. In den chaotischen Novembertagen des Jahres 1918, als das Ende des Ersten Weltkriegs ein gesetzloses Vakuum in Polen hinterließ, kosteten Ausbrüche antisemitischer Gewalt Dutzenden von Juden das Leben. In den folgenden zwanzig Jahren kam es bei verschiedenen Anlässen zu ähnlich gewaltsamen Übergriffen.

In der Wohnung der Kozielewskis waren regelmäßig assimilierte jüdische Familien zu Gast. Im Hof des Hauses bauten jüdische Männer jeden Herbst zum Erntefest Sukkot die traditionelle, mit Früchten und Zweigen geschmückte Laubhütte auf. Eine von Jans frühesten Erinnerungen bezieht sich auf die Reaktion seiner Mutter auf die Feindseligkeiten sogenannter »böser Buben« – antisemitischer Jugendlicher –, die sich einen Spaß daraus machten, an die Laubhütte heranzuschleichen und tote Ratten hineinzuwerfen, während die Juden darin beteten. Daraufhin wies Walentyna Kozielewska Jan an, für den Rest der Feiertage diskret am Rand des Hofes Wache zu stehen und sie zu holen, falls die Jugendlichen wieder auftauchen sollten. Sie würde schon mit ihnen fertig werden, sagte sie. Obwohl er sich davor fürchtete, von den älteren Jungen verprügelt zu werden, stand Jan mehrere Nächte lang tapfer Wache, ohne daß sich ein weiterer Zwischenfall ereignete.

Jan ließ sich vom weitherzigen Katholizismus seiner Mutter leiten. Trotz des tief verwurzelten Antisemitismus in weiten Teilen der ihn umgebenden Gesellschaft, auch in Kreisen der von ihm so innig verehrten Kirche, schloß sich Jan nach seiner Aufnahme am Józef-Piłsudski-Gymnasium im Jahre 1927 schnell einer Gruppe von jüdischen Jungen an, die für die nächsten vier Jahre seine besten Freunde wurden. Gewöhnlich blieben jüdische Schüler zwar unter sich, doch Jan dachte sich für einige seiner jüdischen Klassenkameraden ein für beide Seiten vorteilhaftes Arrangement aus. Er würde den Juden helfen, die schwach in polnischer Geschichte und Literatur waren, und dafür sollten diejenigen, die besser in Mathematik und Naturwissenschaften waren, ihm in diesen Fächern Nachhilfe erteilen.

Jan trug seine Idee dem ältesten Jungen, Izio Fuchs, vor. Fuchs, ein schwacher Schüler, aber die dominierende Persönlichkeit in seiner Gruppe, nötigte Juden wie Nichtjuden Respekt ab wegen seiner Frömmigkeit; man sah ihn niemals ohne seine Gebetsbücher. Fuchs wies Kozielewski – dem er den Spitznamen »Kozioł« (Ziegenbock) gab – den naturwissenschaftlich talentierten Kuba Przytycki als Nachhilfelehrer zu. Kuba ging mit Jan jede zurückgegebene Klassenarbeit durch und schimpfte ihn aus, wenn er hinter den Erwartungen zurückgeblieben war. Zu Jans Gruppe gehörten außerdem der aggressive, kraftstrotzende, mundfaule Lejba Ejbuszyc, der aus einer der finstersten Gegenden von Łódź stammte; Sasha Goldberg, ein dickes, reiches Kind, das sich damit brüstete, nach dem Examen Finanzier zu werden, da diese wohlhabender und mächtiger seien als Bankiers; und Salus Fuchs, Izios jüngerer Bruder, ein ehrgeiziger angehender Konzertpianist, den Jan als »den bestaussehenden Jungen von Łódź« in Erinnerung behielt.

Der Lauf der Zeit und der Ereignisse hatte bereits vor Kriegsausbruch an diesen Freundschaften genagt. 1938 kehrte Jan auf Besuch nach Łódź zurück. Von Salus Fuchs hörte er von dem wachsenden Antisemitismus, der das Leben für die Juden von Łódź in den vergangenen Jahren immer schwerer gemacht hatte. Salus erzählte, wie sein frommer Bruder Izio, als er in der Öffentlichkeit seine Yarmulke trug, von einheimischen Rowdies überfallen und zusammengeschlagen worden war. Weil er aus Stolz den Vorfall nicht zugeben wollte oder von den Behörden keine Hilfe erwartete, hatte Izio der Polizei am Tatort gesagt, er sei hingefallen. Seitdem, berichtete Salus, befinde sich Izio in einem psychisch bedenklichen Zustand, zöge sich oft stundenlang in verbitterte Gebete zurück, in denen er mit Gott über das Wesen von Recht und Unrecht streite. Jan wollte Izio besuchen, doch Salus hielt den Zeitpunkt für ungeeignet. Danach riß der Kontakt zu den ehemaligen jüdischen Mitschülern ab, und so konnte Jan auch nicht in Erfahrung bringen, ob irgendeiner seiner Schulfreunde den Krieg überlebte oder ob alle unter den mehr als 160 000 von den Nazis ermordeten Juden von Łódź waren.[1]

---

[1]   1994, fast ein halbes Jahrhundert nach dem Zweiten Weltkrieg, ließ Karskis wiedererwachte Popularität in den Vereinigten Staaten einen emeritierten Mathematikprofessor namens Samuel Fox aus Corpus Christi, Texas, auf Jan aufmerksam

Auch an der Jan-Kazimierz-Universität schloß Jan Freundschaft mit ein paar jüdischen Studenten. Die Numerus-clausus-Kampagne – eingeführt, um den Anteil von Juden in akademischen Berufen zu reduzieren, indem man ihnen den Zugang zur Universität erschwerte, bzw. verwehrte – erreichte in Jans beiden letzten Studienjahren in Lwów einen Höhepunkt. Vorlesungen begannen häufig mit der im Chor skandierten Parole »Juden nach hinten«, und nationalistische polnische Studenten schüchterten jüdische Kommilitonen ein, um sie in die hinteren Reihen des Hörsaals zu vertreiben.

Jans Lieblingsprofessor war Ludwik Ehrlich, eine Kapazität auf dem Gebiet des internationalen Rechts. Der gebürtige Jude Ehrlich war konvertiert und zu einem überzeugten Katholiken geworden. Die Studenten fürchteten ihn, weil er intellektuell hohe Ansprüche stellte und in seinen Vorlesungen Anwesenheitspflicht herrschte, eine Forderung, der er durch namentliche Kontrolle Nachdruck verlieh. Wie die meisten Professoren vermied es Ehrlich, die rechtsgerichteten Studenten offen anzugreifen. Aber mehr als einmal erlebte Jan mit stiller Genugtuung, wie Ehrlich die Studenten am anderen Ende des Hörsaals anfuhr:

»Warum steht ihr da hinten herum? Es gibt in den vorderen Reihen genügend Platz. Ich kann meine Vorlesung nicht halten, wenn ihr da herumlungert. Also setzt euch hier vorne hin.«

Kein antisemitischer Student wagte zu protestieren.

Die Aktionen der Rechten spalteten und emotionalisierten die Studentenschaft. Als Antwort auf antisemitische Demonstrationen organisierten nichtjüdische Studenten Sympathiekundgebungen für Juden. Die Nationalisten griffen einzelne Juden immer häufiger körperlich an; aber es gab auch nichtjüdische Kommilitonen, die den Opfern zu Hilfe kamen. Einer von Jans besten Freunden, ein Katholik namens Jerzy Lerski, engagierte sich regelmäßig auf Seiten der

---

Fortsetzung Fußnote 1

werden. Wie Karski war auch Fox unter anderem Namen aufgewachsen: Salus Fuchs. Mit über achtzig knüpften die beiden Männer an eine Freundschaft an, die 1939 unterbrochen worden war. Von seinem alten Kameraden erfuhr Jan, daß entgegen aller Wahrscheinlichkeit auch Izio Fuchs und Kuba Przytycki den Krieg überlebt hatten. Das Schicksal von Jans anderen jüdischen Freunden blieb ungeklärt.

Juden und wurde von Antisemiten schließlich so zusammengeschlagen, daß er mehrere Wochen im Krankenhaus lag.

Jan selbst vermied jedes öffentliche Engagement für die Sache der Juden – ungeachtet seiner Abneigung gegen den wachsenden Antisemitismus an der Universität. Er wußte, daß sich Diplomaten aus allen innenpolitischen Konflikten heraushalten mußten, um ihren unparteiischen Status innerhalb der Regierung zu wahren. Außerdem, scherzte er später, »hätten die Rowdies mein Gesicht entstellen können, und ich wäre dann kein gutaussehender Botschafter mehr gewesen«.

Als sich Jan einige Jahre nach dem Studium die Chance bot, seine Untätigkeit wiedergutzumachen, indem er bedrohten Juden zu Hilfe kam, ergriff er die Gelegenheit.

Als Jan Anfang Dezember 1939 nach Warschau zurückkehrte, hatte er sich einen umfassenden Überblick über die Zustände im besetzten Polen verschafft. Außerdem konnte er das Potential effektiver Widerstandsbereitschaft in seinem Land einschätzen.

Bei Jans zweitem Treffen mit Marian Borzęcki waren außer diesem noch vier weitere Köpfe der jungen Untergrundbewegung anwesend. Borzęcki, der dieses Mal steifer und förmlicher auftrat als bei der ersten Begegnung, leitete die Sitzung und stellte Jan die übrigen Teilnehmer als »Vertreter der wichtigsten politischen Organisationen unseres Landes« vor. Nachdem er eine glühende Lobrede auf Jans Intelligenz, sein Sprachtalent und seinen Erfindungsreichtum gehalten hatte – ohne den vier Männern dabei den geringsten Hinweis auf Jans Identität zu geben –, erklärte Borzęcki:

»Ich habe beschlossen, diesen jungen Mann zu General Sikorski zu schicken. Um Mißverständnisse zu vermeiden, erläutere ich jetzt, welche Instruktionen ich ihm mit auf den Weg zu geben beabsichtige. Sie sagen mir dann, ob Sie damit einverstanden sind oder nicht.«

Nach einem feierlichen Nicken der vier Angesprochenen fuhr Borzęcki fort:

»Der Staatsstreich von 1926, der den Diktator Piłsudski an die Macht brachte, schuf die Voraussetzungen für unsere gegenwärtige Zwangslage. Das erste Konzentrationslager auf polnischem Boden wurde nicht von Hitler, sondern von Piłsudski errichtet.«

Borzęcki bezog sich dabei auf das Lager von Bereza Kartuska, in dem 1934 die politischen Gegner des Marschalls inhaftiert waren. – Daß ein Mann wie Borzęcki und der Piłsudski-Anhänger Marian Kozielewski im Untergrund zusammenarbeiteten, ist ein Indiz für die merkwürdigen politischen Partnerschaften, die aus der Kriegssituation heraus entstanden. Borzęcki weiter:

»Nach dem Verrat der Piłsudski-Erben an unserer Nation haben wir zahlreiche Untergrundorganisationen auftauchen sehen. Keine von ihnen verfügt über Erfahrung. Es mangelt ihnen an Geld und an Unterstützung. Als Folge hiervon haben diese patriotischen, aber irregeführten Polen schreckliche Verluste erlitten. Das Hauptproblem ist, daß sie voneinander unabhängig agieren. Deshalb müssen alle Untergrundorganisationen dem Kommando von Oberbefehlshaber und Premierminister General Sikorski unterstellt werden. Wenn es uns nicht gelingt, unsere Bewegung zu vereinen, lassen wir den Piłsudskisten den Weg für eine erneute Machtübernahme nach dem Krieg offen.«

Laut Borzęcki war eine wesentliche Grundbedingung für die Einigung des Widerstands, daß Sikorski unverzüglich einen offiziellen Bevollmächtigten in Polen ernannte, der im Untergrund als gesetzlicher Vertreter der Exilregierung agierte:

»Es gibt keinen geeigneteren Mann für diesen Posten als ›Pan Ryszard‹ (Herr Richard). Dieser junge Mann hier wird unsere Empfehlung überbringen, und er sollte mit der offiziellen Ernennung von Pan Ryszard aus Frankreich zurückkehren«, schloß Borzęcki.

Alle vier Parteiführer stimmten dem Vorschlag nachdrücklich zu. Da Jan die Männer nicht kannte, konnte er nicht wissen, daß hier um seinetwillen ein Namensrätsel gespielt wurde. Bei »Herrn Richard« handelte es sich um Ryszard Świętochowski, einen Vertrauten Sikorskis, der – wie Jan sehr viel später erfuhr – bei dem Treffen persönlich unter den vier anonymen Verschwörern war und die Kandidatur des mysteriösen »Pan Ryszard« energisch unterstützte.

Auch vor dieser Versammlung mußte Jan wieder einen Eid ablegen und schwören, daß er die Botschaft korrekt überbringen und so schnell wie möglich mit Instruktionen von Sikorski zurückkehren werde. Mit einem väterlichen Schulterklopfen schickte ihn Borzęcki auf den Weg.

Als Jan seinem Bruder von dem Treffen berichten wollte, schnitt dieser ihm sofort das Wort ab. »Ich will nichts davon wissen«, wehrte er ab, »zuviel zu wissen, ist in diesen Tagen eine schwere Bürde.« Marian gingen dabei nicht nur Sicherheitsbedenken durch den Kopf; er verbarg auf diese Weise auch seine unterschwellige Feindseligkeit gegenüber den Piłsudski-Gegnern, die die aufkeimende Untergrundbewegung beherrschten. Marian ergänzte:

»Sie sind die Regierung, und du mußt ihnen gehorchen. Aber auch ich möchte dir eine Botschaft mit nach Frankreich geben.«

Marian erklärte, daß in der von Oppositionellen des Vorkriegsregimes kontrollierten Exilregierung ein Mann in einer Schlüsselposition sitze, der zeit seines Lebens ein Gefolgsmann von Marschall Piłsudski gewesen sei. Es handelte sich dabei um General Kazimierz Sosnkowski, stellvertretender Kommandeur der polnischen Exilarmee. Marian gab Jan folgende Anweisung:

»Du wirst dich in Frankreich mit General Sosnkowski in Verbindung setzen. Du wirst dich namentlich identifizieren und ihm mitteilen: ›Der Polizeikommandant von Warschau, Marian Kozielewski, betrachtet General Sosnkowski als Nachfolger von Kommandant Piłsudski.‹ Er wird die Bedeutung verstehen.«

Marian und Jan diskutierten mehrere Stunden lang über Fluchtwege aus Polen und arbeiteten die Reisedetails aus. Zufällig plante gerade einer von Marians Untergebenen, ein Jude, sich in die sowjetisch besetzte Zone Polens abzusetzen, um den Nazis zu entkommen. Marian, der dem Polizisten bei den Fluchtvorbereitungen half, beschloß, Jan mit ihm zusammen nach Lwów zu schicken. Von dort aus konnte Jan versuchen, Rumänien zu erreichen, und dann Richtung Westen reisen. Das war zwar umständlich, aber die am wenigsten riskante Route. Jan würde unverzüglich aufbrechen müssen.

»Du prahlst fortwährend damit, daß du Patriot bist, daß du solch ein guter Pole bist«, sagte Marian, »jetzt mußt du zeigen, was du für dein Vaterland tun kannst.«

Die Zugfahrt Richtung östliche Grenze der deutsch besetzten Zone dauerte lange, verlief aber ohne Zwischenfälle. Nachdem sie an einem kleinen Bahnhof ausgestiegen und von dort auf einem Pferdewagen mitgenommen worden waren, erreichten Jan und der Polizist vor Sonnenuntergang die Stadt Bełżec. In einem Außenbezirk trafen sie den Kurier, den man ihnen genannt hatte.

Er war einer von vielen Einheimischen, die sich darauf spezialisiert hatten, Juden in die sowjetische Zone zu eskortieren. Der deutschen Invasion und den ersten gewalttätigen Übergriffen auf polnische Juden war ein Sturmlauf auf die Grenze gefolgt. Unter sowjetischer Regierung genossen die Juden angeblich gesetzlichen Schutz vor Antisemitismus, und es hieß, daß die Lebensbedingungen für Juden in der sowjetischen Zone zumindest etwas besser als auf deutschem Gebiet seien. Nur wenige Juden – insbesondere aus wohlhabenderen und gebildeteren Schichten – sahen die Sowjetunion als wirklich einladenden Zufluchtsort oder machten sich Illusionen über den Grad der Freiheit, den sie dort genießen würden. Doch die Flucht nach Osten war die einzige Alternative zur Nazi-Herrschaft.

Den Deutschen gelang es zwar nicht, die Demarkationslinie völlig undurchlässig zu machen, aber sie versuchten zumindest, die Juden am Entkommen zu hindern. Die Flüchtlinge mußten sich mit Hilfe eines ortskundigen Führers an den Wachen vorbeischleichen, um auf die andere Seite der Grenze zu gelangen. Nicht alle schafften es. Was mit denen geschah, die gefaßt wurden, konnte Jan beobachten, als er in Bełżec darauf wartete, daß ihr Führer für die nächste Tour frei wurde.

In seinem Bericht für die Exilregierung beschrieb Jan Anfang 1940 das Bild des Elends, das sich ihm bot:

> In der Nähe von Bełżec haben die Deutschen ein Lager für Juden errichtet ... Eine riesige Menschenmenge lebt und schläft dort unter freiem Himmel. Die meisten besitzen weder Winterkleidung noch Decken. Während eine Gruppe schläft, hält sich die andere durch Herumlaufen warm, so daß man sich gegenseitig Mäntel ausleihen kann. Alle sind halb erfroren, verzweifelt, unfähig zu denken, hungrig – eine aufgescheuchte Viehherde, keine Menschen. Das geht jetzt schon seit Wochen so. Ein Alptraum – unwirklich ... Ich habe nie zuvor etwas Erschreckenderes gesehen.

Im Lauf der folgenden Jahre sollten Jan immer wieder groteske Ironien begleiten. Eine davon war, daß er eines Tages in die Umgebung von Bełżec zurückkehren und dort Dinge sehen sollte, die ihn die Schrecken dieses ersten Besuches vergessen lassen würden.

Nach drei Tagen Wartens in Bełżec schlossen sich Jan und der Polizist am verabredeten Treffpunkt im verschneiten Wald einer großen Gruppe Juden an. Einige Mütter hatten entgegen der Vorschrift ihre Babies dabei, aber der einheimische Führer ließ sie gewähren. Während des gesamten zwanzig Kilometer langen Fußmarsches über vereiste Felsen und durch stockdunklen Wald achteten die Flüchtlinge verbissen darauf, kein Geräusch zu verursachen – selbst wenn Frauen hinfielen oder gegen einen Ast stießen, gelang es ihnen, ihre Babies still zu halten. Als sie endlich das Dorf Rawa Russka (heute Rava Russkaya in der Ukraine) erreichten, feierten viele der Juden ein Freudenfest.

Jan und der jüdische Polizist nahmen einen Zug nach Lwów. Ihr Waggon war vollbesetzt mit größtenteils betrunkenen Polen, die keine sonderliche Furcht vor Stalins Geheimpolizei an den Tag legten. Sie übertrafen sich gegenseitig mit wüsten Schmähreden, die in der Regel darauf hinausliefen, den Juden die Schuld für alle Mißstände in Polen zuzuschieben. Jan machte sich Sorgen um seinen neben ihm eingeschlafenen Reisegefährten, der aber glücklicherweise in Ruhe gelassen wurde.

Der Polizist brachte Jan zu einer Wohnung in Lwów und bat ihn, dort zu warten, während er sich mit örtlichen Mitgliedern der Polizeiverschwörung über Möglichkeiten der Grenzüberschreitung nach Rumänien beratschlagen wollte. Jan wartete mehrere Tage und verließ die Wohnung kaum. Da er keine sowjetischen Ausweispapiere besaß, war er in den Straßen von Lwów wesentlich gefährdeter als in Warschau. Der Polizist kehrte mit schlechten Nachrichten zurück: Die Rote Armee hatte ihre Truppen an der Grenze massiv verstärkt. Es gab kein sicheres Durchkommen auf die rumänische Seite mehr.

Jan mußte sich damit abfinden, umzukehren, um von Warschau aus einen anderen Fluchtweg nach Frankreich zu finden. Eine weitere Enttäuschung erlebte er, als er am Haus von Jerzy Lerskis Familie in Lwów klingelte und erfuhr, daß er den Freund nur um Tage verpaßt hatte. Lerski war auf der Flucht nach Frankreich.

Einen Vorteil brachte die Reise nach Lwów für Jan – einen neuen Namen. Bevor er die Stadt verließ, besuchte Jan noch seinen alten Universitätsmentor, Professor Eugeniusz Kucharski. Mit einem seiner Söhne war Jan eng befreundet gewesen, und er hoffte zu erfahren, daß Witold Kucharski die Tumulte der letzten Monate überlebt hatte. Als Professor Kucharski den Besucher erkannte, wich ihm alles Blut aus dem Gesicht. »Verschwinde hier«, flehte er in heiserem Flüsterton. Ein Sohn, erklärte er, war von der Geheimpolizei verhaftet worden. Witold war unversehrt nach Frankreich entkommen. Mehr konnte Jan nicht erfahren. »Bring mich nicht in Gefahr«, bat der Professor, »du darfst nie wieder hierher kommen.« Leise schloß sich die Tür.

So entmutigend dieser Besuch auch war, lieferte er Jan doch eine wertvolle Information. Wenn sich Witold Kucharski für die Dauer des Krieges im Ausland aufhielt, würde er sicher nichts dagegen haben, Jan für den Notfall seinen Namen zu leihen. Da Jan Witolds Geburtsdatum, Adresse und die Namen seiner Angehörigen kannte, konnte er eine wasserdichte »Legende« konstruieren, an die er sich problemlos erinnern würde, sollte er sie vor der Gestapo aufsagen müssen.

Während der folgenden Jahre sollte Jan noch unter vielen anderen Falschnamen auftreten. Aber im Untergrund war er fortan einfach als »Witold« bekannt. Der Name »Kucharski« machte je nach Anlaß eine Reihe von Verwandlungen durch. Unter einem daraus abgeleiteten Pseudonym unternahm Jan einige Wochen später einen zweiten Versuch, Frankreich zu erreichen, und wurde schließlich unter Streichung einer Silbe zu Jan Karski.

3. Abseits des Scheinkriegs

Das Warten war vorbei. Marian drückte seinem Bruder ein paar hundert Złoty in die Hand. Jan stopfte das Geld in die Taschen seines Wintermantels, der vom Gewicht der Goldmünzen, die seine Schwägerin Jadwiga ins Futter eingenäht hatte, ohnehin schon schwer genug war. Nach einer Umarmung von Jadwiga und einem festen Händedruck von Marian brach Jan zum Bahnhof auf.

In den fünf Wochen seit Jans Rückkehr aus Lwów hatte Marian ungeduldig seine Polizeikontakte nach Ideen durchforstet, wie er seinen Kurier nach Frankreich bringen konnte. Es war lebensnotwendig, daß Jan die Reise so schnell wie möglich antrat.

Je mehr Monate ohne einen Angriff Frankreichs oder Englands auf Deutschland verstrichen, desto wahrscheinlicher schien, daß sich die Nazi-Besatzung wesentlich länger hinzog als von den meisten Polen erwartet. In diesem Fall wurde Marians Situation immer heikler. Vorübergehend unter deutscher Hoheit als Polizeichef zu fungieren war aus taktischen Gründen vertretbar, ein langfristiger Verbleib im Dienst konnte jedoch als verräterische Kollaboration gewertet werden, wenn nach dem Krieg abgerechnet wurde. Daß Polen aus diesem Krieg als Sieger hervorgehen würde, daran zweifelten selbst jetzt noch die wenigsten. Von den vielen Botschaften, die Jan nach Frankreich mitnehmen sollte, würde – aus persönlichen Gründen – keine so wichtig sein wie die des Warschauer Polizeikommandanten an General Sikorski um Orientierungshilfe bei der Entscheidung, wie lange Marian noch auf seinem Posten bleiben solle.

Am 20. Januar 1940 war Jan endlich unterwegs, und Marian konnte nur noch hoffen, daß die Route, die er so minutiös ausgearbeitet hatte, in der Praxis funktionieren würde.

Für Jans Fahrt zu Polens südlicher Grenze mußte der Plan sowohl die von den Deutschen verfügten Reisebeschränkungen als auch durch Kriegsschäden bedingte Unzulänglichkeiten des Zugverkehrs berücksichtigen. Es gab von Warschau aus eine Direktverbindung in genau südlicher Richtung nach Krakau – in Friedenszeiten eine vierstündige Fahrt. Da polnischen Bürgern die Benutzung durchgehender Züge jedoch verboten war (diese blieben den deutschen Besatzern vorbehalten), mußte sich Jan mit Bummelzügen, die sich im Zickzackkurs durchs südliche Polen schlängelten, von Ort zu Ort vorwärtsbewegen: Von Warschau nach Tschenstochau, von Tschenstochau nach Kielce und von dort nach mehrstündigem Aufenthalt weiter nach Krakau. Im ganzen dauerte die Fahrt zwei volle Tage.

Als ob die Fahrtdauer nicht schon für sich allein ausgereicht hätte, die Reise zu einem Alptraum zu machen, herrschten unterwegs auch noch erbärmliche Zustände. Jan beschrieb die Szenerie in einem Bericht, den er kurz nach seiner Ankunft in Frankreich verfaßte:

> Der Zug ist vollgestopft, ... ungeheizt, völlig unbeleuchtet, und es fehlen viele Fensterscheiben. ... Die Stimmung ist niedergeschlagen; die Passagiere wirken abgespannt, ungeduldig, hart und unversöhnlich. Falls überhaupt Unterhaltungen zustande kommen, drehen sie sich ausschließlich um Essen oder Krieg. Alle beklagen sich, verfluchen das alte Regime; alle sind verbittert.

Bei vielen der Fahrgäste handelte es sich um Schmuggler, die – allen deutschen Anstrengungen, polnische Erzeugnisse zu beschlagnahmen, zum Trotz – Nahrungsmittel auf den Markt brachten. Andere waren Stadtbewohner, die die dortige Warenknappheit zwang, Lebensmittel, Kleidung und Heizmaterial auf dem Land einzukaufen. Verzweiflung sprach aus den meisten Gesichtern, in die Jan blickte. Diese Menschen, die auf der Suche nach besseren Lebensbedingungen durch Polen stolperten, hinterließen bei Jan den Eindruck einer Gesellschaft, die sich im Kreise dreht:

> Die Bevölkerung befindet sich permanent in Bewegung. Fast jeder ist auf der Suche nach jemandem, ... versucht, irgendwohin zu kommen, etwas zu kaufen, etwas zu verkaufen, etwas zu regeln.

Die zweite Kategorie Passagiere war das große Kontingent von Juden, die nach sichereren Aufenthaltsorten suchten. Ein Gesetz, das Juden den Wohnungswechsel ohne eine Sondergenehmigung der Gestapo verbot, war bereits in Kraft; eines, das sie aus den Zügen verbannte, sollte in Kürze folgen. Wenn auch die Massenvernichtung noch nicht begonnen hatte, so mußten die Juden doch immer mehr Entbehrungen hinnehmen – eine Tatsache, die einigen der Polen in Jans Abteil offensichtlich gut gefiel. Ohne den dürftigen gesetzlichen Schutz, den ihnen die Vorkriegsregierung gewährt hatte, waren die Juden dem polnischen Antisemitismus wehrlos ausgeliefert. Jan notierte darüber:

Das Verhalten den jüdischen Mitreisenden gegenüber ist meist erbarmungslos, hart. Immer wieder werden sie mit Drohungen eingeschüchtert, lächerlich gemacht, von ihren Sitzen gestossen. Die Juden bleiben passiv, unterwürfig.

In Krakau legte Jan einen mehrtägigen Zwischenhalt ein, um sich mit Mitgliedern von Marians Polizeiverschwörung zu beratschlagen. Aus Furcht vor den Ausweiskontrollen der Deutschen mieden die meisten Polen damals öffentliche Unterkünfte. Doch da Jan, dank seines Bruders, sichere Papiere und einen offiziellen Reisegrund besaß, stieg er in einem Hotel ab. Er entdeckte allerdings eines Abends bei seiner Rückkehr dorthin, daß jemand seinen Rucksack durchwühlt hatte.

Der Zug nach Zakopane, dem Wintersportort im südpolnischen Tatra-Gebirge, war Ende Januar gähnend leer; ähnlich wie die Straßen der Stadt, wie Jan nach seiner Ankunft feststellte. Die Szenerie unterschied sich stark von dem geschäftigen Treiben der Urlauber, das Jan aus Vorkriegszeiten in Erinnerung geblieben war. Ein Polizist holte Jan vom Bahnhof ab und stellte ihm seinen Bergführer vor, einen Polen, der in Friedenszeiten Waren geschmuggelt hatte und jetzt Menschen seine Dienste anbot. Jan nahm sich ein Zimmer in einem örtlichen Hotel, dessen einzige andere Gäste ein paar deutsche Offiziere auf Urlaub mit ihren Familien waren. Jan konnte zwar skifahren, es fehlte ihm jedoch an Übung. Nachdem er seine Kenntnisse mehrere Tage lang auf den berühmten Pisten von Zakopane aufgefrischt hatte, fühlte er sich ausreichend gerüstet, um sich mit dem Bergführer und zwei weiteren Flüchtlingen auf den Weg zu begeben. Keiner der Skifahrer hegte Illusionen über das Schicksal, das ihm drohte, falls er gefaßt wurde beim illegalen Grenzübertritt in die Slowakei (dem neuen Staat, der nach dem deutschen Überfall auf die Tschechoslowakei entstand, als sich deren östliche Provinzen mit Hitlers Billigung abspalteten). Zahlreiche Polen waren schon für ähnliche Fluchtversuche in Zakopane auf einem Friedhof erschossen worden. In der Morgendämmerung des 29. Januar brach die kleine Gesellschaft zu den zerklüfteten Gipfeln der Tatra auf. Jan hegte von Anfang an ein gewisses Mißtrauen gegen den Bergführer. Der Mann behauptete, aus patriotischen Motiven zu handeln, hatte aber von jedem Flüchtling fünfhundert Złoty verlangt – was drei Monatsgehältern eines durchschnittlichen polnischen Arbeiters entsprach. »Unglaublich habgierig«, kommentierte Jan in seinem Bericht an die Regierung in Frankreich.

Zwei Tage lang herrschte strahlender Sonnenschein, und der Neuschnee knirschte unter den Skiern der Flüchtlinge. Weder die Deutschen noch irgendjemand anderer frequentierte diese hochgelegenen Berghänge. Die vier Männer überquerten die Grenze bereits am ersten Tag, entließen ihren Führer danach jedoch nicht gleich. Hitler war zwar noch nicht in die Slowakei eingefallen, aber deren faschistisches Marionettenregime lieferte jeden auf slowakischem Gebiet gefaßten polnischen Flüchtling an die Deutschen aus. Die vier Männer vermieden Bergdörfer; jeder hatte Brot-, Wurst- und Schnapsvorräte in seinem Rucksack. Übernachtet wurde in leeren Schäferhütten.

Jan genoß die Freiheit dieser stillen, gefrorenen Welt, die sich so sehr von den Schrecken und dem Elend des Alltags in Polen unterschied. Die Einsamkeit der majestätischen Tatra bot ein paar Augenblicke des Friedens und der Schönheit inmitten einer bis dahin scheußlichen Reise. Unglücklicherweise litt Jan unter zu großen Schmerzen, um das Idyll voll auszukosten: Der Bergführer hatte ihm in Zakopane eine neue Skiausrüstung, inklusive nagelneuer Skistiefel, besorgt; da die Stiefel noch nicht eingelaufen waren, hatten sie schmerzhafte Blasen an beiden Füssen verursacht. Verstärkt wurden Jans Qualen noch durch Frostbeulen, die er sich an mehreren Zehen zugezogen hatte.

Am Ende der Skitour konnte Jan kaum noch laufen. Der Bergführer übergab seine Kunden an einen slowakischen Kollegen, der sie laut Vereinbarung zur ungarischen Grenze fahren sollte. Doch der Slowake verlangte Geld in seiner Landeswährung, von der Jan nichts besaß. Nach hitziger Diskussion hinkte Jan davon. Er war allein.

In den Besitz von slowakischen Kronen gelangte er dann durch den Verkauf eines großen Teils des Goldes, das er bei sich trug. Die slowakische Bevölkerung, durch Tradition und Sprachenverwandtschaft eng mit Polen verbunden, erlebte Jan als freundlich – trotz ihrer mit den Deutschen sympathisierenden Regierung. Die Einheimischen, die er um Rat fragte, als er sich zu Fuß, per Bus oder Zug durch unbekanntes Gebiet Richtung Süden durchschlug, waren allgemein sehr hilfsbereit.

Eine solche Begegnung fand an einem Busbahnhof statt. Jan hatte kein slowakisches Geld mehr, aber als er einen mit Ausnahme des Fahrers leeren Bus entdeckte, entschloß er sich, den Versuch zu wagen, und stieg ein.

»Sind Sie Katholik?« fragte Jan als Einleitung.

»Ja«, antwortete der Mann mit einem amüsierten Seitenblick.

»Glauben Sie an Gott?«

»Ja.«

»Sind Sie ein rechtschaffener Mensch?«

»Ja.« Der Busfahrer glaubte vermutlich, es mit einem fanatischen religiösen Bekehrer zu tun zu haben.

»Gut, dann habe ich Glück«, seufzte Jan und kam zum Kern seines Anliegens. »Mein Herr, ich bin Pole und befinde mich in einer Notlage: ohne Heimat, in einem fremden Land, mittellos. Ich bin sicher, daß ein Slowake einem Polen kein Leid zufügt. Ich bin auf der Flucht aus einem zerstörten Vaterland, einem Land, das man uns entriß und in Verzweiflung und Elend stürzte. Ich bin auf dem Weg nach Ungarn. Bitte, helfen Sie mir!«

Der Busfahrer erwies sich als gefälliger als erhofft. Er gab Jan nicht nur nützliche Hinweise, wie man den örtlichen Ordnungshütern aus dem Weg ging, sondern vermittelte ihm auch noch einen Taxifahrer, der Kunden zur ungarischen Grenze brachte und Bezahlung in ausländischer Währung akzeptierte.

Der Mann fuhr Jan nach Dobšina – eine Stadt, durch die damals die slowakisch-ungarische Grenze lief. (Ungarn hatte kurz zuvor einen

Teil der Slowakei annektiert.) Dort setzte der Chauffeur seinen Fahrgast spät abends an einer günstigen, unbewachten Stelle ab, von der aus Jan über die Grenze laufen konnte.

Nachdem Jan den ungarischen Grenzposten seinen Diplomatenpaß gezeigt hatte – obwohl er eigentlich unter einem anderen Namen reiste –, wurde er freundlich empfangen und erhielt kostenlos eine Zugfahrkarte nach Budapest.

Im polnischen Konsulat in Budapest, der zentralen Anlaufstelle für alle Polen, denen die Flucht nach Ungarn geglückt war, wurde Jan von den Beamten seines Heimatlandes weit weniger höflich empfangen als zuvor von den ungarischen Behörden. Jan äußerte sich selbst vier Jahre später, als er auf Anfrage der polnischen Regierung eine Zusammenfassung seiner frühen Aktivitäten schrieb, noch verärgert über diese Behandlung und beschwerte sich über den Offizier, der ihn nach seiner Ankunft in Budapest verhört hatte – einen Oberst Alfred Krajewski –, mit folgenden Worten:

> Ich kann nicht verschweigen, daß er sich mir gegenüber auf eine seiner Stellung unangebrachte Weise unloyal verhielt. Er wollte mich nur unter der Bedingung nach Angers weiterreisen lassen, daß ich ihm meine gesamten Unterlagen offenbarte. Darüber hinaus zog er trotz meiner Vorbehalte, daß es sich um höchst vertrauliches Material handele, bei meiner Befragung den örtlichen Leiter der Abteilung II (polnischer Nachrichtendienst) hinzu.

Nachdem Jan die Polen von der Wichtigkeit seiner Mission überzeugt hatte, mußte er in Budapest warten, bis seine Weiterreise nach Frankreich arrangiert werden konnte – eine heikle Angelegenheit, da die neutralen Ungarn Hitler zugesichert hatten, kampffähige Flüchtlinge nicht außer Landes zu lassen. Davon abgesehen war Jan ohnehin nicht in der körperlichen Verfassung für einen sofortigen Aufbruch. Nach der Anfangsbefragung wurde er von polnischen Beamten zur Behandlung seiner geschwollenen, verstümmelten Füße und einer Grippe, die sich zur Lungenentzündung auszuweiten drohte, in ein Budapester Krankenhaus überwiesen. Zwar wurde er schon drei Tage später in viel besserem Zustand wieder entlassen, schleppte aber die Nachwirkungen noch Monate lang mit sich herum. Jene

Beschwerden – in normalen Zeiten nicht mehr als ein schmerzhaftes Ärgernis – sollten vier Monate später Konsequenzen nach sich ziehen, die Jans Leben für immer veränderten, ja sogar fast beendeten.

Nach dem Krankenhausaufenthalt durfte sich Jan bis zur Fertigstellung seiner neuen Reisedokumente frei in Budapest bewegen, und so ließ er sich vom Charme der ungarischen Hauptstadt verführen. Er besuchte eine Opernvorstellung, elegante Cafés und ein Heilbad. Alle Ungarn, die er traf, bemühten sich außergewöhnlich freundlich um ihn. Da er weder mit der Sprache noch mit der Währung des Landes vertraut war, hielt Jan gewöhnlich beim Einsteigen in die Straßenbahn einfach eine Handvoll Münzen hin, woraufhin sich der Schaffner den korrekten Betrag heraussuchte. Fahrgäste, die ihn als einen der vielen polnischen Flüchtlinge in der Stadt erkannten, umarmten ihn oder drückten ihm die Hand als Zeichen ihres Mitgefühls.

Eine Woche nach seiner Ankunft in Budapest erhielt Jan im polnischen Konsulat neue Papiere. Auf seiner Weiterreise nach Frankreich würde er als »Jan Kanicki« auftreten, ein in einem ungarischen Fremdenverkehrsbüro arbeitender Dolmetscher für Französisch. Die Papiere waren von der ungarischen Regierung beglaubigt. Zusammen mit den falschen Dokumenten stellte das Konsulat Jan Zugfahrkarten erster Klasse und ein großzügiges Taschengeld zur Verfügung. Außerdem wurde ein verschlüsseltes Fernschreiben nach Angers geschickt, das der Exilregierung sein Eintreffen ankündigte.

Jans Bahnreise verlief fast so normal wie eine zu Friedenszeiten. Von Ungarn führte die Route in südlicher Richtung durch Jugoslawien, dann nach Westen durch Norditalien. Trotz Mussolinis Allianz mit Hitler unternahmen die Italiener keinerlei größere Anstrengungen, um den Personenverkehr nach Frankreich zu unterbinden. Obwohl Jan eine Fahrkarte nach Paris besaß, befolgte er die Instruktionen des Budapester Konsulats und verließ den Zug in Menton, dem ersten Haltepunkt auf der französischen Seite der italienisch-französischen Grenze. In Frankreich, wo seine Regierung als souveräner Verbündeter anerkannt war, glaubte Jan, seine in Budapest angenommene provisorische Identität wieder ablegen zu können. In französischer Sprache trug er einem Polizisten am Bahnhof sein

Anliegen vor: »Ich bin polnischer Offizier. Bitte zeigen Sie mir den Weg zur polnischen Militärbehörde in dieser Stadt.«

Wieder erlebte Jan einen unfreundlichen Empfang seitens seiner Landsleute. Er wurde an einen Hauptmann des militärischen Abschirmdienstes verwiesen. Der Mann hatte aus Angers keinerlei Nachricht über einen »Kanicki« erhalten und ignorierte Jans Bitte um einen klärenden Anruf beim Büro des Ministerpräsidenten. Statt dessen zog der Hauptmann eine sture Befragung durch. Mit dem gelangweilten Seufzen eines Bürokraten, der das alles schon einmal gehört hat, schickte er diesen Flüchtling schließlich dorthin, wo er alle durch sein Büro strömenden polnischen Flüchtlinge hinschickte – in die Kaserne, in der sie für den Dienst in der Armee gedrillt wurden. Jans empörte Proteste ignorierte der Hauptmann mit ausdrucksloser Miene.

Ein paar Stunden nach dieser Begegnung erschien derselbe Hauptmann in der Kaserne und suchte aufgeregt nach einem Jan »Kanicki«. Als er Jan fand, entschuldigte er sich überschwenglich für das »Mißverständnis«. Inzwischen hatte er einen Anruf vom Büro des Ministerpräsidenten erhalten. Dort hatte man nach Jans Verbleib geforscht, als auffiel, daß seine Ankunft überfällig war. Nachdem der Hauptmann Jan zum wiederholten Male sein aufrichtiges Bedauern über die ihm bereiteten Umstände ausgedrückt hatte, geleitete er seinen plötzlich so wichtigen Besucher aus der überfüllten Kaserne zum besten Hotel von Menton, in dem bereits für Jan ein Zimmer reserviert war.

Am nächsten Morgen holte ihn eine aus Angers geschickte Limousine ab. Bei Einbruch der Dunkelheit traf Jan an dem an der Loire südwestlich von Paris gelegenen provisorischen Sitz der polnischen Regierung ein.

In Angers trat Jan wieder unter falschem Namen auf, um seine Mission vor Nazispionen, von denen es in Frankreich wimmelte, geheimzuhalten. Von Paweł Siudak, dem Regierungsbeauftragten, der ihn aus Menton abgeholt hatte, hatte Jan während der Fahrt Instruktionen betreffend der Aufrechterhaltung seiner Tarnung erhalten. Er sollte alle Ansammlungen von Polen in Angers und Paris möglichst meiden. Für den Fall, daß er von einem Landsmann erkannt würde, lautete seine Geschichte, er sei aus Polen gekommen, um in die Armee einzutreten.

Jans erste Kontaktperson in Angers war Professor Stanisław Kot, früher Dozent an der Universität Krakau, jetzt Innenminister der Exilregierung. Kot, langjähriger Gegner des Piłsudski-Regimes und engster politischer Berater von General Sikorski, besaß das einmalige Talent, sich überall Feinde zu machen. Nicht nur Piłsudskisten, sondern Mitglieder aller politischen Fraktionen verabscheuten ihn als arroganten Intriganten. Trotz dieser Antipathie, oder vielleicht gerade wegen ihr, übte Kot starken Einfluß innerhalb der Regierung aus. Sein Mangel an Popularität resultierte zu einem großen Teil aus der Tatsache, daß der Professor klüger war als die meisten seiner Gegner. Jan kannte Kots Ruf als gnadenlosen Menschenrichter und bemühte sich, sich beim ersten Treffen in einem Restaurant in Angers so offen und höflich wie möglich zu benehmen. Er wußte, daß er Kot aufgrund der Verbindungen seiner Familie zum Piłsudski-Regime von vorneherein verdächtig erscheinen würde. Es war ihm auch klar, daß er den Innenminister für sich gewinnen mußte, um nach Polen zurückreisen zu dürfen – so, wie er es geschworen hatte zu tun.

Kot musterte den jungen Polen bei der Begrüßung. »Sie sehen aus wie ein Pariser Bankier, der gerade von einem Bankett kommt«, bemerkte Kot ohne den Anflug eines Lächelns mit Blick auf Jans neuen Anzug. Bei jemandem, der gerade aus Polen geflohen sei, ergänzte er, müsse man eigentlich »zerknitterte Hosen und zerrissene Socken« erwarten.

Jan erklärte, er habe den Anzug in Budapest gekauft, mit Mitteln, die ihm die Regierung zur Verfügung gestellt habe. Aber selbst in Polen, fügte er an, verstünden es die Menschen noch stets, sich ansehnlich zu kleiden. Dann verlangte Kot von Jan detaillierte biographische Auskünfte: wer er sei, was er vor dem Krieg gemacht habe und welcher Untergrundgruppe er angehöre.

Jan nannte seinen wirklichen Namen, den er bisher sogar in Regierungskreisen verschwiegen hatte – einerseits aus Sicherheitsgründen, andererseits, um nicht wegen der politischen Linie seines bekannten Bruders als Piłsudskist abgestempelt zu werden. Jan gab dem Professor einen genauen Überblick über sein Leben und seine

Arbeit und erwähnte dabei absichtlich auch seine Mitgliedschaft in der Piłsudski-nahen Jugendlegion und die Tatsache, daß er der Bruder von Marian Kozielewski war. Es gab natürlich Grenzen der Offenheit; Jan verschwieg selbstverständlich die Botschaft seines Bruders an General Sosnkowski, den führenden Vertreter des alten Regimes in der gegenwärtigen Regierung.

Kot reagierte auf Jans Ausführungen mit der eisigen Bemerkung: »Es ist eine Schande, daß Leute wie Sie Polens Interessen im Ausland vertreten. Sie kennen Ihr eigenes Land nicht. Sie wissen nichts über Polen. Es erstaunt mich, wie Sie erzogen wurden. Sie laufen herum mit Scheuklappen vor den Augen und sehen nichts außer Piłsudski. Aber zumindest scheinen Sie ehrlich zu sein.«

Jan biß sich auf die Zunge und unterdrückte sein Bedürfnis zu widersprechen. Er lauschte aufmerksam, als Kot ihn über die oft chaotischen politischen Entwicklungen informierte, die sich nach dem Blitzkrieg unter den polnischen Exilanten vollzogen hatten. Anschließend berichtete Jan von der ähnlich turbulenten Bildung und Aufkündigung politischer Allianzen innerhalb des Untergrunds. Diese Auseinandersetzung, erläuterte Jan, werde so verbissen geführt, weil man allgemein von einem baldigen Kriegsende ausgehe und jeder Parteivorsitzende für sich persönlich den Anspruch erhebe, die politische Landschaft im Nachkriegspolen zu gestalten. Kot warnte davor, sich auf eine kurze Kriegsdauer zu verlassen, trotz des gegenwärtigen Ruhens militärischer Aktivitäten. Hitler zu schlagen könne lange dauern.

In den folgenden Tagen bestellte der Minister Jan zu weiteren Gesprächsrunden, bei denen er Vorträge über die jüngste Geschichte polnischer Politik hielt. Der Professor schien sich vorgenommen zu haben, seinen Schüler, dessen Geist offenbar von den antidemokratischen Vorstellungen Piłsudskis und seiner Nachfolger vergiftet war, umzuerziehen. Jan mußte während seines Kurzbesuches in Angers zahlreiche Vorträge von Kot über sich ergehen lassen und fand sie schließlich sogar intellektuell bereichernd. Darüber hinaus sprach die Tatsache, daß Kot so viel Zeit in die Überzeugungsarbeit investierte, dafür, daß Jan den richtigen Eindruck auf dieses wichtige Kabinettsmitglied gemacht hatte. Im Lauf der Zeit entwickelte Jan sogar eine gewisse Sympathie für den Professor.

Kot war sehr interessiert an Nachrichten über die aktuelle Lage in Polen. Er beauftragte Jan, einen Bericht über das Leben in dem besetzten Land zu diktieren, und schickte ihm hierfür eigens einen Stenographen ins Hotelzimmer. Da das Dokument ausschließlich für die Augen der Kabinettsmitglieder bestimmt war, sollte Jan so offen wie möglich berichten. Der Innenminister wies Jan darauf hin, es ginge ihm nicht um einen ausgefeilten sprachlichen Stil, sondern um schnelles Arbeiten. Nachrichten sollten so frisch wie möglich verwertet werden, betonte Kot.

Jan diktierte dem Sekretär aus dem Stegreif und deckte dabei die vier Gebiete ab, an denen Kot besonderes Interesse bekundet hatte: taktische Details seiner Reise, allgemeine Lebensbedingungen in Polen, politische Trends in der Bevölkerung und die Situation der Juden im Nazi-besetzten Polen. Kots Frau war Jüdin; der Professor hatte Jan angedeutet, daß er sehr besorgt um ihre in Polen lebende Familie sei.

Jans Bericht über die zunehmend verzweifelte Lage der Juden lieferte seltenes und historisch wertvolles Beweismaterial der frühen Stadien von Hitlers antisemitischem Terror. Als Jan Kot seine Aufzeichnungen übergab, war ihm allerdings klar, daß er für Regierungsbegriffe wohl etwas zuviel wußte.

Jans Abhandlung über »Die Lage der Juden in der Heimat« war eine schonungslose Schilderung der Demütigungen und Traumata, unter denen die Juden in Polen zu leiden hatten. Sie enthielt Jans eigene Augenzeugenberichte von Mißhandlungen sowie eine Übersicht über die Lebensbedingungen für Juden in den einzelnen Teilzonen des besetzten Landes. Über die Lage in den von Deutschland annektierten westlichen Regionen schrieb Jan:

> Die Situation der Juden ist klar, unkompliziert, leicht zu begreifen: Sie stehen außerhalb des Gesetzes ... Die Juden werden dort praktisch jeder Lebensgrundlage beraubt.

In Zentralpolen, dem Generalgouvernement, sah Jan dagegen Anzeichen dafür, daß »die Deutschen dort gerne eine Art jüdisches Reservat schaffen möchten«. Und in dem von der Roten Armee besetzten östlichen Landesteil ginge es den Juden teilweise »sowohl ökonomisch als auch politisch besser als vor dem Krieg«, hieß es in dem Bericht.

Jan griff auch das Thema des angeblichen jüdischen Einverständnisses mit den sowjetischen Besatzern auf, das im In- und Ausland eine Welle gegenseitiger Schuldzuweisungen ausgelöst hatte, und relativierte gleichzeitig den unter nichtjüdischen Polen verbreiteten Vorwurf:

Man glaubt allgemein, die Juden hätten Polen und seine Bürger verraten. Man behauptet, sie seien grundsätzlich Kommunisten und mit fliegenden Fahnen zu den Bolschewiken übergelaufen.

Aber, gab Jan zu bedenken, man könne manchen Juden wohl kaum einen Vorwurf daraus machen, wenn sie sich zu diesem Schritt entschlössen, angesichts des Leides, das ihnen vor dem Krieg von Polen zugefügt worden sei. »Ihr Verhalten erscheint mir sehr verständlich«, berichtete Jan der Regierung, um dann einschränkend festzustellen:

Natürlich gibt es auch die schlimmen Fälle, daß (Juden) Polen denunzieren ... (und daß) sie von ihren Schreibtischen aus die Arbeit der bolschewistischen Polizei dirigieren. Unglücklicherweise muß ich zugeben, daß sich solche Vorfälle recht häufig ereignen.

Obwohl Jans Material entsetzliche Tatsachen enthüllte, hätte seine Veröffentlichung die Exilregierung nicht unbedingt in größere Schwierigkeiten gebracht. Dennoch wurde Jans Bericht zunächst als streng geheim eingestuft. Kot allerdings war so beeindruckt von der Schilderung deutscher Grausamkeiten, daß er auf die Idee kam, den Bericht in revidierter Form als Teil der polnischen Propaganda herauszugeben. Kein Pole im Exil habe jedoch das Recht, während eines Krieges öffentlich Kritik am polnischen Volk zu üben, klärte Kot Jan auf. Der Innenminister beabsichtigte, Jans Gedanken zum polnisch-jüdischen Verhältnis von seinen Mitarbeitern umformulieren zu lassen, so daß sie weder einen Skandal verursachen noch polnische Moral verletzen oder Polens Ansehen in den Augen der Alliierten trüben würden.

Jan hatte Verständnis für Kots Motive und widersprach der Textmanipulation deshalb nicht. Es herrschte Krieg, erklärte Jan später; es wäre niemandem damit gedient gewesen, in der Öffentlichkeit die schmutzige Wäsche des besetzten Landes zu waschen. Gesellschaftliche Probleme konnten nach dem Krieg aufgegriffen werden. Im Augenblick war Einigkeit oberstes Gebot.

Nachdem Kots Assistenten vier Passagen des Textes umgeschrieben hatten, fügte Jan diese neuen Versionen seinem Original an. Auf den Einband der zur Veröffentlichung vorgesehenen Kopie an das Informationsministerium notierte Jan handschriftlich: »Achtung – die Seiten 6, 9, 10, 11 haben doppelten Text.« Offenbar wollte Jan auf diese Weise sicherstellen, daß den Leuten innerhalb der Regierung die geglättete Version nicht als Tatsache präsentiert würde. Die gekritzelte Warnung vor dem »doppelten Text« wurde, während der Bericht unter den polnischen Ministern kursierte, niemals entfernt, und die Regierungsvertreter bekamen in der Tat die anklagenden Originalseiten zu lesen.

Wenn auch keinerlei Beweise dafür existieren, daß überhaupt jemals ein Teil des Berichtes der Öffentlichkeit zugänglich gemacht wurde, so läßt sich doch am Umgang der Exilregierung mit dem Text ablesen, welche Teile von Jans Zeugnis von vornherein als zu heiße Eisen eingeschätzt wurden. Bei zwei Änderungen handelte es sich um besonders eklatante inhaltliche Verfälschungen des Originals.

Zum Thema einer möglichen Allianz zwischen jüdischen und nichtjüdischen Polen gegen den gemeinsamen Feind, die Nazis, schrieb Jan ursprünglich:

> Die breite Masse der polnischen Bevölkerung hat dafür keinerlei Verständnis. Im Gegenteil, ein großer Prozentsatz profitiert von den Rechten, die ihm die neue Situation verschafft. Viele mißbrauchen oder überschreiten diese Rechte. Das bringt sie in gewisser Weise den Deutschen näher.

Jan bezog sich dabei auf die Aneignung aufgegebener jüdischer Geschäfte und Grundstücke durch Polen.

In der zensierten Version findet sich an der betreffenden Stelle die genau entgegengesetzte Aussage:

> Das Verhalten der Polen den Juden gegenüber hat sich unter dem Einfluß der Ereignisse entscheidend verändert. ... In vielen Fällen zeigen Polen deutlich ihre Sympathie für die Juden.

Bezugnehmend auf Versuche von Juden, sich mit Bestechung den Weg aus der Verfolgung durch die Nazis freizukaufen, schrieb Jan:

Die Juden bezahlen, bezahlen und bezahlen – und der polnische Bauer, Arbeiter und dumme, demoralisierte, tumbe Tor jubelt laut: »Endlich kriegen sie ihre Lektion! Wir sollten von den Deutschen lernen.« – »Das ist das Ende für die Juden!« – »Komme es, wie es wolle, wir sollten Gott dafür danken, daß die Deutschen gekommen sind und sich die Juden geschnappt haben!«

Die geänderte Version derselben Stelle lautet:

Die Juden bezahlen, bezahlen und bezahlen – die polnische Bevölkerung jedoch denkt immer häufiger und in immer weiteren Kreisen laut: »Das ist längst zuviel...« – »Das muß mit einer schrecklichen Bestrafung der Deutschen enden.«

Nachdem Kot sämtliche verfügbare Information aus Jan herausgeholt hatte, bewilligte er endlich das Gesuch des jungen Polen um ein Treffen mit dem Oberbefehlshaber. Ende Februar reiste Jan nach Paris, wo Sikorski den militärischen Wiederaufbau Polens leitete.

Vom ersten Händeschütteln an erweckte Sikorski in Jan ein Gefühl von Ehrfurcht mit einem Anflug von Angst. In den Jahren des französischen Exils hatte sich der polnische Premierminister und Oberbefehlshaber eine typisch französische Art kaum wahrnehmbaren Hochmuts angeeignet; gepaart war diese mit der steifen Haltung und dem barschen Stil des Berufssoldaten auf Lebenszeit. Sikorski strahlte zwar kaum jemals Wärme aus, doch beim Empfang von Jan gab er sich besonders kühl. Er machte von Anfang an unmißverständlich deutlich, daß ihn Kot über Jan Kozielewski unterrichtet hatte und er die Verbindung von Jans Familie zu seinem politischen Gegner kannte.

Als Jan die ihm anvertrauten Botschaften übermittelte – eine von seinem piłsudskistischen Bruder, die andere von der Gruppe von Piłsudski-Gegnern unter Borzęcki – lauschte der General mit ausdrucksloser Miene. Jan konnte weder bei Marians Bitte um Rat betreffend der Dauer seines Dienstes noch bei der Erwähnung der Nominierung von »Pan Ryszard« als Regierungsdelegierten eine Regung in Sikorskis Gesichtszügen entdecken. Erst als Jan am Ende seines mündlichen Berichts betonte, feierlich versprochen zu haben, sobald als möglich mit den Antworten der Regierung nach Polen zurückzukehren, entlockte er dem Oberbefehlshaber eine Reaktion.

»Lassen Sie mich Ihnen etwas erklären, Leutnant«, knurrte Sikorski, über seinen Schreibtisch gebeugt, mit bebenden Nasenflügeln. Das letzte Wort, zwischen knirschenden Zähnen hervorgestoßen, sollte Jan offensichtlich nachdrücklich daran erinnern, daß er nicht Diplomat im Zivildienst war, sondern aktiver Offizier, wenn auch im Augenblick ohne Uniform. In scharfem Ton fuhr der General fort: »Sie unterstehen immer noch der Befehlsgewalt Ihrer Vorgesetzten in der militärischen Kommandokette. Sie werden tun, was die Ihnen sagen, und nicht, was Sie wollen. Ich habe Sie dem Innenministerium unter Professor Stanisław Kot zugeteilt. Sie werden unter seiner direkten Kontrolle arbeiten. Verstanden!«

Enttäuscht bestieg Jan den Zug nach Angers. Er fragte sich, wie die Regierung den dringenden Bedürfnissen der aufstrebenden Untergrundbewegung gegenüber so gleichgültig sein konnte, daß sie deren Anliegen völlig ignorierte – und deren Kurier zum unbedeutenden Bürokraten degradierte. Waren Furcht und Abscheu vor dem alten polnischen Regime bei Sikorski und seinen Beratern tatsächlich so dominierend, daß sie Jan nur wegen seiner losen Verbindung zu den Piłsudskisten aus dem Krieg herausnahmen? Oder hatte Jan etwa einen zu guten Eindruck bei Kot hinterlassen, so daß ihn der Professor für seine eigenen Zwecke verwenden wollte? Welche Motive auch ausschlaggebend gewesen sein mochten, die Konsequenz lautete in jedem Fall, daß sowohl Jans Bruder als auch Borzeckis Bewegung allem Anschein nach im Stich gelassen werden würden. Als sich Jan im Innenministerium meldete, erfuhr er, daß es dort nicht einmal Arbeit für ihn gab. Im Gegenteil: Kot wollte ihn mitten im Krieg in Urlaub schicken.

»Sie haben harte Monate hinter sich. Fahren Sie nach Paris, amüsieren Sie sich und ruhen Sie sich aus. Gehen Sie ins Theater, ins Konzert«, empfahl der Professor. »Wir werden Sie benachrichtigen, wenn wir Sie brauchen.«

Jan erhielt von Kot lediglich die Anweisung, seine Tarnung zu wahren und sich aus den Intrigen der verschiedenen polnischen Splittergruppen in Paris herauszuhalten. Verwirrt reiste Jan zum verordneten Vergnügen in die Hauptstadt zurück.

In Polen wartete Marian Kozielewski vergeblich auf die Rückkehr seines Bruders. Spätestens im April 1940 hatte »Pan Ryszard« Świętochowski die Hoffnung aufgegeben, je ein Wort der Exilregierung zu seiner Kandidatur als ihr offizieller Repräsentant im Untergrund zu hören. Es gab keinerlei Lebenszeichen von dem Kurier, den er und Marian Borzęcki drei Monate zuvor nach Paris entsandt hatten, trotz dessen Rückkehrversprechen. Enttäuscht entschloß sich Świętochowski, selbst nach Frankreich zu reisen und die Angelegenheit dort persönlich zu klären. Er schaffte es bis in die Slowakei, bevor er verhaftet wurde. Ryszard Świętochowski starb 1941 in Auschwitz. Für Borzęcki, den Initiator von Jans Mission, spielte die Verspätung des Kuriers keine Rolle mehr. Die Gestapo hatte ihn bereits Ende Februar festgenommen. In der Folterkammer wurde Borzęcki tagelang mit Eisenstangen geschlagen, bis fast alle Knochen in seinem Körper gebrochen waren. Als die Deutschen endlich einsahen, daß aus diesem Gefangenen keine einzige Information herauszuholen war, erschossen sie ihn.

Jan mietete ein Zimmer in einem bescheidenen Pariser Hotel und ließ sich dort mit dem Vorsatz nieder, das Beste zu machen aus dem *drôle de guerre*, dem »Scheinkrieg« zwischen den selbstgefälligen westlichen Alliierten und Hitlers Truppen, die auf den rechten Augenblick zu warten schienen.

An die erste Stelle seiner Tagesordnung setzte Jan die Kontaktaufnahme zu General Sosnkowski, jenem Repräsentanten des piłsudskistischen Regimes, für den ihm Marian eine eigene konspirative Botschaft mitgegeben hatte. Schließlich – so argumentierte Jan – hatte Kot ihm nicht ausdrücklich verboten, Verbindung zu dem General aufzunehmen (wenn er auch vermutlich nicht sehr glücklich über ein solches Treffen gewesen wäre), und im Notfall konnte er sein Handeln immer noch als einen Höflichkeitsbesuch rechtfertigen. Unter dem Namen Jan Kanicki bat er um einen Termin für ein Gespräch mit dem General, woraufhin ein Treffen in einem kleinen, unauffälligen Restaurant arrangiert wurde.

Sosnkowski – Piłsudskis Stabschef im polnischen Unabhängigkeitskampf Anfang des Jahrhunderts – verkörperte noch mehr die alte Schule militärischen Schliffs als Sikorski. Sofort erteilte er Jan einen

»Flüchtig«, log Jan.

»Nehmen Sie sich vor ihm in acht! Er ist ein Intrigant«, warnte sie. »Er ist ein fanatischer Gegner der Piłsudskisten und verfolgt uns alle. Seine Spione sind überall. Sosnkowski ist von Spionen umringt.«

Garczyńska fuhr noch eine Weile in diesem paranoiden Tenor fort, bis Jan sie schließlich unterbrach:

»Marysia, warum erzählen Sie mir das alles? Ich interessiere mich nicht dafür. Ich suche eine Aufgabe in der Armee.«

»Ich erzähle es Ihnen, damit Sie die Menschen in Polen informieren«, schnauzte sie ihn an.

»Sind Sie verrückt?« schrie Jan. »Wie kommen Sie darauf, daß ich nach Polen zurückgehen werde?«

»Janek«, sagte sie vertraulich, indem sie ihn mit einem Kosenamen aus Universitätszeiten ansprach, »ich bin schon länger im Verschwörungsgeschäft als Sie. Ich habe einfach zwei und zwei zusammengezählt.«

Garczyńska ließ sich ausführlich darüber aus, wie schäbig Sikorski und seine Anhänger Juliusz Łukasiewicz, Polens letzten Botschafter in Paris vor dem Krieg, angeblich behandelt hätten. Nach Polens Niederlage Ende September 1939 war Łukasiewicz maßgeblich daran beteiligt gewesen, Frankreichs Zustimmung zur Bildung der Exilregierung zu gewinnen.

»Dieser Mann ist ein Patriot«, sagte Garczyńska, »und jetzt behandeln sie ihn wie einen Aussätzigen.«

Jan ließ sie ausreden, bis ihr die Schmähungen ausgingen, und geleitete sie dann höflich zur Hotelhalle.

Zwei Tage später wurde er wieder von der Rezeption gerufen. Als er nach unten kam, stellte sich ihm dort ein hagerer älterer Mann als Juliusz Łukasiewicz, ehemaliger Botschafter in Frankreich, vor:

»Darf ich ein paar Worte mit Ihnen wechseln? Ich hoffe, Sie werden mir diesen Wunsch nicht abschlagen.«

Verwirrt von der Unterwürfigkeit eines Mannes, der in der Rangordnung des Diplomatischen Corps weit über ihm stand, bat Jan den Besucher auf sein Zimmer.

»Ich weiß alles über Sie«, begann Łukasiewicz. »Sie waren immer der Erste, immer der Beste.« Er zählte die Höhepunkte aus Jans Karriere auf und kam dann zu seinem eigentlichen Anliegen:

»Ich weiß, daß Sie nach Polen zurückkehren werden. Ich möchte Ihnen einige Namen und Botschaften mit auf den Weg geben. Wir werden hier verfolgt. Sie wollen uns nicht einmal in die Armee aufnehmen. Sie verweigern uns die Ehre, für unser Land zu kämpfen. Wir sind Patrioten. Wir haben unter Marschall Piłsudski von Anfang an gekämpft.«

Aufgewühlt hielt Łukasiewicz kurz inne, um sich zu sammeln, und ergänzte dann: »Werden Sie dieses Material für uns mitnehmen?«

Jan erwiderte: »Herr Botschafter, hier muß ein Mißverständnis vorliegen. Mir ist nichts von einer Rückkehr nach Polen bekannt. Ich bin hier in Paris, um in die Armee einzutreten.«

Der Diplomat schaute Jan lange in die Augen, bevor er bedauernd sagte: »Es tut mir leid, Sie belästigt zu haben.«

Nachdem sich die beiden Männer eine Weile schweigend gegenüber gesessen hatten, ergriff der Besucher noch einmal das Wort: »Herr Kozielewski, ich nehme an, daß Sie für ihre Vorgesetzten Berichte schreiben über die Leute, die Sie treffen. Darf ich Sie darum bitten, dieses Gespräch unerwähnt zu lassen? Ich bin sicher, daß ich nicht beschattet wurde.«

Als Jan ihm dies zugesichert hatte, verließ Łukasiewicz den Raum grußlos, ohne sich hinausbegleiten zu lassen.

Endlich kam der erwartete Anruf aus Angers. Jan war froh, Paris und seine Ränke schmiedenden Polen verlassen zu können, und sei es auch nur, um in Angers wieder Schreibtischarbeit zu verrichten.

Kot wartete mit einer Überraschung auf ihn: Jan durfte nach Polen zurückkehren. Wie sich herausstellte, hatte die Regierung von Anfang an beabsichtigt, ihn zurückzuschicken.

»Ich wollte Sie nicht in der Nähe haben«, erklärte Kot. »Sie hätten uns nur im Weg gestanden.«

Während Jans ausgedehntem Urlaub hatte das Innenministerium zahlreiche auf Mikrofilm aufgenommene Dokumente vorbereitet, die er mitnehmen sollte, und politische Informationen gesammelt, die er sich ins Gedächtnis einprägen mußte.

Jan war überrascht, eines Tages zufällig seinen ehemaligen Kommilitonen Jerzy Lerski in nagelneuer polnischer Uniform in Angers zu treffen. Für die beiden Freunde war es ein peinliches Wiedersehen, weil keiner dem anderen den Grund seiner Anwesenheit in der Stadt mitteilen konnte. Man vereinbarte, sich später wiederzutreffen. Jan weihte Lerski schließlich in das Wesen seiner Mission ein und ermunterte den Freund, sich selbst auch als Kurier zu bewerben. Kot suchte noch Freiwillige für den Botendienst nach Polen, und Jan konnte Lerskis Intelligenz und Charakter bestens empfehlen.

Lerski lehnte Jans Vorschlag mit der Begründung ab, er sei nicht der Typ für geheime Operationen. »Ich bevorzuge den Kampf mit offenen Waffen«, ergänzte er grinsend.

»Sei dir da nicht so sicher«, erwiderte Jan, »diejenigen, die im Geheimen handeln, sind mindestens so nützlich, wenn nicht gar nützlicher, als diejenigen, die an der Front kämpfen.«

Die Saat, die Jan ausgestreut hatte, sollte drei Jahre später Früchte tragen, als Lerski tatsächlich Kurier wurde.

Jan wurde ein zweites Mal zu Sikorski bestellt. Der General hatte natürlich Antworten auf die Botschaften, die Jan ihm beim ersten Gespräch überbracht hatte – er hatte sie nur zurückgehalten, damit Jan in Paris kein Unheil anrichten konnte, indem er mit polnischen Landsleuten über Sikorskis Einstellung zu den betreffenden Punkten sprach.

Zur Frage, wer als Regierungsdelegierter der vereinten Untergrundbewegung agieren sollte, meinte Sikorski, er stimme jedem Kandidaten zu, der die Mehrheit aller großen Fraktionen des Landes auf sich vereinige. Die politische Richtung des Bewerbers spiele für die Exilregierung keine Rolle; ausschlaggebend sei allein, daß der Delegierte mittels eines demokratischen Prozesses in Übereinstimmung aller rivalisierenden politischen Bewegungen gewählt werde.

Wie zuvor Sosnkowski, kündigte auch Sikorski seine Unterstützung für Marian Kozielewskis Entscheidung an, auf seinem Posten zu bleiben.

»Er braucht keinerlei moralische oder patriotische Skrupel wegen seines Verbleibs im Amt zu haben«, sagte der Oberbefehlshaber, »die Exilregierung teilt seine Ansicht.«

Dies war die Bestätigung, die sich Marian so dringend erhofft hatte. Jetzt mußte Jan sie ihm nur noch überbringen.

Sikorski und Kot erstellten ein kompliziertes Regelwerk zur Steuerung der Untergrundarbeit. Es enthielt Richtlinien für die Kooperation zwischen militärischen und zivilen Flügeln der Bewegung, Eingreifmöglichkeiten der Exilregierung zur Schlichtung von Konflikten zwischen rivalisierenden Fraktionen, Pflichten und Machtbefugnisse des Regierungsdelegierten, Strategien zur Aktivierung der Bevölkerung sowie mögliche Kommunikationswege zwischen Widerstand und Exilregierung. All diese Punkte prägte sich Jan ins Gedächtnis ein, außerdem die Namen von neunzehn Politikern der verschiedensten Fraktionen, zu denen er in Kots Auftrag Kontakt aufnehmen sollte.

Ende April 1940 trat Jan von Angers aus die Rückreise an. Er nahm dieselbe Route wie auf dem Hinweg, hatte jedoch dank sorgfältiger Planung der Exilregierung einen weit ruhigeren Reiseverlauf. Dennoch gab es Schwierigkeiten. Wieder ärgerte er sich über die polnischen Beamten in Budapest, das er am 28. April erreichte. Er beschwerte sich später bei der Regierung, daß »der Leiter unserer Basis meine Dienste mißbrauchte«, indem er ihn zwang, ein über dreißig Pfund schweres Geldpaket nach Polen mitzunehmen – eine Aufgabe, die normalerweise rangniedrigeren Kurieren zukam. Auch die Schmerzen an Jans Füssen stellten sich wieder ein, als er durch die inzwischen schneefreien slowakischen Berge wanderte. Das Gewicht in seinem Rucksack verschlimmerte die Verletzungen zusätzlich.

Als Jan Anfang Mai hinkend in Krakau eintraf, suchte er sofort die Wohnung von Tadeusz Pilc auf, einem alten Schulfreund aus Łódź. Zwar wollte Jan unbedingt so schnell wie möglich nach Warschau, um seinem Bruder und den anderen die Nachrichten aus Frankreich zu überbringen, doch seine körperliche Verfassung ließ eine Weiterreise im Augenblick nicht zu. Davon abgesehen mußte er in Krakau mehrere Aufträge erledigen. Kot hatte ihn angewiesen, dort Kontakt zu verschiedenen Personen aufzunehmen, unter anderem zu dem örtlichen Sozialistenführer Józef Cyrankiewicz.

Nachdem er Pilc dazu überredet hatte, nach Warschau zu fahren, um Marian seine baldige Ankunft anzukündigen, nutzte Jan die Wohnung des Freundes während seiner Genesung als Treffpunkt. Pilc, der politisch noch weiter links als die Sozialisten stand, aber dennoch mit Cyrankiewicz befreundet war, hatte eine Zusammenkunft arrangiert. Jan empfing den Sozialistenführer im Bett liegend. Der charismatische Cyrankiewicz beeindruckte Jan tief mit seiner klaren politischen Sicht, die er bei seiner kurzen Zusammenfassung über die Entwicklung des Untergrunds in Südpolen offenbarte. Obwohl Jan wenig Sympathien für das politische Programm der Sozialisten hegte, entstand zwischen Cyrankiewicz und ihm eine Beziehung, die sich als erstaunlich dauerhaft erweisen sollte.[1]

Pilc kehrte mit der Nachricht zurück, Marian erwarte dringend Jans Ankunft. Vor der Abreise erhielt Jan von Cyrankiewicz Kontaktadressen, über die bestimmte Politiker in Warschau erreichbar sein würden, und am 7. Mai 1940 traf er per Bahn in der Hauptstadt ein. Auf dem bekannten Weg durch den Seitenausgang der Heilig-Kreuz-Kirche und über den Hof des Polizeipräsidiums näherte sich Jan der Wohnung seines Bruders. Noch immer schwer hinkend, aber dankbar, endlich wieder zu Hause zu sein, stieg er die Treppe zur Wohnung hinauf und klingelte. Jadwiga öffnete; ihr Gesichtsausdruck wirkte ernst und besorgt.

»Die Gestapo hat Marian gestern nacht abgeholt«, flüsterte sie monoton. »Entferne dich leise, ohne Aufmerksamkeit zu erregen. Vielleicht wird das Gebäude beobachtet.«

Nach systematischer Unterwanderung hatte die Gestapo der Polizeiverschwörung den vernichtenden Schlag versetzt: In den frühen Morgenstunden des 7. Mai verhafteten die Deutschen neunundsechzig Polizeioffiziere und unterzogen sie im berüchtigten Pawiak-Gefängnis wochenlang brutalen Verhören. Diejenigen, die die Folter überlebten – darunter auch Marian – wurden anschließend in das neue Gefangenenlager verfrachtet, das an der Stelle errichtet worden war, an der Jan den Kriegsausbruch erlebt hatte: nach Auschwitz. Durch die Auflösung der Polizeiverschwörung, die Verhaftung von »Pan Ryszard« und die Exekution von Borzęcki schien Jans ursprüng-

---

[1] 1974 gab es ein freundschaftliches, herzliches Wiedersehen zwischen Jan und Cyrankiewicz, trotz gewisser Aspekte der Vergangenheit, die die beiden Männer voneinander trennten: Der Krakauer Sozialistenführer der Kriegsperiode war in den 50er Jahren Ministerpräsident des kommunistischen Polen gewesen.

licher Auftrag in Frage gestellt. Doch der Untergrund entfaltete sich trotz der Verluste unter seinen Anführern rapide. Jans Informationen aus Angers waren für die Köpfe der Widerstandsbewegung äußerst wertvoll, selbst wenn sie einige der vorgesehenen Empfänger nicht erreichten.

Im Verlauf der Kontaktaufnahme zu den von Kot genannten Repräsentanten der einzelnen politischen Splittergruppen baute Jan seine Beziehungen innerhalb der sich gerade formierenden Untergrundbewegung aus. Zwischen den einzelnen Fraktionen zeichnete sich ein wachsender Zusammenhalt ab. Rivalisierende politische Flügel stimmten einer Kooperation unter einer gemeinsamen Dachorganisation zu, und aus den 1939 spontan entstandenen, versprengten Zellen ging eine vereinigte militärische Front hervor. Für Jan kam dieser Zusammenschluß gerade rechtzeitig. Denn zur Beschaffung von Lebensmittelkarten, falschen Papieren, finanziellen Mitteln und sicheren Quartieren bedurfte es eines funktionierenden konspirativen Apparates.

In den folgenden Wochen traf sich Jan mit zahlreichen Schlüsselfiguren des Untergrunds und erläuterte die von der Regierung erlassenen Richtlinien für den Widerstandskampf. Bei gewissen Punkten herrschte generelle Übereinstimmung. Als oberster Grundsatz galt, daß die Gründung eines kompletten, funktionsfähigen Geheimstaates als symbolischem Repräsentanten eines unabhängigen Polen unabdingbare Notwendigkeit war. Alle anderen Aspekte des Kampfes ergaben sich aus diesem Leitsatz. Eine absolut kompromißlose Haltung gegenüber dem Feind; eine Armee, die die Machtbefugnis der Zivilregierung respektierte; eine demokratische Gesinnung innerhalb des zivilen Flügels des Untergrunds; und ein politisches Klima, das das diskreditierte Regime der Piłsudskisten handlungsunfähig machte – dies alles waren entscheidende Schritte, um dem Anspruch der Untergrundbewegung, sich als Vertreter des polnischen Volkes zu legitimieren, Glaubwürdigkeit zu verschaffen.

Ende Mai wurde Jan zu einer Versammlung des neu gegründeten politischen Koordinierungsrates geladen. Dieses Gremium, das sich aus den Vorsitzenden der wichtigsten politischen Fraktionen sowie dem Befehlshaber der Untergrundarmee zusammensetzte und sich seit März einmal wöchentlich in wechselnden sicheren Häusern traf,

hatte sich mitten im Nazi-besetzten Warschau als eine Art Rumpf-
parlament konstituiert. Die Parlamentarier mußten oft ungewöhnli-
che Hindernisse überwinden, um die zur Beschlußfähigkeit vorgeschriebene Zahl von Abgeordneten zusammenzubringen. Der Vorsitzende der Bauernpartei verpaßte zum Beispiel eine Sitzung, weil
er auf der Straße zufällig aufgegriffen und zusammen mit ungefähr
zwanzig anderen Polen als Geisel festgehalten wurde mit der Androhung, erschossen zu werden, falls es während einer bestimmten
Periode zu Gewaltakten des Widerstands komme. Bis zur Entlassung des Parteivorsitzenden sprang dessen Stellvertreter ein, so daß
die Versammlungen unbeeinträchtigt abgehalten werden konnten.
Als Tagessitz des Parlaments für die Sitzung, an der Jan teilnahm,
diente die Wohnung einer alten Frau in der Skorupka-Straße in Warschau. Die Frau hatte vermutlich keine Ahnung, wofür ihr Heim
benutzt wurde, sondern hatte ihre Wohnung dem Untergrund einfach zur Verfügung gestellt und sich dann zurückgezogen. Jan wurde in ein Wohnzimmer geführt, wo sich ihm ein Bild bot, das ihn an
sein Treffen mit Borzęcki und dessen Verbündeten im vergangenen
Dezember erinnerte. Keiner der vier Männer, die ihn erwarteten,
nannte seinen Namen, doch Jan erfuhr kurz nach der Versammlung,
um wen es sich dabei handelte. Drei von ihnen waren Politiker, die
vor dem Krieg eine führende Rolle in der polnischen Politik gespielt
hatten: Kazimierz Pużak von der Sozialistischen Partei, Aleksander
Dębski von der Nationalpartei und Stefan Korboński von der Bauernpartei. Alle drei Parteien hatten in Opposition zu den Regierungen von Marschall Piłsudski und seinen Nachfolgern gestanden. Der
vierte Anwesende war General Stefan Rowecki, Kommandant der
Union für den Bewaffneten Kampf, des militärischen Flügels des
Untergrunds.
Vor Jan hatte sich die Gehirnzelle der Untergrundbewegung versammelt. Man hatte Parteidifferenzen zurückgestellt, um sich für
einen gemeinsamen Kampf zu engagieren, dessen Ziel nicht nur die
Befreiung Polens, sondern auch die Schaffung eines neuen Staates
war, der als freie, demokratische Nation aus dem Krieg hervorgehen
sollte. Als Lohn für ihren Einsatz wartete auf drei der Männer ein
grausames Schicksal: Rowecki starb unter deutscher Folter, Dębski
wurde im Poznań-Gefängnis mit der Axt enthauptet. Pużak, von den

Russen 1945 zu Kooperationsgesprächen eingeladen und dann von ihnen verhaftet, kam fünf Jahre später in seiner Gefängniszelle um. Nur Korboński überlebte und wanderte schließlich in die Vereinigten Staaten aus.

Bevor Jan dem Komitee Bericht erstattete, erklärte er, er werde lediglich Sikorskis und Kots Beobachtungen und Vorschläge wiedergeben, also als reiner Nachrichtenüberbringer fungieren und keinerlei eigene Gedanken in die Diskussion einfließen lassen. Jan sprach mehr als zwei Stunden lang und zitierte dabei oft komplette Sätze aus dem Gedächtnis. Korboński erinnerte sich später in seinen Memoiren, daß Jan ...

> einen ehrlichen, vertrauenswürdigen Eindruck machte. Was er uns erzählte, war keine große Offenbarung für uns ... Was uns General Sikorski durch ihn ausrichten ließ und welche Absichten er hegte, wußten wir bereits. Nichtsdestoweniger vertiefte dieser ausgezeichnete und detaillierte Bericht unsere Kenntnisse. Wir verabschiedeten den Boten, stärker beeindruckt von seiner Persönlichkeit als von seinem Bericht.

Bei späteren Einzeltreffen lernte Jan jeden der Parteivorsitzenden persönlich kennen. Welch vorteilhaften Eindruck er hinterließ, geht sowohl aus Korbonskis Erinnerungen als auch aus einem Memorandum des Sozialistenführers Kazimierz Pużak hervor. Pużak, der in der Gefängniszelle auf Papierfetzen heimlich einen Rechenschaftsbericht für die Nachwelt niederschrieb, pries Karski als die präziseste und objektivste verfügbare Informationsquelle. Jans Bericht vor der Untergrundversammlung sei ein »Meisterwerk genauer Erinnerung« gewesen, urteilte Pużak.

Jan war nicht überrascht, als er Ende Mai erfuhr, daß der politische Koordinierungsrat beschlossen hatte, ihn erneut nach Frankreich zu schicken. Er wußte, daß Bedarf an weiterer Rücksprache mit Sikorski über Details der Untergrundverwaltung bestand. Außerdem wollte jeder Parteivorsitzende mit seinem Gegenpart im Exil in Verbindung treten. Es wäre zumindest unpraktisch gewesen, wenn jede Partei ihren eigenen Kurier zu Verhandlungen ins Ausland geschickt hätte. So kam es, daß alle vier großen politischen Gruppierungen – die ursprünglichen drei und die später hinzugekommene Christliche

Partei der Arbeit –, deren philosophische Grundsätze und Standpunkte zu Kriegs- und Nachkriegsfragen oft meilenweit voneinander entfernt lagen, ihre vertraulichsten strategischen Geheimnisse durch jenen ernsten jungen Mann übermitteln ließen, den sie nur unter dem Namen »Witold« kannten.

Einer nach dem anderen trafen sich die Parteivorsitzenden heimlich mit Jan, um ihn als Sprachrohr für ihre Brüder im Westen zu instruieren. Er lauschte aufmerksam, während sie die Standpunkte ihrer Partei darlegten und sich in kleinlichen Eifersüchteleien und gegenseitigen Verdächtigungen ergingen. »Die Sozialistische Partei merkt sehr wohl, worauf die Nationalisten abzielen«, erzählte Pużak Jan vertraulich. »Jetzt wirken sie noch zersplittert, aber warten Sie nur ab.« Seiner Meinung nach würden sich die Gruppierungen des rechten Flügels bei Kriegsende vereinigen, um in einem faschistischen Putsch die Macht zu ergreifen. Von den Vertretern der Nationalpartei hörte Jan das umgekehrte Argument. Die linken Parteien würden in schändlicher Absicht zusammenarbeiten, vertrauten ihm im Untergrund aktive Nationalisten an:

»Wir kennen ihre wahren Motive. Wenn der Krieg vorbei ist, werden sie versuchen, die gleiche Art von Volksfront aus Bauern und Arbeitern zu schaffen, wie Léon Blum sie vor dem Krieg in Frankreich ins Leben gerufen hat. Sie wollen die Macht erobern. Und hinter ihnen stehen Juden und internationale Freimaurer. Dies ist eine Verschwörung. Wir werden sie nicht dulden.«

Jan nickte und bemühte sich, dabei ein ehrliches Gesicht zu machen.

Rückblickend äußerte sich Jan Karski lange nach dem Zweiten Weltkrieg gewöhnlich eher bescheiden über die meisten seiner Kriegsaktivitäten. Aber er blieb zeit seines Lebens ungeheuer stolz auf das Vertrauen, das die rivalisierenden Parteien in ihn setzten – im festen Glauben, daß »Witold«, als Mann von Ehre, sie niemals verraten werde.

Leben auf Messers Schneide
Juni 1940 – September 1942

4. Aufopferung

Während Karskis einmonatigem Aufenthalt in Polen war es in Westeuropa nach der langen Phase des »Scheinkriegs« zum Ausbruch offener Feindseligkeiten gekommen. Als Jan Anfang Juni 1940 seine Rückreise nach Angers vorbereitete, hatten die Deutschen bereits in einem zweiten Blitzkrieg die Niederlande und Belgien überrollt und waren bis tief nach Frankreich vorgestoßen.

In Polen, wo man immer noch auf eine britisch-französische Offensive hoffte, die das Dritte Reich mit einem Schlag vernichten würde, überwog eine optimistische Einschätzung der Ereignisse im Westen. Laut allgemeiner Interpretation hatte Frankreich die Wehrmacht geschickt auf sein Territorium gelockt. Von ihrem Nachschub abgeschnitten, würden die deutschen Divisionen bald von französischen und britischen Truppen eingekesselt und vernichtet sein.

Jan wiederholte dagegen in jedem Gespräch, daß er in Frankreich keinerlei Anzeichen für eine solche Strategie gesehen habe, daß die Franzosen in den höchsten Tönen von den Verteidigungswällen der Maginot-Linie, die jeden Gegner stoppen würden, geschwärmt hätten – ein Hindernis, dem die Deutschen zielsicher ausgewichen waren. Jans Freunde und Bekannte nannten ihn einen Schwarzseher.

Trotz des bangen Gefühls, daß die polnische Exilregierung bei seiner Ankunft in Frankreich vielleicht gar nicht mehr existieren werde, war Jan fest entschlossen, die Reise anzutreten. Sowohl die einzelnen politischen Parteien als auch der gemeinsame Rat des Untergrunds erachteten seine Mission als dringend. Zu seinen Aufgaben würde gehören, die Exilregierung um Vermittlung bei den in eine Sackgasse geratenen Verhandlungen um die Wahl des offiziellen Regierungsbeauftragten im Untergrund zu bitten. Alle Fraktionen mit Ausnahme der Nationalisten hatten sich auf Stefan Korboński geeinigt. Das nationalistische Lager, das Korboński für politisch zu weit links gerichtet hielt, drohte im Falle von dessen Wahl mit einem Bruch des Bündnisses.

In Krakau, wo Jan auf dem Weg zur südlichen Landesgrenze wieder einen Zwischenhalt einlegte, hatte er eine Begegnung, die sein Unbehagen verstärkte. Er war mit dem Rechtsanwalt und örtlichen Nationalistenführer Tadeusz Surzycki verabredet. Im Laufe des Treffens – eigentlich wie mehrere andere in der Stadt nur eine Routineangelegenheit – holte Surzycki plötzlich einen Mikrofilm aus der Tasche und übergab ihn Jan mit den Worten:

»Es ist äußerst wichtig, daß General Sikorski den Standpunkt der Nationalpartei von Krakau zu gewissen innenpolitischen Fragen kennenlernt. Wir haben deshalb eine Auswahl an Schlüsseldokumenten für ihn zusammengestellt.«

Jan protestierte vehement und erklärte, er habe strikte Anweisung von der Untergrundzentrale in Warschau, Botschaften ausschließlich mündlich zu übermitteln. Er bat den Nationalistenführer um Verständnis dafür, daß er keinerlei belastendes Material mitnehmen dürfe. Doch Surzycki beharrte auf seiner Forderung. Des Streitens überdrüssig und bemüht, weiterhin zu allen politischen Gruppen gute Kontakte zu pflegen, willigte Jan schließlich ein, den Film nach Frankreich zu bringen.

In der ersten Juniwoche quartierte der militärische Flügel des Untergrunds Jan in einem sicheren Haus in Nowy Sącz ein, einer mittelgroßen Stadt südöstlich von Krakau, fünfundzwanzig Kilometer nördlich der slowakischen Grenze. In der Wohnung der Widerstandskämpferin Zofia Rysiówna traf er den Führer, der ihn auf der ersten Reiseetappe eskortieren sollte.

Angesichts der vorhersehbaren Probleme war Jan beruhigt zu erfahren, daß er auf dem Weg durch die Slowakai nach Ungarn wenigstens in den fähigsten verfügbaren Händen sein würde. Sein Begleiter stellte sich ihm als »Myszka« vor. Der tatsächliche Name des stämmigen, grob wirkenden Bauern war Franciszek Musiał. Vom militärischen Stab in Krakau, der seine Weiterreise organisierte, hatte Jan gehört, daß Musiał der Meister aller Kurierführer auf der Slowakeiroute sei. Als erfahrener Bergsteiger, der mit dem Tatra-

94

gelände bestens vertraut war, hatte er seit Kriegsbeginn bereits einunddreißig sichere Touren durch die Slowakei bewältigt.

Musiał wußte, daß sein Kunde eine äußerst wichtige Mission zu erfüllen hatte. In der ehrerbietigen Haltung, die Bauern gegenüber Städtern üblicherweise einnahmen, erläuterte er Jan Details der geplanten Reiseroute. Nach dem Grenzübertritt in der Nähe seiner Heimatstadt Piwniczna würden sie durchs Gebirge zu dem Dorf Stara Lubovna wandern, ein Fußmarsch von fünfzehn Kilometern auf slowakischem Gebiet. Dort sollte sie ein sogenannter »Taxifahrer« mit dem Wagen abholen – einer jener Schmuggler, die ihren Lebensunterhalt mit der Beförderung von Flüchtlingen in den Süden verdienten. Sie würden auf der kürzesten Strecke durch die Slowakei fahren und die ungarische Grenze in Košice passieren (einer weiteren während des Krieges von Ungarn annektierten slowakischen Stadt). Von dort könnte Jan, wie schon zuvor, problemlos nach Budapest und von da nach Frankreich weiterreisen. Musiał geriet bei der Routenbeschreibung mehrmals ins Stocken; sein Zögern erweckte den Eindruck, als verschweige er etwas.

»Beunruhigt Sie etwas an der Tour?« fragte Jan.

»Mein Herr, bitte«, stammelte der Mann, »ich weiß, daß ich den Befehl habe, Sie so schnell wie möglich nach Ungarn zu bringen. Aber lassen Sie uns bitte noch etwas warten.«

»Warum, um alles in der Welt, sollten wir warten?« entgegnete Jan.

Nun enthüllte Musiał den Grund seines Zögerns:

»Vor kurzem haben ein paar Leute dieselbe Route benutzt; zwei polnische Offiziere und ein Bergführer. Der Führer sollte seit Tagen wieder zurück sein, ist aber immer noch nicht aufgetaucht. Das ist ungewöhnlich. Ich mache mir Sorgen. Ich habe ein schlechtes Gefühl dabei. Wenn wir noch ein paar Tage warten, können wir herausfinden –«

Jan schnitt seinem Führer das Wort ab:

»Nein, wir müssen sofort aufbrechen. Mein Auftrag ist dringend.«

Jan hatte eine klare Entscheidung getroffen. Menschen kamen ständig zu spät, dachte er. Menschen verschwanden. Menschen flohen nach Frankreich. Menschen wurden verhaftet. Das Leben im Untergrund war voller Unsicherheit und Risiko. Wenn er seine Arbeit jedesmal, wenn Gefahr drohte, verschob, würde er seine Aufgabe niemals erledigen können. Er würde sich nicht von einem abergläubischen Bauern aufhalten lassen.

Musiał akzeptierte die Entscheidung ohne weiteren Kommentar. Am nächsten Tag verließen die beiden Männer Nowy Sącz in einem Zug Richtung Süden. Bei Einbruch der Nacht stiegen sie in einem winzigen Bergdorf aus und machten sich zu Fuß auf den Weg zur Grenze. Am darauffolgenden Abend überquerten Jan und sein Begleiter bei strömendem Regen, der die Wachsamkeit der deutschen Patrouillen trübte, die Grenze zur Slowakei. Sie marschierten die ganze Nacht durch und erreichten in den frühen Morgenstunden Stara Lubovna.

Als Musiał dort Kontakt zu seinem »Taxifahrer« aufnahm, hörte er schlechte Nachrichten. Die Gestapo, die in der Slowakei trotz der nach außen demonstrierten Unabhängigkeit des Landes offen agierte, hatte bei einer Blitzrazzia sämtliche »Taxis« vorübergehend aus dem Verkehr gezogen. Kein Fahrer würde sich zu der Tour überreden lassen, solange die Deutschen das Verbot nicht lockerten. Jan und Musiał konnten unmöglich ewig in dem Dorf auf eine Gelegenheit warten. Und nach der Diskussion über eine mögliche Reiseverschiebung wußte Musiał, daß es sinnlos war, den Abbruch des Unternehmens und eine Rückkehr nach Polen vorzuschlagen. Wenn es unmöglich war, ein Fahrzeug aufzutreiben, mußten sie die gesamte Strecke durch die Slowakei eben zu Fuß zurücklegen.

Jan und sein Begleiter verließen das Dorf vor Morgengrauen. Nachdem sie zwei Tage und Nächte durch tiefen Schlamm gestapft waren, litt Jan immer stärker unter dem schon bekannten Problem. In den völlig durchnäßten Stiefeln waren seine Füsse und Knöchel wundgerieben; bald schwollen sie so stark an, daß er die Stiefel nicht mehr ausziehen konnte; jeder Schritt wurde zur Qual. Zunächst verschwieg Jan sein Leiden noch. Er schleppte sich mühsam weiter und verfluchte, daß er vergessen hatte, sich gegen dieses vorhersehbare Übel zu wappnen.

Am fünften Tag der Reise, nach einem pausenlosen Marsch von mehr als achtzig Kilometern, konnte Jan nicht mehr weiterlaufen. In dem dringenden Bedürfnis nach Ruhe, Bandagen und einer Gelegenheit, seine Stiefel zu trocknen, gestand er Musiał schließlich sein Leiden.

»Können wir denn nicht irgendwo übernachten?« flehte Jan.

An allen Kurierrouten gab es sichere Häuser, aber Musiał versuchte grundsätzlich, diese zu meiden – jeder Kontakt mit der slowakischen Bevölkerung erhöhte das Risiko. Da sein Kollege von seinem letzten Auftrag nicht zurückgekehrt war, wollte sich Musiał gerade jetzt unbedingt von den bekannten Anlaufstellen fernhalten. Jans Bitte beunruhigte ihn zutiefst.

Musiał wies Jan darauf hin, wie gefährlich – bei aller Müdigkeit – eine solche Rast sei. Im übrigen, so argumentierte er, liege die ungarische Grenze nur noch etwa dreißig Kilometer entfernt; man könne bereits die Lichter von Košice erkennen.

Jan zuckte hilflos mit den Achseln. Egal, wie nahe sie ihrem Ziel auch waren, er konnte es in seinem gegenwärtigen Zustand unmöglich erreichen. Entschuldigend erklärte er Musiał, daß er es an diesem Abend auf keinen Fall bis nach Ungarn schaffen würde.

Der grobe, bäurische Bergsteiger musterte seinen leidenden Kunden mit kaum verhohlener Verachtung.

»Sie sollen Ihren Willen haben«, sagte er, »ich kenne ein Dorf, wo wir übernachten können.«

»Seien sie nicht so pessimistisch«, beschwichtigte Jan in gezwungen heiterem Ton, »Ihnen wird die Rast vermutlich genauso guttun wie mir.«

»Ich glaube kaum«, erwiderte Musiał düster, »ich werde mich erst besser fühlen, wenn wir wieder unterwegs sind.«

Die Wanderer mußten ein paar Kilometer in die falsche Richtung laufen, um zu dem sicheren Haus zu gelangen. Sie wandten sich nach Norden und erreichten eine Straße, die zu einem kleinen Dorf namens Demjata führte. Gegen 23 Uhr näherten sie sich dem schlafenden Weiler. Um die Hauptstraße zu vermeiden, schlichen sie sich entlang des Waldrandes durch die Felder an. Am anderen Ende des Dorfes tauchten die Männer hinter einem Holzstapel auf und krochen zu einer ärmlichen Hütte. Musiał klopfte behutsam an die Tür.

Ein Bauer begrüßte Musiał herzlich. Er bat die Reisenden nach drinnen, fragte neugierig nach ihren Abenteuern und bot ihnen Brot und Schnaps an. Jan erschien seine Gastfreundlichkeit etwas übertrieben; sie alarmierte ihn. Er war jedoch viel zu müde, um sich Sorgen zu machen. Das einzige, was für ihn zählte, war, sich hinzulegen.

Der Bauer, ein Slowake polnischer Abstammung, hatte Musiał und andere Kuriere schon öfter beherbergt. Musiał stellte sofort Nachforschungen nach dem Kollegen an, der nicht nach Polen zurückgekehrt war, und fragte seinen Gastgeber gespannt, ob sein Freund »Antoni« vor kurzem in diesem Haus Zwischenstation gemacht habe. Der Bauer kratzte sich am Kopf, räusperte sich, druckste herum und tat so, als versuche er sich an »Antoni« zu erinnern – den er ja eigentlich gut kennen mußte.

»Ach ja«, sagte er schließlich gedehnt, »er ist hier vorbeigekommen auf dem Rückweg von Ungarn. Stimmt etwas nicht?«

Musiał schwieg.

Der Gastgeber wechselte zu anderen Diskussionsthemen. Sobald sich eine Möglichkeit ergab, das Geschwätz des Bauern zu unterbrechen, verabschiedete sich Jan und zog sich ins Bett zurück.

Jan Kozielewski hatte sich immer als friedliebenden Menschen eingeschätzt. Schon als Kind und Jugendlicher hatte er rohes Spiel gemieden und war bei jeder Androhung von Gewalt geflohen. Er konnte Brutalität nicht ertragen. Jan ging ihr die ersten sechsundzwanzig Jahre seines Lebens erfolgreich aus dem Weg – bis um drei Uhr morgens an jenem Junitag in der Slowakei.

Der Kolben eines Polizeigewehrs, der gegen seinen Kopf krachte, riß Jan aus seinem tiefen Schlummer. Ein höllischer Mißklang aus Schreien, Gewimmer, dumpfen Schlägen und heiseren Hände-hoch-Rufen tönte durch seinen getrübten Geist. Aber trotz des Dämmerzustands, in dem er keinen Gedanken fassen konnte, klaubte Jan instinktiv den Film unter seinem Kissen hervor, als er aus dem Bett gezerrt wurde. Dann riß er sich aus dem Polizeigriff los, stürmte durchs Zimmer und versenkte die Rolle in einem Eimer mit Wasser neben dem Ofen.

Plötzlich herrschte Totenstille. Die zwei slowakischen Polizisten und ihre beiden Gestapo-Vorgesetzten erstarrten; sie fürchteten offenbar, Jan habe eine Handgranate geworfen. Als nichts passierte, schritt einer der Deutschen zum Ofen, griff in den Eimer, zog den Film heraus und hielt ihn mit einem fahlen Lächeln für alle sichtbar in die Höhe.

Der zweite Gestapo-Mann schlug Jan ins Gesicht. Jan taumelte rückwärts, spürte den zupackenden Griff des anderen Deutschen und starrte benommen in das rote Gesicht und die blutunterlaufenen Augen des Mannes.

»Wo ist dein Rucksack?« brüllte sein Gegenüber.

Als Jan schwieg, landete wieder eine Faust in seinem Gesicht.

»Bist du mit jemandem zusammen gekommen?«

Wieder eine Pause und ein Schlag.

»Verbirgst du irgendwas vor uns?«

Als Jan nur stumm vor sich hinstarrte, schlug der Gestapo-Mann erneut zu. Blut tropfte aus Jans Mund; selbst wenn er gewollt hätte, hätte er nicht antworten können.

In der Verschwommenheit der Bilder nahm Jan erst allmählich wahr, daß sein Reisebegleiter auf der anderen Seite des Raumes derselben Behandlung unterzogen wurde. Er sah, wie Musiał zu dem Gastgeber aufschaute, der sie verraten hatte. »Warum hast du das getan?« wimmerte er.

Der Bauer schüttelte schweigend den Kopf; Tränen rannen über seine Wangen.

Die Polen wurden aus dem Haus geschleppt, voneinander getrennt, in zwei Autos zum Polizeirevier von Kapušany gefahren und von dort in die größere Stadt Prešov gebracht. Hier wurde Jan ins Militärgefängnis eingeliefert.[1]

Jan lag auf einem Strohsack in einer winzigen Zelle, wischte sich das Blut vom Gesicht und fragte sich, was wohl als nächstes kommen würde. Geschichten von den Foltermethoden der Gestapo hatten innerhalb des Untergrunds bereits legendäre Formen angenommen. Es bestand kein Zweifel daran, daß die Deutschen zu allen verfügbaren Mitteln greifen würden, um Informationen aus ihm herauszupressen. Genauso sicher würden sie keinen Pfennig auf sein Leben geben, wenn sie ihn nicht mehr brauchten.

---

[1] Erst dreißig Jahre später erfuhr Jan vom weiteren Schicksal seines Begleiters: Musiał wurde in Prešov von der Gestapo gefoltert und dann in ein Gefängnis in Polen überführt. Dort wurde er zum Tode verurteilt. Laut Musiał hörte seine Frau von dem Urteil und belagerte daraufhin mit ihren vier Kindern das Büro des verantwortlichen Gestapo-Beamten. Des pausenlosen Gejammers überdrüssig, schob der Mann die Exekution auf, um die Frau loszuwerden. Musiał wurde nach Auschwitz verlegt und blieb dort bis zur Befreiung des Lagers interniert.

Jan wußte, daß seine einzige Chance darin bestand, bei seiner »Legende« zu bleiben. Er war Witold Kucharski, Professorensohn aus Lwów. Er war unpolitisch, kein Nazi-Gegner. Er hatte ganz einfach den Krieg satt und Polen verlassen, um zu seiner Freundin in die Schweiz zu gehen. Sie wohnte in der Rue de Lausanne 106 in Genf – die tatsächliche Adresse eines Mädchens, das Jan 1936 während seines Schweizaufenthaltes kennengelernt hatte.

Das einzige Problem an diesem Szenario war der Film, gegen dessen Mitnahme sich Jan in Krakau so vehement gewehrt hatte. Einen Hoffnungsschimmer gab es noch: Wenn Jan Glück hatte, war der Film beim Wurf in den Eimer gesprungen, und die Aufnahmen waren durch eindringendes Licht zerstört worden, oder einsickerndes Wasser hatte ihn zersetzt. Noch immer benommen von den Schlägen, suchte Jan in seinem getrübten Geist nach einer plausiblen Erklärung für den Besitz des Films. Schließlich fiel ihm eine Lüge ein, die vielleicht funktionierte. Er würde sagen, er habe aus Gefallen für einen Freund einen unentwickelten Film mit Aufnahmen von Warschaus Trümmern mitgenommen. Der Freund hoffe, sie im Westen veröffentlichen zu können. Er habe Jan angeboten, ihm als Gegenleistung für den Transport des Films einen Führer zu vermitteln. Die Deutschen würden zwar die Idee, daß diese Bilder publiziert werden sollten, nicht mögen, aber Jan konnte sich jeder wirklich subversiven Tat für unschuldig erklären.

Plötzlich betraten zwei Männer die Zelle und rissen Jan wortlos hoch. Einer von ihnen spuckte auf das Feldbett. Die Wachen stießen Jan aus der Zelle und zerrten ihn durch einen Gang ins grelle Sonnenlicht. Dann schoben sie ihn in einen Wagen, der ihn zum Polizeirevier von Prešov brachte. Dort lungerten in einem kleinen Büro mehrere Männer herum, die rauchten und sich angeregt unterhielten. Sie nahmen keine sichtbare Notiz davon, als Jan in den Raum geführt wurde. Hinter einem kleinen Tisch saß ein hagerer, aschblonder Mann in Gestapo-Uniform und starrte auf Papiere, die er in der Hand hielt. Ihm gegenüber stand ein freier Stuhl.

Ein Wachposten stieß Jan die Faust ins Kreuz. »Setz dich, du polnisches Schwein!« bellte er. Jan stolperte auf den Stuhl zu.

Sein Gegenüber betrachtete ihn mit leicht gelangweiltem Blick und schob dann die Papiere zu ihm herüber.

»Sind das Ihre Dokumente?« fragte er in Polnisch mit deutschem Akzent.

Jan starrte auf die Ausweispapiere, die er bei sich gehabt hatte. Und obwohl er für diesen Augenblick geübt hatte, war er plötzlich wie gelähmt.

»Sie wollen nicht mit uns reden?« höhnte der Mann hinter dem Schreibtisch. »Wir sind Ihnen wohl nicht fein genug?«

Das Publikum im Raum lachte herzhaft.

Der Wachposten packte Jan von hinten am Nacken und nahm ihn in den Würgegriff. »Antworte dem Inspektor, du Schwein!« forderte er.

»Ja«, sagte Jan, »das sind meine Papiere.«

»Danke«, erwiderte der Verhörführende mit künstlich nasaler Stimme. »Es ist wirklich nett von Ihnen, daß Sie auf meine Frage mit einer direkten Antwort eingehen. Wenn Sie schon in dieser Gemütsverfassung sind, dann macht es Ihnen doch sicher auch nichts aus, mir die ganze Wahrheit über Ihre Verbindung zum Untergrund zu erzählen?«

»Ich habe keine Verbindung zum Untergrund«, schnauzte Jan zurück. »Sie können es in meinen Papieren nachlesen. Ich bin der Sohn eines Lehrers aus Lwów.«

»Ich weiß, ich weiß«, seufzte der Inspektor. »Und wie lange sind Sie schon der Sohn eines Lehrers aus Lwów? Zwei Monate? Drei Monate?«

Jan schwieg.

»Sagen Sie mal, Sie Lehrersohn«, fuhr der Gestapo-Mann fort, »haben Sie Ihr ganzes Leben lang in Lwów gewohnt?«

»Ja.«

»Eine schöne Stadt dieses Lwów, oder nicht?«

»Ja.«

»Eines Tages möchten Sie sie doch bestimmt wiedersehen?«

Jan antwortete nicht.

»Warum haben Sie Lwów eigentlich verlassen?«

Jan spielte auf seinen angeblichen Wunsch an, den Sowjets zu entkommen. Er hoffte, den Nazis damit seine Glaubwürdigkeit als Antikommunist unter Beweis stellen zu können. Der Befrager drehte ihm geschickt die Worte um.

»Sie mochten uns, Sie vertrauten uns, und dennoch wollten Sie vor uns fliehen? Ich bin kein Lehrersohn, ich verstehe das nicht.«

Jan packte seine Geschichte von der Romanze mit der erfundenen Freundin in Genf aus und betonte, er habe sie nur wiedersehen und vor dem Krieg davonlaufen wollen.

»Sie wollten nicht zufällig nach Frankreich fahren, um dort in die polnische Armee einzutreten?« forschte der Gestapo-Mann nach.

Jans Ausflüchte klangen sogar für ihn selbst allmählich fadenscheinig. Dennoch blieb er bei seiner Geschichte und lieferte freiwillig einen ausführlichen Bericht, wie er in den Besitz des Films gelangt sei. Dabei nannte er als Fotografen den richtigen Namen und die Adresse eines Warschauer Freundes, der sich bereits ins Ausland abgesetzt hatte.

Der Inspektor wandte sich an den anwesenden Stenographen.

»Hast du die ganze rührende Geschichte mitgeschrieben, Hans?« fragte er. »Ich will sie Wort für Wort lesen.« Und wieder an Jan gerichtet schloß er:

»Morgen wird jemand anderer das Vergnügen haben, sich Ihre Geschichte anzuhören.«

Der Gestapo-Mann zeigte für einen Moment ein schwaches Lächeln und befahl dann dem Wachposten in plötzlich scharfem Ton: »Schaff den lügenden Bastard zurück in seine Zelle!«

Am folgenden Tag saß Jan wieder auf demselben Stuhl, in demselben verrauchten Büro, und wieder war er umringt von einem Chor von Wachposten, der bei jedem Anflug eines Witzes, den der Chef auf Jans Kosten machte, in schallendes Gelächter ausbrach. Das Verhör führte diesmal ein anderer Gestapo-Beamter, ein fettleibiger Mann mit übertrieben feinen Manieren.

Jan hatte in Vorausahnung dieser Sitzung eine schlaflose Nacht verbracht. Er wußte, daß seine Geschichte niemanden täuschen würde. Trotzdem mußte er an ihr festhalten, und sei es auch nur als Fixpunkt, auf den er seine Gedanken konzentrierte, um seine wirklichen Geheimnisse für sich behalten zu können. Jans Zähne klapperten, und seine Knie knickten fast ein, als er den Raum betrat. Und dann sah er die Gummiknüppel in den Händen der Wachposten.

Mit pochendem Herzen lauschte Jan den Worten des fetten Ermittlers. »Wir werden Ihnen nicht wehtun, wenn Sie uns nicht dazu zwingen«, hörte er eine eher kraftlose Stimme sagen. »Sie werden mir gegenüber sitzen. Sie werden mir die ganze Zeit direkt in die Augen sehen. Sie müssen alle meine Fragen ohne Zögern beantworten.« Jan gewann den Eindruck, daß der Mann dieselbe Ansprache schon unzählige Male gehalten hatte. Dramatische Pausen unterbrachen den Redefluß.

»Ich werde Sie nicht darum bitten, zu gestehen«, fuhr der Inspektor fort. »Es ist mir verdammt egal, ob Sie es tun oder nicht. Wenn Sie vernünftig sind und die Wahrheit sagen, passiert Ihnen nichts. Falls nicht, wird man Sie kurz und klein schlagen.«

Bevor der Gestapo-Mann mit dem eigentlichen Verhör begann, gab er Jan eine kurze Zusammenfassung der ihm bereits bekannten Tatsachen. Kurz vor Jan waren tatsächlich in derselben Bauernhütte ein Kurier und zwei ihm anvertraute polnische Offiziere gefangen genommen worden. Aus ihnen hatten die Deutschen wertvolle Informationen über die Kurierrouten herausgeholt. Nun wollten sie wissen, welchen Zweck dieser emsige Verkehr verfolge. Als »Herr Kurier« angesprochen antworte Jan mit trockener Kehle heiser: »Ich verstehe Sie nicht. Ich bin kein Kurier.«

Der Deutsche nickte einem Mann hinter Jans Stuhl zu.

Der stärkste Schmerz, den Jan je verspürt hatte, brandete in seinem Körper auf. Der Knüppel war hinter seinem linken Ohr gelandet. Er verglich dieses Gefühl später mit »der Empfindung, die ein Zahnarztbohrer auslöst, wenn er einen Nerv trifft, nur unendlich intensiver und auf das gesamte Nervensystem ausgeweitet«.

Jan versuchte, sich gerade zu halten und seinem Peiniger, wie befohlen, direkt in die Augen zu schauen. Der Schlag hinterließ ein Schwindelgefühl; ein angstbedingter Adrenalinausstoß erregte starke Übelkeit in Jan. Der Gestapo-Mann setzte zu einer weiteren Frage an, schnellte jedoch aus seinem Stuhl hoch, als er merkte, daß sein Opfer zu würgen begann.

»Schafft ihn weg«, befahl er den Wachen, »bevor er hier alles vollkotzt.«

Nachdem man ihn hastig zur Toilette geschleppt hatte, erbrach Jan in ein Urinal. Wenig später saß er wieder auf seinem Stuhl, seine

Arme wurden hinter der Lehne von einem Wachposten zusammengepreßt.

Das Verhör ging weiter. Jan klammerte sich verzweifelt an seine Geschichte, und der Ermittler nahm sie kühl Stück für Stück auseinander. Keine von Jans Lügen funktionierte. Jedesmal, wenn er eine auftischte, verkrampfte sich sein Körper aus Angst vor erneuter Züchtigung. Doch obwohl der Gestapo-Mann ein Detail der Geschichte nach dem anderen als falsch entlarvte, passierte nichts. Mutiger werdend, bestritt Jan vehement, Gepäck dabei gehabt zu haben – routinemäßig hatten er und Musiał ihre Rucksäcke vor dem nächtlichen Aufenthalt versteckt, obwohl diese keinerlei belastendes Material enthielten.

Dieses Mal nickte der Beamte einem Wachposten zu. Eine Faust landete in Jans Gesicht. Er hörte ein Knacken. In seinem blutgefüllten Mund ertastete er einen lose an der Wurzel baumelnden Backenzahn.

Die Befragung wurde fortgesetzt. Bald krachte wieder der Gummiknüppel gegen seinen Kopf. Jan simulierte, das Bewußtsein zu verlieren, und glitt langsam zu Boden. Doch seine theatralischen Bemühungen riefen nur Gelächter bei den Anwesenden hervor. Man hievte ihn auf den Stuhl zurück und gab ihm zu verstehen, diesen Trick bereits zu kennen.

Offensichtlich entnervt erhob sich der Befrager schließlich, schritt zur Tür und überließ seinen Untergebenen das Feld mit den Worten:

»Nehmt ihn in die Mangel! Laßt gerade so viel von ihm übrig, daß er noch verhörfähig ist.«

Die Bewacher rissen ihr Opfer aus dem Stuhl hoch. Jan war zu erschöpft, um sich zu wehren. Zwei Männer preßten seinen schlaffen Körper gegen die Wand, ein dritter traktierte ihn mit zielsicheren Faustschlägen in Gesicht und Eingeweide und verprügelte ihn von Kopf bis Fuß. Dann durfte ein anderer ran, und dann noch einer.

Als den Wächtern das Spiel mit dem lebenden Sandsack langweilig wurde, ließen sie ihn – inzwischen bewußtlos – einfach zu Boden fallen.

Einige Tage später verlangte die Gestapo erneut nach Jan. Dieses Mal schickte man jedoch einen alten slowakischen Wärter und einen Friseur vor, um den Häftling für die Sitzung herrichten zu lassen. Jans Kleidung wurde gereinigt, er erhielt eine gründliche Rasur und die Erlaubnis, sich zu waschen. Die Slowaken erklärten ihm den Grund für das plötzliche Interesse an seinem Äußeren: Man dürfe nicht schäbig und stinkend vor einem SS-Offizier erscheinen. Die Neuigkeit nährte einen winzigen Funken Hoffnung in Jan. Er konnte sich zwar nicht vorstellen, warum ein Angehöriger der Schutzstaffel, der Armee innerhalb der Armee des Dritten Reiches, ihn zu sehen wünschte, doch da es kaum noch schlimmer kommen konnte, kündete sich mit dieser Vorladung vielleicht eine Wende zum Besseren an.

Jan wurde fast zuvorkommend zu einem Büro innerhalb der Gefängniskaserne eskortiert. Dort erwartete ihn ein großer, gutaussehender, blonder Mann ungefähr seines Alters in grauer SS-Uniform mit Hakenkreuzarmbinde. Als Offizier einer Nachrichtendienstabteilung der SS war er Vorgesetzter des Gestapo-Mannes, der Jan gefoltert hatte. Der SS-Offizier ging auf Jan zu und legte ihm die Hand auf die Schulter.

»Sie brauchen keine Angst zu haben«, sagte er beruhigend. »Ich werde dafür sorgen, daß Ihnen kein Leid zugefügt wird.«

Jan konnte sein Erstaunen kaum verbergen, blieb jedoch wachsam. Der Offizier lud ihn in sein Privatquartier ein und geleitete ihn über einen Flur zu einer elegant möblierten Suite. Mit einladender Geste dirigierte er Jan zu einem Paar schwerer Ledersessel, bot ihm einen Cognac und eine Zigarette an und nahm dann ihm gegenüber Platz.

»Ich habe Ihren Status in den eines Militärgefangenen geändert«, erläuterte der Offizier, »und ich habe Anweisung erteilt, daß Sie entsprechend behandelt werden.«

»Danke«, erwiderte Jan, verwarf die Möglichkeit, daß der Mann tatsächlich die Wahrheit sagte, nach kurzem Abwägen jedoch sogleich wieder.

Schon bald wurde offensichtlich, daß diese Runde lediglich eine taktische Variante zu den bisherigen Verhören darstellte. Nach kurzer Eröffnungsplauderei, während der er seine Dankbarkeit dafür ausdrückte, im tiefsten Hinterland einen kultivierten Gesprächspartner gefunden zu haben, begann der SS-Offizier mit der eigentlichen Vernehmung. Er erkundigte sich höflich nach Jans Untergrundaktivitäten. Ebenso höflich leugnete Jan jegliche Verwicklung darin und behauptete, aufgrund der Verdächtigungen völlig verwirrt zu sein. Nach diesem ersten Abtasten wechselte der SS-Mann zu einer härteren Gangart.

»Was diesen Film betrifft«, fuhr er in scharfem Ton fort, »erzählen Sie mir doch noch einmal ganz genau, was darauf war.«

»Die Trümmer von Warschau«, wiederholte Jan müde und spürte intuitiv, daß er damit in eine Falle lief. Obwohl der Offizier bereits angedeutet hatte, lückenlose Beweise für Jans Untergrundzugehörigkeit zu besitzen, klammerte sich Jan weiter verzweifelt an seine Legende.

Der SS-Mann erhob sich, stolzierte steifen Schrittes zur Tür und beorderte drei Gestapo-Posten vom Flur nach drinnen. Dann trat er zum Schreibtisch und zog aus einer Schublade eine Filmrolle heraus. Er baute sich vor Jans Sessel auf und entrollte den entwickelten Film zu voller Länge. Jan zwang sich, einen Blick darauf zu werfen. Der Film war völlig leer – bis auf die letzten drei Aufnahmen, die unbeschädigt waren. Der Offizier legte Jan vergrößerte Abzüge dieser Aufnahmen vor. Jan nahm sie mit zitternden Händen entgegen. Es waren die letzten Seiten des Berichtes von Surzyckis Nationalistengruppe. Jan ließ die Abzüge in seinen Schoß sinken.

»Hier muß ein Irrtum vorliegen«, murmelte er schwach. »Jemand muß mich getäuscht haben.«

»Sie geben diese idiotischen Unschuldsbeteuerungen wohl niemals auf?« fauchte der SS-Mann wutentbrannt. Er griff in die Vitrine, aus der er wenige Minuten zuvor noch die Cognacflasche geholt hatte, und förderte eine Reitpeitsche zutage.

»Ich habe Sie für einen Ehrenmann gehalten«, schrie er Jan ins Gesicht. »Ich war bereit, Sie wie ein normales menschliches Wesen zu behandeln. Sie enttäuschen mich. Sie sind ein polnisches Schwein!«

Er versetzte Jan einen Peitschenhieb ins Gesicht und trat dann beiseite, um den Gestapo-Leuten Platz zu machen.

Nachdem diese Jan in den Flur gezerrt hatten, fielen sie begeistert über ihn her und prügelten ihn mit Fäusten und Knüppeln. Während ihm langsam die Sinne schwanden, nahm Jan eine Serie lauter Knirschgeräusche wahr und spürte, wie ihm Zähne aus dem Mund fielen. Er war bereits bewußtlos, als ihm einer seiner Peiniger zum krönenden Abschluß einen Tritt in die Seite versetzte und ihm so mehrere Rippen brach.

Grelles Scheinwerferlicht erhellte jeden Winkel der Zelle. Es blendete Jans geschwollene Augen, als er zu sich kam. Er lag atemringend auf dem feuchten Steinboden; seine körperlichen Qualen verschlimmerten sich mit den schrecklichen Vorahnungen, die ihn überfielen, während er auf das Geräusch sich nähernder Reitstiefel auf dem Flur wartete. Es gab keine Chance auf Rettung. Die Gestapo hatte aus seinem Leben wahrhaftig die Hölle auf Erden gemacht.
Noch schlimmer war die Angst davor, die Kontrolle zu verlieren. Jan wußte viel zuviel über den Untergrund. Er hatte sich zwar geschworen, niemals zusammenzubrechen, sich niemals zu verraten oder den Tod von Kameraden zu verursachen, indem er der Gestapo Informationen enthüllte. Aber wie konnte er sicher sein, daß er an diesem Entschluß würde festhalten können, wenn die Gestapo mit noch grausamerer Folter auf ihn wartete? Was, wenn er die Kontrolle verlor, wenn er durchdrehte?
Es gab nur einen Ausweg: Selbstmord. Unter den gegebenen Umständen, sagte er sich, könne man eine solche Tat kaum als Akt der Tapferkeit bezeichnen, wenn man davon ausging, daß ihn als letzten Schlag des Feindes am Ende ohnehin eine Kugel in den Hinterkopf erwartete.
Selbstmord würde einen Bruch mit seinem Glauben bedeuten, dem er sich zeit seines Lebens so stark verbunden gefühlt hatte; nach der Lehre seiner Religion war Selbsttötung eine Todsünde, durch die die Seele in ewige Verdammnis gestoßen wurde. Aber das zählte jetzt alles nicht mehr. Jan war nur noch vom Wunsch nach Erlösung durch den Tod erfüllt.
Obwohl ihm seine Reiseplaner für einen solchen Notfall eigentlich eine Zyanidkapsel hätten mitgeben müssen, hatte er kein Gift erhalten – ein Versäumnis, das später in den Memoiren des obersten Generals der Untergrundarmee mit Bestürzung erwähnt wird.
Jan selbst hatte allerdings bei der Vorbereitung seiner Reise durch die Slowakei die Möglichkeit einer Katastrophe vage in Betracht gezogen und deshalb noch in Warschau eine Rasierklinge in der Sohle eines seiner Stiefel versteckt. Er hatte darauf spekuliert, dieses

Werkzeug im Notfall zur Selbstverteidigung einsetzen zu können. Vielleicht hatte er unbewußt auch mit einer Situation wie derjenigen gerechnet, in der er sich jetzt befand.

Jan wartete, bis der alte slowakische Wärter seine Runde beendet hatte. Als es auf dem Flur still geworden war, versuchte er seine Kräfte zu sammeln, um den Stiefel zu zerreißen. Nach langer, schmerzhafter Anstrengung zog er die Klinge heraus. Wie so häufig in den vergangenen Tagen dachte Jan an seinen inhaftierten Bruder. Vielleicht befand sich Marian gerade in einer ähnlichen Zwangslage, vielleicht war er schon tot. Die Anonymität seines bevorstehenden Todes traf Jan. Wahrscheinlich würde niemand in Polen jemals erfahren, was mit ihm geschehen war. Und er dachte mit Bitterkeit an all die hochfliegenden Träume, all die unerfüllten Wünsche, die er hinter sich ließ. Doch Jan empfand keinen Zweifel, kein Zögern; er hatte seine Entscheidung gefällt. Er betete nicht.

Er stieß die Klinge in sein rechtes Handgelenk. Es trat kaum Blut aus. Er versuchte es erneut, indem er mit ganzer Kraft in seinem Fleisch hin- und hersägte. In seinem Zustand war Schmerz relativ – seine Rippen schmerzten mehr als sein Handgelenk. Blut strömte aus der Wunde. Jan legte die Rasierklinge in die andere Hand, konnte jedoch aufgrund der verletzten Sehnen kaum noch zupacken. Mit letzter Kraft schlug er sein linkes Handgelenk gegen die Klingenkante. Die warme Flüssigkeit spritzte jetzt auch aus seinem linken Arm.

Jan fiel auf den Fußboden zurück. Im Schwächerwerden merkte er, daß das Blut bereits zu gerinnen begann. Er bohrte in seinem Fleisch herum, um die Wunde zu öffnen. Der Blutstrom setzte wieder ein. Jan fiel das Atmen immer schwerer. Ein letzter Funke von Energie ließ ihn heftig erbrechen, dann sank er friedlich in sich zusammen. Um ihn herum wurde es Nacht.

Plötzlich wach, rang Jan vergeblich darum, einen Wutschrei auszustoßen. Er versuchte, sich von dem nackten Holztisch loszureißen, an dem er festgebunden war. Doch die Bluttransfusion ließ sich nicht stoppen. Die Welt entschwand wieder.

Als sie sich wieder einblendete, lag Jan, umgeben von alten Patienten und antiseptischen Gerüchen, auf einer Krankenhausstation. Riesige Holzschienen waren an seine Handgelenke gebunden. Zu seiner tiefen Verzweiflung erfuhr er, daß der alte Slowake im Gefängnis seinen Todeskampf gehört und die Behörden alarmiert hatte. Die Gestapo hatte einheimischen Ärzten befohlen, den wertvollen Fang für weitere Verhöre am Leben zu halten. Alles würde wieder von vorn anfangen – nur daß sie jetzt vor dem nächsten Selbstmordversuch auf der Hut sein würden.

Nichtsdestoweniger würde dieser zweite Versuch folgen, beschloß Jan. Ein Mal hatte man ihn daran gehindert, sich umzubringen, das änderte jedoch nichts an der zwingenden Notwendigkeit seiner Entscheidung. Das Leben war heute nicht lebenswerter als gestern nacht.

An seinem Bett erschien eine Krankenschwester mit einem Thermometer in der Hand.

»Verstehen Sie Slowakisch?« fragte sie freundlich.

Jan nickte.

»Hören Sie mir gut zu«, redete sie besänftigend auf ihn ein, »es ist besser, hier zu sein, als im Gefängnis. Wir werden versuchen, Sie so lange wie möglich bei uns zu behalten. Verstehen Sie?«

Hier tat sich eine Möglichkeit auf. Vielleicht hatte die gute Schwester vor, ihn mittels eines medizinischen Gutachtens vor zukünftiger Folter zu bewahren. Dies war zwar ein interessanter Gedanke, doch Jan wehrte sich dagegen, daraus Hoffnung zu schöpfen. Einige Tage später mußte er einen erneuten Tiefschlag hinnehmen, als ihm ein Bewacher spöttisch eine Zeitung unter die Nase hielt. Die Überschrift meldete Frankreichs Kapitulation vor den Nazis am 22. Juni 1940.

Eine Woche verstrich. Jan spielte die Rolle, die ihm die Schwester und später der behandelnde Arzt über sein Bett gebeugt flüsternd eingeprägt hatten. Er gab sich so schwach und krank wie möglich, um die Forderung des Arztes nach einem längeren Klinikaufenthalt des Patienten zu unterstützen. Doch Jan wußte, daß er das Unvermeidliche damit nur aufschob. An seinem siebten Morgen im Krankenhaus von Prešov kamen ihn zwei Gestapo-Männer abholen. Gegen den zähen Protest des Arztes schleppten sie seine schlaffe Gestalt ins Gefängnis zurück.

Er wurde zwar zunächst in seine alte Zelle gesperrt, blieb dort aber nur wenige Stunden. In noch üblerer Laune als gewöhnlich kehrten die Gestapo-Leute zurück, um ihn wieder ins Hospital zu bringen.

Der slowakische Arzt hatte höherrangige Deutsche davon überzeugen können, daß ihr wertvoller Gefangener ohne weitere Behandlung sterben werde.

Weiterhin den Todkranken spielend und in banger Erwartung des Augenblicks, wenn die Deutschen ihn für genesen genug für neue Folterungen halten würden, vergingen Jans Tage im Krankenhaus in quälender Langeweile. Dann, eines Tages Anfang Juli, änderte sich plötzlich alles.

Wieder kam ihn die Gestapo holen. Aber nachdem sie ihn in den Wagen geschoben hatten, fuhren sie nicht Richtung Gefängnis. Jan befürchtete das Schlimmste: Entweder brachten sie ihn in ein anderes Gefängnis oder zu einem Erschießungsplatz. Er schöpfte etwas Hoffnung, als er merkte, daß die Fahrt nach Norden ging, nach Polen. Seine Lebensgeister erwachten, als der Wagen in Nowy Sącz anhielt – jener Stadt, in der Jan und sein Führer einen Monat zuvor ihre unheilvolle Reise begonnen hatten.

Die Deutschen deponierten ihre Fracht in einer gesicherten Station des örtlichen Krankenhauses. Jans Zimmer, das er mit mehreren älteren Patienten teilte, wurde abwechselnd von polnischen Polizisten und Gestapo-Leuten bewacht. Jan begann sofort, die Möglickeit einer Flucht in Erwägung zu ziehen. Falls es ihm gelang, Verbindung zu seinen Kameraden in Nowy Sącz aufzunehmen, gab es vielleicht eine winzige Chance auf Befreiung.

Andererseits würde ein solcher Versuch den Deutschen vielleicht direkt in die Hände spielen. Jan war davon überzeugt, daß sie ihn aus einem bestimmten Grund nach Polen verlegt hatten. Vermutlich spekulierten sie darauf, sich von ihrem Gefangenen, wenn sie ihn schon nicht zum Reden hatten zwingen können, jetzt wenigstens zu einem Teil der Bewegung führen zu lassen. Jan war klar, daß er als Köder benutzt werden sollte. Dennoch mußte er alle eventuellen Chancen genau erforschen. Falls der Untergrund ihn nicht befreien konnte, würde er ihm vielleicht zumindest dabei behilflich sein, Selbstmord zu begehen.

»Wie kann ich Ihnen helfen?« murmelte ein junger Arzt, während er Jans schmutzige Handgelenksverbände wechselte. »Soll ich jemandem eine Nachricht überbringen?«

Jan studierte das glatte, offene Gesicht des Mediziners. Das Angebot schien verlockend. Doch das war wahrscheinlich genau das, was die Gestapo bezweckte.

»Nein«, wehrte der Patient ab, »ich habe für niemanden eine Nachricht. Ich weiß nicht, wovon Sie sprechen.«

Der Arzt beugte sich dichter zu ihm herunter.

»Sie brauchen keine Angst zu haben«, beschwichtigte er. »Ich bin kein Provokateur. Wir sind hier alle patriotische Polen.«

Jan wandte sich ab. Er würde nicht in diese Falle tappen.

Von Ärzten und Schwestern erhielt Jan denselben Rat wie in Prešov. »Sie sind sehr krank«, schärften sie ihm ständig ein. »Bleiben sie es!«

Jan merkte schnell, daß die Schwestern seine Temperatur immer um drei bis vier Grad höher eintrugen als das Thermometer anzeigte.

Am zweiten Tag seines Krankenhausaufenthalts heckte Jan einen Plan aus. Er begann, fiebrig zu stöhnen, und bat um den Beistand eines Priesters. Er liege im Sterben, jammerte er. Der diensthabende Arzt und die Schwester reagierten in Anwesenheit des Bewachers demonstrativ widerwillig und warfen Jan vor, er störe die anderen Patienten. Doch schließlich halfen sie ihm in einen Rollstuhl und fuhren ihn in die Kapelle hinunter. Der Wachmann folgte pflichtergeben, ließ den Gefangenen den Beichtstuhl jedoch allein betreten.

»Vater, vergib mir meine Sünden ...« Jan hatte viel zu bekennen angesichts der Sünde, die er zu begehen versucht hatte. Nach dem Abschlußgebet mit dem Priester blieb Jan schweigend knien. Er versuchte, seine Kräfte zu sammeln. Nach einer Weile hörte er die Stimme hinter dem Schirm sagen:

»Gehe in Frieden, mein Sohn!«

Jan rührte sich nicht.

»Sohn, gehe in Frieden!« wiederholte der Priester, eine Spur irritiert.

»Vater, ich möchte, daß Sie jemandem eine Nachricht von mir überbringen«, flüsterte Jan schließlich. »Ihr Name ist Sofia Rysiówna. Sie wohnt in der Matejkostraße Nummer zwei.«

»Und was soll ich ihr sagen?« antwortete die Stimme zögernd.

»Daß ›Witold Kucharski‹ im Krankenhaus ist, und daß er Gift will.«

Der Priester weinte fast, als er sein Schäflein zurechtwies.

»Mein Sohn, mein Sohn«, flüsterte er, »du darfst unseren Glauben nicht für solch irdische Dinge mißbrauchen. Du darfst mich nicht darum bitten, dir dabei zu helfen, genau die Sünde aufs neue zu begehen, für die du gerade die Absolution erhalten hast. Wie kannst du nur an so etwas denken?«

Jan schwieg.

Der Priester zögerte.

»Oh, mein Sohn, mein Sohn«, stammelte er. Er schien nach Worten zu ringen. Schließlich fragte er in gespanntem Flüsterton:

»Wie heißt sie? Wie lautet ihre Adresse?«

Am nächsten Tag wurde Jan von einer neuen Schwester betreut, die beflissen sein Kissen aufschüttelte und seine Temperatur maß. Es war Zofia Rysiówna, jene Mitstreiterin, in deren Wohnung sich Jan auf seine Abreise aus Nowy Sącz vorbereitet hatte.[2] Jans Herz klopfte heftig, als er sie erkannte. Seine Nachricht war also ausgerichtet worden.

»Alle weinen«, murmelte Rysiówna. »Alle machen sich Sorgen. Was sollen wir tun?«

»Informiert Józef«, flüsterte Jan, ohne die Lippen zu bewegen. Er erklärte ihr, daß sie den Sozialistenführer Józef Cyrankiewicz über seinen alten Studienfreund Tadeusz Pilc in Krakau erreichen könne. Er gab ihr Pilcs Adresse.

»Wenn sie mich nicht retten können«, murmelte Jan, »dann laß sie mir Gift schicken. Ich ertrage keine Folter mehr.«

Rysiówna ging direkt zum Versteck ihres Bruders Zbigniew Ryś, Mitglied des militärischen Flügels der Untergrundbewegung in dieser Region. Nachdem sie ihm die Lage geschildert hatte, nahm sie den nächsten Zug nach Krakau und überbrachte Pilc die Nachricht für Cyrankiewicz.

Durch die Kontaktaufnahme zu Cyrankiewicz vergrößerte Jan seine Überlebenschancen. Sein Schicksal wurde nun sowohl der Untergrundarmee als auch einer der politischen Parteien bekannt sein. Jan wußte, daß Cyrankiewicz mit dem Befehlshaber der vereinten Streitkräfte in Südpolen, Tadeusz Bór-Komorowski, befreundet war.

---

[2] Karski ist sich ganz sicher, daß Zofia in Schwesterntracht zu ihm kam, während sie selbst in einem 1993 geschriebenen Brief an Karski bestritt, jemals in einer solchen Verkleidung aufgetreten zu sein.

Unabhängig davon besaßen die Sozialisten aber auch eigene kleine Kampfverbände. Cyrankiwiecz konnte also zwei Seiten einschalten, um Hilfe für Jan zu organisieren – falls überhaupt etwas unternommen werden konnte.

Zwei Tage nach ihrem ersten Besuch kehrte Zofia Rysiówna ins Krankenhaus zurück. Beim Aufschütteln des Kissens schob sie etwas darunter.

»Das ist Zyanid«, flüsterte sie. »Es tötet schmerzlos. Aber nimm es nur im äußersten Notfall. Wir versuchen, deine Flucht zu arrangieren.«

Kommandant Komorowski genehmigte das Fluchtunternehmen, die Sozialisten erklärten sich bereit, es zu finanzieren. Die größte Summe würde das Bestechungsgeld verschlingen, das man den beiden in der Nacht der Befreiungsaktion vor Jans Station Wache stehenden polnischen Polizisten anbieten mußte. Die Sozialisten stellten für diesen Zweck den beachtlichen Betrag von zwanzigtausend Złoty zur Verfügung. Einer ihrer Untergrundvertreter begleitete Rysiówna auf der Rückreise von Krakau. Sobald sie ihrem Bruder das Geld der Sozialisten und die Genehmigung aus Komorowskis Hauptquartier überbracht hatte, begann Zbigniew mit der Zusammenstellung einer Mannschaft, die die Operation durchführen sollte.

Im Schatten der Krankenhausmauern wartete, zusammengeduckt im nassen Gras, ein dreiköpfiges Team auf Mitternacht. Zbigniew Ryś suchte das Gelände nach Wachposten ab. Die Tatsache, daß seine Vorgesetzten jede direkte Auseinandersetzung mit dem Feind verboten hatten, hatte seine überängstlichen jungen Untergebenen Józef Jenet und Karol Głód nicht davon abhalten können, mit gefährlich forschem Auftreten an das Unternehmen heranzugehen. Der sechzehnjährige Jenet hatte sogar ein Küchenmesser mitgebracht, das er gegen die Gestapo einsetzen wollte. Ryś bezweifelte, daß seine geflüsterte Zurechtweisung Wirkung zeigen würde.

Gelegentlich erschienen in den Fluren und im Treppenhaus die Silhouetten von Schwestern und Krankenpflegern. In der Portiersloge am Haupteingang konnte man einen gelangweilt wirkenden Pförtner erkennen. Alle anderen Fenster waren dunkel.

Im Krankenhaus verließ Dr. Jan Słowikowski das Entbindungszimmer. Die Schreie eines Neugeborenen verhallten in seinen Ohren, während er durch die Gänge eilte. Zu seiner Erleichterung entdeckte er keinen der rekonvaleszenten deutschen Soldaten, die manchmal auf dem Flur herumlungerten, um eine abendliche Zigarette zu genießen. Kurz vor Mitternacht ging Słowikowski die Treppe zum dritten Stock hinauf. Vor der Tür zur bewachten Station war ein Polizist bereits auf dem Stuhl eingeschlafen; neben ihm auf dem Tisch stand ein leeres Glas. Der andere starrte Słowikowski kurz an, ohne etwas zu sagen. In Nowy Sącz schlugen die Kirchenglocken Mitternacht. Der Arzt öffnete die Tür. Jan lag wach, beobachtete die Gestalt im Eingang und lauschte gespannt auf jede Unterbrechung des regelmäßigen Atmens und Schnarchens aus den anderen fünf Betten in seinem Zimmer. Słowikowski, der Arzt mit dem ehrlichen Gesicht, dessen Angebot Jan zuvor abgelehnt hatte, hatte sich schließlich tatsächlich als echtes Untergrundmitglied erwiesen. Der Mediziner zündete sich langsam eine Zigarette an. Als Jan dieses Entwarnungssignal sah, stand er aus dem Bett auf. Er umklammerte die Zyanidkapsel: Heute nacht würde er entweder frei sein oder sterben. Der Patient zog sein Nachthemd aus und schlich nackt zur Tür. Dr. Słowikowski verschwand. Der Polizist geleitete Jan zum Treppenhaus, hastete zu seinem Stuhl zurück, trank sein Glas mit dem in Wasser aufgelösten Schlafmittel aus und ließ sich dann auf dem Stuhl neben seinem Kollegen nieder.

Jan wankte die Treppe hinunter bis ins Erdgeschoß und versuchte verzweifelt, ein Treppenhausfenster zu öffnen, konnte jedoch nicht genug Kraft aufbringen, um den schweren Griff zu drehen. Als er Stimmen von Schwestern auf dem Flur hörte, schleppte er sich ein Stockwerk höher. Dort sah er durch das offene Fenster Zbigniew Ryś, der auf das Dach eines Gebäudeanbaus geklettert war. Nachdem Jan die Fensterbank erklommen hatte, ließ er sich in Zbigniews Arme fallen. Die beiden Männer krochen zur Dachkante. Ryś sprang Jan voraus auf den Boden und bot dem nackten Ausbrecher seine Schultern als Leiter zum Hinunterklettern an. Jan warf einen flüchtigen Blick auf die Gesichter seiner Retter, während Jenet und Głód ihm Jacke und Hose anzogen. Jan erkannte niemanden. Je einen Arm um Jenet und Głód gelegt, ließ sich Jan zu dem das Klinikgelände umschließenden Zaun schleifen. Rennen, ja sogar gehen, war schon fast zu anstrengend für den schwachen, verletzten barfüßigen Flüchtling; über einen Zaun klettern war ganz unmöglich. Er reckte seine bandagierten Handgelenke in die Höhe als stumme Entschuldigung. Die drei Untergrundkämpfer hievten ihn hoch und schubsten ihn mit einem Ruck über den Zaun. Auf der anderen Seite fing ihn der Beobachtungsposten des Teams, Tadeusz Szafran, auf. Ryś führte die Gruppe zum Dunajec-Fluß, ohne auf Jans zaghafte Bitte nach einer kurzen Rast einzugehen. Jede Minute Verzögerung würde den Bluthunden eine frischere Spur hinterlassen. Also nahm Ryś Jan Huckepack und trug ihn zum Fluß.

Am Ufer entschwanden die drei jungen Männer unter Rys' Kommando in der Finsternis; sie hatten ihren Teil der Mission erfüllt. Aus dem Schilf tauchte ein anderes Mitglied des Fluchtunternehmens mit einem Boot auf. Nachdem Ryś und der neue Mann Jan ins Boot geholfen hatten, ruderten sie gegen die Strömung auf das gegenüberliegende Ufer des breiten Flußes zu.

Durch das wilde Paddeln begann das Boot, heftig von einer Seite zur anderen zu schwanken. Jan wurde schwindelig, aber er hielt sich so gut er konnte am Bootsrand fest. In der Flußmitte jedoch rutschte er völlig entkräftet über Bord. Der muskulöse Ryś legte ruhig sein Ruder aus der Hand und zog Jan ins Boot zurück. Bis zur Ankunft am anderen Ufer lag Jan unkontrollierbar zitternd auf dem Bootsboden. Die Überfahrt dauerte länger als eine Stunde.

Nachdem das Boot im Schilf versteckt war, flohen Jan und seine Befreier durch einen Wald und mondhelle Felder. Von den durchnäßten Bandagen bis zu den nackten Füßen unter starken Schmerzen leidend, jedoch ermuntert von der Verheißung, der Gestapo entkommen zu sein, hinkte Jan abwechselnd neben den Männern her oder ließ sich Huckepack tragen. Sie erreichten eine Landstraße und verschärften im Wettlauf gegen die anbrechende Morgendämmerung ihr Marschtempo. Bei Sonnenaufgang führten Ryś und sein Mitverschwörer Jan über eine neblige Weide zu einer Scheune.

»Wir müssen dich hier zurücklassen«, erklärte Ryś. »Dein Gastgeber wird dich morgen besuchen. Er wird dafür sorgen, daß du für eine Weile sicher versteckt bleibst. Wir werden uns bei dir melden, sobald die Hetzjagd der Gestapo abgeflaut ist.«

Zu aufgeregt und erschöpft, um einen zusammenhängenden Satz

zu sagen, versuchte Jan, ein paar Worte des Dankes zu stammeln. Ryś unterbrach ihn.

»Spar dir lieber deine Dankbezeugungen! Ich hatte zwei Befehle. Der erste lautete, dich zu befreien; der zweite, dich zu erschießen, falls es schief geht.«

Jan versteckte sich auf dem Heuboden und harrte der Dinge, die da kommen würden. Der Scheunenbesitzer, ein alter Bauer und Veteran des antizaristischen Widerstands von 1905, brachte ihm zweimal täglich Essen. Nach einigen Tagen trafen zwei Untergrundagenten ein, um den Flüchtling aus der Umgebung von Nowy Sącz zu evakuieren.

Jan verbrachte unzählige Stunden unter einem Berg von Ernteerzeugnissen verborgen auf einer Pferdekarre. Als er aus dem wohlriechenden Haufen wieder auftauchen durfte, befand er sich in einem abgelegenen ländlichen Winkel südwestlich von Krakau in der Nähe des Dorfes Kąty. Eine gesund aussehende junge Frau erwartete ihn dort. Jan fuhr mit ihr zu einem einsamen, in den Bergen versteckten bescheidenen Landhaus. Seine Flucht war zu Ende. Seine Quarantäne – eine Standardvorsichtsmaßnahme für enttarnte Untergrundmitglieder – hatte begonnen.

Als die beiden Polizisten auf dem Krankenhausflur am Morgen nach der Flucht bei Tagesanbruch erwachten, erblickten sie eine furchteinflößende Schwester, die sich, über ihnen schwebend, in wenig höflichem Ton nach dem Verbleib des Patienten »Kucharski« erkundigte. Die beiden sahen sich einfältig an und wunderten sich laut darüber, wieso sie plötzlich hatten einschlafen können. Als die Schwester pflichtgemäß die Behörden benachrichtigen ging, schlichen sich die Polizisten davon, um aus einem Fenster ihrer Etage ein Seil herauszuhängen. Bei den folgenden Verhören und dem sich anschließenden Prozeß wegen Verletzung der Dienstpflicht ließen sich die Deutschen aufgrund des Taus und Betäubungsmittelrückständen in den Gläsern vorübergehend von der Unschuld der Polizisten überzeugen.

Die Ermittlungen der Gestapo im Krankenhaus liefen in eine Sackgasse. Weder Personal noch Patienten lieferten Anhaltspunkte. Für Hinweise zur Ergreifung von Kucharski und seinen Fluchthelfern wurde eine hohe Belohnung ausgesetzt – auch dies ohne Erfolg. Eine Großfahndung im Raum Nowy Sącz und systematische Hausdurchsuchungen ergaben ebenfalls nichts. Im *Wachanzeiger*, einem an alle polnischen Polizeireviere verteilten Blatt, erschien Jans Foto mit der Schlagzeile »ein gefährlicher Verbrecher, der eine Bedrohung für die Bevölkerung darstellt«; darunter der Hinweis, daß der Gesuchte leicht anhand der Narben an seinen Handgelenken zu identifizieren sei.

Der Gestapochef von Nowy Sącz, Obersturmbannführer Heinrich Hamann, verfolgte den Fall verbissen. Seine Vermutungen erhärteten sich durch eine Serie von Ereignissen: Zuerst tauchte einer der freigesprochenen Polizisten unter, kurz darauf Dr. Słowikowski, dann Zofia Rysiówna. Im Mai 1941 gelang es der Gestapo schließlich, den Fall zu lösen. Wie die Deutschen den Beteiligten des Fluchtunternehmens auf die Spur kamen, konnte zwar nie mit Sicherheit geklärt werden, einheimischen Gerüchten zufolge hatte jedoch einer der drei jungen Verschwörer unter Rys' Kommando – Jenet, Głód oder Szafran – vor Freunden mit seinen Heldentaten geprahlt.

Rysiówna wurde in Warschau verhaftet und im Konzentrationslager Ravensbrück gefangen gehalten, bis dieses 1945 befreit wurde. Głód und Jenet wurden gemeinsam mit einem Untergrundmitglied, das bei Jans Weitertransport geholfen hatte, festgenommen. Alle drei wurden nach Auschwitz überführt. Keiner von ihnen überlebte die Gefangenschaft. Szafran wurde im Gefängnis von Nowy Sącz inhaftiert. Auch der zweite ursprünglich freigesprochene Polizist aus dem Krankenhaus saß nach seiner erneuten Festnahme dort ein. Da Dr. Słowikowski unauffindbar blieb, sperrte die Gestapo statt dessen einfach einen anderen Arzt und Słowikowskis Bruder Teodor ein. Und weil sich nicht stichhaltig beweisen ließ, welcher der zwei verdächtigen örtlichen Geistlichen Jans Beichtstuhlbotschaft an den Untergrund weitergeleitet hatte, inhaftierte die Gestapo gleich beide. Dutzende weiterer Einwohner von Nowy Sącz füllten das Gefängnis, nicht etwa, weil man sie der Beteilung an dem Fluchtunternehmen für schuldig hielt, sondern als Vergeltung für die Tat.

Den ganzen Sommer 1941 hallte das Gefängnis von Nowy Sącz von den Schreien der Gefolterten wider; die Deutschen versuchten den Aufenthaltsort des Gesuchten aus den Häftlingen herauszupressen. Gegen Ende des Sommers hatte Hamann die Hoffnung auf Erfolg offensichtlich aufgegeben, wollte aber den in seinem Gewahrsam befindlichen Polen wenigstens noch eine Lektion erteilen.

Obwohl der polnische Untergrund auf Gefängnisausbrüche spezialisiert war, wurde in Nowy Sącz kein Ausbruchsversuch unternommen. Den Polen gelang es häufig, einen funktionierenden Kommunikationsfluß zwischen Häftlingen und Außenwelt zu unterhalten, indem sie bestochene Wärter als Kuriere einsetzten. Nach mehrmonatiger Gefangenschaft schmuggelte einer der inhaftierten Priester auf diesem Weg eine Nachricht nach draußen:

> Morgen, am 21. August um 5 Uhr in der Frühe, werden wir erschossen. Wir sind ruhig und wünschen auch euch inneren Frieden. Es scheint, als bedürfe unser geliebtes Vaterland dieses Opfers. Wir werden am Throne des Herrn für euch beten. Wir vergeben allen und bitten um eure Gebete für unsere Seelen. Falls wir jemandem Unrecht getan haben, so bereuen wir dies. Wir bitten alle unsere Gemeindemitglieder um Verzeihung.

In der Morgendämmerung des folgenden Tages drang aus einer Ziegelei der benachbarten Stadt Biegonice das Knattern von automatischen Gewehren. Im Kugelhagel starben zweiundreißig Polen als Strafe für ihre tatsächliche oder angebliche Beteiligung an der Flucht von »Witold Kucharski«.

5. Kaltgestellt

Die folgenden sieben Monate verbrachte Jan in einer Art Zwangsruhestand, ohne von den Ereignissen in Nowy Sącz oder Entwicklungen andernorts zu erfahren.[1] Da die Widerstandsführung nicht definitiv ausschließen konnte, daß die Deutschen Jan absichtlich hatten entfliehen lassen, um ihn zur Aufdeckung der Untergrundbewegung zu benutzen, hielt man es aus Sicherheitsgründen für geboten, daß Jan den Kontakt zu allen ihm bekannten Verschwörern vorübergehend abbrach.

Jan wurde im wahrsten Sinne des Wortes ›vor die Tür gesetzt‹. Sein neues Zuhause war ein geräumiges, aber einfaches Herrenhaus im Grünen, umgeben von mehreren Morgen Acker- und Weideland, außerhalb des Dorfes Kąty. Die Besitzer, ein Ehepaar namens Slawik, hatten das Geld für den Erwerb des Anwesens durch eine vorübergehende Emigration nach Amerika verdient. Ihre Tochter Danuta hatte, als sie Jan in Kąty aus der voll beladenen Pferdekarre auftauchen sah, amüsiert und verlegen zugleich reagiert angesichts des Kontrastes zwischen seiner verschmutzten, abgemagerten Erscheinung und ihrem geschmeidigen, gesunden Körper.

Jan wurde Danutas »Vetter aus Krakau«, der zur Erholung von einer hartnäckigen Krankheit aufs Land geschickt worden war. Vermutlich nahm man an, daß seine Vorliebe für langärmlige Hemden, selbst an den heißesten Julitagen, der Verlegenheit wegen seines dürren Körpers entsprang – und nicht der Notwendigkeit, seine verstümmelten Handgelenke zu verbergen. Jan gab sich als Gärtner aus, obwohl er fast nichts vom Boden und dessen Schätzen verstand. Aber mit diesem Beruf konnte er sich leicht aus dem Staub

---

[1] Karski erfuhr von den als Vergeltung für seine Flucht durchgeführten Exekutionen erst 1986 durch einen der Autoren dieses Buches.

machen, wenn die Deutschen ihr »Kontingent« an Agrarprodukten abholen kamen, das jeder Hof alle paar Wochen abliefern mußte.

Neugierigen Dorfbewohnern und Angestellten gegenüber ließen Danuta und ihre Eltern durchblicken, der Vetter aus der Stadt sei ein Feigling, ein Simulant, der sich vor dem Militärdienst gedrückt habe. Jan gewöhnte sich an, diesen Eindruck zu vertiefen, indem er in Gespräche mit Einheimischen gelegentlich deutschfreundliche Bemerkungen einstreute.

In der ersten Zeit nach seiner Ankunft genoß Jan die Freuden der Freiheit, die frische Landluft, den Luxus gesunder Ernährung und die Gelegenheit, von seinen Verletzungen zu genesen. Doch schon bald zehrte die Langeweile des beschaulichen Landlebens an ihm. Seine gesellschaftlichen Kontakte beschränkten sich auf das Anwesen, mit Ausnahme gelegentlicher Besuche mit den Slawiks im benachbarten Herrenhaus, das aristokratischer wirkte und von einem echten Grafen bewohnt wurde. Nach einer Weile glaubte Jan, bei Danuta Anzeichen von Verliebtheit zu bemerken. Aber dies war nicht der rechte Zeitpunkt für eine romantische Affäre, so sehr er Danutas anregende Gesellschaft und ihr lebhaftes Wesen auch mochte. Es gab ein paar Bücher im Haus und einen Plattenspieler, allerdings nur eine sehr begrenzte Plattensammlung. Danuta spielte eine populäre Aufnahme, ein Liebeslied mit dem Titel »Fernando«, häufig genug, um Jan damit fast in den Wahnsinn zu treiben.

Am zermürbendsten aber war die Zwangsisolation von der Bewegung, für die er noch vor wenigen Wochen sein Leben zu opfern bereit gewesen war. Jan sah zwar die Notwendigkeit dieser Sicherheitsquarantäne ein, ärgerte sich aber dennoch darüber. Als sich ihm die Chance bot, wieder mit begrenzter Arbeit für den Untergrund zu beginnen, stürzte er sich sofort darauf.

Wochen nach seiner Ankunft erfuhr Jan, daß sich das Engagement der Familie Slawik im Widerstand keineswegs darauf beschränkte, ihm Unterschlupf zu gewähren. Danuta hatte einen Bruder, Lucjan, der der Bewegung angehörte und untergetaucht war. Danuta erhielt regelmäßig nächtlichen Besuch von Lucjan, der sich mit leichtem Klopfen an ihr Fenster bemerkbar machte. Nachdem Jan eines Tages von Danuta in das Geheimnis eingeweiht worden war, begann er, an den mitternächtlichen Treffen im Garten teilzunehmen. Lucjan sprach bei seinen Besuchen niemals über seine Arbeit, Jan wußte jedoch, daß er im regionalen Untergrundkommando einen hohen Posten bekleidete. Nachdem sich Jan wiederholt über seine erzwungene Inaktivität beklagt hatte, versprach Lucjan schließlich, ihm irgendeine »sichere« Arbeit zuzuteilen.

Jans neuer Teilzeitjob bestand in der Erzeugung »schwarzer Propaganda« für Aktion N, einer Widerstandszelle, die sich mit der Untergrabung der Moral der Besatzer befaßte. Jans Beitrag dazu war seine Phantasie. In der Rolle von deutschen Soldaten und Zivilisten, die mit gewissen Aspekten des Krieges unzufrieden waren, verfaßte Jan Briefe und Flugblätter, die unter Deutschen verteilt werden sollten. Lucjan hatte ihm erklärt, die Schreiben würden glaubwürdiger klingen, wenn er eine offenkundig oppositionelle Argumentation vermied. Statt dessen solle sich Jan als loyaler Hitleranhänger darstellen, der unglücklich über die Art und Weise ist, wie die Untergebenen des Führers dessen Willen umsetzen.

Jan schrieb in Polnisch, da er nicht genug Vertrauen in seine Deutschkenntnisse hatte, um grobe Schnitzer sicher ausschließen zu können; ein versierter Sprachkenner innerhalb der Bewegung übersetzte die Arbeit. Die Briefe wurden auf deutsches Markenpapier kopiert und von einem Ort in dem von den Deutschen annektierten Westteil Polens aus abgeschickt, da dieses Gebiet in das Postsystem des Reiches eingegliedert war. Die Empfänger wurden anhand von Telefonbüchern oder ähnlichen Quellen zufällig ausgewählt. Die Flugblätter wurden in Cafés, Gasthäusern, Bordellen und an anderen, bei den deutschen Truppen in Polen beliebten Orten ausgelegt. Lucjan gab Jan freie Hand, über jedes moralzersetzende Problem zu schreiben, das ihm einfiel. Jan gab sich häufig als nörgelnder Infanterist, der anonym nach Hause schrieb – die Briefe enthielten gewöhnlich Sätze wie »du kennst mich, aber ich kann meinen Namen hier nicht nennen« –, um sich über sein hartes Los zu beschweren. Zum Beispiel: »Die Polen sind nicht so freundlich, wie Goebbels Propaganda sie darstellt ...« In anderen Briefen spielte Jan den besorgten deutschen Zivilisten: »Als Katholik schäme ich mich dafür, was unsere Behörden den Juden antun, Gottes auserwähltem Volk ...« – »Hitler ist ein Mann von höherer Fügung, aber er merkt nicht, daß viele seiner Untergebenen Kleingeister sind, gierige Leute, wie Göring – ein Drogensüchtiger, der Kunstschätze aus Museen stiehlt. Ein wahrer deutscher Ehrenmann würde so etwas nie tun.« Jan glaubte niemals so recht an die Wirksamkeit dieser Art von psychologischer Kriegsführung. Aber auf diese Weise hatte er zumindest etwas zu tun, konnte mit seiner Kleinarbeit einen Beitrag zu den Kriegsanstrengungen leisten. Er ging mit voller Energie an die Sache. Dennoch ärgerte er sich über seine unbegrenzte Quarantäne und ließ keine Möglichkeit aus, um Lucjan um eine Bewährungsprobe zu bitten. Da ihm Lucjan nicht erzählt hatte, was sich nach seiner Flucht in Nowy Sącz abgespielt hatte, konnte Jan nicht ahnen, ein wie intensiv gesuchter Verbrecher er war und wie zwingend eine langfristige Quarantäne deshalb geboten schien.

Im Februar 1941 überbrachte Lucjan Jan endlich die ersehnte Nachricht von der Untergrundkommandantur: Er durfte gehen. Nachdem sich Jan bei seinen neuen Freunden Danuta und Lucjan und deren Eltern für die monatelange Gastfreundschaft bedankt hatte, verließ er das Anwesen der Slawiks. Nach der langen Zeit in relativ sicherer Umgebung fand es Jan schwierig, sich an ein Leben in permanenter Gefahr zu gewöhnen, als er nach Krakau zurückkehrte, um wieder ganz in die Untergrundarbeit einzusteigen.

Erst später erfuhr er, wieviel Glück er gehabt hatte, daß seine Beurlaubung gerade zu diesem Zeitpunkt endete. Nur wenige Monate nach Jans Abreise verhafteten die Deutschen die gesamte Familie Slawik. Lucjan mußte brutalste Folter und Gefangenschaft ertragen, doch er und seine Eltern überlebten den Krieg. Danuta Slawik wurde nach monatelanger Haft und Folter 1942 von der Gestapo erschossen.

Es lag nahe, daß Jan nach seiner Rückkehr nach Krakau zunächst Kontakt zu seinen Bekannten von der Sozialistischen Partei suchte. Schließlich hatten sie gemeinsam mit dem militärischen Flügel des Untergrunds sein Leben gerettet.

Trotz seiner Abneigung gegen Parteipolitik im allgemeinen und die Grundsätze des Sozialismus im besonderen fühlte er sich zu dem charismatischen Józef Cyrankiewicz und dessen Parteifreunden hingezogen – wie übrigens auch sein links vom sozialistischen Lager stehender Freund Tadeusz Pilc.

»Sie waren gegen die Deutschen«, erklärte Karski später. »Das war für mich das Entscheidende. Ich hatte zu jener Zeit viel mehr Vertrauen in Cyrankiewicz als in irgendeine Form dieser dummen subversiven Propaganda.«

Zu seiner Enttäuschung erfuhr Jan bei seiner Ankunft in Krakau, daß er noch eine Weile im Propagandageschäft würde bleiben müssen. Der Krakauer Militärkommandant, Oberst Komorowski, hatte ihn zum stellvertretenden Leiter der Aktion N für diese Region ernannt. Jan wußte, daß er vorerst nicht mehr als Kurier würde arbeiten können – solange die Narben an seinen Handgelenken und der Groll der Gestapo wegen seiner Flucht noch so frisch waren, konnte jede Begegnung mit den Deutschen sowohl für ihn als auch für den gesamten Untergrund verheerende Folgen haben. Dennoch hatte er das Gefühl, daß er mit einer Propaganda, die nichts oder kaum etwas bewegen würde, nur seine Zeit verschwendete.

Bei der ersten Gelegenheit ließ er sich zu einer Abteilung versetzen, die ausländische Radiosender abhörte. Hier konnte er wenigstens sein Sprachtalent einsetzen. Er riskierte damit allerdings schon wieder sein Leben: Die Deutschen hatten im Dezember 1939 eine Verordnung erlassen, die den Besitz von Kurzwellenempfängern zum Kapitalverbrechen erklärte. Jan fand jedoch einen idealen Platz zum Leben und zur Ausübung seiner neuen Tätigkeit: nämlich Tür an Tür mit dem Besatzer.

Er mietete ein Zimmer in der geräumigen, elegant möblierten Wohnung von Bronisława Langrodowa, der Gattin eines Diplomaten, den Jan 1936 während seines Praktikums in Genf kennengelernt hatte. Da Langrodowas Mann im Ausland vom Blitzkrieg überrascht worden war, mußte sie ihren kleinen Sohn unter schwierigen Bedingungen alleine großziehen – unter einem Regime, das sie als Jüdin behandelt hätte, wäre ihre gemischte Herkunft bekannt geworden. Langrodowa hatte ihre persönlichen Wertgegenstände seit Kriegsausbruch nach und nach verkauft und mußte nun Zimmer vermieten, um ihren Lebensunterhalt bestreiten zu können. Im Frühjahr 1941 wohnten bei ihr zwei Untermieter: ein Mitglied des polnischen Untergrunds und ein deutscher Wehrmachtsoffizier. Als enge Mitarbeiterin und Vertraute von Józef Cyrankiewicz fungierte Langrodowa regelmäßig als Gastgeberin konspirativer Treffen und deckte Jans Radioarbeit. Sie hielt die Anwesenheit des Wehrmachtsoffiziers im Nachbarzimmer für eine perfekte Tarnung – einerseits wußte sie genau, daß er keinerlei Verdacht hegte (günstigerweise sprach er kein Polnisch), und andererseits würden sie aufgrund seiner Anwesenheit nicht von anderen Deutschen behelligt werden. Jan und seine Vermieterin arbeiteten diskret und hielten einen gewissen höflichen Abstand zu dem Mitbewohner. Jans Lebenssituation barg gefährliche wie komische Möglichkeiten, doch leider dauerte sie nicht lange.

Ende März 1941 hatte Cyrankiewicz in Langrodowas Wohnung eine Verabredung mit Komorowskis Stabschef, dem stellvertretenden Kommandanten der Union für den Bewaffneten Kampf. Doch der Offizier erschien nicht. Cyrankiewicz reagierte wütend. Pünktlichkeit sei eine unablässige Voraussetzung konspirativer Arbeit, aber Angehörige der Streitkräfte seien offensichtlich noch nicht einmal in der Lage, rechtzeitig zu einem Treffen zu erscheinen, tobte Cyrankiewicz in Gegenwart von Jan und Langrodowa. War dies nicht wieder typisch für die ineffizienten, politisch rückständigen Militärfunktionäre der Vorkriegsära? Jemand würde Komorowskis Stellvertreter eine Lektion erteilen müssen. Cyrankiewicz beschloß, den unpünktlichen Verschwörer in dessen Wohnung aufzusuchen.

»Józef, geh nicht!« flehte Langrodowa, plötzlich alarmiert. »Du weißt nicht, was ihm vielleicht passiert ist.«

Cyrankiewicz schob ihre Bedenken beiseite. »Ich werde in zwei Stunden wieder hier sein«, versprach er.

Jan und seine Vermieterin verbrachten zwei bange Stunden zusammen. Cyrankiewicz kehrte nicht zurück. Langrodowa zögerte keinen Augenblick; sie begann sofort zu packen.

»Ich bin sicher, daß mich Józef selbst unter Folter nicht verraten wird«, erklärte sie Jan. »Aber ich verlasse Krakau trotzdem.« Kurz darauf reiste sie nach Warschau ab.

Nachdem die Deutschen Komorowskis Adjutanten verhaftet hatten, benutzten sie ihn in bewährter antikonspirativer Taktik als Lockvogel. Statt den Häftling direkt ins Gefängnis zu bringen, hielt ihn die Geheimpolizei in seiner Wohnung fest und wartete dort auf eventuelle Besucher. Cyrankiewicz kam.

Mit einem einzigen Schlag war es der Gestapo gelungen, die Krakauer Untergrundbewegung sowohl in ihren militärischen als auch politischen Dimensionen existentiell zu bedrohen. Cyrankiewicz wurde in einem Krakauer Gefängnis inhaftiert, aus dem ihn einige Mitstreiter bei einem Guerilla-Überfall befreien wollten. Jan erfuhr von dem Plan und wollte sich an der Aktion beteiligen – als eine Art Wiedergutmachung sozusagen. Aber die Verschwörer verweigerten ihm die Teilnahme, und ihre Pläne wurden schließlich dadurch vereitelt, daß Cyrankiewicz nach Auschwitz verlegt wurde.

Cyrankiewicz hatte letztendlich Glück, dorthin geschickt zu werden. Er besaß absolut perfekte und überzeugende falsche Papiere, so daß die Gestapo nicht die leiseste Ahnung von seiner wahren Identität bekam und ihn als unbedeutende Last dem Vergessen von Auschwitz überließ, ohne sich die Zeit für Foltersitzungen zu nehmen. Cyrankiewicz überlebte die Gefangenschaft. In Auschwitz wirkte er aktiv am Aufbau einer Untergrundbewegung mit.

Die Verhaftungen machten Jan mit der Untergrundgewohnheit, Adressen wie Hemden zu wechseln, vertraut. Durch Cyrankiewiczs Festnahme gezwungen, innerhalb von Stunden eine neue Bleibe zu finden, zog er in ein Apartment einer von seinem Jugendfreund Tadeusz Pilc betriebenen Wohnungsgenossenschaft. Da Pilc kein Sozialist war und sich selbst für nicht gefährdet hielt, fühlte sich Jan in dieser Umgebung verhältnismäßig sicher.

Er blieb sechs Monate bei Pilc und setzte in dieser Zeit seine Abhörtätigkeit fort. Aber mit zunehmenden Übergriffen der Gestapo fühlte er sich immer unsicherer. Als er schließlich erfuhr, daß Komorowski nach Warschau gezogen war, erschienen Jan seine Zukunftsaussichten in Krakau als zu gering, um seinen Verbleib in der Stadt zu rechtfertigen. Pilc riet ihm ebenfalls, die Stadt zu verlassen, wenngleich er selbst sich noch stets sicher glaubte. Über einen Vertreter der Bauernpartei erhielt Jan die Adresse eines Offiziellen in Warschau, der ihn an die dortige Untergrundbewegung weitervermitteln sollte. Jan reiste im Oktober 1941 nach Warschau ab.

Wenige Tage danach wurde Tadeusz Pilc verhaftet. Er starb 1942 im Konzentrationslager Buchenwald.

In den siebzehn Monaten seit Jans Abreise zu seiner verhängnisvollen Mission durch die Slowakei hatte sich Warschau verwandelt.

Nächtliche Angriffe sowjetischer Bomber hatten viel von dem zerstört oder beschädigt, was nach dem deutschen Sperrfeuer vom September 1939 übriggeblieben war. Ganze Stadtviertel waren dem Erdboden gleichgemacht worden durch die Luftwaffe eines Staates, der 1939 unter dem Vorwand der Freundschaft in Polen einmarschiert war, mit Hitler kollaboriert hatte und sich inzwischen wieder als Polens Verbündeter darstellte. Nach der deutschen Invasion in die Sowjetunion am 22. Juni 1941 war die – nun in London ansässige – polnische Exilregierung eine ungeliebte Allianz mit Stalin eingegangen.

So erschreckend Jan die Zerstörungen in Warschau fand, so überraschend war für ihn die Beobachtung, in welch hohem Maße der Widerstand gegen den Feind zu einem festen Bestandteil des Lebens in der Hauptstadt geworden war. Einen ersten untrüglichen Beweis hierfür lieferten ihm die allgegenwärtigen Parolen, die auf die brüchigen Mauern von Warschaus Ruinen gekritzelt waren. Bewunderung für General Sikorski, Schmähungen gegen Hitler und Erinnerungen an siegreiche Schlachten der Alliierten blickten Jan fast in jeder Straße entgegen. Eine bei Jugendlichen beliebte Form des Spottes gegen die Besatzer bestand darin, einen Buchstaben eines in der ganzen Stadt verbreiteten deutschen Propagandaplakates zu ändern: Statt »Deutschland siegt an allen Fronten« las man nun »Deutschland liegt an allen Fronten«. Überall in der Stadt zeugte ein hastig auf Wände gemaltes »V« vom Glauben der Polen an den Sieg der Alliierten.

Diese äußeren Zeichen spiegelten das gewachsene Selbstbewußtsein der Polen im Kampf gegen die Nazis wider. Hitler und seine Günstlinge hatten sich verrechnet bei dem Versuch, Polen in eine von massivem Terror in die Knie gezwungene, eingeschüchterte Nation von Sklaven zu verwandeln. Der ebenso brutale wie willkürliche Charakter deutscher Repressalien und Mißhandlungen erfüllte weniger den Zweck, die Warschauer abzuschrecken, als sie davon zu überzeugen, daß sie nichts zu verlieren hatten, wenn sie sich widersetzten.

In vieler Hinsicht waren diejenigen, die der Bewegung angehörten, die sichersten Einwohner Warschaus. Da jeder gesunde Pole auf der Straße aufgegriffen und zur Zwangsarbeit nach Deutschland deportiert werden konnte, maß der Untergrund dem Schutz seiner Aktivisten vor zufälligen Übergriffen große Bedeutung bei. Damit ihre Mitglieder von den Deutschen unbehelligt blieben, mußte die Widerstandsbewegung Identitäten für sie erfinden, die sie als Arbeiter in einem für das Reich kriegswichtigen Betrieb auswiesen, zum Beispiel einer Zulieferfirma für die Wehrmacht oder einer deutschen Verwaltungsbehörde für die besetzten Gebiete.

Untergrundmitglieder stahlen häufig Blankoformulare und Dienstsiegel für die Herstellung von Ausweisen. Falls ein Original nicht zu beschaffen war, gingen Fälscher ans Werk. Sie entwickelten eine solche Perfektion, daß selbst Experten meist keinen Unterschied zwischen echten und nachgemachten Dokumenten erkennen konnten. Um die falschen Papiere abzudecken, schmuggelten an geeigneter Stelle plazierte Verschwörer gewöhnlich Kopien der Fälschungen in die von den Deutschen angelegten Akten, in denen über die Ausstellung von Dokumenten Buch geführt wurde. Mit typisch germanischer Gründlichkeit hatten die Besatzer eine Bürokratie aufgebaut, die von allen Polen die Mitführung einer großen Anzahl von persönlichen Papieren verlangte. Dazu gehörten unter anderem Personalausweis, Arbeitserlaubnis, Lebensmittelkarten, Reisegenehmigungen, Meldebestätigung und Sperrstundenpaß.

Eine neue Identität anzunehmen bedeutete also einen weit größeren Aufwand, als sich nur einen Bart wachsen zu lassen und einen falschen Führerschein zu besorgen. In Ergänzung zu den gefälschten Versionen verschiedener offizieller Dokumente enthielt eine gute Sammlung ebenfalls falscher Schriftstücke charakteristische Hinweise, die die Identität des Betreffenden erhärteten – zum Beispiel ein paar Briefe an die neugeschaffene Person mit gefälschtem Poststempel, der bewies, daß der- oder diejenige bereits vor dem Krieg unter diesem Namen existiert hatte. Und falsche Papiere waren erst der Anfang. Das Untergrundmitglied mußte einen ausführlichen Lebenslauf auswendig lernen, der sowohl die in den Dokumenten vermerkten Daten enthielt als auch ergänzende Hintergrundinformationen, die die Gestapo von der Identität einer Person überzeugen sollten.

Die Bewegung hatte diese Verteidigungsmaßnahmen zwar zur Wissenschaft entwickelt, als Jan nach Warschau zurückkehrte, ihre Taktiken waren jedoch längst nicht narrensicher. Trotz aller Tarnung und trotz der Aufstellung von Regeln, die das Wissen der einzelnen Mitglieder über die Organisation als Ganzes limitierten, forderten Gestapo-Aktionen von Individuen wie kompletten Sektionen der Verschwörung beständig einen schrecklichen Preis. Widerstandskämpfer, die entweder aufgrund von Sabotageakten gegen deutsches Eigentum oder auch nur aufgrund der Preisgabe ihres Namens durch gefolterte Kollegen von der Gestapo verhaftet wurden, mußten mit einer Sonderbehandlung rechnen. Wer Glück hatte, den erwartete das Leben – oder der Tod – in einem Konzentrationslager. Von den weniger Glücklichen landeten einige vor einem Exekutionskommando, andere ließ man nach ihrer öffentlichen Hinrichtung noch tagelang als abschreckendes Beispiel für alle »polnischen Banditen« am Galgen hängen.

Wie zuvor in Krakau teilte auch die sprießende Untergrundbürokratie in Warschau Jan zu Tätigkeiten ein, die nicht im entferntesten an seinen reizvollen Dienst als Kurier heranreichten. Gleich nach seiner Ankunft in der Hauptstadt meldete sich Jan beim Büro für Information und Propaganda, einem zivilen Außenposten des militärischen Flügels der Widerstandsbewegung.

Jans neuer Chef war Jerzy Makowiecki, vor dem Krieg Ingenieur und jetzt eine der vielen qualifizierten Kräfte in dieser Abteilung. Makowiecki wollte Jan ursprünglich als Verbindungsmann zu den Vorsitzenden der verschiedenen Untergrundfraktionen einsetzen, mit der Aufgabe, regelmäßig über deren politische Haltung zu berichten. Jan stimmte zunächst zu, aber nach kurzer Abwägung sagte ihm sein Instinkt, daß diese Funktion seinen Ruf der Unparteilichkeit kompromittieren würde. Er ging zu Makowiecki zurück und lehnte unter dem Vorwand ab, er fürchte, daß er die Parteiführer durch seine vernarbten Handgelenke einer besonderen Gefahr aussetze.

Ersatzweise übertrug Makowiecki seinem neuen Angestellten die Analyse der Untergrundpresse. Angesichts der Risiken, der schwierigen Umstände und der Geldknappheit produzierten Polens zahllose Untergrundgruppen eine erstaunliche Menge von Drucksachen. Aus der Mehrheit der Publikationen sprach zumindest ein gewisser Grad an Loyalität gegenüber der Exilregierung in London und der ihr angeschlossenen offiziellen Widerstandsbewegung, bestehend aus den vier größten politischen Parteien, dem Regierungsbeauftragten und der Heimarmee (wie sich die Union für den Bewaffneten Kampf Anfang 1942 umbenannt hatte). Kommunisten, Altnationalisten und andere extrem linke oder rechte Splittergruppen verfolgten jedoch weiter unabhängig ihre Ziele, und selbst unter dem Dach der mit London verbundenen Bewegung existierten Dutzende von Fraktionen. Jede gab ihre eigene Zeitung oder Broschüre heraus.

Jans analytische Arbeit hing wie viele andere Aufträge im Untergrund von der Hilfe eines Kaders von »Verbindungsmädchen« ab – jungen Frauen, die als Boten oder Kundschafter fungierten und damit die Kommunikation zwischen hochrangigen Funktionären erleichterten, die es nicht riskieren konnten, sich persönlich zu treffen. Durch die Kontaktpersonen erübrigte sich auch die Notwendigkeit, daß Mitarbeiter wie Jan belastendes Material bei sich hatten oder persönlich die Adressen konspirativer Wohnungen kannten.

Jan mußte bei jedem Arbeitseinsatz dem gleichen strengen Schema gehorchen. Zu einer verabredeten Zeit schlenderte eine Verbindungsfrau an dem Haus, in dem er wohnte, vorbei. Jan mußte genau in diesem Augenblick aus der Vordertür treten. Die Frau ging weiter, ohne Notiz von ihm zu nehmen. Er folgte ihr. Sie führte ihn zu einem der vielen Standorte, die die Bewegung für solche Zwecke eingerichtet hatte, in der Regel eine Wohnung. Dort war immer irgendwo auf dem Fußboden der gleiche Mechanismus installiert: ein mit Spiralfedern versehenes Dielenbrett, das per Druck auf einen versteckten Knopf aufsprang und ein Fach voller Untergrundmagazine freigab. Die Vermittlerin zeigte Jan, wo sich die Vorrichtung befand und verschwand dann.

Jan blieb für einen festgelegten Zeitraum – in der Regel drei bis vier Stunden – in der Wohnung, arbeitete sich durch den Berg von Veröffentlichungen und schrieb für das Oberkommando der Heimarmee Berichte über die aus den Publikationen hervorgehenden politischen Tendenzen. In vielen Fällen fand er das Niveau politischen Denkens enttäuschend niedrig. Da gab es einseitig bedruckte Blätter, die die Gründung einer Monarchie im Nachkriegspolen forderten; syndikalistische Traktate mit kaum begreiflicher theoretischer Argumentation; expansionistische Vorstellungen von einem »Großpolen«, das sich von der Ostsee bis zum Schwarzen Meer erstrecken sollte; und es gab eine Fülle von antisemitischen Hetzschriften. Die Nutzlosigkeit des Ganzen deprimierte Jan. Es erschien ihm lächerlich, daß er sein Leben riskierte, die Kontaktpersonen ihr Leben riskierten, die Herausgeber ihres sogar häufig verloren, nur um solch wertlose Polemiken zu verbreiten oder zu analysieren.

Am Ende der Arbeitszeit erschien wieder dieselbe Frau, die Jan zuvor zur Wohnung gebracht hatte. Nachdem er die Zeitschriften in das Versteck zurückgelegt hatte, übergab er ihr seine Aufzeichnungen. Sie nahm sie mit, um sie abtippen zu lassen und anschließend an den vorgesehenen Empfänger weiterzuleiten. Auf dem Nachhauseweg ging die Frau Jan voraus und betrat vor ihm seine Wohnung, um zu untersuchen, ob die Luft rein war. Auf ein Zeichen hin folgte er ihr, und sie machte sich auf den Weg zu ihrem nächsten Auftrag. Begreiflicherweise erlitten die Verbindungskader die gesamte Besatzungszeit über schwere Verluste.

Nach einigen Wochen hatte Jan die Zeitschriftenarbeit so satt, daß er Makowiecki um einen neuen Auftrag bat. Daraufhin wurde er zum Abhören alliierter und neutraler Radiosender eingesetzt, im wesentlichen die gleiche Arbeit wie in Krakau. In einer ungeheizten Villa außerhalb von Warschau hörte Jan – in Hut und Mantel gegen die Kälte – in jeweils mehrtägigen Schichten die BBC und andere ausländische Sender ab und schickte über eine Kontaktperson Berichte an seine Vorgesetzten.

Nachdem Makowiecki eine Zeitlang beobachtet hatte, wie Jan innerhalb der Bewegung agierte, machte er ihm ein Kompliment: »Es ist großartig, wie Sie sich im Hintergrund halten.«
Jedes Untergrundmitglied war bestrebt, in der Öffentlichkeit nicht aufzufallen: also sich bewegen, kleiden und in jeder Hinsicht wirken wie ein Durchschnittsbürger. Sich von der Menge abzuheben verursachte nur Ärger. Jan beherrschte die Kunst, mit ihr zu verschmelzen.
Das beschränkte sich nicht darauf, das Image eines einfachen Menschen zu kultivieren. Jan achtete ganz besonders darauf, sich nicht an beliebten Untergrundtreffpunkten sehen zu lassen. Wenn er er-

fuhr, daß seine Landsleute regelmäßig eine bestimmte Bar oder ein Café besuchten, hielt er sich von dort unter allen Umständen fern. Neben den Gefahren, denen alle Verschwörer ausgesetzt waren, mußte Jan das durch seine Handgelenke verursachte zusätzliche Risiko berücksichtigen. Selbst der flüchtigste Kontakt mit einem deutschen oder polnischen Informanten konnte zu einer Katastrophe führen. Deshalb erzählte Jan auch keinem seiner Freunde in der Bewegung, was ihm während seiner Reise durch die Slowakei passiert war.

Aber auch ein unauffälliger Lebensstil konnte drohende Gefahren nicht immer abwenden. Eines Tages im Frühjahr 1942 erfuhr Jan von Makowiecki, daß seine Verbindungsfrau verhaftet worden war. Man konnte nicht einschätzen, wieviel sie unter Folter verraten würde, und sie kannte Jans gegenwärtigen Namen und Aufenthaltsort.

»Hast du etwas Wichtiges in deiner Wohnung gelassen?« fragte Makowiecki.

»Nichts Belastendes«, erwiderte Jan, »ein paar persönliche Dinge.«

»Laß sie liegen«, befahl sein Chef. »Wenn nichts passiert, kannst du sie dir in einigen Wochen abholen.«

Nachdem Jan eine Nacht bei der Familie von Bogdan Samborski, einem Beamten des Außenministeriums, der sich im Ausland aufhielt, verbracht hatte, setzte er sich aufs Land ab.

Abgelegene Landsitze gehörten zu den beliebten Verstecken des Untergrunds für Mitglieder, die »heiß« waren. Makowiecki brachte Jan in einem Herrenhaus bei Puławy, östlich von Warschau unter. Die Besitzerin, eine gewisse Madame Siemiątkowska, scheint eine Art Untergrundhotel betrieben zu haben. Jan quartierte dort später seinen Bruder ein und traf selbst in dem Haus eine Reihe von Widerstandsmitgliedern, die – wie er – nach der Verhaftung von Kollegen hatten fliehen müssen.

Einer dieser untergetauchten Verschwörer war eine junge Frau namens Renée, mit der Jan aus Mangel an anderer Beschäftigung einen erheblichen Teil seiner Zeit verbrachte. Lange danach bestand Jan darauf, daß die Beziehung ziemlich unschuldig gewesen sei. Die Belastungen, die Gefühle, die Treue und das Vertrauen romantischer Affären vertrugen sich nicht mit den Lebensbedingungen in

Kriegszeiten, und der Untergrund mißbilligte solche Liebesbeziehungen zwischen Mitgliedern. Dennoch erreichte die Beziehung zwischen Jan und Renée in den gemeinsamen Wochen auf dem Landsitz offenbar einen gewissen Grad von Ernsthaftigkeit und dauerte auch noch nach beider Rückkehr nach Warschau an. Nach Jans Aussage ging er keine feste Bindung mit ihr ein, sie allerdings sah sich als seine Verlobte. Viele Monate später, als Jan England erreichte, fühlte er sich Renée noch so eng verbunden, daß er ihr in einem kodierten Telegramm nach Polen Grüße ausrichten ließ. Als er in England eine große Summe Dollar erhielt, veranlaßte er, daß ihr über Untergrundkanäle fünfhundert Dollar geschickt wurden. Die Beziehung überlebte den Krieg nicht, aber Renée schaffte es.

Jans ungeplanter Urlaub sollte nicht sein letzter Besuch in Madame Siemiątkowskas »Hotel« bleiben. Makowiecki schickte ihn bald dorthin zurück, zu einem Akt der Barmherzigkeit.

Inmitten des Menschenstromes, der durch den Warschauer Bahnhof floß, klammerte sich Frau Wertheim fest an ihren Mann. Das Entsetzen stand ihr ins Gesicht geschrieben. Sie war wirklich eine ungewohnte Erscheinung in dieser Menge – eine allem Anschein nach jüdische Frau, die sich frei in der Öffentlichkeit bewegte, lange nachdem man die Juden der Stadt in ihr eigenes städtisches Gefangenenlager, das Warschauer Ghetto, gepfercht hatte.

Dr. Wertheim wirkte gefaßter. Vielleicht resultierte seine Ruhe aus einer gewissen Resignation. Nachdem sie ihr Versteck in Warschau hatten verlassen müssen, setzten er und seine Frau ihre letzte Überlebenshoffnung in einen großen, hohlwangigen polnischen Christen, der sich »Witold« nannte. Entweder würde er sie in Sicherheit bringen, oder sie würden zugrunde gehen. Wozu sich also jetzt noch quälen? Es würde doch nichts ändern.

Jan hatte einige Wochen zuvor den Grundstein für dieses Unternehmen gelegt. Als ihm Makowiecki erzählt hatte, daß das Ehepaar Wertheim dringend in ein Versteck außerhalb der Stadt gebracht werden müsse, hatte Jan sich erboten, ein geeignetes Quartier zu besorgen. Er stattete Madame Siemiątkowska einen Höflichkeitsbesuch ab und erklärte ihr, wer die beiden Juden seien und weshalb der Untergrund besonderen Wert darauf lege, sie zu retten. Dr.

Wertheim war nicht nur der Vater zweier Offiziere des polnischen Untergrunds, sondern hatte selbst im Range eines Obersten in Marschall Piłsudskis Legion gekämpft. Es war unmöglich, mehr als nur einige wenige der unterdrückten Juden des Landes zu retten, aber ein Mann, der Polen einen so großen Dienst erwiesen hatte, sollte unbedingt zu diesen wenigen gehören.

Die Hausbesitzerin hatte zugestimmt, allerdings nur unter bestimmten Bedingungen. Aufgrund von Jans Warnung, daß die Frau sehr jüdisch aussehe, weigerte sich Siemiątkowska, das Paar im Haupthaus aufzunehmen.

»Es ist ein zu großes Risiko«, argumentierte sie. »Meine anderen Gäste könnten dadurch in Gefahr geraten. Aber ich kann die beiden in einem der Schuppen auf dem Grundstück unterbringen.«

Makowiecki hatte erfreut seine Zustimmung zu der Operation gegeben. Der gefährlichste Moment würde auf dem Warschauer Bahnhof entstehen, doch Jan nahm an, daß sich das allgemeine Chaos dort zu ihren Gunsten auswirken würde.

Zunächst ging alles gut. Nach dem Kauf der Fahrkarten fand die kleine Reisegesellschaft schnell den richtigen Bahnsteig und lehnte sich dort so natürlich und unverdächtig wie möglich gegen eine Mauer. Sie warteten ... und warteten ... und warteten. Der Zug hatte über eine halbe Stunde Verspätung. Ganz in der Nähe standen Staszek und Bronek Wertheim mit verschränkten Armen und beobachteten gespannt Jan und ihre Eltern, die kein Anzeichen von Erkennen zeigten.

Ein unaufhörlicher Strom von Reisenden lief in beiden Richtungen an den drei Wartenden vorbei. Plötzlich blieb ein Mann vor ihnen stehen.

»Oh, Dr. Wertheim«, zischte der Pole durch die Zähne. »Ich kenne Sie. Sie sind Jude. Sie mögen sich nicht an mich erinnern, weil sie mit vielen Leuten so umgegangen sind. Aber ich habe Ihnen mein Blut verkauft, und Sie haben mir nicht mehr als ein Almosen gezahlt. Jetzt werden Sie zahlen!«

Frau Wertheim vergrub ihr Gesicht in den Ärmel ihres Mannes und begann zu schluchzen. Dr. Wertheim starrte schweigend in die Augen des Erpressers. Bestürzt, aber nicht völlig überrascht, nahm Jan den Mann beiseite. Er war auf diese Eventualität vorbereitet.

»Hören Sie zu«, redete Jan auf den Erpresser ein. »Wir machen beide Geschäfte mit Juden. Ich will damit Geld verdienen, und Sie wollen damit Geld verdienen. Ich nehme an, Ihnen ist klar, daß Sie in große Schwierigkeiten geraten würden, wenn die Deutschen erführen, daß sie mit diesen Juden ein Geschäft machen wollten. Wahrscheinlich würden sie uns beide erschießen, und natürlich würden sie die beiden Juden töten. Es gibt eine einfachere Methode, die Angelegenheit zu regeln. Die Leute haben mich gut bezahlt. Wieviel wollen Sie?«

Der Mann nannte eine Summe.

Jan zog ein Bündel Złoty aus seiner Geldbörse.

»Hier«, sagte er. »Und jetzt verschwinden Sie!«

Der Erpresser entfernte sich wortlos. Aber Jan beobachtete, daß er auf dem Bahnsteig blieb. Staszek und Bronek starrten ihm mit entsetzter Miene nach. Dann fuhr endlich der Zug ein.

Jan stieg mit den Wertheims ein und ergatterte schnell einen Fensterplatz, um den Erpresser im Auge zu behalten. Falls der Mann zustieg, würden sie weiterer Erpressung oder sofortiger Denunziation ausgesetzt sein. Frau Wertheim kauerte sich, immer noch schluchzend, zusammen. Jan zitterte. Doch als der Zug abfuhr, stand der Mann noch immer draußen; offenbar war er zufrieden mit der Summe, die er von den Reisenden kassiert hatte. Vielleicht würden Staszek und Bronek ein Wörtchen mit ihm reden.

Die Wertheims ließen sich, wie geplant, in einem Schuppen auf dem Grundstück von Madame Siemiątkowska nieder. Frau Wertheim konnte sich jedoch nicht an das Leben dort gewöhnen. Sie blieb hochgradig nervös, bis ihr Mann ihren Zustand für so ernst hielt, daß er eine verzweifelte Maßnahme ergriff. Nach einigen Wochen auf dem Land beschloß Dr. Wertheim, mit seiner Frau nach Warschau zurückzukehren, ungeachtet der Gefahren, die dort lauerten. Nach geglückter Rückreise fanden die Wertheims ein neues Versteck, in dem sie mit ihren Söhnen in Kontakt bleiben konnten. Dann, Anfang 1943, schlug das Schicksal zweimal zu. Zuerst wurden Staszek und Bronek von den Nazis gefaßt. Alle Versuche des Untergrunds, sie freizukaufen, scheiterten. Beide wurden erschossen.

Damit hatten die Eltern ihre Beschützer verloren. Bald wurden sie von einem Denunzianten, einem ehemaligen Nachbarn, entdeckt. Die Nazis hatten sich die Knappheit des polnischen Nationalgetränks zunutze gemacht, indem sie einen besonderen Anreiz für die durstigen Bürger schufen: Für jeden den Behörden gemeldeten versteckten Juden erhielt der Informant einen Liter Wodka. Zwei Juden, zwei Liter – kein schlechter Handel für den Verräter. Das Ehepaar Wertheim wurde an Ort und Stelle getötet.

Es war Jans Aufgabe, über alles informiert zu sein, was in Warschau passierte. Er glaubte zu wissen, was hinter den Ghettomauern vorging – obgleich er noch lernen sollte, daß Wissen und Begreifen zweierlei ist. Er wußte, daß etwa 450 000 Juden im Ghetto interniert waren. Er wußte, daß ihr Leiden selbst die schlimmsten Qualen der nichtjüdischen Bevölkerung noch weit übertraf. Und als gut informierter Mann wußte er auch, daß seit dem 22. Juli 1942 – jenem Tag, an dem die Nazis mit der Liquidierung des Ghettos begonnen hatten – etwas noch viel Schrecklicheres geschah.
Jan hatte einige der frühen Gerüchte über Greueltaten gegen die Juden gehört. Aber er konnte natürlich keine sicheren Fakten über die Vorgehensweise der deutschen Einsatzgruppen erhalten – jenen Spezialeinheiten, die im Laufe der letzten Jahre in Ostpolen systematisch alle Spuren jüdischen Lebens ausgelöscht hatten und über eine Million Leichen in Gräben zurückgelassen hatten, die die Opfer selbst hatten ausheben müssen. Ebensowenig besaß er Informationen aus erster Hand über die technisch weiterentwickelten Methoden, die in Chełmno, nahe seiner Heimatstadt Łódź, praktiziert wurden, wo täglich Hunderte von Juden in Lastwagen verfrachtet wurden, bei denen die Auspuffgase in den hermetisch verschlossenen Innenraum geleitet wurden. Noch hatte er Kenntnis von den noch ausgefeilteren Verfahren in Treblinka, Sobibór und Bełżec, den drei Todeslagern der »Operation Reinhard« (bezeichnenderweise nach einem der fanatischsten Nazi-Agitatoren benannt, SS-Obersturmbannführer Reinhard Heydrich, dessen Ermordung im Mai 1942 mit der Liquidierung der tschechischen Stadt Lidice geahndet wurde). Doch Jan hatte genug gehört, um daraus schließen zu können, daß eine beispiellose Operation zur Ausrottung der Juden angelaufen war.

Die ehrgeizigsten Nazi-Vorhaben waren in entlegeneren Gebieten vollbracht worden; Warschau selbst hatte bis jetzt noch nicht die ganze Wirkung von Hitlers Vernichtungsplänen zu spüren bekommen. Doch dies änderte sich am 22. Juli 1942. Als die Nazis an diesem Tag die Ghettoinsassen in Güterwaggons zu verladen begannen, taten sie es noch unter dem Vorwand einer »Umsiedlung« in den Osten. Schon nach wenigen Wochen verzichteten sie auf diese Verschleierungstaktik und trieben die Juden mit brutaler Gewalt zu den Bahngleisen. Die Züge fuhren die kurze Strecke von Warschau nach Treblinka, entleerten ihre Ladung und kehrten in die Hauptstadt zurück. Die Passagiere wurden – wieder zuerst durch Täuschung, später mit Gewalt – dazu gebracht, sich zu entkleiden und in Kammern einzutreten, in denen sie mit Kohlenmonoxydgas getötet wurden. (Zyklon-B, das Giftgas, das den Höhepunkt der Nazi-Errungenschaften auf dem Gebiet der Massenmordtechnologie darstellte, kam erst später.) Im ersten Monat der Ghettoliquidierung wurden in Treblinka mehr als zweihunderttausend Opfer abgefertigt.

Berichte über das wahre Schicksal der »Umgesiedelten« erreichten Warschau kurz nach dem Beginn der Deportationen. Polnische Bahnarbeiter, die dem Untergrund angehörten, und entkommene Juden brachten die Nachricht in die Stadt. Die Polen außerhalb des Ghettos reagierten unterschiedlich auf die Informationen. Einige ignorierten sie, weil sie zu sehr mit ihren eigenen schwierigen Lebensumständen beschäftigt waren, um sich über etwas Gedanken zu machen, das sie doch nicht ändern konnten. Andere – sicher nicht viele, aber immerhin genug – empfanden einen gewissen Grad von Befriedigung darüber, daß die Juden aus ihrer Mitte verschwanden: Nach dem Krieg würden sie Warschau für sich haben. Wieder andere – auch nur wenige – machten durch die Greueltaten in ihrer Umgebung eine innere Wandlung durch, weil sie sich aus moralischen Gründen verpflichtet fühlten, etwas dagegen zu unternehmen, wie vergeblich es auch sein mochte.

Zofia Kossak gehörte zu dieser letztgenannten Gruppe. Die weit über Polen hinaus bekannte Schriftstellerin, deren Werke von leidenschaftlichem Katholizismus durchzogen waren, hatte Anfang 1942 die *Front Odrodzenia Polski* (FOP), die »Front für die Wiedergeburt Polens«, gegründet. Erklärtes Ziel dieses Geheimbundes war die Förderung einer »Wiedergeburt christlicher Moral« als Mittel, um Polen zu neuer Größe zu führen. »Nur starker, bewußter und dauerhafter Glaube«, verkündete das Programm, »kann Polens Glanz und die Erfüllung der Rolle, die Gott dem Land gegeben hat, garantieren.« Kossak und ihre Anhänger führten einen Feldzug gegen die systematischen Versuche der deutschen Verwaltung, die Bevölkerung zu verderben – gegen Bordelle, Pornographie und andere unrühmliche Vergnügungen, die die Besatzer eingeführt hatten, um die Aufmerksamkeit der Polen abzulenken und Konflikte zwischen ihnen zu schüren. Doch Kossak glaubte, daß das beispiellose Verbrechen an den Juden Polens Nationalcharakter mehr befleckt habe als alle anderen Taten der Nazis. Die Tatsache allein, daß es auf polnischem Boden geschah – ganz abgesehen von der Frage polnischer Komplizenschaft – erlege allen Polen die Verantwortung vor Gott auf, die Verursacher solchen Übels zu bekämpfen.

Weder Kossak noch die meisten ihrer Jünger neigten ursprünglich dazu, die polnischen Juden zu unterstützen. Die FOP wurde dominiert von Mitgliedern, deren politische Sympathien rechts von der Mitte lagen; manche von ihnen gehörten Untergrundgruppierungen an, die die Zwangsemigration aller nach dem Krieg noch in Polen verbliebenen Juden forderten. Einige dieser Splitterparteien waren so konservativ, daß sie sich weigerten, sich Seite an Seite mit Sozialisten an der Koalitionsregierung des Untergrunds zu beteiligen.

In dem zunehmend antisemitischen Klima, das die Periode zwischen Marschall Piłsudskis Tod im Jahre 1935 und dem Ausbruch des Krieges beherrschte, hatte jener Personenkreis nicht zu der Minderheit nichtjüdischer Polen gehört, die die Juden verteidigt hatte. Kossak selbst vertrat sowohl vor als auch während des Krieges äußerst rechte Ansichten – in einer Phase, als man die Juden gemeinhin verdächtigte, Sympathien für den Kommunismus zu hegen. Einige von Kossaks politischen Schriften vor dem Krieg und selbst bestimmte Verlautbarungen der FOP waren von Antisemitismus geprägt. Und noch zwanzig Jahre sollten vergehen, bevor die Katholische Kirche beim Zweiten Vatikanischen Konzil Frieden mit dem Judaismus zu schließen begann; im polnischen Katholizismus war der Antisemitismus besonders stark verwurzelt.

Dennoch traten die Frontmitglieder gerade im Namen dieses Katholizismus zur Unterstützung der Juden an. Sie zogen sich nicht nur die Feindschaft der Deutschen zu, sondern auch die von Elementen innerhalb der Kirchenhierarchie. Ein mit Polen in Verbindung stehender Vatikanvertreter berichtete von dem »leidenschaftlichen Kampf«, den traditionelle Priester gegen die FOP führten. Den Gruppenmitgliedern, schrieb der Kirchenbeauftragte, »mangelt es an jeglicher seriöser dogmatischer Grundlage«. Obwohl diese Leute keinerlei philosemitischen Hintergrund hatten, nahmen sie sich angesichts der Katastrophe der Sache der Juden an; etwas mußte ihre Herzen bewegt haben.

Wenngleich Jan Verbindungen zu Untergrundfraktionen, die seine Unparteilichkeit und Objektivität in Zweifel hätten ziehen können, grundsätzlich zu vermeiden suchte, interessierte er sich schon bald nach deren Gründung für die FOP. Der Krieg hatte den glühenden Glauben seiner Jugend nicht geschmälert. Er mochte Kossaks Romane, und als er von ihrer Initiative hörte, machte er sie über seine Untergrundkontakte ausfindig. Ohne seine wahre Identität preiszugeben, erzählte Jan ihr unter dem Namen »Witold« von seiner Erziehung, seinen Überzeugungen und seiner Bewunderung für ihr Werk. Kossak, eine große, stattliche zweiundfünfzigjährige Frau, schloß Witold in die Arme und schmatzte Küsse auf seine beiden Wangen. Er war in die Bewegung aufgenommen.

»Von diesem Augenblick an entwickelte sich eine der engsten Freundschaften«, erinnerte sich Karski später. »Aber sie hielt mich für einen Schuljungen, ein Nichts. Ich sah in ihr und nannte sie unseren Freunden gegenüber unsere ›Päpstin‹. Andere nannten sie ›Ciotka‹ – ›Tante‹.«

Bald schrieb Jan Artikel für das Untergrundorgan der Front, *Prawda* (»Wahrheit«). Er versuchte weiterhin, sich von jeder aus der Verbindung zu rechtsgerichteten Mitgliedern der FOP erwachsenden politischen Verwicklung fernzuhalten, konnte jedoch seine Bewunderung für deren charismatische Anführerin nicht verbergen. Seine Gefühle offenbarten sich in einem 1943 verfaßten Bericht an die Exilregierung, in dem er dieser vorschlug, Kossaks Flucht aus Polen zu arrangieren, »da ihre seltenen moralischen Werte höchst vorteilhaft für unsere Propaganda sein könnten«. In seiner 1944 erschienenen »Geschichte eines geheimen Staates« (*Story of a Secret State*) beschrieb Karski sie als »die Inspiration und die leuchtendste Flamme des polnischen Untergrundlebens«. Fünfzig Jahre nach seiner ersten Begegnung mit Kossak gestand Karski in einem Interview: »Ich habe sie geliebt. Ganz einfach. Ich war nicht in sie verliebt, aber ich habe sie geliebt. Ich habe sie bewundert.«

Zu der Zeit, als sich Jan der FOP anschloß, konnte diese nichts weiter tun, als ihre Stimme zu erheben – eine Stimme unter Dutzenden in der Kakophonie der Untergrundpresse –, um Kossaks Empörung über die in Warschau verübten Verbrechen Gehör zu verschaffen. Aus ihrer Feder flossen scharfe Angriffe: gegen die polnische Polizei in Nazidiensten, die bettelnde jüdische Kinder in den Straßen außerhalb des Ghettos jagte; gegen Propagandaplakate mit der Warnung, Juden hätten Thyphus und Läuse; gegen Erpresser; und gegen Untergrundorganisationen, die nicht ihr Teil dazu beitrugen, um den Juden zu helfen.

Später wurden aus den Worten Taten. Am 27. September 1942 gründeten Kossak und andere FOP-Mitglieder sowie Repräsentanten der politischen Parteien des Untergrunds und der Heimarmee das »Konrad-Żegota-Komitee« zur Unterstützung der Juden. Zu den Mitbegründern zählte auch der einundzwanzigjährige FOP-Anhänger Władysław Bartoszewski, der später eines der aktivsten Mitglieder der projüdischen Zelle wurde. Jahrzehnte später, als Israel Bartoszewskis Einsatz während des Krieges würdigte, indem es ihn zum Ehrenbürger des jüdischen Staates erklärte, erfüllte es Karski mit Stolz, daß er den jungen Aktivisten im Sommer 1942 Kossak vorgestellt hatte.

Kossak benutzte ihr Talent als Romanschriftstellerin und erfand einen »Herrn Żegota«, dessen Name auch in Gesprächen das gefährliche Wort »Żydów« (Juden) ersetzte. Trotz chronischer Geldknappheit halfen das Żegota-Komitee und eine im Dezember 1942 gegründete Folgeorganisation Tausenden von Juden, sich für den Rest des Krieges irgendwo in Polen zu verstecken. Kossak selbst wurde im September 1943 verhaftet und in das Frauenlager Auschwitz-Birkenau eingewiesen. Wie Józef Cyrankiewicz besaß jedoch auch sie überzeugend genug gefälschte Papiere, um ihre wahre Identität vor den Deutschen verbergen zu können. Zofia Kossak wurde im Juli 1944 entlassen und schrieb später ein Buch über ihre Erfahrungen im Lager (*From the Abyss* – »Aus dem Abgrund«).

Während sich im Ghetto die Tragödie der Juden vollzog, waren anderswo in Warschau die Untergrundführer mit ihren eigenen Problemen beschäftigt. Die internen Streitereien zwischen den einzelnen Fraktionen dauerten an, die Gestapo entwickelte immer mehr Erfahrung im Ausmerzen von Widerstand, und seit kurzem mußte sich die Bewegung mit einem neuen Gegner auseinandersetzen: mit kommunistischen *agents provocateurs*. Nach der deutschen Invasion in die Sowjetunion im Juni 1941 begannen in den östlichen Gebieten und zunehmend auch in Warschau kommunistische Zellen aufzutauchen. Es bestand kein Zweifel, daß sie von Moskau kontrolliert wurden. Bei einem Teil der meist schwer bewaffneten Kämpfer handelte es sich gar nicht um Polen, sondern um Russen. Von vielen der polnischen Mitglieder war bekannt, daß sie bei Kriegsausbruch in den Osten geflohen waren. Jetzt waren sie mit sowjetischen Flugzeugen per Fallschirm nach Polen zurückgekehrt.

Die kommunistischen Partisanen stellten ihre eigene, mit der Heimarmee rivalisierende bewaffnete Truppe auf, die *Gwardia Ludowa* (»Volkswache«). In unversöhnlicher Feindschaft taten die GL-Einheiten alles nur Machbare, um dem Ansehen der Heimarmee zu schaden. Da sie nicht in der Lage waren, großangelegte Operationen durchzuführen, zettelten sie kleinere Sabotageakte gegen die Besatzer an, die die Deutschen zu massiven Vergeltungsmaßnahmen gegen die Gemeinden provozierte, von denen aus agiert worden war. Daraufhin bezichtigte die GL die Heimarmee entweder der Rücksichtslosigkeit oder warf den nichtkommunistischen Streitkräften feige Passivität vor, falls sie selbst die Verantwortung für ihre Taten übernahm. Parallel hierzu versuchten kommunistische Sympathisanten, die Untergrundparteien – insbesondere die Sozialisten – systematisch zu unterwandern. Ohne sich offen zum Kommunismus zu bekennen, agitierten diese Kräfte innerhalb des Untergrunds für eine engere Bindung an die Sowjetunion. Sie vermieden Diskussionen über die Frage von Polens Grenzen zur Sowjetunion, die

Stalin weiter nach Westen verlegen wollte. Und sie prangerten die Exilregierung in London als reaktionäre Clique an, die nicht das polnische Volk repräsentiere.

Die kommunistischen Aktivitäten gaben der mit London verbundenen Untergrundbewegung Anlaß zu ernster Besorgnis. Es stand zwar nicht zu befürchten, daß die Kommunisten mit ihren Argumenten weite Teile der polnischen Bevölkerung zu einem Loyalitätswechsel würden bewegen können, es gab jedoch reichlich Hinweise, die den Verdacht nahelegten, daß sie ihre Ziele gar nicht auf demokratischem Wege durchzusetzen beabsichtigten. Trotz der stramm antisowjetischen Haltung der meisten ihrer Mitglieder hatten sich Heimarmee und Untergrundbewegung um den Aufbau einer funktionierenden Beziehung zu den Kommunisten bemüht, ausgehend von der Prämisse, daß der gemeinsame Kampf gegen die Deutschen Vorrang vor allen politischen Differenzen habe. In Sondierungsgesprächen zwischen Vertretern beider Seiten zeigten die Kommunisten jedoch keinerlei Kooperationsbereitschaft, während sie gleichzeitig eine Menge intimster Fragen über Struktur und Führung der Heimarmee und der politischen Parteien stellten. Nach jedem Treffen entdeckten nichtkommunistische Untergrundführer kommunistische Agenten, die ihnen auf dem Nachhauseweg folgten. Die Absicht war klar: Wenn die von den Sowjets gesteuerten Elemente die Geheimnisse des Untergrunds kannten, konnten sie ihre Gegner entweder ausschalten, indem sie sie bei der Gestapo denunzierten oder indem sie sie nach der Rückeroberung Polens durch die Rote Armee an die sowjetische Geheimpolizei auslieferten.

Auch die Beziehungen zwischen Untergrund und Exilregierung in London waren bei weitem nicht ideal. Sowohl politische Differenzen als auch Kommunikationsprobleme verursachten Spannungen in und zwischen den Fraktionen in London und Warschau. Die Legitimität der Untergrundbewegung wie der Exilregierung hing davon ab, daß man den Schein politischer Zusammenarbeit wahrte. Dadurch, daß Polen und fast ganz Europa unter dem Joch der Nazis standen, gab es natürlich enorme Koordinationsprobleme zwischen Warschau und London. Der Untergrund hielt den Kontakt zur Exilregierung mittels mehrerer versteckter Funkgeräte aufrecht, über die man in täglichem Rhythmus verschlüsselte Mitteilungen sendete und empfing. Diese mußten allerdings sehr kurz gehalten sein. Die Deutschen hatten Abhörgeräte entwickelt, die Sender orten konnten, während diese in Betrieb waren.

Die einzige andere verfügbare Kommunikationsmethode – und gleichzeitig die einzige Möglichkeit, komplexe Informationen und längere Dokumente auszutauschen – war das Kuriersystem. Sowohl die Heimarmee als auch die politische Vertretung schickten regelmäßig Geheimboten nach London. Für die Reise kamen drei Hauptrouten in Frage: über Ungarn auf der Strecke, die Jan 1940 benutzt hatte; als blinde Passagiere auf Frachtschiffen zwischen den polnischen Ostseehäfen und dem neutralen Schweden und von dort mit britischen Diplomatenflügen nach England; oder durch Deutschland, Frankreich und Spanien nach Gibraltar oder Lissabon. Die Kuriere kehrten per Fallschirm nach Polen zurück mit Flügen, die vom Britischen Kommando für Spezialeinsätze koordiniert und bei denen auch Waffen, Munition und Ausrüstung über Polen abgeworfen wurden. Die beiden großen Nachteile der Kommunikation via Kurier waren Risiko und Verzögerung. Logischerweise wurden viele Kuriere bei dem Versuch, besetztes Gebiet mit falschen Papieren zu durchqueren, gefaßt. Und diejenigen, die der Aufmerksamkeit der Deutschen entgingen, brauchten oft Monate, um ihr Ziel zu erreichen, wenn sie aufgrund wechselnder Kriegs- und Sicherheitsbedingungen an verschiedenen Punkten der Route steckenblieben. Im Spätsommer 1942 waren diese Mängel zu einem äußerst dringlichen Problem für die Untergrundführung geworden. Im Vertrauen auf den Endsieg der Alliierten – trotz Hitlers gegenwärtiger Stärke in Europa – begannen sich die Parteivorsitzenden Gedanken über die Zukunft zu machen. Die Möglichkeit, daß die Rote Armee Hitlers Truppen quer durch Polen zurücktrieb, warf politische Fragen auf, die jetzt, da Stalins Agenten im ganzen Land Verwüstungen anrichteten, umso dringlicher wurden. Es bestand also echter Bedarf an einem intensiveren Meinungsaustausch mit der Exilregierung in London.

6. Augenzeuge

Die sich zuspitzende doppelte Krise – Verschlechterung der pol-nisch-sowjetischen Beziehungen und Vernichtung der polnischen Juden durch die Nazis – schwebte drohend über dem Untergrund, während der Sommer 1942 dahinschlich. Doch als Jan Anweisung für die Mission erhielt, die seine wichtigste werden sollte, war kei-ner dieser beiden Faktoren dafür ausschlaggebend. Tatsächlich ent-sprang der Auftrag dem trivialsten vorstellbaren Motiv: Karriere-denken, sowohl von Jans Seite aus als auch von seiten eines hohen Untergrundfunktionärs.

Jans Verhältnis zu seinem Bruder Marian hatte sich abgekühlt, seit beide nach Warschau zurückgekehrt waren. Marian hatte nach sei-ner Entlassung aus Auschwitz – die im Fall nichtjüdischer Häftlinge nicht ungewöhnlich war, in Marians speziellem Fall aber vermut-lich aus einem bürokratischen Irrtum resultierte – einen wichtigen Sicherheitsposten in der Untergrundbewegung angenommen, konnte sich jedoch niemals ganz damit abfinden, mit der die Bewegung kontrollierenden Multiparteienkoalition zusammenarbeiten zu müs-sen. Marian blieb ein Piłsudskist mit wenig Geschmack an Allian-zen, die die Oppositionsparteien der Vorkriegsära einschlossen. Als Marian Kozielewski erkannte, daß sein Bruder vom Pfad des Mar-schall Piłsudski abgewichen war und mit den verschiedensten Frak-tionen in Kontakt stand, ja sogar besonders freundschaftliche Bezie-hungen zu den Sozialisten unterhielt, war er schockiert und verär-gert. Nach einigen Auseinandersetzungen gingen sich die Brüder bei der Arbeit in Warschau aus dem Weg.

Nicht alle Piłsudskisten hatten so starre Ansichten wie Marian. Zu manchen Politikern, die Jan durch seinen Bruder kennengelernt hatte, hatte er noch immer ein gutes Verhältnis. Einer von diesen Män-nern, ein Untergrundfunktionär namens Tadeusz Mikłaszewski, schlug Jan Mitte 1942 vor, er solle Kontakt zu Roman Knoll aufnehmen. Als zeitweiliger Außenminister und Gesandter in Deutschland war Knoll vor dem Krieg einer der bekanntesten polnischen Diplomaten gewesen. Jetzt leitete er eine Zivilabteilung des Untergrunds, die sich mit außenpolitischen Fragen beschäftigte.

»Es kann nicht schaden, mit einem Mann wie Knoll bekannt zu sein«, riet Miklaszewski. »Wer weiß? Er könnte nach dem Krieg Außenminister werden.«

Obwohl ihn der Krieg gegenwärtig voll in Anspruch nahm, hatte Jan seine langfristigen beruflichen Ambitionen nicht aus den Augen verloren. Eines Tages würde der Krieg zu Ende sein; nach dem Sieg über Hitler-Deutschland würde er seine Diplomatenlaufbahn im neuen Polen wiederaufnehmen. Also stimmte Jan gerne zu, sich von Miklaszewski Knoll vorstellen zu lassen. Bald traf er sich regelmäßig mit dem dienstälteren Diplomaten.

Jan war zunächst irritiert, als er feststellte, daß Knoll unter seinem richtigen Namen in seiner Vorkriegswohnung lebte; enge Kontakte zu italienischen Diplomaten in Warschau bewahrten ihn vor Schwierigkeiten. Jans Besuche nahmen schnell einen mehr als rein gesellschaftlichen Charakter an, als Knoll erfuhr, daß Jan Zugang zu Informationen besaß, die ihm selbst verwehrt blieben. Als Mitarbeiter des Büros für Information und Propaganda der Heimarmee hörte Jan jede Nacht die BBC ab und leitete Zusammenfassungen der Nachrichten an die Kommandokette der Heimarmee weiter. Die Militärs allerdings teilten diese Informationen nicht mit Knoll – sehr zu dessen Leidwesen. Da Jan fand, daß Knoll ein Recht auf die Nachrichten aus England habe, erstattete er ihm regelmäßig Bericht. Eine gegenseitig vorteilhafte Beziehung entwickelte sich zwischen dem ehrgeizigen jungen Diplomaten und dem Außenminister des Untergrunds.

Eines Tages begrüßte Knoll seinen Gast auf französisch. Jan ging auf das Spiel ein und unterhielt sich mit ihm eine Weile in der Fremdsprache. Offensichtlich zufrieden mit Jans Sprachkenntnissen, machte Knoll schließlich einen Vorschlag.

»Was halten Sie davon, wieder ins Ausland zu gehen – dieses Mal nach London?« fragte er.

Knoll verfolgte damit nur einen einzigen Zweck: Jan sollte ihm bei der Exilregierung in London eine offizielle Ernennung zum Direktor eines selbständigen »Ministeriums« des Äußeren besorgen. In den »Kabinett-Status« erhoben, der ihr gegenwärtig fehlte, würde Knolls Abteilung größere Machtbefugnis im Untergrund erhalten. Vielleicht würde die Heimarmee dann endlich auch die BBC-Berichte an ihn weiterleiten. Und sein verbesserter Status würde Knoll zu einem stärkeren Kandidaten für das Amt des Außenministers in einer Nachkriegsregierung machen[1].

Falls Jan von der Geringfügigkeit des Anlasses, für den er sein Leben riskieren sollte, überrascht war, so ließ er es sich zumindest nicht anmerken. Schließlich konnte sein Einsatz, abgesehen von Knolls Wünschen, vielleicht tatsächlich wertvollen Zwecken dienen. Es bestand großer Bedarf an einer Kommunikationsverbesserung zwischen London und Warschau. Außerdem war Jan nach über anderthalbjähriger breitgefächerter Untergrundarbeit gut darauf vorbereitet, die Bewegung im Westen zu repräsentieren. Das Vertrauen, das ihm die politischen Parteien bei der Angers-Mission entgegengebracht hatten, hatte sich vertieft. Knoll hatte seine Idee, Jan ins Ausland zu schicken, bereits mit hohen Untergrundfunktionären besprochen und von diesen Rückendeckung erhalten. Die persönlichen Eigenschaften, die Karski 1940 zum Kurierdienst befähigt hatten, waren noch stets vorhanden: fotografisches Gedächtnis, Improvisationstalent, Widerstandskraft – wenn auch letztere durch die schlechte Ernährung, unter der ganz Polen litt, erheblich geschwächt war. Die Narben an seinen Handgelenken blieben zwar eine Gefahr, aber Jan hatte gelernt, mit diesem Handicap zu leben. Er war bereit.

»Der Regierungsdelegierte möchte Sie sehen«, teilte Knoll Jan mit. »Er wird Ihnen mehr über die Mission erzählen.«

Cyryl Ratajski, der Bevollmächtigte der Exilregierung, sah nicht wie der Führer einer Untergrundbewegung aus. Der übergewichtige und kränklich wirkende Mann verkörperte so gar nicht das Bild von Kompetenz und Wagemut, das man sich von einem hohen Funktionär des polnischen Geheimstaates machte. In der Tat herrschte inner-

---

[1] Jan trug dieses Anliegen in London tatsächlich General Sikorski vor, und Knoll erhielt 1943 die gewünschte Ernennung.

halb des Untergrunds weit verbreitete Unzufriedenheit mit seiner Amtsführung, wenngleich er persönlich hoch geschätzt war. Kurz nach Jans Abreise ins Ausland wurde er schließlich von den politischen Parteien seines Amtes enthoben. Einen Monat später war ihm der äußerste Luxus im Nazi-besetzten Polen vergönnt: Er starb eines natürlichen Todes.

Jans Treffen mit dem Regierungsdelegierten war kurz.

»Alle Parteivorsitzenden haben zugestimmt«, sagte Ratajski. »Sie wollen Sie als ihren Mann schicken. Sie vertrauen Ihnen. Und nach dem, was ich über Sie gehört habe, vertraue auch ich Ihnen. Sie sollen auch meine Botschaften überbringen. Werden Sie gehen?«

»Natürlich«, antwortete Jan.

Inzwischen wußte »Witold«, was er von Treffen mit Vertretern der Untergrundparteien zu erwarten hatte. Wie schon 1940, hörte er auch dieses Mal wieder diametral entgegengesetzte Theorien, Einschätzungen und Grundsatzerklärungen von den einzelnen Parteivorsitzenden. Wieder prägte er sich die Argumente jeder Fraktion ins Gedächtnis ein, schwor, alle Informationen geheimzuhalten, und versprach, den Empfangsberechtigten im Exil vollständig und wahrheitsgemäß Bericht zu erstatten.

Die Niedergeschlagenheit, die er Monate zuvor beim Lesen der irregeleiteten Untergrundschriften empfunden hatte, stellte sich wieder ein, als er diesen Parteifunktionären zuhörte. Jede Clique war davon überzeugt, weite Teile der Bevölkerung hinter sich zu haben. Jede wollte im Nachkriegspolen die Macht übernehmen. Und jede hielt sich für die dominierende Kraft in der Untergrundbewegung. Jan nickte nur und prägte sich nüchtern jede Verleumdung, jede Beschwerde, jede wirklichkeitsfremde Einschätzung und all die weit auseinanderklaffenden Vorstellungen von Polens zukünftigem Gesellschaftssystem von rechts, von links und von der Mitte des politischen Spektrums ein.

In einem Punkt allerdings herrschte Einigkeit. Alle Personen, die Jan in den Wochen vor seiner Abreise traf – von Parteivorsitzenden jeder Couleur, vom Regierungsdelegierten und dessen Mitarbeitern bis zum Kommandanten der Heimarmee und seinen Untergebenen –, flehten ihn geradezu an, die Nachricht von den bösartigen Untergrundaktivitäten der Kommunisten zu verbreiten. Bei diesem Thema gab es keine wesentlichen Meinungsverschiedenheiten zwischen den Parteien; allen war bewußt, daß Stalins Machenschaften Polens Existenz bedrohten. Die Untergrundführung bat Jan, den Alliierten die schwierige Position der Bewegung begreiflich zu machen und ihren Willen zur Zusammenarbeit mit den Kommunisten gegen den gemeinsamen Feind zu betonen. Obwohl bereits offene Scharmützel zwischen Kommunisten und Heimarmee ausgebrochen waren, versicherte die Untergrundführung, ausschließlich zum Zweck der Selbstverteidigung zu kämpfen. Sie wollte Stalin keinerlei Anlaß für den Vorwurf liefern, die Polen verhielten sich unloyal gegenüber der Sache der Alliierten. Die Alliierten mußten dies begreifen.

Ebenso wichtig sei es, der Exilregierung die Situation zu erklären, meinten einige Untergrundmitarbeiter. Jan müsse auch sie nachdrücklich auf den Ernst der Lage hinweisen. Damit deuteten sie gleichzeitig an, die Regierung in London habe den Kontakt zur Heimat verloren. Diese Annahme bezog sich nicht allein auf das Problem kommunistischer Infiltration und Agitation. Jans Auftraggeber und auch er selbst verfolgten im Hintergrund noch eine Art geheimer Mission mit dem Besuch: Es ging ihnen nicht nur um eine bessere Verständigung mit den Polen in London, sondern auch darum, deren wirklichen Standpunkt und Polens genaue Position gegenüber seinen Alliierten exakt einschätzen zu können. In den ersten Wochen seines London-Aufenthalts würde Jan dann diskret nach Antworten auf die Fragen suchen, die die polnische Untergrundführung interessierten. Obwohl Jan als politischer Kurier entsandt werden sollte, kümmerte sich der militärische Flügel des Untergrunds um die logistische Planung seiner Reise quer durch das besetzte Europa. Aufgrund seiner besonderen Funktion und seiner nominellen Anstellung beim Büro für Information und Propaganda der Heimarmee stand Jan bei der Vorbereitung seiner Reise in engem Kontakt zur Militärspitze. Als seine geheimen Pläne im Büro für Information und Propaganda (BIP) bekannt wurden, setzten sie eine Kette von Ereignissen in Bewegung, die Jans Leben nachhaltig verändern sollten.

Das BIP war ein Hauptberührungspunkt zwischen polnischem Untergrund und Polens notleidenden Juden. Der Mitarbeiterstab setzte sich überwiegend aus Intellektuellen zusammen, darunter einige der bekanntesten Professoren, Historiker und Wissenschaftler des Landes. Antisemitismus war in dieser Schicht weniger verbreitet als in anderen Teilen der polnischen Gesellschaft, und viele BIP-Mitarbeiter nahmen mitfühlend Anteil am Schicksal der Juden. Darüber hinaus arbeiteten dort auch einige Juden, und es gab eine Abteilung, die sich speziell mit der Lage der Juden beschäftigte. (Hier bereiteten die beiden nichtjüdischen Mitarbeiter Henryk Woliński und Stanisław Herbst zusammen mit dem Juden Ludwik Widerszal schriftliches Material über die jüdische Tragödie vor, das Jan nach England mitnehmen sollte.) Die jüdischen Verbindungen der Abteilung sollten schließlich den Zorn rechtsgerichteter Polen erregen. Eine faschistische Splittergruppe, die »die Juden aus dem BIP entfernen« wollte, wurde später für den Mord – bzw. den Verrat – mehrerer BIP-Mitarbeiter verantwortlich gemacht. Erst nach der Ermordung von Jerzey Makowiecki und seiner Frau am 13. Juni 1944 erfuhr Jan, daß die Mutter seines unmittelbaren Vorgesetzten Jüdin gewesen war. (Ludwik Widerszal wurde am selben Tag wie Makowiecki von polnischen Rechtsextremisten ermordet.)

Der jüdische Widerstand steckte noch in den Kinderschuhen, als im Juli 1942 die Liquidierung des Warschauer Ghettos begann, wenn es auch seit geraumer Zeit Bemühungen gegeben hatte, eine Bewegung zu organisieren. Die brutalen Übergriffe der Deutschen beendeten eine Debatte, die die Sprecher verschiedener jüdischer Gruppen im Ghetto in den vergangenen Monaten in Anspruch genommen hatte. Einige wollten aktiven Widerstand gegen Hitlers Henker leisten, in welch verzweifelter Form auch immer. Andere lehnten diese Form der Auflehnung mit dem Argument ab, jede Gewaltaktion sei nicht nur zum Scheitern verurteilt, sondern provoziere die Deutschen auch zu noch brutalerer Mißhandlung der Ghettoinsassen. Die Auseinandersetzung hatte die Juden etwa entlang der politischen Grenzen der Vorkriegszeit gespalten. So tendierten zum Beispiel die linksgerichteten zionistischen Jugendgruppen und der sozialistische Bund zu offener Konfrontation, während viele Vorkriegsmitglieder der Wahren Zionistischen Partei der Arbeit und der Allgemeinen Zionistischen Partei Posten in der Ghettoverwaltung der Deutschen bekleideten und einen angepaßteren Standpunkt vertraten.

Nur eine einzige Gruppe der Ghettobewohner verfügte über Waffen. Die Jüdische Militärunion hatte sich kurz nach der deutschen Besetzung von Warschau formiert. Ihre Mitglieder rekrutierten sich überwiegend aus der extrem rechten Revisionistenbewegung. Die Revisionisten waren von der polnischen Vorkriegsregierung in ihrer Kampagne für ein jüdisches Heimatland in Palästina unterstützt worden (eine Unterstützung, die eher dem Wunsch nach einer Reduzierung von Polens jüdischer Bevölkerung durch Emigration als dem echten Engagement für die Gründung eines jüdischen Staates entsprang). Man hatte dieser Gruppe vor dem Krieg sogar den Aufbau einer Basis gestattet, um eine paramilitärische Truppe auszubilden, die eines Tages für Israel kämpfen sollte. Ein Revisionistenführer und Unteroffizier der polnischen Exilarmee kommandierte eines Tages tatsächlich eine solche Truppe in einer Revolte gegen die britischen Machthaber in Palästina: Sein Name war Menachem Begin. Vielen der fünfzig Mitglieder der Jüdischen Militärunion mit ähnlichem Hintergrund gelang es, von ihren Vorkriegsbeziehungen zur polnischen Militärspitze in Form von eingeschmuggelten Pistolen und Munition zu profitieren. Bisher hatte die Gruppe ihre Waffen jedoch noch nicht im Kampf eingesetzt, und ihre politischen Ansichten isolierten sie von anderen widerstandsbereiten Ghettoinsassen.

Am 28. Juli 1942, als die erste Welle von Massendeportationen in vollem Gange war, riefen linksgerichtete militante Jugendliche gemeinsam mit anderen Ghettogruppen die Gründung einer Widerstandszelle aus, die die Jüdische Kampforganisation wurde. Trotz politischer Differenzen arbeitete diese Bewegung bis zu einem gewissen Grad mit der Jüdischen Militärunion zusammen. Aufgrund fehlender Waffen konnte die Gruppe auf dem Höhepunkt der Deportationen zwischen Ende Juli und Anfang September 1942 jedoch nur wenig ausrichten.

Die aufkeimende jüdische Untergrundbewegung hatte ihre Vertreter auch außerhalb der Warschauer Ghettomauern. Es handelte sich dabei um Personen, deren Aussehen sie nicht von vornherein als Juden identifizierte; sie betraten und verließen das Ghetto durch Geheimgänge. Zu ihnen gehörten Arie Wilner, der militante Führer der linksgerichteten Jugendgruppe Hashomer Hatzair; Adolf Berman, vor dem Krieg ein bekannter Zionist; oder auch Menachem Kirschenbaum, einer der ganz wenigen Vertreter der Allgemeinen Zionisten, die sich an Untergrundaktivitäten beteiligten. (Die Mehrheit der Anhänger tendierte zur Zusammenarbeit mit den von den Nazis sanktionierten Judenräten, die die Meinung vertraten, durch Vermeidung offener Konfrontation ließen sich mehr Leben retten.) Der vermutlich bedeutendste jüdische Funktionsträger außerhalb des Ghettos war Leon Feiner. Seine politischen Aktivitäten hatten den Rechtsanwalt und Arbeiterführer vor dem Krieg vorübergehend in ein polnisches Gefängnis gebracht. 1941 war er aus Rußland nach Warschau zurückgekehrt, um den Vorsitz der sozialistischen Bund-Bewegung im besetzten Polen zu übernehmen.

»Mit seinem vornehmen grauen Haar und Backenbart, seiner frischen Gesichtsfarbe, seiner aufrechten Haltung und einer Eleganz und gute Gesundheit austrahlenden Gesamterscheinung«, schrieb Jan später, »ging Feiner leicht als polnischer ›Edelmann‹ durch.«

Auf dem Weg durch die Kanalisation und andere Geheimgänge pendelten Feiner und seine Mitstreiter regelmäßig zwischen dem Ghetto und der Außenwelt hin und her. Das Büro für Information und Propaganda stand mit ihnen in Kontakt und erhielt von ihnen Informationen über die Zustände im Ghetto und die unerbittlich fortschreitende Vernichtungskampagne. Anfang September leitete das BIP dringende Bitten der Juden um Waffen an das Kommando der Heimarmee weiter. Fragen, inwieweit die militärische Führung auf diesen Hilferuf reagierte, wie sie den Juden von Warschau hätte helfen können und warum sie nicht mehr unternahm, waren nach dem Krieg Gegenstand oft bitterer Diskussionen zwischen Polen und Juden. Tatsache ist, daß die Heimarmee vor und während des Ghettoaufstands vom April und Mai 1943 eine begrenzte Anzahl von Gewehren und Munition zur Verfugung stellte.

Jan hatte bei seiner üblichen Arbeit für das BIP keinen Kontakt zum jüdischen Untergrund. Aber er teilte die im Büro herrschende Sympathie für die Juden; seine Vorliebe für Zofia Kossaks Ideen können seinen Vorgesetzten nicht verborgen geblieben sein. Jan regte nicht selbst an, jüdische Anliegen in seine Mission mit einzuschließen; wer ihn jedoch kannte und über seine bevorstehende Reise informiert war, der wußte, daß man sich auf ihn als Anwalt der Juden im

Westen würde verlassen können. Aller Wahrscheinlichkeit nach war es jemand aus dem Büro für Information und Propaganda, der die Vertreter der jüdischen Gemeinde von Warschau wissen ließ, daß in Kürze ein Kurier nach London abreisen werde.

In der Abenddämmerung eines Tages Ende August hockten zwei Juden und ein polnischer Katholik über den Schein einer einzigen Kerze gebeugt in einem ausgebombten Haus in Warschau und sprachen in erregtem Flüsterton über den Untergang des europäischen Judentums. Der Katholik war Jan. Er hatte über Untergrundkanäle erfahren, daß jüdische Funktionsträger ihn sehen wollten, und nach Rücksprache mit dem Regierungsdelegierten Ratajski hatte er dem Treffen zugestimmt. Wie üblich war ihm die wahre Identität seiner Gesprächspartner unbekannt. Er wußte nur, daß einer von ihnen den Bund repräsentierte, daß der andere Zionist war und daß die Männer den Zusammenhalt verschiedener jüdischer Gruppierungen unterstreichen wollten, indem sie sich gemeinsam mit ihm trafen. Es ist später viel über die Identität der beiden Männer spekuliert worden. Bei einem von ihnen handelte es sich mit großer Sicherheit um Leon Feiner vom Bund[2]. Den zweiten, einen jüngeren Mann, identifizierten einige Autoren als Adolf Berman, andere als Arie Wilner oder als Menachem Kirschenbaum[3]. Die meisten Hinweise sprechen dafür, daß es sich tatsächlich um Menachem Kirschenbaum, den Vorsitzenden der Allgemeinen Zionistischen Partei, handelte.

[2] Mehrere Indizien sprechen dafür, daß es sich um Feiner handelte: Karskis Personenbeschreibung; zahlreiche Artikel, die nach Feiners Tod 1945 (er überlebte den Krieg, starb an Krebs) über sein Leben geschrieben wurden; ein Brief, den Feiner an die Bund-Führung in London schrieb, in dem er die Ankunft eines Boten ankündigt, der Dokumente von ihm überbringen werde. Der einzige Kurier aus Polen war zu jener Zeit Karski.

[3] Berman, der den Krieg überlebte und nach Israel auswanderte, verneint in einem in Tel Aviv erschienenen Zeitungsartikel, Karski getroffen zu haben.
Der ehemalige Ghetto-Kämpfer David Landau, der Kirschenbaum und andere jüdische Untergrundkämfer persönlich kannte, ist sich sicher, daß der Mann, den Karski traf, Kirschenbaum war.

Karski schrieb zwei Jahre später:

> Der Abend war ein Alptraum, aber mit einer so schmerzhaften, beklemmenden Realität, die kein Alptraum jemals hat. ... Ich saß wie angewurzelt in einem alten, wackligen Sessel und brachte kaum ein Wort heraus. ... (Feiner und der Zionist) gingen ruhelos auf und ab, ihre Schatten tanzten gespenstisch im Dämmerlicht. ... Es schien, als triebe sie der bloße Gedanke an ihr sterbendes Volk umher.

Feiner leitete das Gespräch und war auch der Hauptredner. Karski sollte komplette Passagen des ausführlichen Vortrags wörtlich an einflußreiche Stellen in London übermitteln. Der Zionist schaltete sich gelegentlich ein, um seine Übereinstimmung mit dem Bund-Vorsitzenden zu bekunden. Feiner war ganz sachlich und strahlte mit seinen stahlharten, Entschlossenheit verheißenden Augen jene stoische Ruhe aus, für die ihn ein Nachkriegsautor als »den Mann mit Nerven und Arterien wie Drahtseilen« bezeichnen sollte. Im Gegensatz dazu kämpfte der andere Jude darum, seine Fassung zu bewahren. Kaum hatte Feiner das Gespräch auf die Greueltaten der Nazis gelenkt, brach der Zionist in Tränen aus.

»Was nützt es, darüber zu reden?« schluchzte er mit vor das Gesicht geschlagenen Händen. »Warum soll ich noch weiterleben? Ich sollte mich den Deutschen stellen und ihnen sagen, wer ich bin.« Niemand könne das Grauen, das über die Juden hereingebrochen sei, jemals begreifen, jammerte der Mann.

Jan rührte sich nicht.

Feiner legte beruhigend seine Hand auf die Schulter des Kollegen. Als sich der Zionist, um Beherrschung ringend, für seinen Gefühlsausbruch entschuldigt hatte, begann Feiner, Jan eine lange Liste von Nazi-Greueltaten aufzuzählen.

»Auch ihr Polen leidet«, begann Feiner. »Aber nach dem Krieg wird Polen wiederaufgebaut werden. Eure Wunden werden schnell heilen. Polnisches Judentum jedoch wird es dann nicht mehr geben. Hitler wird den Krieg verlieren. Doch den Krieg, den er den polnischen Juden erklärt hat, wird er gewinnen.«

Niemand in Polen vermöge der Masse der todgeweihten Juden zu helfen, fuhr Feiner fort. Weder die polnische noch die jüdische Untergrundbewegung sei in der Lage, mehr als nur einen Beitrag am

Rande zu leisten. Deshalb liege die Verantwortung für zumindest den Versuch von Hilfsaktionen bei den Regierungen der Alliierten. »Es soll kein einziger Vertreter der Vereinten Nationen sagen können, er habe nicht gewußt, daß wir in Polen ermordet wurden und uns nur Hilfe von außen noch hätte retten können«, verkündete der Bund-Vorsitzende. Die Geschichte, ergänzte er, werde sie zur Verantwortung ziehen, falls sie es versäumten zu handeln.

Dann präsentierten Feiner und der Zionist eine Reihe von Forderungen, die an verschiedene Stellen im Westen weitergeleitet werden sollten. Jan sollte in London mehreren einflußreichen Juden sowie Vertretern der Alliierten die folgenden Forderungen vortragen:

Erstens: Die Alliierten sollten die Verhinderung der Massenvernichtung der Juden offiziell zum Kriegsziel der gegen Hitler kämpfenden Nationen erklären.

Die beiden Juden drangen darauf, daß dieses Ziel in die Gesamtstrategie der Kriegsführung einbezogen werden müsse.

Zweitens: Alliierte Propaganda sollte das deutsche Volk per Rundfunk, durch aus der Luft abgeworfene Flugblätter und jedes andere verfügbare Mittel über Hitlers Verbrechen informieren. Die Namen von am Völkermord beteiligten deutschen Beamten und die Vernichtungsmethoden sollten in weitem Umfang verbreitet werden, damit die deutsche Bevölkerung nicht behaupten könne, sie habe von den Verbrechen, die in ihrem Namen begangen wurden, nichts gewußt.

Drittens: Die Alliierten sollten öffentlich an das deutsche Volk appellieren, Hitlers Regime unter Druck zu setzen, damit das Blutbad aufhöre.

Viertens: Die Alliierten sollten erklären, daß man im Falle, daß der Genozid weitergehe, ohne daß sich die Massen dagegen erheben würden, das deutsche Volk kollektiv zur Verantwortung ziehen werde.

Fünftens: Falls keiner dieser Schritte zu einem Abbruch des Vernichtungsprogramms führe, sollten die Alliierten zu folgenden beiden Formen von Repressalien greifen: Bombardierung ausgewählter deutscher Städte von kultureller Bedeutung und Exekution von in Händen der Alliierten befindlichen Deutschen, die Hitler selbst mit Kenntnis von dessen Verbrechen noch die Treue hielten.

Als Feiner und der Zionist den Punkt Vergeltungsmaßnahmen gegen Nazi-Sympathisanten ansprachen, ergriff Jan das Wort:
»Meine Herren, das ist unmöglich. Es wäre ein Verstoß gegen internationales Recht. Ich kenne die Briten. Sie werden es nicht tun. Es ist hoffnungslos. Es schadet Ihrer Sache.«
»Nein!« widersprach der Zionist in heiserem Flüsterton. »Sagen Sie es! Wir wissen nicht, was realistisch oder unrealistisch ist. Wir sterben hier! Sagen Sie es!«
Jan nickte und versprach, die Botschaft wahrheitsgetreu zu übermitteln. Wie er vorausgesagt hatte, stieß dieser Punkt später in London auf taube Ohren.
In Ergänzung zu den Forderungen, die Jan Vertretern der jüdischen Gemeinde und der Alliierten präsentieren sollte, richteten die beiden Sprecher der Warschauer Juden auch noch Appelle an andere Persönlichkeiten. Sie baten Jan, Polens nominellen Staatspräsidenten Władysław Raczkiewicz über das Schicksal der Juden seines Landes zu unterrichten. Feiner schlug vor, Raczkiewicz solle sich an Papst Pius XII wenden und das Kirchenoberhaupt auffordern, alles in seiner Macht stehende – bis hin zu Exkommunikationen – zu unternehmen, um Nazi-Beamte von der Durchführung der Liquidierungen abzubringen. Außerdem ersuchten die Juden Ministerpräsident Sikorski darum, eine Verfügung zu erlassen, die die Bevölkerung seines besetzten Landes zur Hilfeleistung für untergetauchte Juden verpflichte. Polnische Erpresser sollten von Untergrundgerichten zum Tode verurteilt werden können. Dem wurde von polnischer Seite später zugestimmt: ein im März 1943 verkündetes Dekret stellte die Erpressung gefährdeter Juden unter Strafe. Der Untergrund exekutierte daraufhin mehrfach Polen, die dieses Deliktes überführt worden waren.
Feiner und sein Begleiter fuhren mit der dringenden Bitte um Gewährung materieller Unterstützung fort. Jan sollte die Vertreter der Alliierten darauf hinweisen, daß sie Juden zur Flucht verhelfen konnten, indem sie harte Währung für Bestechungen und Blankopässe lieferten, die es einzelnen Juden unter Umständen ermöglichten, in den Austausch zwischen Staatsangehörigen der Alliierten und der Achsenmächte einbezogen zu werden. Außerdem müsse die freie Welt allen Juden, denen auf irgendeine Weise die Flucht aus Hitlers

Reich gelang, Asyl gewähren – eine Gunst, die westliche Regierungen in der Vergangenheit nur sehr zögerlich erwiesen hatten. Es wurden auch dringend Lebensmittelvorräte für untergetauchte Juden benötigt. Jan sollte bei den Regierungen der Alliierten und bei jüdischen Organisationen auf Gewährung solcher Hilfe drängen und vorschlagen, die Hilfsgüter aus RAF-Flugzeugen, die bereits den polnischen Untergrund mit Waren versorgten, über Polen abzuwerfen. Die Bewegung werde dann Geld und Material über ihre bewährten geheimen Kanäle an die vorgesehenen Empfänger weiterleiten.

Alle Hoffnung auf Erfolg der Hilfsappelle hing davon ab, daß man den Ländern außerhalb von Hitlers Reichweite begreiflich machte, was mit den europäischen Juden passierte. Eingedenk dieses Umstands und der Tatsache, daß die Juden keinen offiziellen Anwalt für ihre Sache in alliierten Gremien besaßen, ermahnte Feiner den polnischen Katholiken eindringlich, jüdische Persönlichkeiten unbedingt vom Ernst der Lage zu überzeugen.

»Die Juden im Ausland müssen etwas tun, das die restliche Welt zwingt, uns zu glauben«, zischte Feiner. »Wenn wir hier alle sterben, dann sollen auch sie sterben.« Der Bund-Vorsitzende schlug vor, die britischen und amerikanischen Juden sollten in den Hungerstreik treten, die Büros alliierter Machthaber besetzen und dort eines langsamen Todes sterben, wenn es denn einer solchen Tat bedürfe, um »das Gewissen der Welt aufzurütteln«.

Damit kam Feiner allmählich zum Ende der langen Sitzung. Alle drei Männer waren erschöpft. Feiner sprach noch einen letzten Punkt an.

»Witold«, begann er vorsichtig, »ich kenne die Engländer. Wenn Sie ihnen schildern, was hier mit den Juden geschieht, wird Ihnen die Mehrheit vermutlich nicht glauben.«

Falls Karski in London nur die Worte zweier überspannter Juden wiederholen könne, würde sich das Resultat wohl kaum von dem seiner eigenen, bisher vergeblichen Bemühungen unterscheiden – Feiner hatte bereits mehrmals Telegramme und detaillierte schriftliche Berichte nach London geschickt. Nein, Witold müsse greifbarere Beweise liefern, und um die zu erhalten, müsse er die Vernichtungsmaschinerie der Nazis im Einsatz sehen. Man brauche ihn als Augenzeugen. Es könne arrangiert werden, wenn Jan damit einverstanden sei. Jan war damit einverstanden.

Zwischen dem 20. und 25. August 1942 flaute die Terrorwelle im Warschauer Ghetto kurz ab; das deutsche Mördernetz war mit der Entfernung der Juden aus entlegeneren Städten beschäftigt. Im Ghetto, dessen ursprüngliche Einwohnerzahl bereits erheblich geschrumpft war, konnten die restlichen Insassen kurzfristig relativ unbelästigt den täglichen Geschäften des Lebens und Sterbens nachgehen – mehr dem Sterben durch Hunger, Krankheit oder Selbstmord als dem Leben. Die brüchige soziale Ordnung, die von der Nazi-kontrollierten jüdischen Ghettoverwaltung oktroyiert worden war, hatte sich zu jener Zeit bereits aufgelöst. Daß ein Fremder in den Ghettostraßen wahrscheinlich niemandem auffiel, war ein praktischer Nebeneffekt des allgemeinen Chaos.

Als ganz gewöhnliche Polen gekleidet, betraten Karski und Feiner das Haus in der Muranowska-Straße 6 auf der »arischen Seite« der Ghettomauer. Ein Mann namens »Staszek« begrüßte sie und führte sie in den Keller. Dort erwartete sie ein zweiundzwanzigjähriger Angehöriger der Jüdischen Militärunion, »Dudek« Landau. Dieser wußte nur wenig über die Ghettomission des Polen. Sein Kommandant hatte ihm lediglich erklärt, daß ein äußerst wichtiger Besucher komme und daß Landau den Geheimtunnel zu bewachen habe, durch den der Mann ins Ghetto geschleust werde. Ein Trupp jüdischer Kinder hatte den Tunnel unter dem Kommando der Militärunion vom Keller eines Hauses auf der »Ghetto-Seite« der Muranowska-Straße zu dem eines Gebäudes auf der gegenüberliegenden Straßenseite gegraben. (Die Muranowska-Straße war der Länge nach durch die Ghettomauer geteilt.) Landau führte Karski und Feiner durch den unterirdischen Gang, der sich bei einer Höhe von maximal einem Meter zwanzig über eine Distanz von fast vierzig Metern erstreckte. Die Männer krochen schweigend durch die beklemmende Finsternis.

Am anderen Ende des Tunnels wurden sie von einem Mitglied der Jüdischen Kampforganisation in Empfang genommen. Karski und Feiner zogen bereitliegende zerlumpte Kleidung an, die der Judenstern zierte, und schlichen solchermaßen verkleidet ans Tageslicht.

Das erste, was Jan im Ghetto auffiel, war die völlige Verwandlung Feiners. Minuten zuvor hatte der Bund-Vorsitzende noch die Rolle des eleganten, selbstbewußten polnischen Edelmannes gespielt. Jetzt war er ein gebeugter, kränklicher, bemitleidenswerter alter Jude – eines von vielen Opfern, das dem Tod ins Auge sieht. Jan versuchte, dasselbe Bild abzugeben, indem er sich in seinem schäbigen Mantel vornüberbeugte und die Mütze tief über die Augen zog. Feiner und der Zionist hatten ihm versichert, daß ein Besuch im Ghetto nur ein minimales Risiko berge. Jan hoffte, daß sie recht behalten würden.

In Begleitung des jüdischen Untergrundmitglieds schlurften Karski und Feiner durch die Straßen. Dies war nie eine feine Gegend gewesen; deshalb hatten die Deutschen hier das Ghetto errichtet. Die Gebäude waren älter und kleiner, die Straßen enger als im übrigen Warschau. Die Deutschen hatten die Straßenschilder in hebräischer Schrift drucken lassen. Wie überall in der Hauptstadt gab es auch hier in jedem Häuserblock zerstörte Wohnungen. Aber im Gegensatz zum Rest der Stadt waren im Ghetto keinerlei provisorische Wiederaufbaubemühungen sichtbar. Die Straßen waren vollgestopft mit Menschen oder dem, was von ihnen übriggeblieben war.

»Es gab keinen Quadratmeter Platz«, erinnerte sich Karski. »Während wir uns unseren Weg durch Schlamm und Schutt bahnten, huschten die Schatten von dem, was einmal Männer und Frauen gewesen waren, an uns vorbei, als seien sie auf der Jagd nach etwas oder jemandem; in ihren Augen ein irres Flackern von Verlangen oder Gier.«

Die Schreie der Wahnsinnigen und der Hungernden hallten durch die Straßen und mischten sich mit den Stimmen von Bewohnern, die persönliche Habseligkeiten oder Kleidung zum Tausch gegen einen Bissen Essen anboten.

Den Gestank hatte Jan schon wiedererkannt, bevor er die unbekleideten Leichen sah. In den Rinnsteinen lagen die Leiber der Alten und Jungen, alle im Tod so nackt wie bei der Geburt.

»Was bedeutet das?« fragte Jan flüsternd.

»Wenn ein Jude stirbt«, erklärte Feiner ruhig, »ziehen ihn seine Angehörigen nackt aus und werfen den Leichnam auf die Straße. Andernfalls müßten sie eine Begräbnissteuer an die Deutschen zahlen. Nebenbei bleiben so auch noch ein paar Kleidungsstücke übrig.«

Die Besucher erreichten den Muranowski-Platz, eine an der nordöstlichen Ghettogrenze gelegene ehemalige Parkanlage. Mütter mit abgemagerten Säuglingen bevölkerten die Bänke. Die Gegend wimmelte von unterentwickelten Kindern; einige saßen nur teilnahmslos da, andere tollten im Schmutz herum.

»Sehen Sie, die Kinder spielen.« Jan glaubte, Feiners Stimme vor Rührung brechen zu hören. »Das Leben geht weiter. Sie spielen, bevor sie sterben.«

»Die Kinder spielen nicht«, erwiderte Jan. »Sie tun nur so, als sei es Spiel.«

Unterwegs wies Feiner Jan unerbittlich auf jedes grauenhafte Detail der unmenschlichen Lebensbedingungen im Ghetto hin. Überall sahen die beiden Männer an Häuserwänden zusammengesunkene menschliche Gestalten, deren ausdruckslose Augen ins Nichts starrten und bei denen nur ein leichtes Rasseln unter den Lumpen verriet, daß sie noch atmeten. Bei jedem Beispiel blieb Feiner kurz stehen.

»Merken Sie sich das«, wiederholte er immer wieder. »Merken Sie sich das.«

In einer Seitenstraße entstand plötzlich Unruhe. Menschen flohen. Feiner und der andere Jude packten Jan und zerrten ihn in ein Wohnhaus.

»Beeilen Sie sich!« fuhr Feiner den verwirrten Polen an. »Das müssen Sie sehen.«

Die Männer stiegen mehrere Treppen hoch. Draußen hörte Jan Schüsse. Feiner trommelte mit der Faust gegen eine Wohnungstür. Ein verhärmtes, ängstliches Gesicht erschien am Eingang. Feiner drängte sich an dem Bewohner vorbei und schaute aus dem Fenster, das jedoch auf der Gebäuderückseite lag. Der Bund-Vorsitzende stürmte über den Flur zur gegenüberliegenden Wohnung, schlug auch dort mit der Faust gegen die Tür und verlangte Zutritt. Die Tür öffnete sich.

»Keine Angst – wir sind Juden!« schrie er der Frau und ihrem wimmernden Sohn zu, während er seinen Kollegen und Jan zum Fenster schob. Dann zog er die Jalousien herunter und drückte Jan neben dem Fenster nach unten in Position. Durch die Lücke zwischen Jalousie und Fensterrahmen sah Jan zwei Halbwüchsige in der schmucken Uniform der Hitlerjugend.

»Schauen Sie hin! Schauen Sie hin!« zischte Feiner Jan ins Ohr. »Die gehen jetzt auf die Jagd.«

Die Jugendlichen standen mit einem breiten Grinsen auf dem Gesicht in der ausgestorbenen Straße. Einer hatte eine Pistole gezogen. Seine Augen suchten die umliegenden Gebäude ab. Der andere sagte etwas, das ihn zum Lachen brachte. Der erste Junge zielte und feuerte einen Schuß ab. Jan hörte das Klirren berstenden Glases und ein schmerzhaftes Aufstöhnen aus einem Nachbarhaus.

Der Schütze stieß einen Siegesschrei aus. Sein »Kampfgenosse« gratulierte ihm. Die »Judenjagd« war wieder erfolgreich gewesen. Gut gelaunt schlenderte die Hitlerjugend davon.

Starr vor Entsetzen verharrte Jan in seiner geduckten Haltung neben dem Fenster noch lange, nachdem die Jugendlichen verschwunden waren. Als er eine Hand auf seiner Schulter spürte, drehte er sich um und sah die Bewohnerin neben sich stehen.

»Sie sind zu uns gekommen, um das alles hier zu sehen? Es nützt nichts«, sagte die Frau. »Gehen Sie zurück, laufen Sie weg. Quälen Sie sich nicht länger. Gehen Sie, gehen Sie!«

Jan bestand darauf, das Ghetto sofort zu verlassen. Mit Feiner und dem Untergrundbegleiter kehrte er zu dem Haus in der Muranowska-Straße zurück. »Dudek« Landau wartete im Keller. Minuten später betraten die Besucher wieder die Welt der Lebenden, jenseits der Ghettomauern.

»Sie haben noch nicht alles gesehen«, sagte Feiner zum Abschied. Jan nickte und bot an, noch einmal wiederzukommen, falls dies nötig sei.

Zwei Tage später wiederholte Jan mit einem anderen Begleiter den Ghettorundgang. Dieses Mal verbrachte er drei Stunden innerhalb der Mauern. Als Karski sich in einer Wohnung mit jüdischen Untergrundführern traf, um deren Hilferufe an die Außenwelt in Empfang zu nehmen, bot man ihm ein Glas Wasser und eine Scheibe Brot an – eine paradoxe Geste der Gastfreundschaft inmitten der Barbarei einer Gefangenenstadt. Jans Reaktion darauf sorgte noch tagelang für Gesprächsstoff in der jüdischen Untergrundbewegung: Er schob das Brot höflich von seinem Tischplatz weg. Alle verstanden. Jan brauchte nicht zu sagen, daß er guten Gewissens nicht einen Bissen hätte zu sich nehmen können, den sonst ein Hungernder bekommen hätte.

Feiner war noch nicht fertig mit Witold. Der Kurier würde noch mehr mit eigenen Augen sehen müssen, um vor der Welt eindrucksvoll Zeugnis ablegen zu können. Was er bis jetzt erlebt hatte, war Brutalität massiven Umfangs. Die mit dem Tode ringenden Menschenmassen des Warschauer Ghettos – und die Scharen in anderen städtischen Gefangenenlagern innerhalb und außerhalb Polens – stellten die deutschen Herren vor ein Problem. Doch als erfindungsreiche Leute hatten die Nazis eine »Endlösung« für dieses Problem gefunden. Der jüdische Widerstand konnte arrangieren, daß Jan diese Lösung in der Praxis sah. Eine solche Erkundungsmission würde jedoch mit einem weit höheren Risiko verbunden sein als die Ghettobesuche. Jan erklärte sich ohne Zögern bereit, die beispiellose Aufgabe zu übernehmen: freiwillig in ein Todeslager der Nazis zu gehen.

Wenige Tage nach seinem zweiten Ghettoausflug fand sich Jan am verabredeten Treffpunkt vor dem Warschauer Hauptbahnhof ein. Der jüdische Untergrund stellte einen Führer zur Verfügung, der ihn zum Lagergelände bringen sollte. Jan erkannte ihn sofort in der Menge, und sein Herz begann vor Angst zu rasen, als der junge Mann sich ihm näherte. Mit seinem olivfarbenen Teint, dem pechschwarzen Haar und der länglichen Nase sah er so eindeutig jüdisch aus, daß Jan schon bei dem Gedanken, in Gesellschaft des Mannes gesehen zu werden, bange wurde, ganz zu schweigen von der Aussicht, bei einer gefährlichen Mission mit ihm zusammenzuarbeiten. Im Flüsterton äußerte Jan so höflich, wie es unter den gegebenen Umständen möglich war, seine Bedenken. Nach kurzer Überlegung beschloß er, seinen Auftrag dennoch zu erfüllen, bestand aber darauf, daß sein Begleiter in einem gesonderten Eisenbahnwaggon fuhr. Falls der Mann gefaßt wurde, wollte er nicht in seiner Nähe sein.

Der Pole und der Jude bestiegen einen Zug nach Lublin. Der Zug bewegte sich im Schneckentempo ostwärts und traf nach einer Fahrtzeit von fast sechs Stunden in der Stadt ein. Dort war bereits für den

Weitertransport gesorgt. Jan und sein Begleiter kamen auf der Hauptstraße problemlos bis zur östlichen Stadtgrenze von Lublin durch;
danach führte sie ihr Weg mal über birkengesäumte Alleen, mal
über offene Landstraßen, die sich durch hügelige Felder schlängelten. Sie kamen an von Ochsen gezogenen, mit Kartoffeln beladenen Fuhrwerken vorbei. In den Ackerfurchen, die in die schwarze
Erde gezogen waren, sahen sie Bauern, die sich plagten, um die von
den Deutschen festgesetzte Produktionsquote zu erfüllen.
Am Nachmittag erreichten sie eine kleine, an einer Kreuzung zwischen Straße und Bahnlinie gelegene Stadt. Der jüdische Kurier
brachte Jan zu einer Eisenwarenhandlung und übergab ihn an den
Besitzer, einem Mitglied des polnischen Untergrunds. Wie geplant,
lag in dem Laden die Uniform eines Angehörigen der mit den Nazis
verbündeten ukrainischen Miliz für Jan bereit; deren Träger hatte
man bestochen, damit er sich einen Tag frei nahm. Kurz nachdem
sich Jan die Uniform angezogen hatte, tauchte ein weiterer ukrainischer Wachmann auf, der sich – ebenfalls für Bestechungsgeld –
bereit erklärt hatte, den neugierigen Polen durchs Lager zu führen.
Der Wachmann sprach perfekt Polnisch, aber Jan und er wechsel-
ten nur die nötigsten Worte. Jan sollte ihm immer dicht folgen, um
keine Aufmerksamkeit zu erregen, und vor allem jeglichen Kontakt
zu anderen Ukrainern meiden, weil die ihn als Schwindler hätten
entlarven können. Die beiden »Milizleute« machten sich zu Fuß
auf den Weg entlang einer Straße, die durch einen Wald vom Dorf
wegführte.
Bald hörte Jan ein aus dem Jenseits zu kommen scheinendes Wehklagen aus der Richtung, in die er geführt wurde. Dann glaubte er,
den Gestank von verbranntem Fleisch wahrzunehmen. Über eine
Lichtung näherten sie sich von einer leichten Erhebung aus dem
Lager. Jan erkannte einen etwa drei Meter fünfzig hohen Stachel-
drahtzaun, der mit Zweigen von den umliegenden Bäumen getarnt
war. Der Zaun umschloß eine beträchtliche Fläche. Eine von Mauern begrenzte Holzrampe erstreckte sich vom Lager zu den nahegelegenen Bahngleisen. Innerhalb der Anlage gab es ein paar kleine
Scheunen oder Baracken. In den Zaun waren mehrere Tore einge-
lassen. An einem von ihnen grüßte Jans ukrainischer Begleiter träge
zwei seiner deutschen Herren. Sie winkten ihn beiläufig herein.

Vor Jan breitete sich ein großer freier Platz aus. Es kam ihm so vor, als sei die ganze Fläche bedeckt von »einer undurchdringlichen, pulsierenden, zuckenden, lauten Menschenmenge« von »ausgehungerten, stinkenden, gestikulierenden, wahnsinnigen« Juden. Gefangene jeden Alters und beiderlei Geschlechts saßen oder lagen halbnackt auf dem Boden herum. Wie die verwirrten, zusammengesunkenen Gestalten in den Ghettostraßen schienen auch viele dieser Opfer in einem Schockzustand zu sein. Hier und dort in der unüberschaubaren Menge – es müssen Tausende gewesen sein – schlug oder trat ein Wachposten einen Juden.

Aus der spärlichen Unterhaltung mit dem ukrainischen Wachposten und Geschichten, die in Warschau kursierten, konnte sich Jan ein ungefähres Bild davon machen, wie die Juden an diesen Ort gelangt waren. Sie waren wahrscheinlich aus dem Warschauer Ghetto deportiert worden. Sie hatten das Leben in jener Hölle für ein paar Tage eingetauscht gegen das Eingesperrtsein in versiegelten Güterwaggons ohne Essen, Wasser oder sanitäre Einrichtungen, um nach ihrer Ankunft an diesem Ort weitere Qualen zu durchleiden. (Karski irrte sich in Bezug auf den Herkunftsort, hatte jedoch mit den übrigen Vermutungen recht.) Der Ukrainer hatte erklärt, daß die Juden vor ihrer Abreise zur »Umsiedlung« angewiesen würden, bis zu fünfzehn Kilo persönliches Gepäck mitzunehmen. Bei ihrer Ankunft im Lager wurden sie dann ihrer letzten Habseligkeiten beraubt und den Unbilden der Natur überlassen, bis das System bereit war, sich weiter mit ihnen zu befassen.

Hinter der Menschenmenge stand auf einem Abstellgleis eine lange Reihe Güterwaggons. Jan sah, wie einige seiner ukrainischen »Kollegen« eine dicke Schicht weißen Pulvers in die Wagen streuten. Es handelte sich dabei um Chlorkalk, ein Desinfektionsmittel. Jan machte seine Runde entlang des Zauns bis zu der Stelle, die ihm der Wachmann gezeigt hatte.

Auf ein Zeichen eines deutschen Offiziers hin bildeten ukrainische Wachposten eine Kette um die Juden auf dem Platz und begannen, die Masse Richtung Güterwaggons zu treiben. Jan stand am Zaun und beobachtete die Prozedur, wobei er sorgfältig darauf achtete, Abstand zu den »anderen« Ukrainern zu halten. Die Wärter bewegten sich stetig auf die chaotische Menge Fleisch zu und drängten die

Opfer unter Einsatz von Knüppeln und Gewehrkolben auf die Rampe, die zu den Waggontüren führte. Wer zu schwach oder zu benommen war, um sich zu bewegen, wurde erschossen oder erstochen.

Das leise Stöhnen, das von der Menge auf dem Boden ausging, wich purem Panikgeschrei, als die Juden die Rampe hinaufstolperten, und verwandelte sich in ein widerhallendes Wehklagen unter Todesqualen, als sie in die Waggons gepreßt wurden und spürten, wie der Kalk ihre Haut und ihre Lungen verbrannte. Die Wachposten feuerten willkürlich in die Menge auf der Rampe und schleuderten die Toten und Verwundeten in die Waggons, wo sie auf den Köpfen der dort Eingepferchten landeten. Wenn ein Waggon vollgestopft war, schlug ein Ukrainer die Eisentüren zu, wobei alle noch heraushängenden Körperteile zerquetscht wurden.

Jan beobachtete, wie die Nazis auf diese Weise eine ganze Reihe von Güterwaggons füllten. Er schätzte, daß Tausende menschlicher Wesen in die Wagen gepfercht wurden. Er konnte sich ausmalen, welches Schicksal jene Kreaturen erwartete, die nicht nur das Leben im Ghetto ertragen hatten, sondern auch den gräßlichen Zugtransport zu dieser Zwischenstation, dem sich Tage brutaler Lagerhaft anschlossen – nur um ein solches Ende erleben zu müssen.

Jan wußte nicht genau, auf welche Weise die Opfer schließlich umgebracht wurden; er hatte verschiedene Berichte gehört. Einer besagte, daß vollgeladene Güterzüge, wie dieser hier, die Juden direkt in ein nahegelegenes Lager transportieren würden. Dort, so wurde behauptet, würden die Nazis ihre menschliche Fracht zu den Klängen eines Häftlingsorchesters entladen und die Juden von Wachen zu den Gaskammern treiben lassen, während noch die Töne von Beethoven oder Wagner in den Ohren der Verdammten nachhallten.

Vielleicht würde der Zug aber auch einfach auf ein entlegenes Abstellgleis geleitet und dort stehen gelassen werden. Nach ein paar Tagen würden die letzten Lebensreste aus seiner menschlichen Ladung entwichen sein. Wenn Körperflüssigkeit mit dem Chlorkalk auf dem Boden in Berührung kam, würde sich Chlorgas bilden. Der Chlorkalk selbst würde das Fleisch der Lebenden wie der Toten fressen und schließlich in Kombination mit Wunden, Krankheit, Verhungern und Verdursten den leidenden Kreaturen drinnen den »Gnadentod« bringen.

Jans Überlebensinstinkt, der ihm während des gesamten Krieges so wertvolle Dienste geleistet hatte, begann ihn zu verlassen. Weinend und wild gestikulierend verlor Jan die Kontrolle über seine Gefühle. Als ihn ein verärgertes »Folge mir! Folge mir!« seines ukrainischen Begleiters aus seiner Erstarrung riß, wußte er nicht, wie lange er in diesem Zustand gewesen war. Während er den Polen aus dem Lager drängte, stieß der Ukrainer zwischen zusammengebissenen Zähnen seinen Zorn hervor:

»Sie haben sich da drin wie ein Verrückter benommen! Ihre verrückten Gebärden! Sie bringen andere Leute in Gefahr! Sie haben hier nichts zu suchen! Los, kommen Sie!«

Der Ukrainer brachte seinen traumatisierten »Kameraden« zu dem Eisenwarenladen zurück und verschwand. Jan schloß sich sofort auf der Toilette ein. Der Händler fand ein gewaltiges Chaos vor, als sich die Tür öffnete: Jan und der Raum waren völlig durchnäßt.

»Was, zum Teufel, haben Sie gemacht?« schrie der Besitzer.

»Ich habe mich nur gewaschen«, murmelte Jan. »Ich war sehr schmutzig.«

Augenblicke später stürzte Jan ins Freie und übergab sich. Er brach unter einem Baum zusammen und schlief erschöpft ein. Als er, in kaltem Schweiß gebadet, zitternd erwachte, erinnerte er sich verschwommen an einen Alptraum über das Bild menschlicher Todesqualen, das er gesehen hatte. Er erbrach sich immer und immer wieder, bis er nur noch Blut spucken konnte. Der verärgerte Ladenbesitzer erschien auf dem Hof und erkundigte sich, ob Jans Krankheit ansteckend sei. Nachdem Jan dem Mann versichert hatte, nicht krank zu sein, bat er um eine Flasche Wodka.

Jan stürzte den Schnaps gierig hinunter, inständig hoffend, auf diese Weise sein Bewußtsein ausschalten zu können. Wieder fiel er in einen unruhigen, alptraumhaften Schlaf. Am nächsten Tag schaffte er es, in Gesellschaft des jüdischen Untergrundmannes, mit dem er gekommen war, die Rückreise nach Warschau anzutreten.

In seinem späteren Leben wurde Karski häufig gebeten, über die Szenen, die er im Ghetto und im Lager miterlebt hatte, zu berichten. Manchmal versuchte er es. Meist jedoch weigerte er sich, ins De-

tail zu gehen, und faßte seine Erlebnisse statt dessen in einem einzigen einfachen Satz zusammen:
»Ich habe furchtbare Dinge gesehen.«

Irgendwann – entweder im Lauf der Reise oder schon früher – war ein Mißverständnis entstanden. Es hatte zwar keinerlei Auswirkungen auf Jans Mission, sollte jedoch nach dem Krieg Historikern ein halbes Jahrhundert lang Rätsel aufgeben. Feiner hatte Jan gesagt – und der jüdische Führer hatte dies bestätigt –, daß man ihn zum Todeslager Bełżec bringen werde, jenem Mordzentrum östlich von Lublin, das Gegenstand schrecklicher Gerüchte im polnischen Untergrund war. Es war die Rede davon, daß Deportierte aus Warschau in Bełżec massenweise ermordet würden, daß dies mittels Stromschlag in speziell verkabelten Kammern geschehe, daß die Leichen zu Seife und Düngemittel verarbeitet würden. Diese Gerüchte waren falsch. Nichtsdestoweniger endeten mehr als eine halbe Million jüdische Leben in der Kleinstadt Bełżec – die Leben von Juden von außerhalb Warschaus, ausgelöscht durch Gas, nicht durch Elektrizität.
Der Ort, in den Jan gefahren war, war nicht Bełżec; auch er selbst hielt ihn damals nicht dafür. Als er drei Monate später in London zum ersten Mal von dem Auftrag dort berichtete, beschrieb er die Anlage als »›Selektionsplatz‹, etwa fünfzig Kilometer von Bełżec entfernt« – wenngleich er an anderer Stelle derselben Verlautbarung die Lage des Lagers mit »Stadtrand von Bełżec« angab. (Das tatsächliche Todeslager Bełżec lag im Stadtzentrum, wenige hundert Meter vom Bahnhof entfernt.) In einem Bericht vom August 1943 lokalisierte Karski das Lager zunächst zwölf Meilen, später zwölf Kilometer außerhalb von Bełżec. Als er seine Geschichte 1944 veröffentlichte, war der betreffende Ort dann zu Bełżec geworden.
Holocaustforscher erkannten schon früh, daß es sich bei dem Lager, das Karski beschrieb, unmöglich um dasjenige von Bełżec handeln konnte. Zweifellos hat Karski im Laufe der Zeit Einzelheiten verwechselt. Vermutlich hat auch der Umstand, daß er 1939 ausgerechnet in Bełżec Augenzeuge früher Judenverfolgung geworden war, hierzu beigetragen. Ebenso zweifelsfrei glaubte Karski allerdings, daß das Gelände, auf dem er sich aufhielt, Teil der Mordmaschinerie

war, deren Zentrum das Vernichtungslager Bełżec war. Und mit dieser Annahme hatte er recht.

Tatsächlich befand sich Jan in Izbica Lubelska, genau auf halbem Weg zwischen Lublin im Nordwesten und Bełżec im Südosten – etwa siebzig Kilometer von beiden Städten entfernt. Izbica war in der Tat ein »Selektionsplatz«; Karski hatte dies richtig erkannt, und in seinem ersten Bericht stimmte auch die Entfernung von Bełżec beinahe. Auch seine Beschreibung von dem abfallenden Hang zwischen Stadt und Lager paßt zu dem Terrain von Izbica. Das Lager spielte eine wesentliche, wenn auch wenig bekannte Rolle bei der Vernichtung Hunderttausender von Juden. Ein Klempner, der zu der Zeit von Jans Besuch dort beschäftigt war, sagte 1946 über die Funktion von Izbica aus:

Die Deutschen brachten Juden aus ganz Europa nach Izbica. Die meisten Juden kamen aus der Tschechoslowakei. Die einzelnen Gruppen wurden in Izbica jeweils mehrere Tage (manchmal bis zu zehn Tage) festgehalten, hauptsächlich zu dem Zweck, sie aller Wertgegenstände zu berauben. Aus Gesprächen mit Juden habe ich erfahren, daß ihnen die Deutschen vor dem Abtransport erzählt hatten, sie würden zu einem Arbeitseinsatz gebracht. Deshalb nahmen die Juden alles mit, was sie besaßen, besonders die Wertgegenstände. Nachdem man die Juden ausgeraubt hatte und ein Teil von ihnen in Izbica ermordet worden war, wurde der Rest ins Vernichtungslager Bełżec überführt.

Außer als Plünderungsort diente Izbica den Nazis auch als Auffanglager, mit dessen Hilfe sie den Verkehrsfluß nach Bełżec kontrollierten. Die Tatsache, daß der polnische Arbeiter mit jüdischen Opfern hatte sprechen können, deutet darauf hin, daß Sicherheitsmaßnahmen in Izbica eher nachlässig gehandhabt wurden – nachlässig genug, um es jemandem wie Jan zu erlauben, im Lager herumzulaufen und sogar einen Nervenzusammenbruch zu erleiden, ohne entdeckt zu werden. Solche Pflichtverletzung war keineswegs ungewöhnlich unter Hitlers Henkern: in Bełżec und anderen Todeslagern im Osten waren die Wachmannschaften im Dienst regelmäßig betrunken, und einige SS-Offiziere hielten sich Jüdinnen als Geliebte. Die Todesfabriken der Nazis funktionier-

ten auch mit etwas weniger als preußischer Effizienz und Disziplin. Eine Episode, die der bereits zitierte polnische Arbeiter als
Zeuge einer Untersuchung von Kriegsverbrechen erzählte, belegt,
daß das, was Karski sah, in Izbica kein ungewöhnlicher Anblick
war.

Einmal, im November 1942, fuhr ich mit dem Fahrrad nach
Izbica. Es war ein regnerischer Tag, ziemlich kalt. Der Sammelplatz war unglaublich schlammig. ... Plötzlich stand der
Gestapomann (Kurt) Engels vor mir. Er hatte seine Pistole ge-
zückt und brüllte »Halt!« Er schoß nicht. Warum nicht? Ich weiß
es nicht. ... Ich stand da und sah hinter ihm eine schwarze Masse
auf dem Sammelplatz. Engels ging auf sie zu und brüllte; die
Masse erhob sich aus dem Morast. Es waren Juden; Frauen und
Männer, 100, vielleicht 200 oder sogar 300. ... Auf Befehl von
Engels bewegte sich die Masse, bildete Reihen und versuchte,
sich zu den etwa 100 Meter entfernten Bahngleisen zu schie-
ben. Während dieser Zeit schoß Engels drei Juden in den Kopf.
Auf dem Platz blieben mehr als zehn, vielleicht zwanzig, dreißig oder vierzig halbnackte Kinder zurück. Sie weinten nicht
mehr, wenn bei einigen auch noch ganz leicht die kleinen Hände und Füsse zuckten. Zwischen den Kindern lagen zehn bis
zwanzig alte Juden und Jüdinnen. Ich weiß nicht, ob sie krank
waren oder nur zu schwach. Jedenfalls standen sie auf den Befehl von Engels nicht auf. Engels ließ die Kolonnen plötzlich
anhalten und forderte eine Jüdin auf, die Kinder zu holen. Die
Frau wußte nicht, was sie machen sollte. Da fingen die Ukrainer an, mit ihren Gewehrkolben auf die Frau einzuschlagen,
und das hatte Erfolg: Die Jüdin rannte auf die Kinder zu und
holte eines nach dem anderen. Danach ging Engels zum Sammelplatz zurück, schritt die Reihe der dort noch Wartenden ab
und tötete jeden einzelnen per Kopfschuß. ... Auf diese Weise
wurden die Transporte nach Bełżec organisiert.

Nach seiner Rückkehr in die polnische Hauptstadt versuchte Jan,
sich auf die bevorstehende Reise zu konzentrieren. Bis Anfang September 1942 waren die Vorbereitungen für den politischen Teil der
Mission fast abgeschlossen. Taktische Arrangements dauerten län-

ger. Am 3. September telegrafierte der Regierungsdelegierte die erste Nachricht über die geplante Reise an die Exilregierung in London. Es dauerte jedoch noch einen weiteren Monat, bevor Jan nach London aufbrechen konnte – ein frustrierender Monat für Jan, dessen Auftrag eine zuvor unvorstellbare Bedeutung bekommen hatte. Mit jedem vergeudeten Tag, wußte er, würden Tausende mehr sterben. Doch eine Kurier-Passage quer durch das besetzte Europa zu organisieren, erforderte Zeit.

Jan verbrachte seine Tage und Nächte mit letzten Gesprächen mit politischen Funktionären. Als sowjetische Bomber am Abend des 1. September deutsche Stellungen in Warschau angriffen, hockte Jan gerade im Keller der Poliklinik mit dem Vorsitzenden der Bauernpartei, Stefan Korboński, zusammen.

»Die Mauern bekamen Risse, und der Putz rieselte auf unsere Köpfe«, erinnerte sich Korboński in seinen Memoiren. »Wir sahen aus wie zwei Priester, die sich im Kerzenschein gegenseitig die Beichte abnehmen.«

Das Büro für Information und Propaganda der Heimarmee mit seinen jüdischen Mitarbeitern und den mit ihnen sympathisierenden Intellektuellen hatte inzwischen schriftliches Material zur Lage der Juden für Jan zusammengetragen. Das Büro war beauftragt, einen Mikrofilm zu erstellen, der alle Dokumente enthielt, die der Kurier mitnehmen sollte. Jan übergab den BIP-Spezialisten verschiedene Berichte und Briefe, die er bei seinen Treffen bekommen hatte, darunter einen zehn Seiten langen Brief von Leon Feiner mit entscheidenden Informationen über den drohenden Holocaust in Warschau. Außerdem lieferte Jan schriftliche Berichte von politischen Führern an ihre Parteikollegen im Exil sowie seine eigenen Analysen der Untergrundpresse, die er einige Monate zuvor geschrieben hatte.

Drei BIP-Mitarbeiter ergänzten dieses Geheimmaterial um Dokumente, die akkurat die Greueltaten der vergangenen Wochen auflisteten. Dazu gehörten eine Kopie des Befehls, der die Einleitung des Deportationsverfahrens zu Beginn der Liquidierung des Warschauer Ghettos am 22. Juli verfügte; außerdem detaillierte Informationen zu den nachfolgenden Liquidierungen in Warschau und umliegenden Städten. Die Zusammenstellung enthielt weiterhin die Aussage eines Polizisten, der im Warschauer Ghetto gearbeitet hatte, einen im Juli geschriebenen Bericht über Bełżec und andere Beweise der systematischen Judenvernichtung in Polen.

Ebenfalls in den Mikrofilm eingeschlossen wurde ein gerade veröffentlichter beredter Protest von Zofia Kossaks Front für die Wiedergeburt Polens. Die kurz nach Jans Rückkehr von der Ostpolenreise kursierende Protestnote hatte in Warschau für Aufregung gesorgt. Aus dem Text geht eindeutig hervor, daß Kossak von Jan über das, was er gesehen hatte, informiert worden war:

> Im Warschauer Ghetto, hinter den Mauern, die es von der Außenwelt abschließen, erwartet Hunderttausende von Verdammten der Tod. Überlebenshoffnung gibt es für sie nicht; nirgendwoher kommt Hilfe. Mörder eilen durch die Straßen und erschießen jeden, der es wagt, das Haus zu verlassen. Auch wer am Fenster steht, wird erschossen. In den Straßen liegen unbestattete Leichen herum.

Das Protestschreiben faßt dann den fortschreitenden Deportationsprozeß im Ghetto zusammen und schildert anschließend das Schicksal der Deportierten:

> An den Rampen warten Güterwaggons. In jeden stoßen die Henker bis zu 150 Verdammte. Auf dem Wagenboden liegt eine dicke Schicht Chlorkalk, über die Wasser gegossen wurde. Die Waggontüren werden verriegelt. Manchmal fährt der Zug sofort nach der Beladung ab; manchmal bleibt er auf den Gleisen stehen – vielleicht mehrere Tage lang –, aber das spielt für niemanden mehr eine Rolle. Von den Menschen, die so eng zusammengepfercht sind, daß die Toten nicht umfallen können, sondern Schulter an Schulter mit den Lebenden stehen bleiben, von den Menschen, die ohne Frischluft oder auch nur einen Tropfen Wasser in den Kalk- und Chlorgasen langsam dahinsiechen, lebt dann keiner mehr. Wo immer und wann immer die Todeszüge ankommen, besteht ihre Ladung nur aus Leichen. ...
>
> Wir wollen nicht wie Pilatus sein. Wir haben nicht die Absicht, uns den deutschen Mördern aktiv zu widersetzen; wir haben keine Chance, sie zu besiegen oder jemanden zu retten. Aber wir *protestieren* aus tiefstem Herzen, aus Herzen, die erfüllt sind von Mitgefühl, Abscheu und Entsetzen. Es ist uns von Gott

befohlen, daß wir protestieren – Gott, der uns verboten hat zu töten. Unser christliches Gewissen verlangt es von uns. Jede Kreatur, die sich Mensch nennt, hat ein Recht auf Nächstenliebe. Das Blut der Hilflosen ruft die Himmel um Bestrafung an. Wer immer diesen Protest nicht unterstützt, ist kein Katholik.

Kossaks Stellungnahme schließt mit einer deplazierten Bemerkung, die das »hartnäckige Schweigen des internationalen Judentums« anprangert und ihm, unter anderem, mangelnden Einsatz bei den Alliierten vorwirft. Als die Protestnote im Lauf der folgenden Monate in der ganzen Welt veröffentlicht wurde, war dieser Satz gestrichen. Die Erklärung der bekannten Schriftstellerin mit Karskis erschreckenden Augenzeugenberichten von seinen Besuchen im Ghetto und im Lager (vermutlich sogar von diesen motiviert) sollte dauerhafte Anerkennung erlangen. Sie war eines von mindestens vier Dokumenten der Front für die Wiedergeburt Polens, die in den Mikrofilm integriert wurden. Insgesamt enthielt die Sammlung vierundreißig Artikel.

Der fertige Mikrofilm sollte in einem hohlen, anschließend zugeschweißten Hausschlüssel versteckt werden. Jans Aufgabe würde es sein, diesen Schlüssel sicher durch Hitlers Reich zu befördern.

Der Schlüssel sollte Gegenstand einer gewissen Ironie werden. Der Kurier, der ihn transportierte, war Augenzeuge jenes Vernichtungsprogramms der Nazis, das im Westen so viele Gerüchte und so viel Unglauben hervorgerufen hatte. Schriftliche Berichte über die Greueltaten der Nazis waren auch zuvor schon versandt worden. Doch es war der Inhalt dieses Schlüssels – der London auf geheimnisvolle Weise vor Jan selbst erreichte –, der die Welt schockieren sollte.

Jan Kozielewski als Kadett der
polnischen Armee, 1935.

Beim Manöver mit der Fünften
Berittenen Artillerie, 1938.

Von einem Insassen gezeichnete Szene aus dem Lager Kozel'shchina in der UdSSR,
in dem Karski 1939 acht Wochen interniert war (mit freundlicher Genehmigung von
Stanisław Westwalewicz aus Tarnów, Polen).

General Władysław Sikorski, 1939-1943
Oberbefehlshaber der polnischen Streit-
kräfte im Exil und Ministerpräsident der
Exilregierung.

Stanisław Mikołajczyk, nach Sikorskis Tod
im Jahre 1943 Ministerpräsident der
Exilregierung.

Die nebenstehende Karte
wurde unverändert der
amerikanischen Original-
ausgabe entnommen. Sie
läßt Polens Grenzen und die
Gebiete erkennen, die Polen
nach dem Krieg verloren
bzw. hinzugewonnen hat.
Die Curzon-Linie zwischen
Polen und Sowjetrußland –
1920 nach dem britischen
Außenminister G. N. Curzon
so benannt – diente der
Sowjetunion 1945 als
Richtlinie bei der Festlegung
der Grenzen.

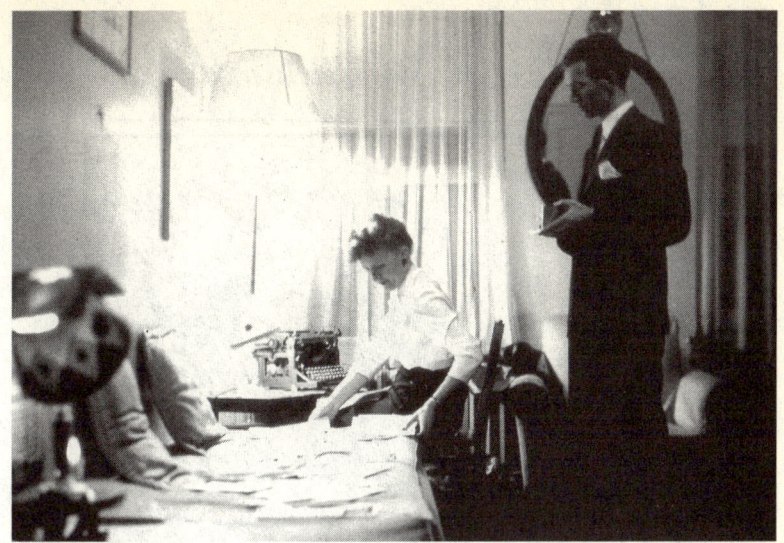

Bei der Arbeit an Story of a Secret State im Frühjahr 1944. Karski schrieb das Buch in einem New Yorker Hotelzimmer unter Mitwirkung der Stenographin und Übersetzerin Krystyna Sokołowska.

Karski eröffnet 1944 eine von der polnischen Exilregierung in Auftrag gegebene Ausstellung über den Untergrundkampf.

Ex Libris...By William Sharp

WHEN THE NAZIS OVERRAN POLAND, LT. JAN KARSKI JOINED THE UNDERGROUND. *

AS COURIER, HE WAS THE CONTACT WITH THE *GOVERNMENT IN-EXILE.*

HE VISITED NOTORIOUS JEWISH DEATH CAMP, DISGUISED AS ESTONIAN GUARD,

NUNS IN NAZI PRISON HOSPITAL HELPED HIM ESCAPE FROM *GESTAPO!*

*

STORY OF A SECRET STATE
by JAN KARSKI
BOOK-OF-THE MONTH CLUB SELECTION

Werbecartoon für Story of a Secret State,
1945 herausgegeben vom Buch-des-Monats-Club.

Karski 1944

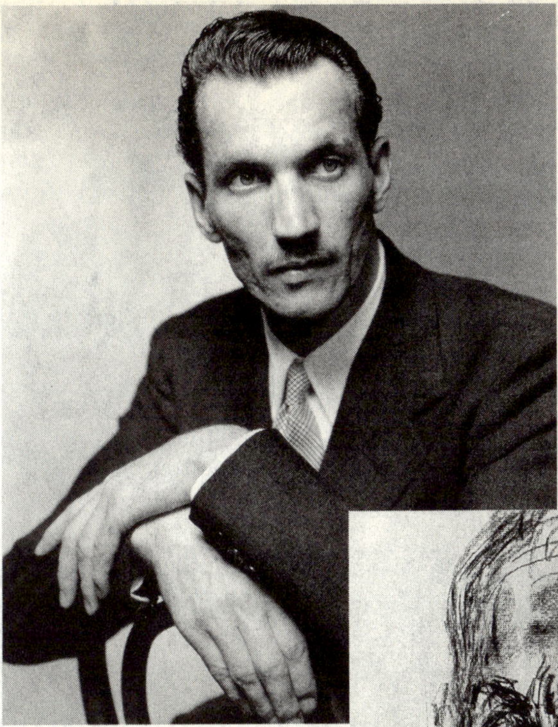

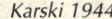

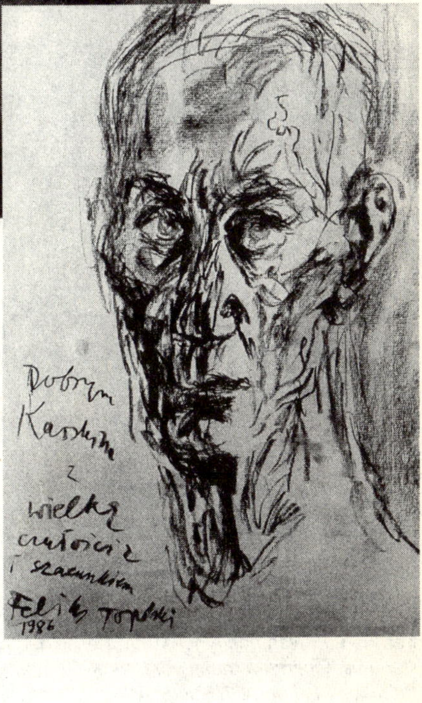

Der polnisch-britische Künstler Felix Topolski, der Karski 1943 in London bekannten Persönlichkeiten vorstellte, fertigte diese Kohlezeichnung 1986 an.

Karski 1955 während einer Vortragsreise durch Asien im Auftrag des US-Außenministeriums. Oben: Warnung vor dem Kommunismus vor einem pakistanischen Publikum (Lahore, 28. August 1955). Unten: Karski mit dem Empfangskomitee am Flughafen von Mandalay, Burma (31. Oktober 1955).

1985 schenkte die israelische Regierung der Georgetown University im Namen von
Professor Karski eine Thora aus dem 19. Jahrhundert, die den Krieg in Europa überstanden hatte. Von links: Timothy S. Healy, Rektor von Georgetown; Meir Rosenne,
israelischer Botschafter; Haggai Erlich, israelischer Gastprofessor; und Karski.

Karski spricht im Capitol in Washington, nachdem ihm durch das United States
Holocaust Memorial Council die Eisenhower Liberation Medal verliehen worden ist;
11. April 1991.

Karski 1992 zu Hause.
(Foto: Gay Block; in: Gay Block und Malka Drucker: Rescuers: Portraits of Moral Courage in the Holocaust; New York, 1992. Wiederabdruck mit freundlicher Genehmigung)

Schreckliche Geheimnisse
Oktober 1942 – September 1943

7. Kurierdienst

Warschau war noch dunkel, als am 1. Oktober um fünf Uhr morgens die nächtliche Ausgangssperre endete. Dick eingepackt gegen die Kälte des ersten Frostes, hatten sich unter die früh aufstehenden Gemüsehändler und Zeitungsverkäufer etwa ein Dutzend Männer und Frauen gemischt, deren Ziel die Heilig-Kreuz-Kirche war. Einer nach dem anderen schlüpften sie in das an der Hinterseite gelegene Pfarrhaus. Jan traf als letzter ein.

Pater Edmund Krauze empfing ihn mit einem stillen Lächeln, und die im Sprechzimmer Versammelten erhoben sich, als der Ehrengast erschien. Mit Händeschütteln, Umarmungen und gemurmelten Segenssprüchen wünschte jeder der Anwesenden Jan eine sichere und erfolgreiche Reise. Es war eine gemischte Gesellschaft: Zofia Kossak, Jans mütterliche Muse, stand neben Renée, seiner Gelegenheitsfreundin; Witold Bieńkowski, Mitbegründer der projüdischen Front für die Wiedergeburt Polens, gegenüber von Jerzy Iłłakowicz, dem Vorsitzenden der antisemitischen Nationalpartei, deren rechte Anhänger später des 1944 verübten Mordes an Jerzy Makowiecki beschuldigt wurden. An diesem Morgen stand Jans Chef noch Seite an Seite mit Iłłakowicz bei der Abschiedsmesse.

Vor einem provisorischen Altar sprach Pater Krauze leise die Worte der Liturgie, die von den versammelten Verschwörern mit gedämpfter Stimme beantwortet wurden. Nachdem er die Kommunion erteilt hatte, stimmte er mit der kleinen Gemeinde aus einem Gebetbuch den Segen für Reisende an. Mit tränengefüllten Augen beugte Jan sein Haupt.

Der Priester holte ihn zum Altar, ließ ihn niederknien und bat ihn, sein Hemd zu öffnen. In seinen ausgestreckten Händen hielt Pater Krauze ein in der Kirchenterminologie als Pyx bekanntes Medaillon. Es enthielt eine geweihte Hostie.

»Der Leib Christi wird auf der Reise mit dir sein«, sagte der Priester, während er Jan das Amulett umhängte. »Wenn dir Gefahr droht, kannst du die Hostie schlucken. Sie wird dich vor allem Übel bewahren.«

Pater Krauze kniete neben Jan nieder und verharrte mit ihm in stummem Gebet.

Nach der Messe konzentrierten sich Jans Gedanken nur auf einen Punkt – nicht auf die an diesem Tag beginnende Reise, sondern auf die zwischen seinen Beinen festgeklebte Zyanidkapsel. Seit er nach seiner Flucht aus Nowy Sącz wieder im Untergrund arbeitete, hatte er das Gift, das er im Falle einer erneuten Verhaftung durch die Gestapo brauchen würde, immer pflichtbewußt mit sich geführt. Da er anhand seiner Narben so leicht identifizierbar war, durfte es keinen zweiten gescheiterten Selbstmordversuch wie den von 1940 geben. In der Praxis brachte das Tragen der Kapsel für Jan ein unangenehmes Ritual mit sich: Um ein eventuelles Auslaufen zu vermeiden, mußte er alle paar Tage den Klebestreifen hinter seinen Hoden entfernen, um die Verpackung zu entfernen – wobei er zwangsläufig auch die Haare darunter herausriß.

Während er mit der geweihten Hostie um den Hals durch die Stadt lief, empfand Jan die Tatsache, daß er sich gleichzeitig die Möglichkeit zum Selbstmord – einer Todsünde – offenhielt, plötzlich als Blasphemie. Gott würde sich nicht hereinlegen lassen. In einer Anwandlung religiösen Eifers lief Jan zu seiner Wohnung zurück. Er holte das Zyanid aus seinem Versteck, brach die Kapsel auf und entleerte den Inhalt ins Waschbecken. Er würde reinen Gewissens durch Europa reisen. Und er würde das schmerzhafte Ärgernis der regelmäßigen Kontrolle der Giftkapsel los sein.

Als nächstes stand ein Zahnarzttermin auf Jans Programm. Der Zahnarzt gehörte zwar nicht dem Untergrund an, galt aber als vertrauenswürdig. Jan trug ihm ein seltsames Anliegen vor:

»Bitte fragen Sie nicht warum, aber ich brauche ein Zahnproblem. Was können Sie unternehmen, um meinen Kiefer für ein paar Tage anschwellen zu lassen, mit so wenig Beschwerden wie möglich?«

Der Zahnarzt gab Jan eine Spritze, die die gewünschte Schwellung erzeugte. In Kombination mit den echten, von Gestapo-Schlägen verursachten Zahnlücken in seinem Mund würde sie Jan als perfekte Ausrede dienen, um im Zug auf kein Gespräch mit anderen Passagieren eingehen zu müssen.

Jan maß der Vermeidung jeglichen Kontaktes besondere Bedeutung bei, seit er wußte, welche Ausweispapiere er auf der ersten Reiseetappe bei sich haben würde. Der Untergrund hatte sich die Tatsache zunutze gemacht, daß Tausende von Franzosen als Freiwillige in von Deutschen betriebenen Fabriken in Polen arbeiteten. Einen dieser Arbeiter hatte man dazu überredet, seine Ferien auf einem polnischen Landsitz zu verbringen (wo man ihn ausgiebig verwöhnen werde) und dafür seine von den Deutschen ausgestellte Urlaubsbescheinigung, die ihm die Rückreise nach Frankreich erlaubte, zur Verfügung zu stellen. Jan schlüpfte in die Rolle dieses Franzosen. Sein Französisch war zwar ausgezeichnet, aber er machte sich Sorgen wegen seines starken Akzents. Da er sein Zugabteil von Warschau bis Paris mit echten französischen Arbeitern teilen würde, mußte er also aus Sicherheitsgründen unbedingt schweigen. Der Zahntrick funktionierte wie geplant. Als Jan am Nachmittag den Zug Richtung Westen bestieg, hielt er sich ein Taschentuch vor den geschwollenen Mund und spielte den Schmerzgeplagten, indem er die routinemäßigen Mitleidsbekundungen seiner Mitreisenden mit einem teilnahmslosen Nicken und Gemurmel beantwortete. Niemand wagte, ein Gespräch mit ihm anzufangen, während der Zug im Schneckentempo Richtung Berlin fuhr. Am späten Abend überquerte er die polnische Grenze. Zweiundreißig Jahre sollten vergehen, bevor Jan seine Heimat wiedersah.

In der Reichshauptstadt bot ihm ein überfüllter Bahnhof den Schutz der Masse: die Gestapo hatte besseres zu tun, als in diesem Chaos Ausweise zu kontrollieren. Nach dem Umsteigen begann eine weitere quälend langsame Reiseetappe als Dritter-Klasse-Passagier mit der Kriegseisenbahn. Als Jan nach sechsunddreißigstündiger Fahrt in Brüssel eintraf, hatte der Trick mit den Zahnschmerzen so perfekt funktioniert, daß es ein belgischer Passagier für seine menschliche Pflicht hielt, sich um den leidenden Mitreisenden zu kümmern. Der Belgier ging Hilfe holen; bald tauchte eine eifrige deutsche Krankenschwester mit einer Arzttasche auf und fragte Jan barsch, wo es weh täte. Da er sich schlecht entziehen konnte, öffnete er widerstrebend den Mund. Die Schwester betupfte die Lücken in seinem

Gaumen mit einem desinfizierenden Mittel, wobei sie ihn für seine schlechte Zahnpflege tadelte. Dann gab sie Jan eine Orange und befahl ihm streng, ausschließlich weiche Früchte zu essen, bis er einen Zahnarzt konsultiert habe.

»Jestem Witold od Waci« (ich bin Witold aus Wacława), stellte sich der große junge Mann in einem von Polen geführten Modegeschäft in Paris vor. Die Frau hinter der Ladentheke lächelte, entschuldigte sich und verschwand in einen Nebenraum. Kurz darauf erschien ein Pole mittleren Alters und stellte sich vor. Der Mann winkte ihn hinter den Ladentisch.

Jans Kontaktperson war Aleksander Kawałkowski, Chef des polnischen Untergrunds in Paris. Kawałkowski, früher Konsul in Lille, war nach Frankreichs Kapitulation in Paris geblieben, um eine Widerstandsbewegung in Frankreich lebender Polen zu führen – es handelte sich dabei überwiegend um Kohlenbergwerksarbeiter, zu einem kleinen Teil aber auch um Intellektuelle.

1942 sollen, nach Angaben der Exilregierung in London, in Frankreich ungefähr fünftausend polnische Agenten im Einsatz gewesen sein. Sie arbeiteten unabhängig *von*, aber in Übereinstimmung *mit* dem französischen Widerstand.

Kawałkowskis Kader waren verantwortlich für Jans Weitertransport von Paris bis zur Grenze des neutralen Spaniens.

Diese relativ kurze Entfernung zu überwinden war eine kompliziertere Angelegenheit, als von Warschau nach Paris zu gelangen; denn Jan war zu einem extrem schwierigen Zeitpunkt angekommen. Da die Deutschen sich anschickten, ihre Macht über das ganze Land zu festigen, indem sie den vom Marionettenregime Vichys regierten Süden unter ihre direkte Herrschaft stellten, hatten sie mit der gezielten Zerschlagung des Widerstands im Vichy-Frankreich begonnen. Im August waren Hunderte von Polen aus Kawałkowskis Gruppe verhaftet worden. Und bevor Jan Frankreich verlassen konnte, hatten Gestapoeinheiten am 17. und noch einmal am 23. Oktober mit speziellen Sensoren polnischen Funkverkehr nach Londen geortet, die geheimen Sendestationen überfallen, dort wichtiges Personal verhaftet und damit in London die Furcht um Jans Sicherheit erhöht. In dieser gefährlichen Umgebung ging Kawałkowski langsam und bedächtig an die Reisevorbereitungen für den Kurier. Möglicherweise traf ihn Jans Ankunft auch etwas unvorbereitet. Er scheint eine Beschwerde über Warschau an Stanisław Mikołajczyk, den Innenminister der Exilregierung, nach London telegraphiert zu haben, woraufhin dieser eine irritierte Depesche mit folgendem Text an den Regierungsdelegierten in Warschau schickte:

»Warum haben Sie ihm keine glaubwürdige Identität (falsche Papiere), Post oder Geld mitgegeben? Es kompliziert die Weiterreise.«

Jan mag zwar der gefälschte Ausweis, um sich frei in Paris bewegen zu können, gefehlt haben, Geld hatte er jedoch bestimmt genug bei sich – der Regierungsdelegierte hatte für Jans Reise die stolze Summe von 37 000 Złoty bewilligt (umgerechnet etwa 850 DM), zum größten Teil in Form von Goldmünzen. Die Beschwerde darüber, daß er keine »Post« – also für die Exilregierung bestimmte Geheimdokumente – bei sich habe, muß einem Mißverständnis entsprungen sein. Jan hatte Kawałkowski gleich beim ersten Treffen in dem Modegeschäft den Schlüssel übergeben. Kawałkowski würde seine Verbindungen aus der Zeit als Konsul nutzen, um die wertvolle Ware mit der Diplomatenpost eines neutralen Staates außer Landes bringen zu lassen. Der Schlüssel mit der auf Mikrofilm aufgenommenen »Post«, der die Welt schockieren sollte, traf ungefähr zehn Tage vor Jan in London ein.

Um die Sicherheit des Kuriers in Paris zu gewährleisten, besorgte Kawałkowski für Jan falsche Papiere, die ihn als polnischen Arbeiter auswiesen. Der Agent brachte Jan bei einem polnischen Priester unter und empfahl ihm, sich zu entspannen und die Zeit zu genießen, bis sich die Gelegenheit zur Weiterreise ergäbe. Der Priester stellte seinem Gast keine Fragen, begann nach einigen Tagen allerdings, seine Bedenken wegen des ausgedehnten Besuches zu erheben. Jan hegte keinerlei diesbezügliche Bedenken. Er kannte Frankreich, er kannte Paris, und ein Urlaub war lange überfällig. Tagsüber schlenderte er als Tourist durch die Stadt, nach Einbruch der Dunkelheit besuchte er die Cafés und Nachtclubs von Montmartre. Der Krieg schien weit weg zu sein – außer, wenn auf einem Boulevard ein Wehrmachtsverband im Stechschritt an ihm vorbeimarschierte oder wenn er sah, wie sich Französinnen in den Clubs lärmend an deutsche Offiziere heranwarfen. Der spindeldürre Pole, in dessen Heimat die systematische Ausplünderung der Nahrungsmittelreserven bei der gesamten Bevölkerung zu Unterernährung geführt hatte, stopfte sich in den reichhaltig sortierten Pariser Restaurants den Magen voll, bis ihm übel wurde. In den Nachtclubs konnte er andere lange unterdrückte Bedürfnisse befriedigen.

Jans Paris-Aufenthalt dauerte fast zwei Wochen. Nachdem ihn Kawałkowski schließlich mit einer neuen Identität und einer Zugfahrkarte nach Lyon ausgestattet hatte, reiste er problemlos dorthin. Am Bahnhof stellte er überrascht fest, daß sein Kontaktmann in Lyon niemand anderer als Bogdan Samborski war, jener ehemalige Beamte des Außenministeriums, in dessen Warschauer Wohnung sich Jan wenige Monate zuvor versteckt hatte. Als Samborski hörte, daß Frau und Kinder wohlauf seien, weinte er.

In Lyon wurde Jan wiederum aufgehalten, während der Untergrund Vorkehrungen für eine sichere Weiterbeförderung in den Süden traf. Es vergingen mindestens zwei Wochen, bis er nach Perpignan fahren konnte, wo sich die frustrierende Prozedur wiederholte. Verstärkte Gestapo-Aktivitäten auf Vichy-Territorium zwangen Jan, sich eine Woche lang bei einem polnischen Agenten in Perpignan zu verstecken. Eines Tages brachte ihm der Mann eine französische Ausgabe von Lenins *Staat und Revolution* mit.

»Lesen Sie das«, sagte er. »Sie werden in Kürze Kommunist sein.«

Der Untergrundagent hatte endlich einen Führer gefunden, der Jan durch die Pyrenäen nach Spanien begleiten sollte. Es hatte zahlreiche solcher Schmuggler gegeben, die per Auftrag rund 25 000 Francs verlangten. Seit jedoch das Gerücht von einer unmittelbar bevorstehenden Machtübernahme Vichy-Frankreichs durch die Deutschen kursierte, war es schwer, überhaupt noch einen Führer zu finden, egal zu welchem Preis. Doch José, Jans Partner bei der Bergtour, war durch mehr motiviert als durch finanziellen Gewinn. Als Kommunist hatte er im spanischen Bürgerkrieg auf der Verliererseite gestanden und war vor der Franco-Diktatur ins französische Exil geflohen. Josés Spezialität war es, Parteigenossen in sein Heimatland einzuschleusen.

»Er ist ein fanatischer, dummer Kommunist«, erzählte der polnische Agent seinem Gast. »Witold, ich habe ihm gesagt, Sie wären ein polnischer Kommunist mit einem Spezialauftrag. Also seien Sie vorsichtig: So lange Sie mit José zu tun haben, sind Sie Kommunist. Der Kerl ist verrückt. Wenn er herausfindet, daß Sie das nur vortäuschen, wird er Ihnen die Kehle durchschneiden oder Sie im Gebirge dem Erfrierungstod überlassen.«

Jan verschlang den dünnen Band mit der Begeisterung eines Komintern-Mitglieds. In den drei Tagen, in denen der ehemalige Gefangene der Sowjets und der überzeugte spanische Kommunist zusammen durch die Pyrenäen kletterten, diskutierte Jan mit seinem Begleiter so intensiv die Nuancen marxistischer Lehre, wie es Josés beschränkte Französischkenntnisse zuließen. Josés ehrliche Begeisterung für die Sache beeindruckte Jan tief, ungeachtet seiner eigenen Abneigung gegen den Kommunismus. Jan als Genossen akzeptierend, kümmerte sich José während des mühsamen Marsches durch das verschneite Gelände hingebungsvoll um seinen Schützling: Er teilte seine Essensrationen mit ihm, bot ihm Wodka gegen die Kälte an, machte Feuer, deckte Jan mit seiner Pelzjacke zu und wärmte ihn mit seinem Körper, wenn sie nachts in den Bergen in Schäferhütten schliefen. Lange nach dem Krieg sprach Jan noch immer mit Hochachtung von José und nannte ihn einen »prächtigen, prächtigen Menschen«.

Nachdem sie ohne Zwischenfälle die Grenze nach Spanien überquert hatten, wanderten Jan und sein ungleicher Partner zu einem Dorf, wo José Zugfahrkarten kaufte. Gemeinsam reisten sie nach Barcelona. Dort brachte José seinen Kunden in einem von Spaniern betriebenen sicheren Haus unter. Am nächsten Morgen traf eine Limousine mit Nummernschildern des Diplomatischen Corps ein, und ein Englisch sprechender Mann bat Jan, mitzukommen. Wenige Stunden später war Jan in Madrid.

Abgesehen von den Verzögerungen war die Reise ohne Hindernisse verlaufen. Jan konnte natürlich nicht ahnen, wie knapp er einer Katastrophe entgangen war. Die Festnahme der Funker im Oktober wie die gleichzeitige Entdeckung, daß als polnische Kuriere getarnte deutsche Spione das polnische Agentennetz in Frankreich infiltriert hatten, legten die Vermutung nahe, daß Jans Mission aufgedeckt worden war. (»Es gibt keine Verschwörung mehr in Frankreich; jeder weiß alles über jeden«, funkte ein beunruhigter Heimarmee-Kommandant Stefan Rowecki am 22. Oktober nach London.)

Jan war über diese Gefahr nicht informiert. Darüber hinaus existierte nach der deutschen Machtergreifung in Vichy-Frankreich am 11. November 1942 Jans Fluchtroute nicht mehr. Innerhalb eines Monats nach Jans Pyrenäen-Tour hatten die Deutschen die Grenze zu Franco-Spanien hermetisch abgeriegelt. Wäre es zu weiteren Verzögerungen gekommen, hätte Jan vermutlich tatsächlich keine andere Wahl gehabt, als sich nach Bern in der Schweiz abzusetzen, wo polnische Diplomaten und Militärs bereits über seine mögliche Ankunft informiert waren. Aller Wahrscheinlichkeit nach hätte er in diesem Fall für die Dauer des Krieges in der Schweiz bleiben müssen.

Obwohl Jan nun in diplomatischer Obhut war, ließ seine Vorsicht nicht nach. Sobald er in der Limousine saß, fragte er den Chauffeur: »Können Sie mich bitte darüber unterrichten, was im Falle meiner Verhaftung geschehen wird?«

Der Agent beruhigte ihn. Franco liebäugele nicht mehr so begeistert mit Hitler wie in der Vergangenheit. Falls er in einem frühen Kriegsstadium gefaßt worden wäre, erläuterte Jans Fahrer, hätten ihn die Spanier an Deutschland ausgeliefert. Später hätte man ihn in ein Internierungslager eingewiesen und die Deutschen informiert. In letzter Zeit sei man in Spanien jedoch weniger von einem Sieg der Deutschen überzeugt und deshalb bestrebter, den Alliierten gefällig zu sein. Falls man ihn jetzt verhafte, solle Jan schweigen, riet der Agent. Seine Entlassung würde in kürzester Zeit veranlaßt sein.

In Madrid nahmen sich zwei englischsprachige Agenten Jans an. Sie schienen Anweisung zu haben, sich um sein Wohlbefinden zu kümmern, denn sie chauffierten ihn durch die Stadt, um Jan auf ihre Kosten Kleidung, Toilettenartikel und alles, was er sonst noch wünschte, kaufen zu lassen. Sie machten ihn darauf aufmerksam, daß Konsumartikel in England knapp seien, und empfahlen ihm, alles was er brauche, in Spanien zu kaufen. Jan genoß die Gelegenheit, sich so geschmackvoll einzukleiden, wie er es vor dem Krieg gewöhnt war. Zuerst ließ er sich einen maßgeschneiderten Anzug anfertigen, dann durchstreifte er mit den Agenten die Stadt auf der Suche nach einem Paar italienischer Schuhe. Sein Wunsch nach maßgeschneiderten Seidenhemden allerdings schien seine Begleiter ziemlich zu verblüffen. Während ein Schneider seine Maße nahm, lauschte Jan aufmerksam dem Getuschel seiner beiden Begleiter.

»Gee whiz (du meine Güte), ich habe in meinem ganzen Leben noch kein Seidenhemd getragen«, murmelte ein Agent laut genug, daß er den Polen damit vermutlich absichtlich aufziehen wollte. »Weibisch, einfach weibisch.«

»Gee whiz« war das Stichwort, auf das Jan gewartet hatte – Beweis dafür, daß er sich in der Obhut des amerikanischen, nicht des britischen Geheimdienstes befand. Bis zu diesem Augenblick war es Jan nicht geglückt, anhand eines Akzentes auf die Nationalität der Männer zu schließen. Seine Neugier war nun befriedigt. Zehn Monate später sollte Jan in Washington William J. (»Wild Bill«) Donovan treffen, Chef des *Office of Strategic Services* (Büro für Strategische Aufgaben; OSS; ein Vorgänger des CIA). Donovan hielt sich nicht lange mit Formalitäten auf, sondern erkundigte sich gleich nach Jans Spanienreise. Er fragte, ob man sich um ihn gekümmert habe, ob die Männer sich vorgestellt hätten, ob er gut behandelt worden sei, ob man alle seine Wünsche erfüllt habe. Jan antwortete, er wisse nicht, wer die beiden Agenten gewesen seien, lobte dann aber in höchsten Tönen ihre Arbeit. Strahlend wandte sich Donovan an den ebenfalls anwesenden polnischen Botschafter.

»Meine Jungs!« verkündete er und klopfte sich dabei stolz auf die Brust. »Meine Jungs!«

Es gibt allerdings Hinweise darauf, daß auch britische Geheimdienststellen an Jans Transit beteiligt waren. Ein hoher Beamter der *Special Operations Executive* (Abteilung für Spezialeinsätze; SOE) schrieb später an einen Vertreter des Außenministeriums:

»Herr K. ist unter unserem Schutz herausgebracht worden.«

Und es war ein SOE-Mitarbeiter, der am 25. November die Nachricht von Jans Ankunft in Gibraltar nach Polen durchgab.

Jans Transport zu dem berühmten Felsen schien für alle Beteiligten, außer für ihn selbst, reine Routine gewesen zu sein. Die amerikanischen Agenten hatten Jan mit dem Wagen in die an der Bucht von Gibraltar, direkt gegenüber der britischen Kronkolonie gelegene spanische Stadt Algeciras gefahren und ihm dort ein Hotelzimmer gemietet. In der frühen Morgendämmerung weckten sie ihn. Nachdem sie ihm einen hohen Geldbetrag in englischer Währung aufgedrängt hatten, brachten ihn die Agenten zu einer kleinen Motorjacht. Das Boot tuckerte in die Straße von Gibraltar zu einem Rendezvous mit einem Patrouillenboot der königlichen Marine, das Jan aufnahm und nach Gibraltar beförderte. Nach einem Essen mit dem Gouverneur der Kronkolonie, Mason MacFarlane, bestieg Jan am nächsten Tag ein Flugzeug nach England.

Am späten Abend des 25. November 1942 landete Jan Karski auf einer Luftwaffenbasis außerhalb Londons. Der Flug mit einer Frachtmaschine der *Royal Air Force* hatte mehr als vier Stunden gedauert. Neben Jan saßen noch vier andere Männer in Zivilkleidung in dem eisigen Laderaum; keiner von ihnen sprach ein Wort während des Fluges. Nachdem seine Reise durch Spanien so perfekt abgewickelt worden war, machte sich Jan keinerlei Gedanken über eventuell fällige Einreiseformalitäten. Er nahm an, daß er sofort mit der Überbringung der verschiedenen Botschaften an die jeweiligen Empfangsberechtigten würde beginnen können.

Statt dessen erwartete Jan eine Überraschung. Nicht nur waren keine polnischen Offiziellen zu seiner Begrüßung erschienen, sondern die britischen Beamten, die ihn vom Flugzeug abholten, lehnten auch sein Gesuch um telefonische Kontaktaufnahme zu polnischen Stellen in London ab. Entsprechend der üblichen Verfahrenweise, klärten sie ihn auf, müsse er so lange in Quarantäne bleiben, bis sein Fall geklärt sei. Jan wurde als ganz gewöhnlicher Flüchtling behandelt.

Am folgenden Tag überführte man ihn in die *Royal Victoria Patriotic Schools* (RVPS), die sich in der südwestlichen Londoner Vorstadt Wandsworth befanden. Die *Patriotic Schools* dienten als Auffanglager für gewisse Kategorien von neu eingetroffenen Ausländern, einschließlich Flüchtlingen aus feindlich besetzten Gebieten. Großbritanniens oberster Spionageabwehrdienst, der MI5, führte die Vernehmungen auf dem Gelände durch. Es war offensichtlich nötig, alle neu eingereisten Ausländer zu durchleuchten: Während des Krieges wurden mindestens zehn angebliche Flüchtlinge vom Festland als Nazi-Spione enttarnt.

Major Malcolm Scott, der Nachrichtendienstoffizier, der Jan im RVPS empfing, erläuterte auf freundliche, aber bestimmte Art in fließendem Polnisch die Grundregeln des Verfahrens. Jan werde keiner Leibesvisitation unterzogen, lediglich sein Gepäck werde durchsucht. Während des Gewahrsams sei ihm keinerlei Kontakt zur Außenwelt gestattet. Man werde ihn eingehend zu seinen Kriegsaktivitäten und seinem Fluchtweg befragen. Sobald die Regierung Seiner Majestät von der Richtigkeit seiner Angaben überzeugt sei, werde man ihn entlassen.

Jan mußte lächeln angesichts der Ironie der Situation. Er war Gefangener der Sowjets und der Deutschen gewesen, und jetzt saß er in britischer Gefangenschaft. Trotz seiner Enttäuschung verstand er, daß Major Scott nur seine Pflicht tat. Aber auch Jan hatte seine Pflicht zu erfüllen.

»Ich werde Ihnen absolut nichts erzählen«, sagte er so höflich wie möglich. »Ich bin diplomatischer Kurier. Bitte setzen Sie sich mit dem Büro des polnischen Ministerpräsidenten in Verbindung. Meine Mission ist nur für den Ministerpräsidenten und Oberbefehlshaber, General Sikorski, bestimmt. Wenn Sie etwas über deren Inhalt erfahren möchten, wird Ihnen der General als treuer Verbündeter sicher gerne alle gewünschten Auskünfte erteilen.«

Mit unverändert liebenswürdiger Miene erwiderte Scott: »Herr Karski, wir werden Sie so lange hier behalten, bis Sie uns die benötigten Informationen gegeben haben, und wenn Sie bis zum Ende des Krieges bei uns bleiben.«

Damit war die erste Vernehmung beendet, und Jan wurde zu seinem Schlafsaal geführt.

Am Sitz der polnischen Exilregierung in der Nähe des Buckingham Palace wies ein erzürnter General Sikorski seinen Außenminister an, bei der britischen Regierung offiziell Protest gegen die Behandlung des aus Polen eingetroffenen Gesandten zu erheben. Ein britischer Diplomat notierte, daß »die Polen sich größere Sorgen um die Person ihres ›Geheimboten‹ machen als um das Material, das er möglicherweise mitgebracht hat«. Doch die Unruhe über die Internierung des Kuriers wurde überschattet von dem Aufruhr, den seine Botschaft auslöste. Der Mikrofilm in dem Schlüssel war am 17. November in London angekommen, und polnische Regierungsvertreter hatten die darin enthaltenen Informationen über die Judenverfolgung in einen zweiseitigen Bericht in englischer Sprache zusammengefaßt.

»Die Polnische Regierung in London erreicht soeben die Nachricht von der Liquidierung des jüdischen Ghettos in Warschau«, begann das Dokument. Es berichtete von Himmlers Befehl, bis Ende 1942 die Hälfte der jüdischen Bevölkerung Polens zu vernichten. Es berichtete weiter von der am 22. Juli begonnenen ersten Phase der »Umsiedlung« und dem Selbstmord des von den Nazis eingesetzten Vorsitzenden des Judenrates im Ghetto, Adam Czerniakow, am darauffolgenden Tag. Es berichtete, daß die Deutschen im Lauf der Monate immer weniger Lebensmittelkarten gedruckt hatten – Beweis für die permanent sinkende Zahl der Ghettoinsassen. Es berichtete von einem »Bagger«, der in »pausenlosem« Einsatz die Toten von Treblinka begrabe. Und das Dokument berichtete unter Verwendung von Details aus dem Protest der Front für die Wiedergeburt Polens (also indirekt von Jans Erfahrungen) von den eingepferchten Juden in den mit Chlorkalk präparierten Güterwaggons und ihrem Schicksal, das entweder Abtransport in ein Vernichtungslager oder langsames Dahinsiechen auf einem Abstellgleis hieß.

Der Bericht schloß mit der alarmierenden Meldung, daß in Polen bereits über eine Million Juden von Hitlers Schergen ermordet worden seien. Es war nicht der erste Bericht über gräßliche Verbrechen der Nazis an den Juden, der in den Westen gelangte. Gerüchte und vereinzelte Meldungen über Greueltaten waren schon bald nach Kriegsbeginn aufgetaucht. In den Monaten vor Karskis Ankunft in London waren vermehrt zwingende Beweise für Verbrechen an der Menschlichkeit aus dem besetzten Europa durchgesickert. Die SS konnte ihre Operationen auf Dauer nicht völlig geheimhalten. Im Mai 1942 erreichte London ein äußerst genauer Bericht der jüdischen Bund-Bewegung über frühe Stadien des Holocaust – die Massenmorde der Einsatzgruppen im Osten und das Vernichtungslager Chełmno. Das Dokument gelangte mit Hilfe in Warschau tätiger schwedischer Geschäftsleute in den Westen. Die polnische Exilregierung machte einen großen Teil dieser Informationen zwar publik, behandelte den Bund-Bericht aus verschiedenen Gründen jedoch mit Vorsicht.

Die Nachrichten stellten die Exilregierung vor unüberschaubare politische Probleme. Falls der Bund-Bericht der Wahrheit entsprach, drohte er, die Leiden der nichtjüdischen Bevölkerung Polens aus dem Blickfeld der Weltöffentlichkeit zu verdrängen. Der Westen forderte möglicherweise ein energischeres Eingreifen des Untergrunds zur Rettung der bedrohten Juden; dies wiederum würde die Bewegung zur Aufgabe ihrer Strategie zwingen, nach der man sich so lange auf gezielte Einzelaktionen beschränken wollte, bis die Zeit für einen Volksaufstand reif war. Außerdem befürchtete die Exilregierung, sich die Feindschaft antisemitischer polnischer Gruppierungen in London wie in der Heimat zuzuziehen, wenn sie sich zum Anwalt der Juden machte. (Wie einflußreich diese Kreise tatsächlich waren, ist nach dem Krieg erbittert diskutiert worden; unbestritten ist, daß sie existierten.)

Die polnische Regierung bezog alle diese Faktoren in ihr politisches Kalkül ein, ihre stärksten Bedenken betrafen jedoch die Glaubwürdigkeit der Nachrichten. Der Bund-Bericht offenbarte ein erschütterndes Maß an Grausamkeit. Eine vermutlich typische Reaktion auf das Dokument vom Mai 1942 war die des polnischen Außenministers Edward Raczyński:

»Es erschien mir so teuflisch, so entsetzlich«, erinnerte er sich, »daß ich es zuerst für Übertreibung hielt.«

Die polnischen Politiker mußten auch die Reaktionen anderer Interessengruppen in der freien Welt in Betracht ziehen. Britische, amerikanische und sowjetische Regierungen hatten es offensichtlich nicht eilig, sich mit dem Thema Judenvernichtung zu beschäftigen. Soweit sie sich überhaupt mit dem Schicksal dieser Zivilisten auseinandersetzten, nahmen sie wahrscheinlich an, daß sich Hitler die Juden, trotz aller Mißhandlungen, als Sklavenarbeiter erhalten wolle. Außerdem mußten die jüdischen Funktionsträger in London, New York und der britischen Kolonie Palästina berücksichtigt werden. Diese hatten Einzelheiten sowohl über ihre eigenen Kanäle als auch über polnische und alliierte Quellen erfahren – das Genfer Büro des Jüdischen Weltkongresses hatte nachrichtendienstliche Erkenntnisse über Vorfälle in besetzten Gebieten gesammelt; gelegentlich gelang es einzelnen Juden in Polen, Briefe mit verklausulierten Anspielungen, die der Zensur entgingen, ins neutrale Ausland zu schicken; immer noch kamen jüdische Flüchtlinge aus Europa nach Palästina und verbreiteten dort die Schreckensmeldungen. Und dennoch nahmen viele jüdische Beobachter aus dem politischen, religiösen und journalistischen Spektrum die Nachrichten aus Europa selbst 1942 noch mit Zurückhaltung, wenn nicht gar offener Skepsis zur Kenntnis. Jerusalemer Zeitungen bezichtigten sich gegenseitig der Sensationsgier bei der Berichterstattung über angebliche Massaker. Die Juden hegten den gleichen Argwohn gegen Greueltatenpropaganda wie andere im Westen, gepaart mit der tief verwurzelten Neigung zu leugnen, daß etwas so Gräßliches im zwanzigsten Jahrhundert überhaupt geschehen könne.

Spätestens bis Anfang September 1942 hatten führende Vertreter der jüdischen Gemeinschaft in London und New York einen Bericht über den ehrgeizigen Plan gelesen, der hinter all den Gewalttaten steckte: die Endlösung der Judenfrage. Gerhart Riegner, Repräsentant des Jüdischen Weltkongresses in Genf, telegraphierte im August eine Zusammenfassung seiner Gespräche mit einem »Informanten, dem enge Verbindungen zu höchsten deutschen Stellen nachgesagt werden« und dessen Berichte »grundsätzlich zuverlässig« seien. Laut Aussage des Informanten, eines deutschen Industriellen, gab es einen »im Führerhauptquartier ausgeheckten Plan, ... nach dem alle in von Deutschland besetzten oder kontrollierten Ländern lebende Juden – schätzungsweise 3 bis 4 Millionen – nach Deportation und Zusammenziehung im Osten auf einen Schlag vernichtet werden sollen«.

Vertreter des amerikanischen und britischen Judentums reagierten mit Bestürzung, aber auch mit Zurückhaltung. Riegner selbst hatte darauf hingewiesen, er könne die »Korrektheit« des Informantenberichts nicht bestätigen. Die jüdischen Repräsentanten folgten schließlich dem Rat des britischen und des amerikanischen Außenministeriums: Sie sahen von einer Veröffentlichung des Riegner-Telegramms ab.

Während man in den Hauptstädten der Alliierten Riegners Meldung diskutierte und Karskis Mikrofilm von der Exilregierung in London in schriftlicher Form aufgearbeitet wurde, bereitete die *Jewish Agency* in Jerusalem einen dritten Bericht über den Holocaust vor. Am 14. November war ein Schiff mit Juden aus Europa in Palästina eingetroffen. Die meisten Passagiere waren Bürger von Palästina, die in Polen vom Blitzkrieg überrascht und anschließend verhaftet worden waren. Die Nazis hatten einem Austausch gegen im Westen inhaftierte Deutsche zugestimmt. Die Juden kamen aus allen Teilen

Polens, einige auch aus Deutschland, Belgien und den Niederlanden. Sie hatten nicht nur überall in diesem geographisch weit ausgedehnten Gebiet Greueltaten gesehen, sie waren während der Reise auch in Kontakt mit einigen der vierhundert – von ehemals zweihunderttausend – noch in Wien lebenden Juden gekommen. Die *Jewish Agency*, eine halb-autonome Organisation im britisch-regierten Palästina, befragte die Rückkehrer bei ihrer Ankunft. Frühere, eher fragmentarische Berichte hatten noch die Möglichkeit offengelassen, daß es sich bei den Terrorakten um unkoordinierte, wenn auch weit verbreitete Aktionen einzelner gewissenloser deutscher Einheiten handelte. Jene Interviews jedoch zeichneten das lebendige Bild einer kohärenten Vernichtungspolitik der Nazis.

Die *Jewish Agency* veröffentlichte ihre Erkenntnisse am 23. November. Am 24. November berief Rabbi Stephen Wise vom Jüdischen Weltkongreß in New York eine Pressekonferenz ein, um das Riegner-Telegramm publik zu machen, dessen Inhalt zuvor vom US-Außenministerium bestätigt worden war. Wise berichtete, daß von den ursprünglich fünf Millionen Juden in den unter Nazi-Herrschaft stehenden Gebieten die Hälfte bereits vernichtet worden sei. Die Enthüllungen von New York und Jerusalem hatten unmittelbaren Einfluß auf die öffentliche Meinung, insbesondere in jüdischen Kreisen.

Diese Informationen stammten von Juden selbst; Skeptiker mochten sie noch stets als Übertreibungen eines unter Druck stehenden Volkes abtun. Doch am gleichen Tag erschien auch noch ein dritter, aus nichtjüdischer Quelle stammender Bericht über die beispiellose Terrorwelle gegen die Juden. Am 24. November gab die polnische Exilregierung ihre zweiseitige Zusammenfassung der Karski-Dokumente an die Presse weiter. Zahlreiche Zeitungen in der ganzen Welt druckten die Meldung; die meisten behandelten den Bericht allerdings als Randnotiz[1].

---

[1] Am 24. November erschien in amerikanischen Zeitungen ein *Associated-Press*-Artikel über den Bericht. Die Entscheidung der Polen, an die Öffentlichkeit zu treten, wurde möglicherweise durch die Ereignisse in Palästina beeinflußt. Noch am 23. November hatte Außenminister Raczyński als Antwort auf eine dringende Anfrage der Vertretung der polnischen Juden in Palästina telegraphiert, die Exilregierung könne die Evakuierung des Warschauer Ghettos nicht bestätigen. Es ist

Am Morgen des 26. November wurden zwei prominente britische Juden beim parlamentarischen Staatssekretär für auswärtige Angelegenheiten, Richard Law, vorstellig. A.L. Easterman, höchster britischer Repräsentant des Jüdischen Weltkongresses, und der Labour-Abgeordnete Sydney Silverman drangen bei Law auf sofortiges Handeln, das angesichts der polnischen Enthüllungen zwingend geboten sei. Falls Großbritannien auf dem Standpunkt stehe, man könne zum jetzigen Zeitpunkt nichts für die Juden tun, dann könne man überhaupt nichts mehr tun, betonte Silverman. Er schlug eine Reihe möglicher Schritte vor, darunter Androhung von Vergeltungsmaßnahmen und Radiosendungen zur Ermutigung der noch verbliebenen Juden. Silverman konnte Law offensichtlich jedoch nicht von der Notwendigkeit solcher Maßnahmen überzeugen. In einem Bericht an Kollegen nannte Law seine Gesprächspartner herablassend »Silverman und seine Freunde« und warnte:

»Wenn wir ihnen nicht irgendeine Art von Geste zeigen, werden sie uns eine Menge Ärger machen.«

Die einzig plausible Erklärung für eine solch gefühllose Reaktion auf Nachrichten von einem Völkermord ist, daß Law Karskis Bericht nicht glaubte. Dennoch fügte der Diplomat vorsichtshalber noch eine zweite Warnung an:

»Ich denke, wir würden in einer sehr unangenehmen Lage stecken, falls sich die Geschichten als wahr erweisen sollten und wir sie ignoriert hätten.«

Am Morgen des 27. November, als Sikorskis Regierung weitere Einzelheiten der Nachrichten aus Polen veröffentlichte, nahm Jan Karski seinen Platz im Verhörraum der *Royal Victoria Patriotic Schools* ein.

Fortsetzung Fußnote 1

unwahrscheinlich, daß Raczyński von Karskis damals bereits eingetroffener Dokumentation nicht in Kenntnis gesetzt war. Vermutlich versuchte er Zeit zu gewinnen, in der Hoffnung, von Karski persönlich nach dessen Ankunft detailliertere Auskünfte zu erhalten. Aus welchen Motiven die Polen die Nachrichten auch zurückgehalten haben mochten, fühlten sie sich durch den Wirbel, den die Berichte der Palästina-Rückkehrer am 23. November auslösten, offenbar dann doch gezwungen, die Dokumentation zu veröffentlichen. Auch Karskis Ankunft spielte eine Rolle. Raczyński hierzu später: »Es besteht kein Zweifel, daß sein Besuch uns zum Handeln trieb.«

Nachdem die britische Seite die Anwesenheit zweier polnischer Nachrichtendienstoffiziere gestattet hatte, war Jan bereit, sich einem Verhör zu unterziehen.

»Er erzählte uns eine weitschweifige Geschichte von seiner Untergrundarbeit in Europa«, vermerkte ein hoher Beamter des MI5 in einem Antwortschreiben auf eine Anfrage des Auswärtigen Amtes bezüglich Jans Arrest. »Karski scheint über einen sehr langen Zeitraum erstaunliche Arbeit für die Polen geleistet zu haben«, ergänzte er. »Sie haben allen Grund, ihn als Helden zu betrachten.«

Die Befragung dauerte etwa dreieinhalb Stunden. In der Zwischenzeit ging das diplomatische Gerangel zwischen den Polen, die Karskis sofortige Freilassung forderten, und der Bürokratie der britischen Spionageabwehr, die auf ihrem Ermittlungsrecht bestand, weiter. Der MI5 trat am nächsten Tag einen taktischen Rückzug an, indem man Jan schließlich am Nachmittag des 28. November entließ, das Scheinwortgefecht mit dem Auswärtigen Amt um die dabei auf dem Spiel stehenden Prinzipien aber fortsetzte.

Paweł Siudak, der Beamte des polnischen Innenministeriums, den Jan bereits 1940 bei seiner Ankunft in Frankreich kennengelernt hatte, erlöste ihn aus der Haft. Endlich war Jan frei; endlich konnte er mit der Erfüllung seiner Verpflichtungen beginnen. Doch widerstreitende Gefühle drohten ihn innerlich zu zerreissen: das Hochgefühl der Freiheit; der Ärger über die Inhaftierung durch die Briten; das Grauen vor dem, was er in Polen mit eigenen Augen gesehen hatte; und vor allem sein extrem ausgeprägtes Verantwortungsgefühl. Die mentale Stärke, die es Jan erlaubt hatte, selbst nach den Schreckenserlebnissen im Ghetto und in Izbica seinen Auftrag entschlossen fortzusetzen, begann abzubröckeln. Während der Fahrt zu dem Apartment, in dem Karski die folgenden zwei Monate leben sollte, registrierte Siudak, daß der Neuankömmling einen aufgewühlten Eindruck machte.

Nach Ankunft in der Wohnung bot Siudak Jan ein halbes Glas Scotch an.

»Trinken Sie«, sagte er. »Es wird Sie stärken.«

Jan – sicher kein Gewohnheitstrinker – leerte das Glas in einem Zug. Plötzlich brach er atemringend zusammen. Siudak hielt ihn fest und führte ihn zur Toilette, wo Jan sich erbrach.

Später am Abend machte Stanisław Mikołajczyk, der Professor Kot als Innenminister abgelöst hatte, Jan seine Aufwartung. Mikołajczyk begrüßte den Kurier aus Polen herzlich, Jan jedoch unterbrach den dritthöchsten Repräsentanten seiner Regierung schroff. Er ratterte die Namen polnischer Kabinettsmitglieder der verschiedensten Parteien herunter, denen er Botschaften zu überbringen habe; im gleichen Atemzug nannte er allerdings noch einige andere Namen, darunter den des extrem rechten und aus der Koalitionsregierung ausgeschlossenen Nationalistenführers Tadeusz Bielecki – Sikorskis Erzfeind. Doch dies sei nur der offizielle Teil seiner Mission, insistierte Karski. Es stünde viel mehr auf dem Spiel, Dinge, bei denen es um Leben und Tod ginge.

»Führende jüdische Persönlichkeiten in Warschau haben mich gebeten, mich an die britische Regierung zu wenden. Ohne deren Hilfe werden die Juden zugrunde gehen. Ich muß Churchill treffen!« schrie Jan. »Sofort! Ich habe wichtige Informationen für ihn!« Ruhelos hin und her laufend und wild gestikulierend schilderte er die Greueltaten, die er gesehen hatte.

Mikołajczyk und Siudak warfen sich einen besorgten Blick zu und verließen dann gemeinsam den Raum. Als sie wenig später zurückkehrten, ging Mikołajczyk auf Jan zu und legte ihm beruhigend die Hand auf die Schulter.

»Sie sind müde«, sagte er sanft. »Sie müssen sich ausruhen. Ich werde Ihnen alle verfügbaren englisch- und polnischsprachigen Zeitungen bringen lassen. Lesen Sie die erst mal. Dann werden Sie wissen, wie die aktuelle Situation in London aussieht. Essen Sie gut. Schlafen Sie sich aus.«

Jans Stimme zitterte vor Enttäuschung:

»Aber ich habe doch geschworen, ich würde die Botschaft –«

Mikołajczyk schnitt ihm barsch das Wort ab.

»Sie werden zu niemandem Kontakt aufnehmen, es sei denn, ich ermächtige Sie dazu. Sie müssen ein paar Tage hier in der Wohnung bleiben.«

Aus »ein paar Tagen« sollten für Karski zwei Monate unfreiwilliger, wenn auch lockerer Quarantäne werden. Er durfte die Polen treffen, die er treffen sollte; und unter strengsten Sicherheitsvorkehrungen sprach er mit einigen britischen Beamten, die ein spezielles Interesse an polnischen Geheimoperationen hatten. Ansonsten war er in Siudaks Wohnung auf Eis gelegt. Ein Grund für die Isolierung war, daß Sikorski unmittelbar vor Karskis Ankunft zu einem Besuch der Vereinigten Staaten und Mexikos abgereist war. Es war jedoch nicht allein die unvorhergesehene Abwesenheit des Regierungschefs – die Reise war aus Sicherheitsgründen geheimgehalten worden –, die Jans Pläne von einer schnellen Rückkehr nach Polen durchkreuzte. Der psychische Zustand, in dem er eintraf, gab der Regierung Anlaß zu ernster Besorgnis: Jan schien eine tickende Zeitbombe zu sein. Zwei Monate nach seiner Ankunft erhielt Jan, auf eine verärgerte Beschwerde hin, von Sikorski eine unverblümte Erklärung für die Quarantäne:

»Sie waren verrückt, als Sie hier ankamen. Wir konnten unmöglich zulassen, daß Außenstehende Sie in diesem Zustand sahen.«

Am Montag, den 30. November, nur einen Tag nach seinem Zusammenbruch in Siudaks Wohnung, begann Jan mit der Arbeit. Er diktierte einen detaillierten Bericht über den Teil seines Auftrags, der die verschiedenen politischen Fraktionen der Polen betraf – das erste von zahllosen Protokollen, die er in den folgenden achtzehn Monaten vorlegte, um die Regierung über seine Aktivitäten auf dem laufenden zu halten. In seinem ersten Bericht betonte Jan den überparteilichen Charakter seiner politischen Missionen und wies die Regierung darauf hin, daß er nicht berechtigt sei, »an amtlicher Stelle Erklärungen, Wertungen und Analysen abzugeben über Arbeit und Personal« der Fraktionen, denen er Nachrichten zu überbringen habe. »Meine Rolle ist ausschließlich die eines Kuriers«, stellte er klar. Noch stets in psychisch aufgewühltem Zustand hetzte er durch diesen Bericht und begann gleich darauf, einen neuen zu diktieren: über die Vernichtung der Juden. Die Stenographin, schockiert über die blutrünstigen Geschichten und verwirrt durch die erregt heruntergeratterte Übermittlung, bat Karski, langsamer und deutlicher zu sprechen. Jan brüllte die Frau furchtbar an und warf sie aus der Wohnung. Als die Tür ins Schloß fiel, begann Jan, zitternd vor Scham über seine Grobheit und gierig an einer Zigarette ziehend, im Zimmer auf- und abzurennen.

Am 2. Dezember erstattete Jan den beiden jüdischen Mitgliedern des Polnischen Nationalrates Szmuel Zygielbojm und Ignacy Schwarzbart Bericht. Zygielbojm, Vertreter der sozialistischen Bund-Bewegung, hatte seit geraumer Zeit die schlimmsten Befürchtungen über das Schicksal der europäischen Juden gehegt. Doch seine Stimme war eine einsame geblieben, ohne großen Einfluß in polnischen oder jüdischen Kreisen. Schwarzbart, vor dem Krieg Mitglied des polnischen Parlaments, unterhielt enge Verbindungen zum Jüdischen Weltkongreß und teilte die pragmatische, abwartende Haltung, die in dieser Organisation vorherrschte, als die ersten Meldungen von Greueltaten der Nazis in den Westen durchsickerten. Als Schwarzbart am 1. Dezember, einen Tag vor dem Treffen, den vollständigen Text von Karskis Dokumentation las, brach für ihn eine Welt zusammen. Noch unter Schock schickte er folgendes Telegramm an den Jüdischen Weltkongreß in New York:

HEUTE ALLE BERICHTE AUS POLEN GELESEN BEFEHL AN WARSCHAUER JUDENRAT ZUR DEPORTATION STOP LEIDEN UNSERES VOLKES ÜBERTREFFEN ALLE SCHRECKENSPHANTASIEN STOP JUDEN IN POLEN FAST VOLLSTÄNDIG VERNICHTET STOP BERICHTE GELESEN DEPORTATION ZEHNTAUSENDER JUDEN IN DEN TOD STOP IN BELZEC GEZWUNGEN EIGENES GRAB ZU GRABEN MASSENSELBSTMORDE HUNDERTE KINDER LEBEND IN RINNSTEINE GEWORFEN TODESLAGER IN BEŁŻEC TREBLINKA BEZIRK MALKINIA TAUSENDE TOTE NICHT BEGRABEN IN SOBIBOR BEZIRK WLODAWSKI MASSENGRÄBER SCHWANGERE FRAUEN ERMORDET STOP JUDEN NACKT IN TODESKAMMERN GETRIEBEN GESTAPOLEUTE VERLANGTEN BEZAHLUNG FÜR SCHNELLERES TÖTEN JAGD AUF FLÜCHTLINGE STOP ÜBERALL IN POLEN TÄGLICH TAUSENDE TOTE STOP GLAUBT DAS UNGLAUBLICHE STOP ...

Obwohl das Leiden der Juden nicht der auslösende Faktor für Karskis Mission gewesen war, war das Treffen mit Zygielbojm und Schwarzbart der erste offizielle Gesprächstermin, den der Kurier wahrnahm. Die beiden Nationalratsmitglieder empfingen Jan in einem kleinen Konferenzzimmer von Stratton House, dem Sitz des polnischen Innenministeriums. Falls es noch weiterer Beweise bedurfte, um das »Unglaubliche zu glauben«, Karski lieferte sie. Er erzählte von den nackten Leichen im Warschauer Ghetto, von der Judenjagd der Hitlerjugend, von den hohläugigen Kindern mit dem gelben Stern auf der Kleidung. Er berichtete von der Liquidierung der Juden von Otwock, wo in einer Nacht dreitausendzweihundert Opfer in einer Gewehrfeuerorgie starben. Er gab die Geschichte von einer lettischen Polizeistaffel wieder, die komplett verhaftet wurde, weil sie sich weigerte, Gewalttaten auszuführen. Er erzählte von einem Gestapo-Beamten, der das Umbringen von Ghettobewohnern als Sport betrieb und seine täglichen Zielobjekte zuvor mit Kreide an den Türen der Opfer markierte. Und er beschrieb mit grausamer Detailtreue die Vernichtungsmaschinerie, die er bei Bełżec gesehen hatte.

Eine Zeitlang wurde Jan von den beiden Juden mit Fragen bestürmt. Als keine mehr gestellt wurden, wies er seine Gesprächspartner darauf hin, daß er noch eine vertrauliche Mitteilung von der Bund-Bewegung in Polen für Zygielbojm habe. Schwarzbart entschuldigte sich und erhob sich schwerfällig von seinem Stuhl, als drücke ihn die Last dessen, was er jetzt wußte, nieder. Als er den Raum verlassen hatte, beugte sich Zygielbojm erwartungsvoll über den Konferenztisch; seine dunklen Augen starrten Karski an, eine Wange zuckte nervös. Jan erklärte, er werde versuchen, die Worte des Warschauer Bund-Vorsitzenden so exakt wie möglich wiederzugeben. Er übermittelte Feiners Ablehnung halbherziger Maßnahmen und Proteste. Er wiederholte den Ruf des Warschauer Bund-Vorsitzenden nach Vergeltungsbombardierung, Abwurf von Flugblättern und Erschießung deutscher Gefangener. Dann zitierte Karski aus dem Gedächtnis wörtlich Feiners letzte dringende Bitte:

»Wir sind uns nur zu bewußt, daß man in der freien, zivilisierten Welt nicht glauben kann, daß all dies geschieht. Deshalb müssen die Juden etwas tun, das die restliche Welt zwingt, uns zu glauben. Wenn wir hier alle sterben, dann sollen auch sie sterben. Sie sollen sich vor den Büros von Churchill und allen anderen englischen und amerikanischen Entscheidungsträgern versammeln. Laßt sie vor den Türen der Mächtigsten in einen Hungerstreik treten, der nicht beendet wird, bevor man uns nicht glaubt, bevor man nicht Maßnahmen ergreift, um die letzten Überlebenden unseres Volkes zu retten. Laßt sie unter den Augen der Öffentlichkeit eines langsamen Todes sterben. Vielleicht wird dies das Gewissen der Welt aufrütteln.«

Zygielbojm schnellte aus seinem Stuhl hoch und lief unruhig in dem kleinen Raum hin und her.

»Das ist unmöglich«, stammelte er, »absolut unmöglich. Sie wissen, was passieren würde. Man würde einfach zwei Polizisten holen und mich in eine Anstalt schleppen lassen.«

Zygielbojm bestürmte Karski mit scheinbar wahllosen Fragen nach blutigen Einzelheiten dessen, was Jan gesehen hatte. Der wurde zunehmend erregter und sprach immer zusammenhangloser. Am Ende des Gesprächs betonte Zygielbojm, Jan habe wirklich sein Bestes getan, um den polnischen Juden zu helfen. Offensichtlich hatte er nicht nur die Botschaft, sondern auch den instabilen psychischen Zustand des Überbringers erfaßt.

Zwei Wochen später verlas Zygielbojm in der BBC eine Rede.

»Es ist eine Schande weiterzuleben, weiter der menschlichen Rasse anzugehören«, erklärte er, »wenn keine Schritte unternommen werden, um dem größten Verbrechen in der Geschichte der Menschheit Einhalt zu gebieten.«

Der Bund-Vorsitzende setzte seine verzweifelten Bemühungen noch fünf Monate lang fort, während Nachrichten vom gescheiterten Aufstand in Warschau und der endgültigen Liquidierung des Ghettos im Westen auftauchten. Dann entschloß sich Zygielbojm allem Anschein nach dazu, Feiners Ruf nach einem aufsehenerregenden Selbstopfer zu folgen. Unter Hinterlassung einer letzten Mahnung an die Welt, Maßnahmen zur Rettung der Juden zu ergreifen, beging Szmuel Zygielbojm am 12. Mai 1943 Selbstmord.

Die Nachrichten zeigten Wirkung. Am 30. November kam es unter den Juden in Palästina zu Arbeitsniederlegungen und Massenprotesten. Jüdische Zeitungen in der ganzen Welt erschienen mit schwarz umrandeten Seiten. Das Oberrabbinat von Palästina erklärte den 2. Dezember zum weltweiten Tag der Trauer, des Gebets und des Fastens. Unter der Überschrift »Mordbesessenheit der Nazis hat ihren Höhepunkt erreicht« war im Leitartikel der *New York Times* vom 2. Dezember zu lesen, daß fünf Millionen Juden vor der Vernichtung stünden. In New York City legten über eine halbe Million Menschen, Juden wie Nichtjuden, zum Zeichen des Protests und der Trauer für zehn Minuten die Arbeit nieder.

Im britischen Außenministerium wurden Skepsis und Zurückhaltung von den Ereignissen überholt. Noch am 1. Dezember hatte ein hoher Beamter erklärt, die Polen hätten sich nur deshalb zu Sprechern der Juden gemacht, um zu beweisen, daß sie nicht antisemitisch seien. Nur vier Tage später, am 5. Dezember, bezeichnete derselbe Beamte die polnischen Dokumente als den »vollständigsten und kompetentesten Rechenschaftsbericht über die Geschehnisse«. Am 7. Dezember teilte der britische Außenminister Anthony Eden seinem Botschafter in Washington mit, er habe inzwischen »kaum noch Zweifel, daß die deutschen Machthaber eine Politik der Vernichtung aller Juden – mit Ausnahme einiger hoch qualifizierter Kräfte – verfolgen. Die polnische Regierung hat kürzlich Berichte empfangen, die diesen Verdacht zu bestätigen scheinen. Die Informationen werden für zuverlässig gehalten und klingen überzeugend«, ergänzte Eden.

Die polnische Exilregierung drängte zum Handeln zugunsten der Juden. Im geheimen machte sie sich bei den Hauptverbündeten sowohl für Vergeltungsmaßnahmen in Form von Bomben auf deutsche Städte stark als auch für die Einleitung anderer Schritte wie den Abwurf von Flugblättern zur Aufklärung der deutschen Bevölkerung über Hitlers Verbrechen. Bei seinem Besuch in Washington am 4. Dezember überreichte Ministerpräsident Sikorski einem hohen Beamten des Außenministeriums eine Kopie des polnischen Regierungsberichts über die Greueltaten. Am 9. Dezember setzten die Polen eine zehnseitige diplomatische Note in Umlauf, die Karskis Enthüllungen wiederholte und die »zivilisierte Welt« höflich aufforderte, einen Weg zu finden, um die Nazis von weiteren Greueltaten abzuhalten. Nach der Lektüre dieses Schreibens forderte Winston Churchill am 14. Dezember bei seinem Außenministerium ergänzende Informationen an. Da sich Churchill nun persönlich mit dem Thema befaßte, konnten es die Mitglieder seiner Regierung kaum länger ignorieren.

Am Morgen des 17. Dezember ergriff Anthony Eden auf eine Anfrage von Sidney Silverstein hin im Parlament das Wort. Eden verlas den Text eines gemeinsamen Kommuniqués der Alliierten, das von elf im Kriegszustand mit Deutschland stehenden Ländern verabschiedet worden war. Nach der Aufzählung einer Liste von an Juden begangenen Naziverbrechen verurteilte die Stellungnahme die »bestialische Politik kaltblütiger Vernichtung« und versprach, daß »die für diese Verbrechen Verantwortlichen der Bestrafung nicht entgehen werden«.

Das Kommuniqué war mindestens so bemerkenswert in bezug auf das, was es sagte, wie in bezug auf das, was es nicht sagte. So vermied es sorgfältig, jüdischen Flüchtlingen Asyl in einem der alliierten Staaten oder Palästina zu garantieren. Es überging die Frage des Abwurfs von Flugblättern. Es drohte auch keine Vergeltungsmaßnahmen in Form von Bombardierung deutscher Städte oder Exekution von in Händen der Alliierten befindlicher Nazis an. Leon Feiner hatte in einem durch Karski überbrachten Brief an Szmuel Zygielbojm gewarnt, daß »die Androhung, Nazi-Verbrecher nach dem Krieg zu bestrafen, wirkungslos und vergeblich« sei – doch die freie Welt bot nicht mehr als das an. Die offizielle Linie der alliierten Regierungen lautete fortan, daß nur ein Sieg den Juden helfen könne und daß durch ihre Leiden, wie schrecklich sie auch sein mochten, keine militärischen Entscheidungen beeinflußt werden durften. Das Kommuniqué gestand andererseits offen ein, daß die Juden nicht einfach nur planlosen Übergriffen, sondern einer »Politik« der Vernichtung ausgesetzt seien. Und es stellte insofern einen Meilenstein im internationalen Recht dar, als es eine nie zuvor von siegreichen Nationen zugemessene Form der Bestrafung nach dem Krieg in Aussicht stellte. Dies war der erste entscheidende Schritt der Alliierten in Richtung Nürnberger Prozesse.

Im Privatkreis kritisierte Jan die Politik der Alliierten als unzureichend. Viele jüdische Beobachter teilten seine Meinung – nicht alle allerdings. Fünf Monate später schrieb ein führender Vertreter des Jüdischen Weltkongresses:

> Viele von uns glauben, daß die Androhung von Vergeltung nicht ohne Ergebnis geblieben ist; es gibt Hinweise, daß diese Maßnahme auf dem Balkan und in Frankreich zumindest bis zu einem gewissen Grad Wirkung gezeigt hat.

Am Tag von Edens Parlamentsrede hatte derselbe Offizielle Easterman in London noch instruiert, man müsse »von Vergeltungsmaßnahmen absehen«, denn »wir dürfen nicht erwarten, die Nazis mit ihren eigenen Waffen schlagen zu können«.

Als Eden seine Rede beendet hatte, ergriff der Abgeordnete James de Rothschild das Wort. Ein Parlamentskollege beschrieb den Auftritt in seinem Tagebuch folgendermaßen:

Seine Stimme zitterte vor Erregung; er sprach fünf Minuten lang in bewegenden Worten von der Lage dieser Leute. In seinen Augen standen Tränen, und ich befürchtete, er werde zusammenbrechen; die Versammlung ließ sich von seiner Stimmung einfangen und war tief ergriffen. Jemand schlug vor, daß wir uns alle still erheben sollten, um diesen leidenden Menschen unseren Respekt zu zollen. Das Parlament stand geschlossen auf und verharrte ein paar Sekunden in Schweigen. Es war ein schöner Augenblick, und mir lief ein Kribbeln über den Rükken.

Karskis Enthüllungen riefen noch eine Reihe weiterer »schöner Augenblicke« des symbolischen Widerstands gegen die Endlösung hervor. Der Nazi-Propagandachef Joseph Goebbels wußte allerdings, wieviel solche Augenblicke auszurichten vermochten. Am 18. Dezember schrieb er in sein Tagebuch:

An der Klagemauer haben sie den alttestamentarischen jüdischen Fluch über den Führer, Göring, Himmler und mich heraufbeschworen. Bis jetzt habe ich noch keine Wirkung auf mich verspürt.

Jan war inzwischen damit beschäftigt, bei einer Reihe von Treffen mit Vertretern der verschiedenen rivalisierenden polnischen Splittergruppen sowie vor geschlossen versammelter Kabinettsrunde der Exilregierung den politischen Teil seiner Mission zu erfüllen. Obwohl die Exilpolen in London hoffnungslos zerstritten waren und gegeneinander intrigierten, gewann Karski ihrer aller Vertrauen. Seine Glaubwürdigkeit bezog er aus den Risiken, die er bereits auf sich genommen hatte und denen, die ihn erwarteten, wenn er nach Warschau zurückkehrte (wovon man immer noch ausging). »Seine heroischen Taten unter grausamster Verfolgung und Folter erinnern einen an die frühen Christen in den Katakomben«, schrieb Außenminister Raczyński nach einem Treffen mit dem Gesandten. »Der Mut derjenigen, die gegenwärtig in Polen kämpfen, ist aufs höchste bewundernswert, ebenso wie ihr Idealismus und ihre Vaterlandsliebe«, fuhr Raczyński in seinem Tagebuch fort. »Gleichzeitig finden in Polen, wie üblich, heftige, unerbittliche und untolerierbare Parteikämpfe statt.«

Um Jan nicht in die Londoner Version dieser mörderischen Grabenkämpfe zu verwickeln, hielt die Regierung seine Kontakte zu Exilpolen in engen Grenzen. Erschwert wurden diese Bemühungen natürlich durch die Tatsache, daß es in London Personen gab, die Jan Kozielewski noch aus Vorkriegszeiten kannten. Eines Abends besuchte Karski mit einem Sekretär aus Sikorskis Büro ein Restaurant. Als man ihnen ihren Tisch zuwies, entdeckte Karski in der gegenüberliegenden Ecke des Lokals ein bekanntes Gesicht. Es gehörte dem Diplomaten Karol Kraczkiewicz, Jans Mentor zu Beginn seiner Karriere im Außenministerium. Jan bat um einen anderen Tisch und setzte sich mit dem Rücken zu Kraczkiewicz, der bald darauf sein Essen beendete und das Lokal verließ. Karskis Begleiter war davon überzeugt, daß Jan nicht erkannt worden war. Als Jan später die Rechnung verlangte, erzählte ihm der Kellner, daß sein Essen bereits bezahlt sei. Der Kellner überreichte Jan eine auf eine Serviette gekritzelte Notiz mit dem Wortlaut:

»Guten Appetit und viel Glück! – K.K.«

Der Diplomat war klug genug, um Jan nicht danach zu fragen, wieso er mitten im Krieg plötzlich in London aufgetaucht sei.

Nebenbei arbeitete Jan zugunsten der Untergrundbewegung an einem Projekt, das Kurieren die Reise nach England erleichtern sollte. Er machte der Regierung klar, daß die geheime Kommunikation zwischen Polen und dem Westen zu wünschen übrigließe. Es sind kaum Zeugnisse seiner Verbesserungsvorschläge erhalten geblieben, mit Ausnahme zweier mysteriöser Telegramme, die Karski am 4. Dezember über geheime Regierungskanäle nach Polen schickte:

Delegierter:

Ich bin dabei, meinen Auftrag zu erfüllen. Sämtliches Material ist sicher angekommen. Brechen Sie jeden Kontakt zu dem von mir bezeichneten Franzosen ab. Er ist unehrlich. Ich habe die Reiseroute ausgearbeitet. Grundkenntnisse der deutschen Sprache sind erforderlich. Nach meiner Rückkehr wird es möglich sein, bis zu sechs Personen loszuschicken. Ich komme Ende Januar. Gott segne Sie – Karski.

Für meinen Bruder:
Laß Luisa unbedingt von Madame Namen und Adresse des ihr
bekannten französischen Arbeiters Lucas, der dieses Jahr in Fort
Wola gearbeitet hat, in Erfahrung bringen. Grüße an Renée –
Karski.

Jan hatte eine junge Nichte namens Luisa; »Madame« war einer der
Kosenamen von Zofia Kossak; Fort Wola liegt in der Nähe von Warschau. Möglicherweise handelte es sich bei »Lucas« um einen Franzosen, der in illegale Transfers von Polen wie Jan verwickelt war;
vielleicht hatte Jan das Gefühl, daß der Franzose ihn während der
Reise hintergangen habe. Und es mag eine Verbindung bestanden
haben zwischen dem in verschlüsselter Sprache beschriebenen Plan
und Jans einige Monate später gemachtem Vorschlag, sechs seiner
Ansicht nach dafür geeignete Schlüsselfiguren des Untergrunds (darunter Zofia Kossak) in den Westen auszuschleusen. Die volle Bedeutung dieser Depeschen ist im Lauf der Zeit ebenso verloren gegangen, wie sie den Deutschen entging.
Am 9. Dezember wurde Jan von Władysław Raczkiewicz, dem nominellen Staatsoberhaupt der im Exil lebenden Nation, empfangen.
Der Kurier übermittelte eine geheime Bitte des Bund-Vorsitzenden
und zionistischer Führer in Warschau an den Staatspräsidenten. Die
Juden forderten Raczkiewicz auf, bei Papst Pius XII zu intervenieren.
»Polen ist ein katholisches Land, und einige von denen, die man
gerade umbringt, sind Christen jüdischer Herkunft«, zitierte Jan die
Worte der Juden wiederum aus dem Gedächtnis. »Viele Deutsche
sind ebenfalls Katholiken; sogar Hitler ist getaufter Christ«, fuhr er
fort. Mit moralischer Überzeugungskraft – oder zur Not mit der Androhung von Exkommunikation – müsse es dem Papst doch gelingen, einige Nazis zum Umschwenken zu bringen.
Während Karskis Vortrag verriet Raczkiewiczs Miene keine Reaktion auf das Gesuch der Juden. Bald wechselte das Staatsoberhaupt
zu in Polen relevanten innenpolitischen Themen über und stellte
Jan detaillierte Fragen zum Verhältnis zwischen den einzelnen Untergrundparteien. In seinem Tagebuch machte sich der Präsident ausführliche Notizen über diese politische Diskussion. Die Notlage der
Juden erwähnte er nicht.

Erst Jahre später erfuhr Jan, daß Raczkiewicz tatsächlich mit einem Brief an Pius XII auf seine Hilfsgesuche im Namen der Juden reagierte. Das Schreiben flehte den Papst in eindringlicher Form an, seine Stimme gegen die zu erheben, »die die Gesetze Gottes mit Füssen treten, die Menschenwürde mißachten und Hunderttausende von Unschuldigen ermorden«. Kossaks Front für die Wiedergeburt Polens führte der Präsident als Beispiel für den Protest Warschauer Katholiken gegen die Ermordung von Juden an und forderte den Vatikan damit implizit zu einer ähnlichen Stellungnahme auf. »Dies ist das Bittgebet meiner leidenden Nation«, schrieb der polnische Präsident, »das ich Seiner Heiligkeit zu Füßen lege.«

Sechs Wochen später antwortete der Papst mit einem abweisenden, unfreundlichen Brief, in dem es hieß, er habe bereits alles in seiner Macht stehende für die Leidenden in Polen getan.

8. In offiziellen Kreisen

Bilder, Klänge und Gerüche einer sorgenfreieren Zeit begrüßten Jan, als er am Heiligabend 1942 den Keller von Monsignor Staniszewskis Pfarrhaus im Londoner Norden betrat. An der Festtafel waren Minister der Exilregierung und ihre Gattinnen in angeregte Unterhaltung mit elegant gekleideten Offizieren der polnischen Armee, Marine und Luftwaffe vertieft. Jans Freund Jerzy Lerski, der bald selbst als Kurier arbeiten sollte, winkte ihn an seinen Tisch. Jan nahm den dort für ihn freigehaltenen Platz gegenüber von Außenminister Raczyński und dessen Frau ein und saugte die Wärme, die gute Stimmung, die polnische Gastfreundschaft in sich auf. Ein Bischof sprach seinen Segen über die Gemeinde; eine Sopranistin trug Lieder vor; ein Kabinettsmitglied hielt eine kurze, patriotische Rede, die die Anwesenden zu Tränen rührte. Für den Augenblick war dieser Keller Polen.

An diesem Abend – wie noch so oft in den folgenden Monaten – grübelte Jan über die surrealen Schicksalswendungen, die ihn nach London geführt hatten. Er fühlte sich losgelöst von den scheinbar um ihn herumwirbelnden Ereignissen, sah sich als »Automaten«, als menschliches »Tonbandgerät«, als jemanden, der physisch auf einer Ebene funktioniert und emotional auf einer anderen. Nach drei Jahren permanenter Gefahr und Entbehrung erwachte Jan nun jeden Morgen in einem bequemen Bett. Wenn er die Tür seines neuen Apartments an der Themse ganz in der Nähe von Whitehall öffnete, fand er Tee und Toast, die seine freundliche alte Vermieterin dort für ihn abgestellt hatte. Doch er schüttelte Sicherheit und Komfort ebenso von sich ab, wie er in Polen Angst und Hunger abgeschüttelt hatte, stürzte sich in die Arbeit und versuchte, so wenig wie möglich über sich selbst nachzudenken.

Jede Nacht, wenn Sirenengeheul die Londoner Bevölkerung in die

Schutzräume trieb, wurde er daran erinnert, daß er sich noch immer in Kriegsgebiet befand. Gewöhnlich hörte Jan vom Keller seines Wohnblocks aus nur das gedämpfte Grollen entfernter Explosionen. Eines Nachts erschütterte jedoch eine Detonation in unmittelbarer Nähe Jans Unterschlupf. Am nächsten Morgen wagte sich Jan auf die Straße, um herauszufinden, wo in seiner Nachbarschaft die Bombe eingeschlagen war. Das Bürogebäude, das den Volltreffer abbekommen hatte, bestand nur noch aus Schutt und Asche. Pulvergeruch lag in der Luft.

Vor den schwelenden Trümmern stand ein kleiner, grimmiger Mann in einem Overall und starrte trotzig geradeaus, während die Fußgänger geschäftig an ihm vorbeihasteten. Jan erinnerte sich vage an den Mann; er hatte in dessen Blumengeschäft in diesem Gebäude gelegentlich einzelne Nelken fürs Knopfloch gekauft. Der Florist hatte aus den Trümmern ein Brett gerettet und es über zwei verbogene Stühle gelegt. Auf dieser provisorischen Theke standen drei zerbrochene, mit angesengten, halb verwelkten Nelken vollgestopfte Flaschen. Hinter dem Mann lehnte ein zweites Brett, auf dem in unregelmäßigen Buchstaben geschrieben stand: »Normale Geschäftszeiten.«

Jan sprach den Mann mit dem stoischen Blick an:

»Mein Herr, ich möchte eine Blume kaufen.« Nachdem er sie bezahlt hatte, versuchte er, sie dem Händler wieder zurückzugeben. »Ich brauche diese Nelke nicht«, sagte er. »Behalten Sie sie und verkaufen Sie sie an einen anderen Kunden weiter.«

Der Blumenverkäufer starrte Jan finster an.

»Sie haben sie bezahlt, also behalten Sie sie auch«, fuhr er Jan an, offensichtlich nicht in der Stimmung, Mitleidsbezeugungen eines Ausländers in Zivilkleidung über sich ergehen zu lassen. Jan lächelte und steckte sich die schlaffe Nelke ans Revers. Als er weiterging, spürte er, wie sich seine Augen mit Tränen des Stolzes füllten. Die Geisteshaltung dieses Engländers, dachte er, ist es, die den Krieg gewinnen wird.

Obwohl Jan der Untergrundzentrale in seinem Telegramm vom 4. Dezember seine Rückkehr nach Polen für Ende Januar angekündigt hatte, wurde schon sehr bald deutlich, daß ihm ein wesentlich längerer Auslandsaufenthalt bevorstand. Deshalb schlug er vor, Lerski mit den Antworten auf einige der Fragen des Untergrunds in die Heimat zu schicken. In den folgenden Wochen arbeitete er mit Lerski intensiv an der Vorbereitung der Mission. Lerski sprang im Februar mit dem Fallschirm über Polen ab, erreichte sicher sein Ziel und nahm Kontakt zu den Schlüsselfiguren der Bewegung auf.

Während Jan auf die Rückkehr Sikorskis aus den USA wartete, erledigte er so viele Aufträge, wie es seine Halb-Quarantäne erlaubte. Ende Dezember entschied Mikołajczyk, daß man dem Kurier aus Polen eine der geheimsten Einrichtungen der Exilregierung zeigen könne: den Radiosender »*Świt*« (»Tagesanbruch«). »*Świt*« sendete Nachrichten, Propaganda und Direktiven des Untergrunds in alle Teile Polens, dem Anschein nach von einer Geheimbasis innerhalb des Landes aus. Der Sender brachte die Deutschen zur Verzweiflung; sie vergeudeten zahllose Stunden, sein Signal zu orten – vergeblich: »*Świt*« hatte seinen Sitz in Woburn Abbey in England. Seit Frühjahr 1942 strahlte ein Team polnischer Spezialisten unter dem gemeinsamen Kommando von Mikołajczyk und der Nachrichtendienstabteilung des britischen Außenministeriums Rundfunksendungen in das besetzte Land aus. Nur ein kleiner Kreis von Polen und Briten kannte die Wahrheit über die Station. »*Świt*« erhielt die aktuellen Meldungen aus Polen per Funk von Stefan Korboński, einem der wenigen eingeweihten Untergrundmitglieder. Eine Razzia oder eine Exekution, die um 10 Uhr morgens in Warschau stattfand, konnte innerhalb weniger Stunden nach England gemeldet und noch am selben Tag in der Abendsendung von »*Świt*« bekanntgegeben werden. Als Täuschungsmanöver unterbrachen die Rundfunkleute gelegentlich sogar plötzlich ihre Übertragung mit der Begründung, die Deutschen seien ihrem Versteck auf der Spur. Karskis Besuch bei dem Sender war der Beginn einer fast ein Jahr lang dauernden sporadischen Zusammenarbeit. Die britischen Beamten baten Mikołajczyk wiederholt darum, Jan zur Rundfunkstation zu schicken – manchmal für eine Sendung, ein anderes Mal nur zur Stärkung der Moral der Mitarbeiter.

»Er hat neues Leben und neuen Schwung in die Arbeit hier gebracht, und er hat alle inspiriert«, schrieb einer der Verantwortlichen nach Jans erstem Besuch.

Mikołajczyk gönnte dem Kurier allmählich mehr Bewegungsfreiheit, steuerte Jans Aktivitäten jedoch weiterhin und behielt ihn wachsam im Auge. Neben Jans labilem psychischen Zustand mag noch ein weiterer Faktor für seine anfängliche Isolierung eine Rolle gespielt haben. Die Erfahrung mit früheren Kurieren hatte die Exilpolen offenbar gelehrt, daß man neu eingetroffene Untergrundkämpfer zuerst an das akklimatisieren mußte, was man als »Londoner Sicht der Dinge« bezeichnen konnte. Die Exilregierung operierte in dem ständigen Bewußtsein – wenn nicht gar in der Angst vor der brüchigen Natur ihrer politischen Macht. Ereignisse in der Heimat konnten jederzeit dazu führen, die Londoner Regierung überflüssig zu machen, und Untergrundpolitiker wußten dies. Theoretisch agierten die verschiedenen Untergrundministerien und die Heimarmee zwar in Abstimmung mit ihren jeweiligen Partnern im Ausland, in der Praxis behauptete der Untergrund jedoch häufig seine Unabhängigkeit. Ein Mann wie Karski brachte eine gewisse vorgefaßte Meinung über den Untergrundkampf nach London mit. Es war wichtig, daß er die Regierungslinie vertrat, wenn er mit Vertretern der Alliierten sprach.

Daß die Exilregierung allen Grund hatte, sich um Jans Standpunkt Sorgen zu machen, erwies sich bei dessen erstem Treffen mit einem britischen Diplomaten. Ende Dezember wurde Karski – unter noch strengeren Sicherheitsvorkehrungen als üblich und unter dem neuen Pseudonym »Kwaśniewski« – Frank Savery vorgestellt, einem Beamten der britischen Botschaft bei der polnischen Exilregierung. Der mit polnischen Angelegenheiten bestens vertraute Savery verfügte über noch aus Vorkriegszeiten stammende enge Kontakte zu polnischen Kreisen. Karski und Savery trafen im Lauf von etwa drei Wochen mehrmals zusammen. Jede der Begegnungen verlief extrem dramatisch, und beide Parteien schrieben darüber detaillierte Berichte zur Unterrichtung ihrer jeweiligen Regierung. Saverys Protokolle über die Treffen mit »Kwaśniewski« spiegeln den Eindruck wider, den Jan bei seinen ersten Kontakten außerhalb polnischer Kreise hinterließ:

> Er ist aktives Mitglied der patriotischen Untergrundbewegung, obwohl er seine eigene Rolle darin herunterspielt. Er beabsichtigt, wenn möglich, nach Polen zurückzukehren. Ich vermute,

daß er vor dem Krieg im polnischen Außenministerium gearbeitet hat, besitze allerdings keine gesicherten Informationen darüber. In jedem Fall ist er ein Mann von Bildung, guter Erziehung und Intelligenz, der seine Fakten beherrscht.

Er kam zu mir mit der persönlichen Empfehlung von Herrn Mikołajczyk, der mich zuvor bereits davon unterrichtet hatte, daß der Mann mich zu sprechen wünsche. Unser erstes Gespräch fand in Gegenwart eines Mitarbeiters des polnischen Innenministeriums (wahrscheinlich Siudak; Anm. d. Autoren) statt, und bei diesem Anlaß beschränkte er sich darauf, mich über die Lage in Polen zu informieren. Beim zweiten Termin allerdings, bei dem nur ein weiterer Engländer anwesend war, begann er seinerseits Fragen zu stellen. Er ist von seinen Vorgesetzten in Polen sicherlich instruiert worden, direkten Kontakt zu Briten hier aufzunehmen – er spricht ziemlich gut Englisch.

Das Gespräch berührte auch militärische Inhalte. Da der Untergrund immer zwischen dem Wunsch nach direkter Aktion gegen die Nazis und der Gewißheit deutscher Vergeltungsmaßnahmen gegen unschuldige Zivilisten abwägen mußte, und da seine Hauptstrategie die Bündelung aller militärischen Kräfte bis zum geeigneten Zeitpunkt eines Volksaufstands verlangte, sah sich die Bewegung dem Vorwurf mangelnder Kampfbereitschaft ausgesetzt. In der Tat hatte sowjetische Propaganda diesbezüglich bereits massive Kritik verbreitet. Savery gewann durch Jan den Eindruck, daß die Untergrundkämpfer »eine fast krankhafte Angst davor haben, im Ausland der Passivität und der Resignation verdächtigt zu werden«. Savery gab sich in seinen Berichten alle Mühe, um seine Kollegen vom Außenministerium davon zu überzeugen, daß die Untergrundzellen den Kampf weiterführten:

Wenn selbst die vertraulichsten Mitteilungen nur wenige Details über die von diesen Organisationen verübten Sabotageakte und Brandstiftungen enthalten, so heißt das nicht etwa, daß es nichts aufzuzeichnen gäbe, sondern daß man es aus Gründen der Vorsicht verschweigt. Um die Untergrundkämpfer nicht zu entlarven, schreibt die polnische Geheimpresse Sabotageakte nicht selten den Deutschen Machthabern zu. ...

Was die Judenverfolgung betrifft, so entsprechen Kwaśniewskis

Ansichten dazu genau dem, was man erwarten konnte. Vor seiner Abreise aus Warschau hat er dort Bund-Vertreter getroffen und ihnen versprochen, sich bei ihren Freunden in diesem Land für sie einzusetzen.

Diese Themen schienen für Savery zwar von gewissem Interesse zu sein, den Hauptteil seiner Aufzeichnungen widmete er jedoch Jans Kommentaren zur polnischen Politik.

Zu einem Thema bezog Jan einen Standpunkt, der an die Androhung offener Meuterei von seiten des Untergrunds gegen die Londoner Regierung grenzte. Angesichts der sich permanent verschlechternden polnisch-sowjetischen Beziehungen war den Briten sehr daran gelegen, auszuloten, wieviel Spielraum der Untergrund Sikorskis Regierung für Verhandlungen mit Stalin über den Grenzverlauf zubilligen würde. Savery sondierte mit vorsichtigen Fragen an den polnischen Kurier zunächst einmal die Grundstimmung zu diesem Thema und fragte Jan schließlich direkt danach, wie der Untergrund reagieren würde, falls es zwischen Sikorski und Stalin zu einem Kompromiß käme, der begrenzte territoriale Zugeständnisse im Osten beinhalte. Jans Antwort war eindeutig: Die Widerstandsbewegung würde die Zusammenarbeit mit der Exilregierung aufkündigen und in dem besetzten Land eine eigene Nationalregierung bilden, die nach dem Beispiel der Revolutionsregierung des Volksaufstands von 1863 das Alleinvertretungsrecht als Polens Souverän beanspruchen werde.

Jans Kommentar zeigt, daß er sich auch nach einem Monat in London noch stets als Repräsentant der Untergrundbewegung, nicht als der der Exilregierung sah. Er äußerte sich Savery gegenüber sehr offen über die Befürchtungen, die der Untergrund in bezug auf Sikorski und sein Regime hegte, fragte nach dem Ansehen der Regierung bei den Alliierten und forschte sogar nach, ob die Exilpolen nicht etwa versuchten, »sich gegen einen möglichen deutschen Sieg abzusichern«. Nach Jans Einschätzung erhielt Sikorski persönlich in Polen nur »sehr wenig, falls überhaupt etwas, von jener begeisterten Hingabe und dem blinden Vertrauen, das Tausende von Polen einst Marschall Piłsudski entgegenbrachten«. Offensichtlich als Reaktion auf das im Untergrund herrschende Mißtrauen erkundigte sich Jan auch nach der Möglichkeit, unter Umgehung der Exilregierung eine direkte Kommunikationsverbindung zwischen Warschau und den britischen Behörden einzurichten.

Viele Jahre später bot Karski eine andere Erklärung für seine politische Taktik in den Konferenzen mit Savery an: »Höchstwahrscheinlich stellte ich ihm solche Fragen, um seine Antworten darauf an Sikorski weiterzuleiten.«

In der Funktion eines Doppelagenten habe er wertvolle Informationen über die wahre Einstellung hoher britischer Entscheidungsträger zur polnischen Führung sammeln können. Da sich Sikorski zu jenem Zeitpunkt jedoch in Nordamerika aufhielt, ist es unwahrscheinlich, daß er selbst Karski mit einem so sensiblen Auftrag betraute. Und obwohl der Kurier den Ministerpräsidenten später darüber informierte, daß er mit Savery und anderen über »die Haltung der Gesellschaft gegenüber der Exilregierung in London« gesprochen habe, beinhaltet Jans Bericht über die Zusammenkünfte fast keinen der Punkte, die Savery in seinen Protokollen erwähnte.

Aus Jans Perspektive brachte die Begegnung mit Frank Savery eine schlimme Erkenntnis mit sich. Obwohl Jan aufgrund seiner Tätigkeit als Übersetzer ausländischer Rundfunksendungen eines der bestinformierten Untergrundmitglieder war, teilte er die allgemeine Meinung über die Haltung der Alliierten: Der Westen hatte 1939 zwar nichts zu Polens Verteidigung unternommen, doch da die Briten inzwischen selbst um ihre Freiheit kämpften, konnte man davon ausgehen, daß sie Polen ihre volle Solidarität entgegenbrachten. Die polnische Untergrundbewegung hegte keinerlei Illusionen über Stalins Absichten, man rechnete jedoch fest mit britischer Unterstützung für den Fall eines erneuten sowjetischen Übergriffs auf polnisches Gebiet. (Der endgültige Grenzverlauf war im Augenblick ohnehin völlig offen, da sich die deutsche Frontlinie noch tief auf sowjetischem Territorium befand.) Man ging im Untergrund davon aus, daß Sikorski von den Briten entsprechende Garantien erhalten hatte, als er 1941 den Beistandspakt mit den Invasoren schloß, die kaum zwei Jahre zuvor Polens Osten geplündert hatten. Jan hatte nach seiner Ankunft in London in polnischen Kreisen zwar von den im Untergrund existierenden schweren Bedenken gegen das Abkommen berichtet, war aber auch darauf vorbereitet, den Vertretern der Alliierten zu signalisieren, daß die Bewegung den Vertrag – wenn auch ungern – akzeptiere, da der gemeinsame Kampf gegen Deutschland Vorrang vor allen anderen Interessen habe.

Jan konnte natürlich nicht ahnen, wie weit Churchills Regierung zu gehen bereit war, um die stabile Beziehung zur Sowjetunion nicht zu gefährden. Erst bei seinem letzten Treffen mit Savery wurde Jan mit der ganzen vernichtenden Wahrheit über Polens Stellung im Kreis der Alliierten konfrontiert. Er erfuhr sie aus zwei Seiten Durchschlagpapier.

Zu Beginn der Sitzung verpflichtete Savery ihn zur Geheimhaltung. Was er Jan zu lesen gebe, sei keine offizielle Verlautbarung der Regierung seiner Majestät, betonte der Diplomat. Jan dürfe weder eine Kopie davon behalten, noch den Inhalt in London verbreiten. Unabhängig davon, ob er die Information ermutigend oder entmutigend finde, könne er nun seinen Untergrundkollegen in Polen zumindest einen Eindruck von der britischen Haltung zu polnischen Gebietsansprüchen vermitteln.

Jan las Saverys Text zunächst mit Erstaunen, dann mit Enttäuschung. »Slawische Minderheiten« – die von Stalin beanspruchten Ukrainer und Weißrussen – hätten Polen vor dem Krieg geschwächt, hieß es in dem Papier, und dann weiter: »Man ist in England davon überzeugt, daß jener Landesteil eher nachteilig für Polen ist.« England erklärte sich also bereit, Polen den Gefallen zu tun, ihm seine »nachteiligen« Ostgebiete vom Hals zu schaffen! Das Memorandum ließ sich ausführlich über den Wert sowjetischer Kriegsleistungen und die mögliche Form von Nachkriegsbeziehungen zwischen Großbritannien und der UdSSR aus. »England wünscht kein mächtiges Rußland; es wünscht ein starkes Polen«, fuhr das Papier fort. »Dies bedeutet jedoch nicht, daß die Engländer die Notwendigkeit eines Kompromisses in der Frage von Polens östlichen Grenzen bestreiten.«

Jan starrte auf den Text und versuchte, seine Tragweite zu ermessen. Großbritannien, ein verbündeter Staat, war also bereit zu akzeptieren, daß Polen zerstückelt wurde – und spekulierte schon über diese Teilung, während Polen noch unter Nazi-Herrschaft stand. Worin lag der Sinn des Untergrundkampfes, wenn dies die wahren Absichten des Hauptverbündeten waren? Jan las die Seiten noch einmal durch und prägte sich den genauen Wortlaut des Textes ein. Zum

Teufel mit seinem Schweigeversprechen an Savery: Er würde die Exilregierung darüber informieren. Um Fassung ringend gab Jan Savery die Seiten zurück. »Das ist eine unglückliche Note«, sagte er kühl. »In Polen vertritt man einen völlig anderen Standpunkt bezüglich der östlichen Grenzen.«
Savery zog einen Papierkorb unterm Schreibtisch hervor und steckte das brisante Papier in Brand.

Sikorski war wieder in London. Jan stand vor dem Schreibtisch des Generals, während dieser sich entspannt auf seinem Stuhl zurücklehnte und mit einem seltenen Lächeln im Gesicht von seinen Abenteuern in Washington erzählte. Die Zukunft sehe rosig aus, versicherte Sikorski. Vielleicht kamen die Briten den Sowjets etwas zu weit entgegen, dafür würden die Amerikaner Polens Interessen schützen. Sikorski strich in großen Worten den vertrauten Charakter der Gespräche zwischen den beiden Staatsmännern und die persönliche Freundschaft heraus, die er mit Roosevelt geschlossen habe. »Die polnische Position gewinnt im Lager der Alliierten an Stärke«, betonte Sikorski.
Der General hatte Jan jedoch nicht zu sich bestellt, um mit ihm über Politik zu diskutieren. Er erhob sich, beugte sich zu Jan hinüber und musterte ihn scharf.
»Junger Mann, Sie haben in diesem Krieg hart gearbeitet«, begann Sikorski. »Weil ich Sie persönlich schätze und Sie über eine lange, schwierige Zeit hin kenne, weil Sie ehrliche Augen haben und die mich mit Wohlwollen betrachten, würde es mich freuen, wenn Sie dieses Geschenk von mir akzeptieren würden.«
Sikorski zog ein silbernes Zigarettenetui mit Signatur aus einer Schreibtischschublade und überreichte es Jan. Es war nicht die erste Belohnung, die Jan für seine Kurierdienste erhielt: Sikorski hatte ihm kurz nach seiner Rückkehr bereits 2 500 amerikanische Dollar anweisen lassen. Da Karski angesichts der Tatsache, daß die Regierung für seinen Lebensunterhalt aufkam, keine Verwendung für einen so hohen Geldbetrag hatte, hatte er den größten Teil über die bewährten Finanztransferkanäle der Regierung nach Polen geschickt. Das Büro des Delegierten sollte den Hauptanteil des Geldes an Marian Kozielewski ausbezahlen, kleinere Beträge waren für Zofia

Kossak, seine Freundin Renée und seine Nichte bestimmt. Jan erfuhr später, daß die gesamte Summe korrekt ihre vorherbestimmten Empfänger erreichte.

Sikorski machte dem Gesandten noch eine andere Art von Geschenk. Mitten im Gespräch hielt er plötzlich inne und starrte Jan an.

»Was ist mit Ihrem Mund passiert?« fragte er in seinem üblichen finsteren Ton.

Jan erklärte, daß er unter Gestapo-Folter den größten Teil seiner Zähne verloren habe.

»Was?« schnauzte Sikorski. »Ein Diplomat! Ein Kavallerieoffizier! Ohne Zähne? Sie werden zu einem Zahnarzt gehen!«

Er gab Jan die Adresse eines bekannten Kieferspezialisten und versicherte, er werde das Finanzministerium autorisieren, die Behandlungskosten zu übernehmen.

Das Zigarettenetui, erläuterte Sikorski, sei ein Zeichen persönlicher Wertschätzung. Als Ministerpräsident und Oberbefehlshaber werde er Karski in einigen Tagen auch noch eine Auszeichnung seines Landes verleihen: den Orden *Virtuti Militari*, Polens höchste militärische Auszeichnung. Im Rahmen einer privaten Feier heftete Sikorski die Medaille am 3. Februar 1943 in Gegenwart mehrerer Generäle und Minister an Jans Revers.

Das Ereignis bedeutete für Karski eine Art Einführung in die Gesellschaft: Seine ersten offiziellen Treffen mit führenden Vertretern der Alliierten wurden nun arrangiert. In den vorangegangenen Wochen hatte Jan an intensiven Vorbereitungsgesprächen mit polnischen Kabinettsmitgliedern teilgenommen. Er wurde präzis instruiert, welche Themen er anzusprechen habe, und in groben Zügen darüber aufgeklärt, von welcher Seite mit welcher Reaktion auf seinen Bericht zu rechnen sei. Jan verbrachte viele Stunden damit, in einem leeren Raum in Stratton House mit der Stoppuhr seinen Grundvortrag zu proben. Mikołajczyk hatte ihm aufgetragen, für jede Sitzung eine fünfundzwanzigminütige Eröffnungsrede vorzubereiten, die einerseits die Themen beinhalten sollte, die die Vertreter des Untergrunds und der Juden in Polen bei den Briten und Amerikanern zu Gehör gebracht haben wollten, andererseits aber auch die Punkte betonen sollte, an deren Vermittlung der Exilregierung am meisten gelegen war: den tapferen, gut organisierten Kampf des Untergrunds, die Schrecken eines Lebens unter Besatzung (einschließlich der Notlage der Juden) und einen Punkt, den die Polen in der Vergangenheit nicht erwähnt hatten – die verheerende Wirkung sowjetisch gesteuerter Untergrundaktivitäten in Polen.

Obwohl ihn die Untergrundführung darum gebeten hatte, die westlichen Alliierten auf das verräterische Handeln der Russen aufmerksam zu machen, hatte Jan dieses Thema in seinen bisherigen Begegnungen mit Exilpolen und mit Savery verschwiegen. Es war ein so sensibles Gebiet, das im wahrsten Sinne des Wortes Polens Kriegsanstrengungen durchkreuzte und eine Allianz mit Stalin widerspiegelte, die unter den Exilpolen niemals populär gewesen war, daß Mikołajczyk Jan vermutlich befohlen hatte, das Thema bis zu Sikorskis Rückkehr zu verschweigen. Wenn Nachrichten über sowjetische Verbrechen in die höchste Ebene der Alliierten durchdrangen, bestand die Gefahr, daß man Polen als Unruhestifter ansah, der den tapferen Kampf eines Verbündeten unterminiere, der gerade erst die volle Wucht von Hitlers Raserei in Stalingrad zu spüren bekommen hatte.

Aber die Geduld der Polen ging langsam zu Ende. Am 16. Januar hatte Stalin verkündet, daß alle auf dem Gebiet der Sowjetunion befindlichen Polen zukünftig als sowjetische Bürger betrachtet würden – Hunderttausende von Polen, die 1939 und 1940 nach Rußland deportiert worden waren, wurden dort noch immer in Gefängnissen festgehalten oder am Verlassen des Landes gehindert. So wütend Sikorski über diesen Affront auch war, machten er und seine engsten Berater sich doch seit über zwei Jahren noch größere Sorgen um eine kleinere Gruppe von Polen: rund fünfzehn- bis zwanzigtausend Offiziere, die während des Feldzugs von 1939 von der Roten Armee gefangengenommen worden waren. Bis Frühjahr 1940 war von allen bekannt, daß sie in drei russischen, bzw. ukrainischen Lagern interniert waren. Dann verlor sich plötzlich ihre Spur.

In dieser gespannten Atmosphäre setzte die Exilregierung große Hoffnungen in Jans Gespräche. Wenn es Karski gelang, die Alliierten von der Rechtmäßigkeit der Untergrundregierung, der Zuverlässigkeit der Heimarmee und den Intrigen der sowjetischen Agenten zu überzeugen, würde die Sympathie der Westmächte für Stalins Expansionspläne vielleicht etwas nachlassen. Sikorski wußte, daß sein junger Geheimbote einen »Manager« brauchen würde, der ihm half, die Dramatik seiner Geschichte optimal zu nutzen, und er kannte den geeigneten Mann für diese Aufgabe. Sikorski bestellte Józef Retinger zu sich.

Retinger war fraglos die schillerndste Persönlichkeit im Umfeld der Exilregierung. Bis heute ist es nicht gelungen, klar zwischen der Wahrheit über Retinger und den Mythen, die sich um ihn ranken, zu unterscheiden. Er mag – oder mag nicht – 1888 bei Krakau geboren sein; sein Vater, seine Mutter oder beide Elternteile waren – je nach Quelle – möglicherweise Juden. Angeblich war er zeitweise praktizierender Katholik. (Er soll später zwar Verbindungen zu der jüdischen Organisation B'nai B'rith gehabt haben, 1942 allerdings zog er definitiv den Zorn führender jüdischer Persönlichkeiten auf sich, weil er als Begleiter von Sikorski bei dessen Dezemberreise als antisemitisch interpretierte Kommentare abgegeben haben soll.) Es gibt Hinweise, daß Retinger ein Vertrauter von Joseph Conrad war – in den späteren Lebensjahren des polnischstämmigen Schriftstellers. Conrad nannte ihn 1916 einen »inoffiziellen Vermittler zwischen der britischen und der französischen Regierung«. Retinger war dafür bekannt, daß er neben Polnisch fließend Englisch, Französisch, Deutsch und Spanisch sprach. Offensichtlich war er häufig auf Reisen; er besaß zu verschiedenen Zeiten britische, französische, australische oder polnische Pässe. Obwohl er während des Ersten Weltkriegs in Gesellschaft des britischen Premierministers Asquith gesehen wurde, wurde im Vereinigten Königreich 1917 ein Ausweisungsbefehl gegen ihn erlassen, nachdem man entdeckt hatte, daß er illegal als Kurier für die japanische Botschaft in London arbeitete. 1918 soll er aus Frankreich abgeschoben worden sein. In polnischen Kreisen kursierte das Gerücht, Retinger sei an revolutionären Aktivitäten im Mexiko der zwanziger Jahre beteiligt gewesen. Ein Historiker behauptete, er habe »in enger Verbindung gestanden zu den Kämpfen in Nordafrika während des Abd-el-Krim-Aufstands Anfang der zwanziger Jahre«. Aus einem Dossier, das auf Dokumenten von Scotland Yard, dem MI5, dem britischen und dem US-amerikanischen Außenministerium basiert, geht hervor, daß man Retinger zwischen den Weltkriegen kommunistischer Aktivitäten verdächtigte. Diese Akte und andere Quellen belegen auch, daß er

1921 in St. Louis wegen Besitzes eines abgelaufenen Passes verhaftet wurde und daß man ihn in den Vereinigten Staaten der Sabotage verdächtigte. Für die Zeit zwischen 1931 und 1937 gibt es keinerlei Hinweise auf seinen Aufenthaltsort.

»In amerikanischen Akten (vermutlich des FBI; Anm. d. Autoren) ist Retinger ... registriert als eine Person, der man keine Arbeit vertraulicher Natur anvertrauen sollte«, schreibt ein Bericht, der während des Krieges von Polen erstellt wurde, die ihm offensichtlich wenig wohlgesonnen waren: »Er wird als nicht vertrauenswürdig charakterisiert.«

Dies war also der Mann, den Polens Ministerpräsident seinem Boten Karski bei dessen wichtigen Gesprächen mit führenden Vertretern der Alliierten als Begleiter zuteilte.

Es sollte nicht der letzte brisante Auftrag für Retinger sein: Am 4. April 1944 sprang die alternde, kurzsichtige »Graue Eminenz« aus einem britischen Bomber über Polen ab, um dort Aufträge sowohl der britischen als auch der polnischen Regierung zu erledigen. Vier Monate später bestieg er irgendwo in dem besetzten Land auf einem schlammigen Kartoffelacker einen anderen Bomber und kehrte sicher nach London zurück. Und nach dem Krieg spielte Retinger eine Rolle bei einer Entwicklung, die zur Gründung der Europäischen Gemeinschaft führen sollte.

Was die Leute über seinen Vertrauten erzählten, ließ General Sikorski völlig unbeeindruckt. Das einzige, was für den polnischen Ministerpräsidenten zählte, waren Retingers unerschütterliche Loyalität – gegenüber den Alliierten, gegenüber Polen und gegenüber Sikorski persönlich – und seine guten Beziehungen. Trotz der Vorbehalte von britischen Geheimdienst- und Polizeibehörden genoß Retinger das Vertrauen eines breiten Spektrums britischer Regierungsvertreter, einschließlich Churchills.

Dem abenteuerlustigen Retinger war Karski von Anfang an sympathisch. Da Jan der Ruf des Wagemutigen vorausgeeilt war, hatte Retinger bei der gegenseitigen Vorstellung durch Sikorski bereits einen Spitznamen für den Kurier aus Polen parat, den er Jan gegen dessen Protest verlieh: »Pioruń.« Übersetzt heißt das »Blitz«.

Retinger nahm an Jans letzten Vorbereitungen für die bevorstehende Sitzungsrunde teil.

»Halten Sie keine Vorträge. Erteilen Sie keine Ratschläge. Stellen Sie keine unangenehmen Fragen«, riet Retinger. »Versuchen Sie, Wohlwollen zu erzeugen. Sie werden die mächtigsten Männer Englands treffen, und wir brauchen ihre Hilfe.«

Jan hatte von Retingers Verbindungen gehört und hoffte, davon zu profitieren. »Werde ich Churchill sprechen können?« fragte er.

Retinger grinste. »Bei Churchill müssen wir eine spezielle Taktik anwenden«, erklärte er. »Jede Primadonna jedes Kleinstaates in Europa möchte sich mit ihm treffen. Er wird mit diesbezüglichen Anfragen überhäuft. Also müssen wir erreichen, daß *er Sie* sehen will. Piorun, Sie werden unter britischen Spitzenpolitikern die Runde machen. Er wird von Ihnen hören. Churchill ist sehr darauf bedacht, jeden zu kennen. Er ist neugierig auf Einzelheiten. Vertrauen Sie mir – er wird sich bei Ihnen melden.«

»Verdammt!« sagte Anthony Eden. »Die Zeiten für Tennisspielen sind vorbei.« Er starrte gedankenverloren aus dem Fenster, als dämmere ihm soeben, daß der Krieg ihn seines Lieblingssports beraubt hatte. Großbritanniens Außenminister (und zukünftiger Premierminister) hatte Jan herzlich begrüßt. Der junge Pole hatte erwähnt, Eden sieben Jahre zuvor auf einem Tennisplatz in Genf begegnet zu sein.

Eden hatte Saverys Bericht gelesen und dessen Inhalt für so wichtig erachtet, daß er den betreffenden Polen einer persönlichen Befragung unterziehen wollte. Da Jan jedoch in Begleitung von Retinger erschien, konnte Eden kaum darauf hoffen, ihm Einzelheiten über den Standpunkt des Untergrunds zu einem der heiklen Themen zu entlocken. Eden hörte Jans Vortrag höflich zu, bevor er selbst einige Fragen stellte.

»Er zeigte keinerlei Reaktion«, vermerkte Jan in seinem Protokoll über das Treffen. »Ohne daß er mich darin unterstützte, gelang es mir, alle polnischen Fragen wie geplant anzusprechen.«

Eden schien keinerlei Interesse daran zu haben, von den Problemen des Untergrunds mit sowjetischen Agenten zu hören. Er horchte auf, als Jan die Lage der Juden zu schildern begann. Doch bei der Erwähnung von Flugblattaktionen und vergeltender Bombardierung als mögliche Gegenmaßnahmen gegen den Nazi-Terror hob Eden die Hand und unterbrach höflich.

»Der polnische Bericht über die Greueltaten hat uns bereits erreicht«, warf er ein. »Die Angelegenheit wird ihren korrekten Gang nehmen.«

Karski war nicht darüber informiert, daß seine Regierung – die inzwischen befürchtete, die Deutschen könnten auch die nichtjüdische Bevölkerung des besetzten Landes ihrer Mordmaschinerie unterwerfen – in den vergangenen Wochen bei den Briten und Amerikanern auf ein entschiederes Handeln gedrängt hatte. Die beiden größten Alliierten lehnten sowohl den Abwurf von Flugblättern über Deutschland zur Aufklärung der Bevölkerung als auch die Bombardierung ausgewählter Ziele als Vergeltung für die Greueltaten weiterhin kategorisch ab.

Edens Fragen betrafen weniger den Bericht, den er gerade gehört hatte, als Karskis Abenteuer als Verschwörer und Kurier. Während er Jans Vortrag nur routinemäßige Aufmerksamkeit zu schenken schien, zeigte sich Eden tief beeindruckt von den persönlichen Heldentaten des Untergrundagenten.

»Stellen Sie sich mal ans Fenster«, bat der Außenminister seinen Gast. »Ich möchte Sie mir genauer anschauen. Ich möchte wissen, wie ein echter Held dieses Krieges aussieht.«

Er überschüttete Jan mit Lob, indem er betonte, welch einen wichtigen Beitrag selbstlose Männer wir er für die Kriegsanstrengungen der Alliierten leisteten. Jan stammelte seinen Dank, verwundert und überwältigt, daß ihm Großbritanniens zweithöchster Staatsmann so viel Sympathie entgegenbrachte. Dann schoß ihm plötzlich der Gedanke in den Kopf. Bevor er sich beherrschen und an Retingers Ermahnungen denken konnte, sprudelten die Worte aus seinem Mund:

»Sir, werde ich die Ehre haben, dem Premierminister Bericht erstatten zu dürfen?«

Ein geschäftsmäßiger Ausdruck erschien auf Edens Gesicht.

»Nein«, erwiderte er bestimmt. »Ich werde es nicht erlauben.«

Jan starrte entmutigt zu Boden. Er wußte sofort, daß er Retingers Anweisungen mißachtet und damit seine Chance auf ein Treffen mit Churchill vertan hatte.

»Die Leute begreifen nicht, daß unser Premierminister kein junger Mann mehr ist«, erklärte Eden. »Es liegen enorme Lasten auf seinen

Schultern. Er erweckt den Eindruck von Stärke; aber er ist nicht so stark. Er empfängt Hunderte von Menschen. Ich versichere Ihnen, daß ihr Bericht an das Kriegskabinett weitergeleitet wird, und Churchill ist dessen Vorsitzender. Er wird unterrichtet werden«, versprach Eden. (Er hielt sein Versprechen: er schickte am 17. Februar einen Bericht ans Kriegskabinett.) »Aber ich kann Ihnen nicht gestatten, persönlich seine Zeit in Anspruch zu nehmen.«

»Ich verstehe«, sagte Jan und entschuldigte sich für sein Begehren. Kaum daß Jan und sein Begleiter das Gebäude nach fünfunddreißigminütigem Gespräch verlassen hatten, explodierte Retinger.

»Was haben Sie sich dabei gedacht?« drang er vor dem Außenministerium händeringend auf Jan ein. »Sie haben sich für alle Zeiten die Tür zu Churchill zugeschlagen! Selbst wenn Churchill Sie sehen wollte, muß Eden jetzt, um sein Gesicht zu wahren, ihm sagen, daß es sich nicht lohnt.«

Die Tirade ging noch eine Weile so weiter.

»Er hat mich mit übelsten Worten beschimpft«, erinnerte sich Karski.

»Ich will nichts mehr mit Ihnen zu tun haben!« schrie Retinger schließlich. »Ich werde dem General erzählen, daß sich die Sache für mich erledigt hat.«

Jan nahm seine Hand. »Bitte, Dr. Retinger, lassen Sie mich nicht im Stich«, bat Jan. »Sie haben recht. Ich habe einen dummen Fehler gemacht. Ich werde in Zukunft vorsichtiger sein.«

Retinger stürmte davon. Karski schlich zu seiner Wohnung zurück. Eine Stunde später rief Retinger an, um ihn zum Essen einzuladen. Jan war noch einmal verziehen worden.

Edens Interesse an dem polnischen Geheimboten war noch nicht erloschen. Einige Tage nach der ersten Begegnung ließ er Jan ausrichten, daß er ihn erneut zu sprechen wünsche. Da Eden Retinger dieses Mal nicht mit einlud, mußte Karski alleine hingehen. Jan traf um sechs Uhr abends mit starken Kieferschmerzen im Außenministerium ein; er hatte sich am Morgen der letzten einer Reihe von Zahnoperationen unterzogen. Eden plauderte ein paar Minuten charmant über Belangloses und kam dann zum Kern seines Anliegens.

»Sie haben einen guten Eindruck auf uns gemacht«, begann der Außenminister. »Wir betrachten Sie nicht nur als polnischen Soldaten, sondern auch als alliierten Soldaten. Ich möchte Ihnen eine

Frage stellen, und ich erwarte, daß Sie mir ohne Rücksicht auf Ihre eigenen Gefühle antworten. Werden Sie das tun?«

Jan erklärte sich einverstanden, wobei er bereits spürte, daß er auf verlorenem Posten stand.

»Die polnisch-sowjetischen Beziehungen sind nicht so gut, wie wir uns das wünschten«, erklärte Eden offen. »Sie sollten verbessert werden. Das Hauptproblem scheint der polnische Grenzverlauf zu sein. Aber vielleicht finden wir dafür eine Lösung. Vieleicht können Stalins Ansprüche ohne ernsthafte Verluste für Polen befriedigt werden«, spekulierte er.

Jan erkannte sofort, daß Eden das Gespräch in dieselbe Richtung lenkte, die zuvor schon Savery eingeschlagen hatte.

»Angenommen, General Sikorski kommt zu einer Übereinkunft mit der sowjetischen Regierung und erklärt sich offiziell damit einverstanden, nach dem Krieg gewisse östliche Gebiete an die Sowjetunion abzutreten«, fuhr Eden fort. »Meine Frage lautet: Falls die Übereinkunft keine wesentlichen Gebietsverluste beinhaltet und falls die Regierung Seiner Majestät das Abkommen billigt und Polens neue Grenzen garantiert, wie wird die Untergrundbewegung darauf reagieren?«

Jan überlegte fieberhaft: Der Chefarchitekt von Großbritanniens Außenpolitik hatte sich eine Menge Umstände gemacht, um ihn zu isolieren und ihm diese Frage stellen zu können. Welche Konsequenzen drohten ihm, wenn er sich weigerte zu antworten? Sollte er Eden dieselbe Antwort wie Savery geben? In wessen Interesse sollte er antworten? In dem der Londoner Exilregierung, der er gegenwärtig diente, oder in dem der Untergrundbewegung, die ihn nach England geschickt hatte?

»Sir, sie würde General Sikorski öffentlich anklagen«, erwiderte Jan ruhig. »Man würde vermutlich eine eigene, geheime Regierung in Polen bilden. Es gibt dafür ein Beispiel in der Geschichte, während eines der polnischen Volksaufstände. Wenn der Premierminister *während* des Krieges einer Gebietsabtretung zustimmt – hätte niemand Verständnis dafür. Ein solcher Schritt wäre völlig unmöglich.«

Eden unterbrach, indem er sich zu Jan hinüberbeugte und ihm auf die Schulter klopfte.

»Die polnischen Argumente sind mir bekannt«, bemerkte er mit grimmigem Lächeln.

Es klopfte an die Tür, und ein vornehm wirkender Mann betrat den Raum.

»Dies ist Lord Selborne«, stellte Eden vor. »Seine Lordschaft interessiert sich im Namen der Regierung Seiner Majestät für Widerstandsbewegungen.«

Eden gab keine weiteren Auskünfte über Selborne; aber das war auch gar nicht nötig. Jan wußte, welche britische Organisation Vollmacht besaß, Untergrundbewegungen zu unterstützen – obwohl die Existenz dieser Organisation ein fast ebenso streng gehütetes Geheimnis war wie die Identität ihres Direktors. Roundell Cecil Palmer, dritter Lord von Selborne, war Leiter der für Geheimoperationen zuständigen *Special Operations Executive* (Abteilung für Spezialeinsätze; SOE). Selborne hatte die Aufgabe ein Jahr zuvor übernommen, nachdem er zu einem sonntäglichen Mittagessen mit Churchill auf dessen Landsitz Chequers bestellt worden war.

»Als ich auf Chequers ankam«, erinnerte sich Selborne nach dem Krieg, »wurde ich zu Winstons Schlafzimmer geleitet und traf ihn im Bett liegend an. Das erste, was er zu mir sagte, war: ›Haben Sie irgendwelche Gewissensbedenken, Hitler zu ermorden?‹ Ich antwortete: ›Keinerlei‹. Danach bat er mich, ihm zu helfen, indem ich das Amt des für die SOE verantwortlichen Ministers übernehme.«

Eden zog sich bald zurück. Selborne bombardierte Karski mit Fragen über das Untergrundleben und revolutionäre Aktionen, von denen der Pole nur die wenigsten beantworten konnte. Einzelheiten über Aktivitäten, Taktiken und Nachschubbedarf der Heimarmee lagen außerhalb seines Wissens- und Befugnisbereichs; der militärische Flügel entsandte regelmäßig seine eigenen Kuriere, um diese Dinge zu besprechen. Wovon Jan dem Lord allerdings berichtete, waren die Probleme, die von den sowjetischen Partisanen verursacht wurden. Und endlich fand er einen dafür empfänglichen Zuhörer. Selborne gestand Jan im Vertrauen, daß, soweit es ihn beträfe, »die polnischen Untergrundverantwortlichen zur Selbstverteidigung gegen sowjetische Agenten so weit wie nötig gehen« könnten. Als Selborne nach deutschen Unterdrückungsmaßnahmen in Polen fragte, nahm Karski die Gelegenheit wahr, nachdrücklich auf die

Tragödie der Juden hinzuweisen. Hierfür zeigte sich der SOE-Chef jedoch weniger empfänglich.

Den Juden harte Währung und Gold zukommen zu lassen, so daß einige sich aus der Gefangenschaft freikaufen konnten, sollte höchste Priorität besitzen, betonte Jan. Selbornes Reaktion auf diesen Vorschlag war negativ.

»Kein Premierminister, kein politisch Verantwortlicher wird dieser Art von Forderung zustimmen«, erwiderte Selborne ohne Zögern mit einem unhöflichen Unterton in der Stimme. Falls wir ihnen Gold und harte Währung schicken würden, könnten wir das während des Krieges vielleicht noch geheimhalten. Aber schließlich würde es doch ans Licht kommen. Kein Staatsmann kann die Verantwortung dafür übernehmen, das Nazi-Regime mit finanziellen Mitteln zu unterstützen, die es ihm ermöglichen würden, Rohstoffe und Waffen zu erwerben, die dann gegen unsere eigenen Leute eingesetzt würden. Das ist unmöglich.«

Karski verwarf die Idee, Selborne davon zu überzeugen, SOE-Kanäle für Hilfssendungen an die Juden zu benutzen. Er hoffte, wenigstens mit seinen eigenen Geschichten von Nazi-Greueltaten einen gewissen Eindruck auf Selborne machen zu können. Selborne schien den furchtbaren Erlebnissen aufmerksam zuzuhören. Als Jan geendet hatte, ergriff der Lord das Wort:

»Während des Ersten Weltkriegs kursierte in ganz Europa das Gerücht, deutsche Soldaten hätten eine Vorliebe dafür, Kleinkinder an den Füssen zu packen und ihnen, nur so zum Spaß, die Schädel einzuschlagen. Natürlich wußten wir, daß die Gerüchte nicht der Wahrheit entsprachen, haben aber nichts unternommen, um sie abzustellen. Sie waren gut für die Moral unserer Bevölkerung.«

Zum Abschluß lobte Selborne Jan für seine hervorragende Arbeit. »Informieren Sie so viele Leute wie möglich über das, was sie gesehen haben«, sagte er zum Abschied. »Wir stehen hinter Ihnen.«

Kaum daß Karski von dem Termin im Außenministerium zurückgekehrt war, klingelte bei ihm zu Hause das Telefon. Es war Retinger. »Was ist passiert?« fragte er ungeduldig; er brannte darauf, Einzelheiten von dem Treffen zu erfahren, von dem man ihn ausgeschlossen hatte. In verschlüsselter Sprache – da man keinem Telefon trauen konnte – teilte Jan ihm das Wesentliche aus seinem Gespräch mit Eden mit.

Es entstand eine ausgedehnte Pause. Jan spürte Retingers Wut am anderen Ende der Leitung.

»Pioruń«, warnte Retinger schließlich, »mischen Sie sich nicht in Angelegenheiten ein, die Sie nichts angehen! Die Leute mögen das nicht.«

Am nächsten Morgen saß Jan an seinem Schreibtisch in der Eingangshalle des Regierungssitzes, als Sikorski das Gebäude betrat. Jan schaute von seiner Zeitung auf. Der General stolzierte an ihm vorbei, ohne ihn eines Blickes zu würdigen. Kaum eine Minute später klingelte Jans Telefon. Er wurde in Sikorskis Büro zitiert.

»Ich habe gehört, Sie hatten gestern ein Treffen mit Eden«, begann der General.

»Ja, Sir«, bestätigte Jan strammstehend.

»Und worum ging es bei diesem Treffen? Leutnant, Sie werden mir alles erzählen, Wort für Wort!«

Jan versuchte, die Situation zu erklären. Er gab Edens Frage nach der möglichen Reaktion des Untergrunds auf territoriale Zugeständnisse wieder – verschwieg allerdings, daß er dasselbe Thema bereits mit Savery diskutiert hatte. Und er teilte Sikorski offen mit, was er darauf geantwortet hatte.

»Wer hat Sie dazu ermächtigt, Leutnant, dem Außenminister Großbritanniens eine solche Erklärung abzugeben?« insistierte Sikorski.

»Nun, er hat mich gefragt, und –«

»Sie sind erst seit kurzer Zeit hier. Und schon haben Sie damit begonnen, ihre eigene Politik zu betreiben, genau wie jeder andere polnische Politiker!« tobte der General. »Es ist nicht Ihre Aufgabe, sich in solche Angelegenheiten einzumischen. Sie vergessen, wer Sie sind. Als ob Sie Stroh im Hirn hätten! Mit wem haben Sie über die Unterhaltung gesprochen?«

»Nur mit Dr. Retinger«, antwortete Jan.

»Ich verbiete Ihnen, das Gespräch mit Eden jemand anderem gegenüber zu erwähnen. Sollte ich erfahren, daß Sie darüber gesprochen haben, wird das Konsequenzen nach sich ziehen.«

Sikorski begann, in Papieren zu blättern. Ohne aufzuschauen, gab er Karski per Handzeichen zu verstehen, daß er entlassen sei.

Es war von Vorteil, daß Karski durch seine früheren Dienste so viel persönlichen Kredit bei der polnischen Führungsspitze aufgebaut hatte. Sein Einsatz bei den Regierungen der Alliierten hatte äußerst ungünstig begonnen. Doch Jan hielt durch, und die polnische Regierung setzte weiterhin ihr Vertrauen in ihn. Bei den dicht aufeinander folgenden Treffen im Februar und März unterliefen Jan nie wieder solche Schnitzer wie bei dem Gespräch mit Eden. Das bedeutet jedoch nicht, daß er diese Treffen etwa für erfolgreicher oder befriedigender hielt.

Die Konturen einer bevorstehenden Preisgabe Polens zeichneten sich mit jedem Gespräch, das Jan mit den Gestaltern von Großbritanniens Außenpolitik führte, deutlicher ab. Diese Herren zeigten nicht nur keinerlei oder nur wenig Sympathie für eine Untergrundbewegung, die passiv die Unterwanderung durch sowjetische Agenten ertragen mußte, sondern sie waren auch fest davon überzeugt, daß Polen einen Teil seines Territoriums an die UdSSR abtreten sollte. Bei einem Abendessen mit Richard Law hörte Jan zum ersten Mal während des Krieges den Begriff »Curzon-Linie«. Als Erbe einer von Großbritanniens früheren Bemühungen, die Grenzen anderer Länder festzulegen, verlief die von Lord Curzon 1919 als Ostgrenze des wiedergeborenen Polens vorgeschlagene Linie etwa deckungsgleich mit der vom sowjetischen Außenminister Molotow und dessen deutschen Amtskollegen Joachim von Ribbentrop bei ihrer geheimen Teilung Polens 1939 vereinbarten Grenze. Die Tatsache, daß Stalin 1941 mit der Unterzeichnung des polnisch-sowjetischen Beistandspakts die Grenzvereinbarungen von 1939 ausdrücklich widerrufen hatte, spielte offensichtlich keine Rolle mehr; Großbritannien war bereit, Stalin das zu garantieren, was ihm zuvor Hitler garantiert hatte. Es war schlimm genug, daß Savery und Eden von einigen angeblich unbedeutenden Änderungen des Grenzverlaufs gesprochen hatten, die nichtsdestoweniger eine Verletzung der polnischen Souveränität bedeuteten. Doch erst jetzt wurde das ganze Ausmaß der zukünftigen Verluste deutlich: Fast die Hälfte Vorkriegspolens würde an die Sowjetunion fallen.

Jan unterrichtete pflichtbewußt seine Vorgesetzten, die weiterhin gute Miene zu dem bösen Spiel machten. Seine Diskussionen mit Law, schrieb Jan, hätten bei ihm »den entmutigendsten Eindruck aller

Gespräche« hinterlassen. Auch die Treffen mit Frank Roberts vom Außenministerium, Oberst Peter Wilkinson von der SOE, dem britischen Botschafter bei der polnischen Exilregierung Owen O'Malley und anderen hochgestellten Briten vermochten Jans Stimmung nicht zu heben. Sein erster Kontakt zur Regierung der Vereinigten Staaten schien sich, oberflächlich betrachtet, vielversprechender zu entwickkeln, doch Jan wußte inzwischen, daß man sich auf solche Eindrükke nicht verlassen konnte.

Anthony (Tony) J. Drexel Biddle junior war der amerikanische Botschafter bei der polnischen Exilregierung. Wie der Doppelname vermuten läßt, war Biddle einer der vielen Angehörigen der Ostküsten-Elite unter den von Roosevelt in ein Amt Berufenen. Der aus derselben illustren Familie in Philadelphia stammende Francis Biddle – ein ehemaliger Klassenkamerad Roosevelts – war gegenwärtig Generalstaatsanwalt; Karski sollte ihn später kennenlernen. Tony Biddle war vor dem Krieg Botschafter in Warschau gewesen. Während des Blitzkriegs war er durch eine abenteuerliche Flucht unter Dauerbombardement über Polens Südgrenze in den Westen entkommen. Jan hatte den Botschafter 1939 einmal bei einem diplomatischen Empfang gesehen, in dem überfüllten Raum aber kaum mehr als einen flüchtigen Blick auf ihn werfen können.

»Natürlich kann ich mich an Sie erinnern«, säuselte Biddle, nachdem Jan erwähnt hatte, daß er vor dem Krieg im Auswärtigen Dienst beschäftigt war. (Um seine wahre Identität zu verbergen, verschwieg Jan diese Tatsache normalerweise; in diesem Fall hoffte er, mit seiner Enthüllung das Eis brechen zu können.) Vermutlich in der Annahme, einen Anhänger des polnischen Vorkriegsregimes vor sich zu haben, begann der Botschafter, in den höchsten Tönen von Józef Beck zu schwärmen, dessen Außenpolitik inzwischen gründlich in Verruf geraten war. Jan versuchte, seine Verlegenheit zu verbergen. Als Karski sich in seine vorbereitete Rede stürzte, begann Biddle, sich umfangreiche Notizen zu machen. Die Sitzung dauerte mehr als drei Stunden, da Biddle sich ausführlich nach den Aktivitäten sowjetischer Agenten in Polen erkundigte. »Von allen Leuten, mit denen ich gesprochen habe«, berichtete Karski anschließend, brachte Biddle »am deutlichsten eine Mißbilligung der sowjetischen Methoden« zum Ausdruck. Der Botschafter erklärte, Jan könne dem

Untergrund versichern, »daß die amerikanische Regierung und insbesondere Roosevelt persönlich Polen unterstützen und auch in Zukunft unterstützen werden«. Biddle versprach, einen Bericht zu dem Streitpunkt »sowjetische Agenten« nach Washington zu schicken, und sicherte Jan zu, daß Roosevelt diesen lesen werde.

Die amerikanische Reaktion auf Karski verlieh der These Glaubwürdigkeit, die Vereinigten Staaten könnten als Bollwerk gegen die Polen betreffenden Pläne der Sowjets und die Billigung dieser Pläne durch die Briten dienen. Sikorski war mit Sicherheit mit dieser Vorstellung im Kopf aus Washington zurückgekehrt. Doch Jan hegte bereits seine Zweifel. Würden es die Amerikaner wegen Polen wirklich auf eine Konfrontation mit ihren Hauptverbündeten ankommen lassen?

Biddle berichtete tatsächlich über sein Treffen mit Karski, und zwar in einem »streng vertraulichen« Memorandum an Außenminister Cordell Hull vom 3. März 1943. (Ob Roosevelt dieses Memorandum jemals vorgelegt bekam, ist nicht feststellbar.) Der ausführliche Bericht gab Karskis Argumente korrekt und vollständig wieder. Sich auf sein Treffen mit einem ungenannten »kürzlich in London eingetroffenen, führenden Offizier der von der polnischen Regierung gesteuerten Untergrundorganisation« berufend, schrieb Biddle, der Untergrund sei »zunehmend besorgt über Rußlands potentielle Absichten in Polen«. Die Bewegung befürchte, daß der »kommunistisch gesteuerte Untergrund in Polen« damit beschäftigt sei, mit »subtilen Methoden die ›regierungsgesteuerte Untergrundbewegung‹ zu ›liquidieren‹ und eine Revolution anzuzetteln« (sic!). Es folgte eine Aufzählung verräterischer Aktionen seitens kommunistischer Elemente in Polen, einschließlich von Beispielen für deren Bestrebungen, die rechtmäßige Untergrundbewegung bei der Bevölkerung zu diskreditieren, sie zu unterwandern und deren Mitglieder bei der Gestapo zu denunzieren. Biddle fuhr fort:

> Als Resultat sich häufender Beispiele russischer Disloyalität ... ist in Polen eine »schreckliche Situation« entstanden. Darüber hinaus ist der »regierungsgesteuerte Untergrund« tief besorgt, man könne ihn der Hintergehung polnisch-britischer Beziehungen verdächtigen, wenn er Maßnahmen gegen die zuvor erwähnten Aktivitäten der Russen ergreife. ...

Mein Informant betonte, er und seine Kollegen »in der Heimat« seien tief beunruhigt, weil sie befürchten müßten, daß eventuelle Maßnahmen ... als dem Geist der Front der Vereinten Nationen widersprechend ... interpretiert würden. Es war ihm deshalb sehr daran gelegen, uns begreiflich zu machen, in welch heikle Lage der »regierungsgesteuerte Untergrund« durch die, seiner Ansicht nach, erwiesenermaßen von Moskau gelenkten subversiven Aktionen geraten sei.

Bis Ende März hatte Karski alle auf höherer Regierungsebene der Alliierten machbaren Kontakte geknüpft. Zusätzlich zu den Experten für Außenpolitik hatte er dem Vorsitzenden der Labour Party Arthur Greenwood, dem Tory-Führer Lord Cranborne, dem Vorsitzenden der Handelskammer Hugh Dalton und anderen Spitzenfunktionären Bericht erstattet. Die Regierung hatte es jedoch überhaupt nicht eilig, ihn nach Polen zurückzuschicken. Zum einen hatte Lerski bereits einen Teil von Jans Botschaften für die Heimat übermittelt, zum anderen mußten Sikorski und seine Vertrauten die möglichen politischen Konsequenzen einer Rückkehr von Karski nach Polen in Betracht ziehen. Falls der Untergrund von der britischen Haltung zur Grenzfrage erfuhr, würde es mit Sicherheit Ärger geben. Karskis Rückkehr nach Polen war sogar schon vor der Begegnung mit Anthony Eden zweifelhaft: Eden berichtete dem Kriegskabinett, es sei »nicht mehr sicher, daß er nach Polen zurückkehren wird«.

Es gab noch immer viel zu tun für Jan. Im Lauf der vergangenen Monate hatte er in seiner Freizeit einen umfangreichen Bericht über die politische Stimmung in den verschiedenen Untergrundparteien und anderen Bevölkerungsteilen diktiert. Er erzählte der Regierung nicht unbedingt das, was sie hören wollte, indem er das chaotische Spektrum politischer Meinungen sowie die Beharrlichkeit antisemitischer Strömungen und anderer ethnischer Konflikte in bestimmten Bevölkerungskreisen wiedergab. Aber ebenso, wie er jeder polnischen Splitterpartei in England völlig objektiv Bericht erstattet hatte, fühlte er sich verpflichtet, der Exilregierung die ungeschminkte Wahrheit über das Leben im besetzten Polen zu schildern.

Jans Bemühungen um eine unparteiische Haltung wurden eines Tages auf die Probe gestellt, als er einen Anruf des extrem rechten, inzwischen aus der Regierung ausgeschiedenen Nationalistenführers

Tadeusz Bielecki erhielt. Wie in Polen, war es Karski auch im Exil gelungen, das Vertrauen von Politikern des gesamten politischen Spektrums zu gewinnen – selbst das von Tadeusz Bielecki, der gegenwärtig damit glänzte, Sikorskis Regime in Reden und Artikeln in der Londoner Presse in den Schmutz zu ziehen. Jan fragte sich, was es zwischen ihm und Bielecki zu besprechen geben konnte, stimmte dem Treffen aber dennoch zu.

Kurz nach Jans Ankunft betrat ein weiterer Mann den Raum. Es dauerte einen Augenblick, bis Jan ihn in Zivilkleidung erkannte: Vor ihm stand General Sosnkowski, dem er 1940 die Solidaritätsbotschaft seines Bruders überbracht hatte. Sosnkowski hatte 1941, nach Sikorskis Unterzeichnung des Vertrags mit der Sowjetunion, seinen Rücktritt aus der Regierung erklärt. Nur wenige Monate nach diesem Treffen mit Karski sollte Sosnkowski überraschend wieder das Kommando der polnischen Streitkräfte im Exil übernehmen, im Augenblick jedoch sah er sich gezwungen, das Geschehen von außen zu betrachten. Jan begrüßte ihn mit Unbehagen.

»Ich habe erfahren, daß Sie seit geraumer Zeit in London sind«, sagte Sosnkowski. »Sie haben jedermann Bericht erstattet. Ich habe gehört, daß Sie sogar mit britischen Spionen gesprochen haben. Aber Sie sind nicht zu mir gekommen.«

»General, ich hatte keine Botschaft für Sie«, erwiderte Jan.

»Und dies war Grund genug für Sie? In Paris haben Sie mir Nachrichten von einem Mann überbracht, der uns beiden teuer ist. Wie geht es ihm?«

Trotz seiner feindseligen Haltung war Sosnkowski darauf bedacht, Jans Identität nicht dadurch zu enthüllen, daß er den Namen seines Bruders erwähnte. Jan berichtete von Marians Verhaftung, Gefangenschaft in Auschwitz und Entlassung.

»Und er hat Ihnen nicht aufgetragen, zu mir zu kommen?« hakte Sosnkowski nach.

»Nein.« Marian hatte so lange nichts von der Mission gewußt, bis das Telegramm, das Jans sichere Ankunft meldete, in Warschau eintraf.

»Das ist unglaublich«, brüllte Sosnkowski. »Sie sind ein seelenloser Bürokrat geworden. Sie haben mir in Paris erzählt, Sie seien Piłsudskist. Ein schöner Piłsudskist!«

Bielecki ergriff das Wort zu Jans Verteidigung.

»Er ist in Händen von Sikorski und Mikołajczyk«, beschwichtigte der rechte Führer den verbitterten General. »Er tut, was sie ihm sagen.«

»Sie behandeln unser Vaterland als ihren persönlichen Grundbesitz«, zürnte Sosnkowski.

Karski erhob sich zum Gehen.

»So Gott will, sehen wir uns in besseren Zeiten wieder«, schloß Sosnkowski. Sie sahen sich niemals wieder.

Bei seiner zweiten ausgedehnten Konferenzrunde im März und April 1943 gewährte man Jan mehr Verhandlungsspielraum und Unabhängigkeit. Er traf die meisten Verabredungen selbst, und Retinger begleitete ihn nur noch selten. Aufgrund der neu gewonnenen Entscheidungsfreiheit widmete sich Karski nun intensiver der Verbreitung der Nachrichten über das Schicksal der europäischen Juden. Obwohl Jan schmerzhafte Lektionen darüber gelernt hatte, wie notwendig es war, der rhetorischen Linie der Exilregierung zu folgen, fand er, daß sich sowohl Polen als auch die anderen Alliierten aus ihrer Verantwortung stahlen, etwas gegen den Holocaust zu unternehmen. Jan offenbarte Ignacy Schwarzbart seine diesbezüglichen Gefühle, als sie sich am 15. März zum zweiten Mal trafen.

»Als Pole und als Mensch«, erklärte Jan dem polnischen Juden, »muß ich zugeben, daß es einen substantiellen Unterschied zwischen den Leiden der Polen und den Leiden der Juden gibt. Man kann berechtigterweise von einer biologischen Liquidierung der polnischen Intelligenz sprechen, während man in bezug auf die Juden von der Liquidierung eines ganzen Volkes sprechen muß.«

Jan gestand Schwarzbart, er sei »schockiert über den Mangel an Einsicht seitens der polnischen Regierung«. Raczyńskis Stellungnahme vom 9. Dezember sei »blaß und schwach« gewesen, fuhr Jan fort und ergänzte, daß er gleiches auch den Briten im Außenministerium gesagt habe. Wenn die Polen die anderen Alliierten nicht von der Notwendigkeit »außergewöhnlicher Schritte« wie Vergeltungsmaßnahmen und Flugblattaktionen überzeugen konnten, betonte Karski, dann waren die Juden »dem Untergang geweiht«.

Schwarzbart urteilte in seinem Tagebuch, Karski habe eine »wirklich demokratische und menschliche Einstellung zu dem Problem«, vermerkte jedoch auch, daß »Herr Karski dieses Mal etwas zurückhaltender als bei unserem ersten Gespräch war. Natürlich«, ergänzte Schwarzbart mit einem Anflug von Sarkasmus, »hat er in London schon etwas gelernt.«

An anderer Stelle in seinem Tagebuch schrieb Schwarzbart, Karski sei »ein seltenes Phänomen unter den Polen. Wenn er meint, was er sagt, und wenn die Mehrheit der Polen tun würde, was er sagt, würde es um viele Dinge besser stehen.«

Schließlich gelang es aber auch Jan nicht, Schwarzbarts Verbitterung über das Schicksal der Juden zu besiegen. Gegen Ende des Krieges erklärte Schwarzbart, er habe den Glauben in das, was er im Lauf der Jahre von den Kurieren des polnischen Untergrunds gehört habe, verloren, denn »bei keinem, nicht einmal bei Karski, habe ich ein Herz für die Juden gespürt«.

Da die Polen mit Hilfe von Karski die öffentliche Meinung beeinflussen wollten, traf sich Jan im Frühjahr 1943 im geheimen und völlig inoffiziell auch mit Journalisten und literarischen Persönlichkeiten. Mächtige Kräfte hatten offensichtlich ein Interesse daran, diese Begegnungen zu arrangieren: Ein Autor namens Derek Tangye, den Jan als freundlichen Zeitungsjournalisten kannte, war in Wahrheit ein MI5-Agent mit dem Auftrag, Karski bei der Verbreitung seiner Geschichte zu helfen. Jan brachte in diese Gespräche die ganze Bandbreite polnischer Belange ein, doch es war die Dringlichkeit, mit der er sich für die Interessen der Juden einsetzte, die Tangye am meisten beeindruckte. Der Schriftsteller erinnerte sich später an die dramatische erste Begegnung mit dem »spindeldürren« jungen Polen, der Kaffee schlürfend vor dem Kaminfeuer seines abgedunkelten Wohnzimmers saß und von den Greueltaten erzählte, die er mit eigenen Augen gesehen hatte. »Er sprach ruhig, ohne Pathos«, schrieb Tangye, »und dennoch hatte ich das Gefühl, daß er wußte, daß der schwierigste Teil seiner Aufgabe in der Gegenwart lag. Er mußte die Leute davon überzeugen, daß er *die Wahrheit sprach*.«

Tangye brachte Jan mit einer Reihe von Londoner Journalisten in Kontakt. Die Wirkung, die Karskis Geschichten auf einen von ihnen, den Büroleiter von *Associated Press*, Frederick Kuh, hatte, beschrieb Tangye folgendermaßen:

»Ich hatte ein Mittagessen in einem der Séparées von Simpson's-in-the-Strand arrangiert und Freddie Kuh erschien – zynisch, gewandt, ungläubig. Doch bis zum Ende des Essens war die Emotionalität der Geschichte in seinen dicken Schädel eingedrungen, und ich vermutete, er würde im Dunkel der Nacht mit Entsetzen daran denken.«

Der aus Polen emigrierte und für seine Darstellungen britischer Kriegsleistungen berühmte Künstler Felix Topolski half Karski ebenfalls beim Anknüpfen von Kontakten. In seinen Memoiren erinnerte sich Topolski, der später ein enger Freund von Karski und dessen Frau wurde, an das Image, das der Kurier verkörperte:

»Er war damals ein moderner Krieger – wie ein Fünfkämpfer gebaut; nicht der legendäre stämmige Ritter, aber immer einsatzbereit.«

Der Künstler gab einen Empfang zu Ehren von Karski, bei dem Jan so bekannten Intellektuellen wie dem Penguin-Verleger Allen Lane und dessen Konkurrenten Victor Gollancz, den Herausgebern von zwei Londoner Zeitungen, der Parlamentsabgeordneten Eleanor Rathbone sowie dem Schriftsteller Arthur Koestler vorgestellt wurde. Gollancz und Koestler – wie Topolski Juden – befragten Jan intensiv zu den Massenmorden in Polen.

Koestler, dessen Angehörige zum Teil bereits in Vernichtungslagern umgekommen waren, verfaßte kurz darauf ein Manuskript für eine Rundfunksendung der BBC, das in Jans Worten geschrieben war. Der Text erschien später zusammen mit Beiträgen von Alexei Tolstoy und Thomas Mann in einer weit verbreiteten Broschüre mit dem Titel: *Terror in Europe: The Fate of the Jews* (»Schrecken in Europa: Das Schicksal der Juden«). Koestler schrieb 1943 auch einen Roman – *Arrival and Departure* (»Ein Mann springt in die Tiefe«) –, der das Thema Völkermord durch ein imaginäres Hitler-Regime behandelte und dessen Protagonist eng an Karski angelehnt ist.

Gollancz, der sich bereits seit geraumer Zeit dafür einsetzte, die Leiden der Juden ins Bewußtsein der Öffentlichkeit zu rücken, geriet durch Jans Augenzeugenberichte in einen »an Hysterie grenzenden Zustand«, wie es sein Biograph ausdrückte. Kurze Zeit nach dem Treffen mit Karski erlitt Gollancz einen schweren Nervenzusammenbruch.

In Washington sorgte inzwischen Biddles Bericht über die Intrigen der Sowjets in Polen für Aufregung. Elbridge Durbrow von der Osteuropa-Abteilung des Außenministeriums schickte am 9. April eine Analyse des Berichts an Ressortkollegen. Er kam zu dem Schluß, daß Moskaus Machenschaften in Polen »darauf hindeuten, daß das sowjetische Regime einen Bruch mit der polnischen Exilregierung herbeiführen will, um ein von Moskau kontrolliertes ›freies Polen‹ zu errichten«.

Durbrows Analyse hätte nicht treffender ausfallen können. Vier Tage später meldete nämlich der deutsche Rundfunk die Entdeckung eines Massengrabs im russischen Katyń-Wald, das die Leichen Tausender polnischer Offiziere enthielt. Die Deutschen behaupteten, die Männer seien von den Sowjets erschossen worden. Der Westen akzeptierte allgemein Stalins Dementi und interpretierte die Verlautbarung der Deutschen als einen zynischen Versuch, Morde, die von ihnen selbst begangen worden waren, zu Propagandazwecken zu nutzen. Sikorski hatte bis zu diesem Punkt Stillschweigen über die vermißten Offiziere gewahrt; die Polen wußten jedoch, daß die Männer lange vor dem Beginn des deutsch-sowjetischen Krieges verschwunden waren. Angesichts der erdrückenden Beweise dafür, daß die Sowjets Tausende von Polen ermordet hatten, konnte die Exilregierung unmöglich noch länger aus Rücksicht auf die Einheit der Alliierten schweigen.

Stalin hatte Polen in eine Schachpartie hineingezogen; jeder Zug folgte einer tragischen Zwangsläufigkeit. Sikorski verkündete, seine Regierung akzeptiere den deutschen Vorschlag, den Exekutionsplatz zur Prüfung der Beweise von einer unabhängigen Delegation des Internationalen Roten Kreuzes inspizieren zu lassen. Die Medien und die Regierungen der Vereinigten Staaten und Großbritanniens reagierten mit einem Aufschrei der Empörung: Wie konnten die Polen so dumm und so unloyal sein, auf eine Provokation der Deutschen hereinzufallen? Am 21. April beschuldigte Stalin die Polen der »geheimen Absprache« mit den Nazis. Am 25. April brach die Sowjetunion die diplomatischen Beziehungen zur polnischen Exilregierung ab.

9. Pyrrhussieg

Das Katyń-Desaster stürzte die polnische Regierung in eine schwere Krise, die die letzten Reste von Souveränität, die sich die Londoner Polen seit ihrer Flucht aus der Heimat noch hatten bewahren können, zu zerstören drohte. Anfang Mai 1943 schien Sikorskis Exilregierung seine schwärzeste Stunde zu erleben, als sie durch Stalins Vertrauensbruch in ihren Grundfesten erschüttert wurde. Doch die Polen sollten in den kommenden Monaten noch viele weitere Schläge einstecken müssen: im Juni in Warschau, im Juli in Gibraltar, im Dezember in Teheran.

Angesichts der Tatsache, daß das Überleben der Regierung vom guten Willen seiner verbliebenen Verbündeten abhing, war Anfang Mai an eine Heimkehr eines so wertvollen Werbeträgers wie Karski nicht mehr zu denken. Statt dessen schickte ihn Sikorski in die entgegengesetzte Richtung. Wenige Tage nach dem Abbruch der diplomatischen Beziehungen durch Moskau bestellte der polnische Ministerpräsident Jan in sein Büro und wies ihn an, sich auf eine Reise in die Vereinigten Staaten vorzubereiten.

Am 5. Mai schickte der polnische Außenminister ein Telegramm an seinen Botschafter in Washington, in dem er diesen ersuchte, ein Visum für Karski zu besorgen. Offiziell sollte die Mission dazu dienen, die Amerikaner über »die Situation in der Heimat aus Sicht eines betroffenen Bürgers« zu unterrichten, telegraphierte der Außenminister. Ein nur für den Botschafter bestimmter Nachsatz wies auf Jans eigentlichen Auftrag hin: »Er bringt Nachrichten über sowjetische Partisanen mit.«

Karski hielt es später immer dem amerikanischen Botschafter Anthony Drexel Biddle zugute, den Vorschlag für seine USA-Mission gemacht und anschließend auch sein Treffen mit Roosevelt arrangiert zu haben. Ein Bericht des *Office of Strategic Services* nannte ebenfalls

Biddle als Initiator der Präsidentenaudienz. In Biddles umfangreicher und sehr persönlicher Korrespondenz mit Roosevelt findet sich dagegen keinerlei Hinweis auf eine diesbezügliche Intervention. Der Botschafter mag zwar eine Rolle als Vermittler gespielt haben, zu bezweifeln ist jedoch, daß sein Interesse an der polnischen Sache so wohlwollend war, wie Karski das glaubte.

Biddle wandte sich kurz vor Karskis Abreise in der Tat mit einem polnische Angelegenheiten betreffenden Thema an den Präsidenten: Er übte scharfe Kritik an Professor Stanisław Kot, der als neuer Informationsminister vor kurzem zum zweiten Mal Jans unmittelbarer Vorgesetzter geworden war. Anfang Juni schickte der Botschafter ein ausführliches Memorandum an Roosevelt, in dem er dem Präsidenten Vorschläge unterbreitete, wie das polnische Kabinett umgebildet werde sollte, um Stalin zufriedenzustellen, der sich weigerte, an eine Wiederaufnahme der Beziehungen zu Polen zu denken, solange keine neuen Gesichter in der Regierung auftauchten. Biddle betonte nachdrücklich, daß Kot und andere »Unruhestifter« gehen müßten. »Kot ist ein ausgesprochener Egoist und extrem ehrgeizig«, schrieb der amerikanische Gesandte. Der polnische Minister hege »weder sonderliche Sympathie für die Vereinigten Staaten noch für Großbritannien« und habe einen unverbesserlichen Haß auf Rußland. Kot arbeite sogar daran, Sikorskis Politik zu unterminieren, um seine eigenen Nachkriegsambitionen zu fördern. Man sollte Kot nicht nur aus der polnischen Regierung entfernen, schloß Biddle, sondern ihn am besten für die Dauer des Krieges in ein »weit entferntes Land mit einem gesunden Klima« schicken, »in dem es keine anderen Polen gibt, mit denen er intrigieren kann«.

Ob Biddle nun eine Rolle beim Zustandekommen von Karskis USA-Mission spielte oder nicht, war seine Botschaft zumindest vom frühesten Stadium an in die Pläne eingeweiht. Ein aus London stammendes Telegramm an das US-Außenministerium mit der Ankündigung von Karskis Besuch kursierte bereits am 12. Mai in höheren OSS-Kreisen.

Die Formalitäten für die Geheimreise in Kriegszeiten nahmen mehr als sechs Wochen in Anspruch. Am 2. Juni erhielt Karski ein Diplomatenvisum für die USA. Eine Woche später wurde er mit Empfehlungsschreiben von zwei polnischen Ministern, die ihm »ein hervorragendes Gedächtnis und großartige Präzision« sowie »außergewöhnliche Intelligenz« bescheinigten, auf die Reise geschickt. Mikołajczyk hatte Jan versichert, er dürfe nach dem USA-Besuch nach Polen zurückkehren, gab dem Regierungsdelegierten in Warschau in einer Mitte Juni versandten Depesche diesbezüglich allerdings eine eher vage Auskunft: »Karski ist zu einem dreimonatigen USA-Besuch abgereist. Wenn er wiederkommt, werde ich über seine eventuelle Rückkehr zu Ihnen entscheiden.«

Am 10. Juni trat Jan von Schottland aus per Schiff die Reise in die Vereinigten Staaten an. Die Atlantiküberfahrt war zwar nicht risikolos, aber nach schweren Verlusten durch Angriffe der Alliierten hatte das deutsche Oberkommando die meisten seiner U-Boote aus dem Nordatlantik abgezogen. Jans Schiff legte am 16. Juni in New York an.

»Dies wird Ihr Zimmer sein. Es war das Zimmer meines Sohnes.« Für Botschafter Jan Ciechanowski war es eine Geste tiefer Zuneigung, seinem jungen Besucher diesen Bereich im zweiten Stockwerk des Botschaftsgebäudes zu überlassen. Ciechanowskis Sohn Władysław, ein in die *Royal Air Force* eingetretener Kampfflieger, war sieben Monate zuvor bei einem Einsatz ums Leben gekommen. Polens Botschafter in den Vereinigten Staaten sollte während Karskis USA-Aufenthalt als dessen Fremdenführer und Ratgeber fungieren. Ciechanowski war ein kultivierter Mann von wohlhabender und – vielleicht bedeutsam – teilweise jüdischer Herkunft. In Washingtoner Diplomatenkreisen galt er als einer der Gesandten mit den besten Verbindungen. Wenngleich Ciechanowski zu vielen amerikanischen Politikern freundschaftliche Beziehungen pflegte, hatte er sich sowohl unter polnischstämmigen Amerikanern (die ihn häufig für zu distanziert hielten) als auch unter amerikanischen Offiziellen Feinde geschaffen. Ein kurz vor Karskis Ankunft verfaßter OSS-Bericht kritisierte den Botschafter für seine »höchst undiplomatischen Entgleisungen« in einem Interview, in dem er gewisse Regierungsstellen nicht nur der antipolnischen Propaganda beschuldigt, sondern deren Beamte auch noch als deutsche oder sowjetische Agenten bezeichnet habe.

Obwohl Ciechanowski ein so stoischer Aristokrat war, daß er den

Tod seines Sohnes in seinen veröffentlichten Memoiren aus den Kriegsjahren mit keinem Wort erwähnte, offenbaren sich die psychologischen Folgen seines persönlichen Schmerzes doch in seiner Reaktion auf Jan. Mit einem väterlichen Gefühl von Bewunderung und Stolz beschrieb er später seine erste Begegnung mit dem »großen, dunklen jungen Mann von beeindruckender Ausstrahlung«, der darauf brannte, Zeugnis abzulegen vom Kampf seines Volkes. Der Gesandte »wirkte, als habe er große Leiden und Entbehrungen durchgemacht, und in seinen glühenden Augen spiegelte sich scharfe Intelligenz gepaart mit kindlicher Offenheit«, erinnerte sich Ciechanowski. Nachdem er einen Fotografen bestellt hatte, um Porträtaufnahmen von Jan machen zu lassen, bestand der Botschafter darauf, einen unretouchierten Abzug für sich zu behalten, auf dem noch die Narben, die Gestapo-Folter und Akne in Jans Gesicht hinterlassen hatten, sichtbar waren. Bevor Ciechanowski seinen Gast mit irgendjemandem in Washington bekannt machte, schickte er ihn für zehn Tage zur Behandlung bei einem bekannten Dermatologen nach New York. Nach der Rückkehr gehörte es zu Jans täglicher Routine, den Botschafter auf dessen Spaziergängen mit seinem Pudel zu begleiten und geduldig den Geschichten über die diplomatischen Enttäuschungen zuzuhören, die den Alltag in der Botschaft prägten.

Trotz seiner herzlichen Gefühle für den Boten aus der Heimat erlegte der Botschafter ihm strenge Regeln auf. Die Mission müsse streng geheim gehalten werden, erklärte Ciechanowski; und da es in Washington von Spionen wimmele, bliebe Jans Bewegungsfreiheit für die Dauer seines Auftrags auf die Botschaft beschränkt. Alle Treffen würden dort stattfinden.

Ciechanowski lockerte diese Regeln später wieder. Zum einen konnten nicht alle Zusammenkünfte in der Botschaft abgehalten werden, zum anderen reagierte Jan äußerst gereizt auf seine Zwangsisolation in dem barocken Herrenhaus. Die Langeweile des Wartens auf den nächsten Gesprächstermin lastete schon bald ebenso schwer auf ihm wie die berüchtigte Washingtoner Sommerhitze. (Der OSS-Beamte James G. Rogers, der in jenem Sommer in seinem Tagebuch Tag für Tag Temperaturen zwischen fünfunddreißig und vierzig Grad registrierte, kommentierte pikiert: »Die ganze Stadt schläft nackt.«)

Der Botschafter runzelte zwar die Stirn, als sein junger Schützling um die Erlaubnis bat, ins Kino gehen zu dürfen, gewährte ihm aber ein paar solcher Ausflüge, allerdings nur unter einer Bedingung: »Meiden Sie die Polen wie die Pest!« Die in Washington stark vertretene polnisch-amerikanische Bevölkerungsgruppe würde versuchen, Karski zu vereinnahmen und ihn in ihre kleinlichen Intrigen hineinzuziehen, warnte Ciechanowski. Er gab Jan eine Liste rechtsgerichteter Polen, die als Kritiker von Sikorskis 1941 geschlossenem Friedensvertrag mit Rußland bekannt waren.

»Sie werden wahrscheinlich erfahren, daß Sie hier sind«, klärte der Diplomat Karski auf. »Mit Sicherheit werden sich alle mit Ihnen treffen wollen. Doch Sie werden sich mit niemandem treffen. Wenn man Sie einlädt, sagen Sie zu. Aber halten Sie die Verabredung nicht ein. Sie werden wohl oder übel Mißfallen erregen.«

Mit der paradoxen Aufgabe konfrontiert, in Washingtons Korridoren der Macht die Aufmerksamkeit auf Jan zu lenken und ihn gleichzeitig vor der Öffentlichkeit abzuschirmen, entwickelte Ciechanowski ein durchdachtes Werbekonzept. Er plante eine sich über einen Monat erstreckende Serie von Gesprächsterminen, die Karski nicht nur mit wichtigen Entscheidungsträgern zusammenbringen würde, sondern die Elite auch dahingehend beeinflussen sollte, Jans oberstes Ziel, eine Audienz bei Präsident Roosevelt, zu fördern. Die Parallelen zu Retingers Strategie waren für Jan offensichtlich; dieses Mal würde er sich hüten, den Plan zu gefährden.

In einer Meldung nach London erklärte Ciechanowski, daß es für ihn ein leichtes gewesen wäre, einen förmlichen Empfang im Weißen Haus zu arrangieren, wo er selbst ein- und ausging. Um jedoch mehr als einen Händedruck von Roosevelt zu erhalten, müsse man die Neugier des Präsidenten erregen.

In einem nach der Hälfte seines USA-Aufenthalts angefertigten Bericht, hielt Karski die von Ciechanowski erhaltenen diplomatischen Instruktionen fest.

Diese basierten auf zwei Grundprinzipien:

»1. Übertreiben Sie nicht; die Wahrheit über die Heimat ist die beste Propaganda«, und

»2. Lassen Sie sich nicht in polemische politisch-ideologische Diskussionen verwickeln. Bewerten Sie die Informationen nicht. ... Sie müssen erreichen, daß Ihre Gesprächspartner Vertrauen in Sie als Berichterstatter setzen.«

Neben diesen allgemeinen Richtlinien »wurde jedes Gespräch einzeln vorbereitet, wobei der Botschafter erläuterte, welche Themen betont und welche verschwiegen werden sollten«, vermerkte Jan. »Ich habe immer die Wahrheit gesagt«, ergänzte er, »wenn auch nicht die ganze Wahrheit.«

Die Wahrheit ist ein dehnbarer Begriff in Kriegszeiten. Karski mag sich an diesem Punkt selbst für ehrlich gehalten haben, wenngleich ihn bestimmte Erfordernisse seiner Arbeit bereits dazu zwangen, seine Zuhörer irrezuführen. Vor seiner Abreise hatte ihm Sikorski aufgetragen, sich nicht als Abgesandten der Londoner Exilregierung, sondern als den der Untergrundbewegung vorzustellen – eine jener »Halbwahrheiten«, angesichts der Tatsache, daß er inzwischen seine Befehle aus London erhielt. Um seine Informationen aktueller erscheinen zu lassen, hatte die Exilregierung die Nachricht verbreitet, Karski sei im Februar, bzw. März 1943 aus Polen eingetroffen – statt im November 1942. Selbst Ciechanowski wurde dieses spätere Datum in einem von Jans Empfehlungsschreiben genannt. Die Aussagen von Karskis Gesprächspartnern belegen, daß er während seines USA-Besuchs permanent falsche Ankunftsdaten angab.

Nicht einmal das persönliche Verhältnis, das sich zwischen Ciechanowski und Karski entwickelte, war frei von einem gewissen Maß an Intrige seitens des Jüngeren. Auf Anweisung von Retinger hielt Jan einen geheimen Draht nach London aufrecht, indem er über den in New York stationierten, für den geheimen Nachschub der Heimarmee zuständigen Spezialagenten Tomasz Kuśniarz Berichte an Mikołajczyk und Kot schickte. In einigen davon kritisierte er den Botschafter wegen seiner streitlustigen Haltung gegenüber polnischstämmigen Amerikanern und US-Offiziellen.

Anfang Juli hielt der Botschafter die Zeit für gekommen, seinen Geheimboten Washingtons Elite vorzustellen. Am 3. Juli versandte er an verschiedene Spitzenpolitiker Einladungen zu »kleinen, informellen Arbeitsessen«, bei denen sich den Anwesenden die Gelegenheit bieten werde, »mit einem der hervorragendsten Mitglieder der polnischen Untergrundbewegung zu sprechen«.

Am folgenden Tag gab Sikorski Tausende von Meilen entfernt ein Telegramm an Präsident Roosevelt auf:

ICH MÖCHTE HEUTE, DEM VIERTEN JULI, DER GROSSEN AMERIKANISCHEN NATION MEINE AUFRICHTIGE HOCHACHTUNG ZOLLEN, BESONDERS, DA ICH DIESEN TAG ALS GAST DES GOUVERNEURS VON GIBRALTAR VERBRINGE, WO ICH EINIGE IHRER OFFIZIERE KENNENGELERNT HABE. ICH BIN DAVON ÜBERZEUGT, DASS UNTER IHNEN, HERR PRÄSIDENT, DEM ENGAGIERTEN FÜHRER DER AMERIKANISCHEN NATION, UND IN ENGER ZUSAMMENARBEIT MIT GROSSBRITANNIEN DER SIEG FÜR DIE VEREINTEN NATIONEN NICHT MEHR FERN IST. DIESER SIEG WIRD NICHT NUR DEN FEIND ZERSCHMETTERN, SONDERN AUCH IHRE PRINZIPIEN VON FREIHEIT UND GERECHTIGKEIT ZUR VERWIRKLICHUNG BRINGEN.

Am 5. Juli erreichte Roosevelt ein Eiltelegramm mit folgender Nachricht:

General Sikorski, seine Tochter und sein Stabschef sind gestern bei einem Flugzeugabsturz über Gibraltar ums Leben gekommen.

Die ohnehin trüben Zukunftsaussichten der polnischen Exilregierung sahen plötzlich noch trüber aus. Sikorskis Tod war nur die eine Hälfte eines Doppelschlags, dessen anderen Teil die Polen geheimhielten: Nur Tage zuvor, am 30. Juni, war Stefan Rowecki vor einem seiner getarnten Büros in Warschau verhaftet worden; Opfer eines Gestapo-Informanten. Bemühungen um Roweckis Austausch gegen einen gefangengenommenen deutschen General ließen sich zunächst vielversprechend an, wurden später jedoch aus Furcht vor einer Verärgerung der Sowjets wieder fallengelassen. Nach mehr als einjähriger Internierung im Konzentrationslager Oranienburg wurde Rowecki im August 1944 erschossen, als in Warschau der Generalaufstand des polnischen Untergrunds begann.

Ungeachtet des politischen Tumults um Sikorskis Nachfolge und der unter ihren Londoner Vorgesetzten herrschenden Niedergeschlagenheit hielten Ciechanowski und Karski an ihrem Zeitplan fest. Jans erstes Treffen mit amerikanischen Entscheidungsträgern fand wie verabredet am 5. Juli statt. Alle drei Teilnehmer – der Präsidentenberater Ben Cohen, der stellvertretende Generalstaatsanwalt Oscar Cox und der Richter am Obersten Gerichtshof Felix Frankfurter – hatten Roosevelts New-Deal-Politik mitgeformt. Jeder der drei Männer unterhielt enge Kontakte zum Präsidenten und verfügte in Washington über hervorragende Verbindungen. Ciechanowski wollte Roosevelts Aufmerksamkeit erregen; Karski brachte dramatische Neuigkeiten mit, die vermutlich besonders die amerikanischen Juden interessierten. Deshalb hatte Ciechanowski aus strategischen Gründen ganz bewußt die drei höchsten jüdischen Ratgeber des Präsidenten zu Karskis erstem Gesprächstermin eingeladen.

In Bezug auf Oscar Cox funktionierte der Plan fraglos. In jüdischen Belangen weit aktiver als die meisten der zahlreichen Juden in der Regierungsverwaltung, war Cox bereits im September 1942 an Ciechanowski herangetreten, um die Möglichkeit einer UN-Untersuchungskommission für Kriegsverbrechen zu erörtern. Jans Berichte über die Leiden der Juden veranlaßten Cox genau zu dem von Ciechanowski erhofften Schritt: Einen Tag nach dem Gespräch schrieb er an zwei der mächtigsten Leute in Washington – den Journalisten Walter Lippmann und Roosevelts rechte Hand, Harry Hopkins – und empfahl ihnen, sich mit Karski zu treffen und sich dessen »haarsträubende« Geschichten anzuhören.

Cox' Engagement stellte jedoch die Ausnahme dar. Weit typischer für die Einstellung der Juden in Roosevelts direkter Umgebung zu jüdischen Angelegenheiten war Felix Frankfurters Reaktion auf die Nachrichten vom Holocaust. Der Sohn österreichischer Juden, der im Kindesalter mit seinen Eltern emigriert war, äußerte durchaus seine Besorgnis über den Antisemitismus und intervenierte hinter den Kulissen, um die Verbreitung von Vorurteilen einzudämmen. Im Juni 1943 knöpfte sich Frankfurter zum Beispiel den ehemaligen Botschafter William C. Bullitt vor (den auch Karski noch kennenlernen sollte), um ihn wegen der antisemitischen Tendenz seiner öffentlichen Stellungnahmen abzukanzeln. Doch die Nachrichten der letzten Monate aus Europa hatten Frankfurter nicht zu Taten angespornt. Der Unterschied zwischen Frankfurters und Cox' Haltung zeigte sich deutlich in beider Reaktion auf die Riegner-Telegramme mit ihrem Nachweis eines in solchem Ausmaß noch nie erlebten Massenmordes und ihrer flehentlichen Bitte um Hilfe. Als Cox in den Besitz der damals noch geheimgehaltenen Telegramme gelangte, schickte er Kopien davon an Ciechanowski und drängte ihn, die Aussagen zu überprüfen. Als der Vorsitzende des Jüdischen Weltkongresses, Nahum Goldmann, die Depeschen im Oktober 1942 Richter Frankfurter zu lesen gab, gewann er einen »höchst negativen Eindruck von Frankfurter, der ein Egoist ist und direkt nach der Lektüre der schrecklichen Telegramme anfing, von seinen Reden zu erzählen«.

Das Arbeitsessen mit Cohen, Cox und Frankfurter dauerte bis um ein Uhr nachts. Jan referierte über die Organisation des Untergrunds, die von sowjetischen Partisanen verursachten Probleme sowie über andere Themen und lieferte darüber hinaus eine objektive Beschreibung der Judenverfolgung in Polen. Beim Essen sprach Jan nur ansatzweise von den Dingen, die er selbst miterlebt hatte – doch auch das genügte, »um einem die Haare zu Berge stehen zu lassen«, wie Cox an Harry Hopkins schrieb.

Frankfurter, der einen Urlaub verschoben hatte, um den mysteriösen jungen Polen kennenzulernen, verweilte noch in der Botschaft, nachdem sich die anderen Gäste verabschiedet hatten. Ciechanowski verlegte die Zusammenkunft in einen ruhigen Empfangssaal und nahm zur Linken von Jan Platz. Der Richter des Obersten Gerichtshofs setzte sich Karski gegenüber und sah ihm fest in die Augen.

»Herr Karski, wissen Sie, daß ich Jude bin?« fragte Frankfurter.

Jan nickte.

»Es gibt so viele sich widersprechende Berichte darüber, was in Ihrem Land mit den Juden geschieht«, fuhr Frankfurter fort. »Bitte erzählen Sie mir genau, was Sie gesehen haben.«

Jan erklärte eine halbe Stunde lang geduldig, wie seine Besuche im Ghetto und im Lager zustande gekommen waren, und schilderte in grausamen Details, was er mit eigenen Augen gesehen hatte. Der Jurist stellte eine Reihe von technischen Fragen, so zum Beispiel, wie Jan ins Ghetto und ins Todeslager gelangt sei. Nachdem er erschöpfend Auskunft erteilt hatte, wartete Jan auf den nächsten Zug des Besuchers.

Frankfurter erhob sich schweigend. Einen Moment lang lief er unruhig vor Karski und dem Botschafter auf und ab, die verwirrt vor sich hinstarrten. Dann nahm der Richter ebenso still wieder Platz.

»Herr Karski«, ergriff Frankfurter nach einer weiteren Pause das Wort,

»ein Mann wie ich muß einem Mann wie Ihnen gegenüber völlig offen sein. Deshalb muß ich Ihnen sagen: Ich kann Ihnen einfach nicht glauben.«

Ciechanowski schoß in die Höhe. »Felix, das darf doch nicht wahr sein!« schrie er. »Wie können Sie ihn als Lügner bezeichnen! Meine Regierung steht hinter ihm. Sie wissen, wer er ist!«

Mit leiser, von Resignation erfüllter Stimme erwiderte Frankfurter: »Herr Botschafter, ich habe nicht behauptet, daß Ihr junger Mann lügt. Ich sagte, ich kann ihm nicht glauben. Das ist ein Unterschied.«

Nach dem verkrampften Austausch von Höflichkeiten verließ Frankfurter in Begleitung des Botschafters den Raum. Jan saß allein in dem riesigen Saal, während ihre Schritte langsam verhallten.

Frankfurter war in Kreisen der Alliierten nicht der erste, der auf Karskis Greuelgeschichten mit Unglauben reagierte, aber er war der Prominenteste. In welchem Maße die Zurückweisung bei seinem ersten offiziellen Gesprächstermin in den USA Jans weiteres Handeln beeinflußte, läßt sich nachträglich nur schwer ermessen. Sowohl die verfügbaren Dokumente als auch seine eigenen Erinnerungen legen jedoch den Schluß nahe, daß Karski während seines Besuchs von 1943 in Gespräche mit amerikanischen Regierungsvertretern nie wieder seine eigenen furchtbaren Erfahrungen einbrachte. Er erwähnte sie führenden Juden gegenüber, und er sprach bei der Unterredung mit Roosevelt das Thema Nazi-Greueltaten an, aber er unterließ es, über das zu berichten, was er mit eigenen Augen gesehen hatte. Es ist möglich, daß er selbst sich dazu entschloß oder daß Ciechanowski aus Furcht vor Reaktionen wie der von Frankfurter ihm dazu riet, seine eigenen Erfahrungen zu verschweigen.

Nach außen hin unbeeindruckt vom Debakel mit Frankfurter traf Karski in schneller Folge mit weiteren Offiziellen zusammen. Am 7. Juli kamen der stellvertretende Außenminister Adolf Berle sowie die Osteuropa-Spezialisten des Außenministeriums Loy Henderson, Elbridge Durbrow und Charles Bohlen zum Abendessen. Das Gespräch, das wiederum bis nach Mitternacht dauerte, drehte sich hauptsächlich um die politischen Folgen von Sikorskis Tod. Mit Sikorski hatte Polen nicht nur einen Ministerpräsidenten von internationaler Glaubwürdigkeit verloren, sondern auch den einzigen

Politiker, der in der Lage war, die in der Exilregierung vertretenen Splittergruppen zusammenzuhalten. Berle äußerte sich in seinem Tagebuch über die Tragweite des Verlusts:

> Wir müssen zusammen mit den Briten einen Weg finden, um die Spannungen zwischen den Russen und den Polen zu reduzieren und sie vielleicht zur Wiederaufnahme ihrer Beziehungen zu bewegen. Doch Sikorskis Tod ist uns dabei nicht dienlich. Bei dem Requiem für ihn heute dachte ich daran, daß Sikorski, als Persönlichkeit, die Fähigkeit besaß, die tiefe Kluft zwischen den Fraktionen zu überwinden, die Polen überwinden muß, um als Nation fortzubestehen; und es ist kein Ersatz für ihn in Sicht. Potentielle Nachfolger sterben zu Hunderten in deutschen Konzentrationslagern. Leider haben wir ziemlich eindeutige Beweise hierfür; die Augenzeugenberichte von Karski, einem entkommenen Mitglied des polnischen Untergrunds, die Loy Henderson, Durbrow, Bolan (sic!) und ich letzten Mittwoch in der polnischen Botschaft vorgetragen bekamen, belegen all dies nur zu deutlich.

Einige Politiker in Washington vertraten die Auffassung, daß der Krieg 1943 enden würde. Ausgehend von dieser Annahme wollte Berle wissen, ob die Untergrundbewegung darauf vorbereitet sei, nach Polens Befreiung die Macht zu übernehmen und die öffentliche Ordnung aufrecht zu erhalten. Karski versicherte ihm, daß ein kompletter Geheimstaat existiere, der bereit sei, alle Regierungsfunktionen wahrzunehmen. Berle und die Experten vom Außenministerium erkundigten sich auch nach der finanziellen Situation der Widerstandskämpfer und dem Grad der Unterstützung.

»Die Regierung schickt uns Geld«, erklärte Karski. »Es ist ihr ein Anliegen.« Es seien ausreichend Mittel für Gewehre, Munition und organisatorischen Bedarf vorhanden, aber keine für die Deckung persönlicher Ausgaben, ergänzte Jan.

»Die Leute sind krank vor Hunger und Erschöpfung. Jeder geschickte Geldbetrag, jedes gelieferte Gewehr erfüllt einen guten Zweck.« Am nächsten Tag stellte Ciechanowski Karski verschiedenen Offizieren des Militärischen Abwehrdiensts der USA vor. Ein polnischer Militärattaché, der dem Treffen beiwohnte, hielt seine Eindrücke von dem Untergrundkurier in seinem Tagebuch fest:

Karski ist gewandt und allen Gesprächspartnern gegenüber offen. Es scheint, als sei er an den Umgang mit solchen Situationen gewöhnt. Vermutlich aufgrund seiner Untergrundarbeit oder der Gestapo-Verhöre, denen er unterzogen wurde, hat er jedoch die Angewohnheit, Fragen nicht unmittelbar zu beantworten. Er rekapituliert den letzten Punkt der vorangegangenen Frage, um Zeit für die Formulierung seiner Antwort zu gewinnen. Es ist keine schlechte Methode, aber etwas irritierend.

Derselbe Chronist lieferte den einzigen Hinweis darauf, daß Karski seine eigenen Lager- und Ghetto-Erfahrungen nach dem Treffen mit Frankfurter gegenüber US-Regierungsvertretern doch noch einmal erwähnte; er notierte:

> Karski erzählte von entsetzlichen, furchtbaren Dingen; Dinge, die nach der Strafe Gottes schreien; davon, was die Deutschen den polnischen Juden antun; von Pogromen und Massakern.

Ein anderes Treffen diente der Information der Presse. Einen ganzen Tag lang stand Karski einer handverlesenen Gruppe von Journalisten Rede und Antwort und gab einen detaillierten Lagebericht. Unter den Anwesenden befand sich der bekannte Kolumnist Walter Lippmann, der bereits durch Cox auf Karski aufmerksam gemacht worden war. Das Ergebnis des Pressegesprächs spiegelte sich in mehreren positiven Artikeln über den Untergrund in führenden Zeitschriften, einschließlich einer Titelgeschichte im *Collier's*-Magazin und eines auf Jans persönlichen Abenteuern basierenden Artikels im *The American Mercury*. Lippmann lauschte dem Vortrag des Boten, einschließlich dessen Informationen über die Judenvernichtung, schrieb jedoch nichts über Karski. Wie Frankfurter, gehörte auch Lippmann zu den Juden, die um jüdische Probleme im öffentlichen Leben einen großen Bogen machten.

Ciechanowskis Bewunderung für Jan wuchs im Verlauf der Treffen, in denen er beobachten konnte, wie souverän Karski jede Situation meisterte.

»Ich habe niemals einen Mann getroffen«, schrieb Ciechanowski später, »der mit solcher Einfachheit, solch telegraphischer Knappheit und solch völliger Offenheit Ereignisse und komplizierte Situationen beschreibt.«

Am 9. Juli hatten Karski und der Botschafter Spitzenbeamte des *Of-*

fice of Strategic Services (OSS) zu Gast. Anwesend waren an diesem schwülen Freitag nachmittag alle Führungskräfte des OSS mit Ausnahme von Bill Donovan, der sich wegen der Invasion der Alliierten in Sizilien im Ausland aufhielt. (Karski traf Donovan im August.) James G. Rogers, Vorsitzender der für Geheimoperationen verantwortlichen Planungsgruppe des OSS, notierte in seinem Tagebuch einige Eindrücke von »einem erstaunlichen Tag« mit Karski:

> Die Polen haben einen kompletten Staatsapparat im Untergrund: eine Exekutive, eine Armee, ein Parlament, Guerillas, Gerichtshöfe, und das alles wird per Funk von London aus dirigiert. Theoretisch kann jeder Pole zum Dienst einberufen werden, aber es gehören nur ein paar Hunderttausend dazu. Sechs-Mann-Zellen, falsche Namen und Papiere für jeden Teilnehmer; jeder hat eine doppelte oder dreifache Identität. ... Sie benutzen amerikanische Dollar zum Kauf von Waffen und Informationen. Probleme mit russischen Partisanen, die Sikorski (jetzt tot) verbot anzugreifen, die jedoch Städte plünderten und Repressalien provozierten. Zwei Untergrundbewegungen, die keinen offenen Krieg gegeneinander führen, sich aber gegenseitig unterminieren! Sie haben eine Fluchtroute durch Deutschland und Frankreich nach Lissabon. Funkverkehr: allein in Warschau sieben Stationen für Einsatzbefehle. Sie warten auf den »Tag der Erhebung«. Sie versuchen, als Gegenleistung für ihre Unterstützung von uns eine Garantie für die Existenz Polens zu erhalten, aber wir können nichts garantieren. Niemand kann irgendetwas im Namen der USA garantieren. Wir haben keine politische Führung, die eine konsequente Linie vertritt.

Diese letzte Bemerkung spiegelt deutlich die politische Haltung der Republikaner wider, denen der unter Herbert Hoover im Außenministerium beschäftigte Rogers angehörte. Die Tatsache, daß auf höchster OSS-Ebene überdurchschnittlich viele Republikaner saßen, erklärt auch, warum Karski mit der Erwähnung der »Probleme mit den russischen Partisanen« bei den in der Botschaft Versammelten offene Türen einrannte. Karskis eigener Bericht über diese Sitzung geht ausführlich auf die Besorgnis der OSS-Leute bezüglich der sowjetischen Absichten ein.

Mit seinen Gesprächsrunden war es Ciechanowski gelungen, Jan innerhalb weniger Tage sowohl einigen der wichtigsten für polnische Angelegenheiten zuständigen amerikanischen Regierungsvertretern als auch höchst einflußreichen Einzelpersonen der Hauptstadt vorzustellen. Doch wie meisterhaft die Strategie des Botschafters für Karski von der Form her auch gewesen sein mag, zerstörte ihr Inhalt jede Hoffnung auf einen diplomatischen Erfolg. Dokumente aus jener Zeit belegen, daß die Londoner Regierung Karski hauptsächlich deshalb in die Vereinigten Staaten schickte, um das Ausmaß des sowjetischen Vertrauenbruchs mittels eines echten Untergrundhelden aus Polen zu veranschaulichen. Die Mission war geplant als Fortsetzung (und angesichts der Verschlechterung polnisch-sowjetischer Beziehungen als Intensivierung) jener Versuche, die Karski unternommen hatte, um die britischen Behörden über Stalins Polen-Pläne aufzuklären.

Nirgendwo in den umfangreichen Berichten von der Amerikareise, die Karski, Ciechanowski oder andere Diplomaten nach London schickten, findet sich ein Hinweis darauf, daß die Regierung ihren Gesandten instruiert hätte, ein anderes Thema auf eindringliche Weise zu betonen. Der Umstand, daß es Jan später gelang, seinen Untergrundkameraden dabei behilflich zu sein, einen US-Kredit von zwölf Millionen Dollar zu erhalten, beruht auf purem Zufall. Die Tatsache, daß er die Judenfrage ansprach, bezeugt nur seine eigene Anteilnahme an ihrem Schicksal, nicht die seiner Regierung.

Ein OSS-Bericht vermerkte später in neutralem Ton: »Karskis Spezialität scheint Propaganda gegen die Sowjetunion zu sein.«

Der Eindruck, der Gesandte sei geschickt worden, um Zwietracht unter den Alliierten zu säen, konnte dem eigentlichen Anliegen der Exilregierung, nämlich bei den Verbündeten um Unterstützung für die Unabhängigkeit und territoriale Integrität Polens zu werben, im Endeffekt nur schaden. Die Taktik der Londoner Polen spiegelte das Maß ihrer Verzweiflung wider. Bei seiner Ankunft in Washington wußte Jan bereits, daß die Chancen auf einen ehrenhaften Frieden für sein Land schlecht standen. Auch Ciechanowski als langjähriger, scharfsinniger politischer Beobachter kann kaum Illusionen gehegt haben. In London näherten sich der neue Ministerpräsident Mikołajczyk und seine Berater zweifellos der Einsicht, daß es ihre

Aufgabe war, für die zukünftige Nachkriegsordnung für Polen das zu retten, was es noch zu retten gab.

Und dennoch konnte es sich kein Vertreter der Exilregierung erlauben, öffentlich einen Kompromiß mit den Sowjets zu befürworten. Wie würde ein Soldat aus der ostpolnischen Stadt Lwów, der gerade mit den freien polnischen Streitkräften in Italien kämpfte, auf die Nachricht reagieren, daß seine Regierung seine Heimatstadt an Stalin abgetreten habe? Und wieviel Glaubwürdigkeit würden die Londoner Politiker in einem solchen Fall noch bei ihren Partnern im Untergrund genießen? In diese Zwangslage getrieben, entschied sich die polnische Exilregierung dafür, an ihren Prinzipien festzuhalten, wie unrealistisch sie auch geworden sein mochten.

Es waren reichlich Anhaltspunkte dafür vorhanden, daß die westlichen Alliierten äußerst unterkühlt auf antisowjetische Propaganda reagierten – was die Polen offensichtlich ignorierten. Was sie nicht wissen konnten, war, daß die Alliierten bereits die Teilung des polnischen Staates nach dem Krieg diskutierten. Im März 1943, nur Wochen nach seinem Gespräch mit Karski, traf Anthony Eden zu einem Geheimbesuch in Washington ein, um eine gemeinsame anglo-amerikanische Osteuropapolitik auszuarbeiten. Bei einer Unterredung mit Roosevelt sprach Eden von Stalins Mäßigung und gutem Willen in Bezug auf Gebietsansprüche. Rußland wolle »sehr wenig« von Polen, erklärte Eden – nicht mehr als das gesamte Territorium östlich der Curzon-Linie und eine Regierung aus den, nach Stalins Maßstäben, »richtigen Leuten«. Eden wiederholte fast wörtlich die Argumente, die er vom sowjetischen Botschafter Ivan Majsky in einer Einsatzbesprechung kurz vor seiner Abreise aus England gehört hatte.

Der Präsident der Vereinigten Staaten stimmte Edens Argumentation zu. Unausgesprochen, aber immer in Roosevelts Bewußtsein, blieb die Hoffnung auf Stalins Unterstützung bei einem Angriff der USA auf Japan, ebenso wie die unterschwellige Angst, Rußland könne sich gegen den Westen wenden und einen Separatfrieden mit Deutschland schließen, wie es die Bolschewiken im Ersten Weltkrieg getan hatten. Unter diesen Umständen konnte ein amerikanischer Oberbefehlshaber nichts weniger gebrauchen, als einen Streit mit Stalin über ein so unwesentliches Thema wie die polnischen

Grenzen. Die drei großen Alliierten würden über Polens Grenzen »zur geeigneten Zeit« entscheiden, sagte der Präsident und ergänzte, er »beabsichtige nicht, zur Friedenskonferenz zu gehen, um mit Polen oder anderen Kleinstaaten zu handeln«.

Roosevelts Standpunkt ließ Karskis Mission schon völlig vergeblich erscheinen, bevor der Pole überhaupt in Amerika eintraf. Der Verrat, der im Dezember 1943 in Teheran begangen und im Februar 1945 in Jalta offenkundig werden sollte, war längst beschlossen. Polen hatte bereits das erlitten, was Ciechanowski später seinen »Pyrrhussieg« nannte.

Die Polen fanden verwandte Seelen in Washingtons rechtsgerichteten Kreisen, in denen das während des Krieges beliebte Bild von Stalin als Amerikas tapferem und hilfsbereitem Waffenkameraden 1943 am Verblassen war. Tatsächlich kamen Karskis Bemühungen, seine Stimme gegen sowjetische Missetaten zu erheben, bei Republikanern und anderen Gegnern von Roosevelts Verhätschelungspolitik gegenüber Stalin offenbar etwas *zu* gut an. In einer Phase, in der die polnische Regierung in London verzweifelt den Schutz der Amerikaner und Briten gegen Stalins Pläne suchte, gelang es Karski, bei mehreren einflußreichen Politikern in Washington Interesse für Polens Notlage zu erregen. Im weiteren Verlauf ließ er sich jedoch unklugerweise von einer der in die Grabenkämpfe um die außenpolitische Vormachtstellung verwickelten Fraktionen vereinnahmen. »Er war ein Typ, auf dessen Hilfe wir zählten«, erinnerte sich Elbridge Durbrow 1992 in einem Interview. Durbrow gehörte zu dem rechten Block im Außenministerium, der gemeinsam mit OSS-Verantwortlichen, dem ehemaligen Botschafter in Moskau William C. Bullitt und anderen 1943 eine härtere Linie gegen Stalin zu propagieren begannen. Tony Biddles März-Bericht über Karskis Enthüllungen und Jans anschließender USA-Besuch versorgten Durbrows Gruppe mit Zündstoff.

Zu den Gegnern der rechten Fraktion zählten einige der engsten Präsidentenberater, Roosevelt selbst – und die First Lady. Karski und die polnische Regierung, die ihn dirigierte, hatten aufs falsche Pferd gesetzt.

Aus heutiger Perspektive betrachtet, war William C. Bullitt ein bemerkenswerter Prophet. Den meisten seiner Zeitgenossen weit voraus, sagte er den Aufstieg eines Tyrannen in einem remilitarisierten Deutschland nach dem Ersten Weltkrieg vorher. Unmittelbar nach dem Zweiten Weltkrieg prophezeite er ein nukleares Wettrüsten. Und in einem erstaunlich frühen Stadium jenes Konflikts erkannte er Stalins wahre Absichten für das Europa nach dem Krieg. Am 29. Januar 1943 schrieb er an Präsident Roosevelt:

> Wir müssen Stalin deutlich machen – und es auch so meinen –, daß wir zwar eine ehrliche Zusammenarbeit mit der Sowjetunion wünschen, daß wir aber nicht zulassen werden, daß unser Krieg gegen die Naziherrschaft in Europa in einen Krieg zur Errichtung der Sowjetherrschaft über Europa verwandelt wird.

Bullitt wiederholte seine Warnungen fast wörtlich in Briefen an Roosevelt am 12. Mai 1943 und am 10. August 1943, kurz nachdem beide Männer mit Karski zusammengetroffen waren. Bullitt, der 1933 zum ersten amerikanischen Botschafter in der Sowjetunion berufen worden war und anschließend in Frankreich bis zum Fall von Paris 1940 denselben Posten bekleidete, führte offiziell den Titel eines Sonderberaters des Marineministers. Er fungierte allerdings eher als mehr oder weniger freischaffender Störenfried mit direktem Zugang zum Präsidenten. Zum Zeitpunkt seines Treffens mit Karski war Bullitt sowohl in öffentliche als auch in private Auseinandersetzungen verwickelt. Am 17. Juli 1943 erklärte er als Konsequenz aus seinem Bruch mit Roosevelt seine Kandidatur für die Bürgermeisterwahl in Philadelphia.

Jahrelang hatte Bullitt unermüdlich hinter den Kulissen intrigiert, um den Rücktritt des Staatssekretärs im Außenministerium Sumner Welles zu erzwingen, den er als seinen Hauptrivalen im Kampf um die Macht in der Außenpolitik betrachtete.

1940 hatte Welles eines Nachts in einem Zug in Alabama in betrunkenem Zustand einen Schlafwagenschaffner sexuell belästigt. Bullitts Verbindungen waren sagenhaft; und so war es nicht verwunderlich, daß er von einem Direktor der Southern Railway eine eidesstattliche Erklärung des betreffenden Schaffners zugespielt bekam. 1941 hatte Bullitt das vernichtende Beweisstück Roosevelt vorgelegt, dem Welles' Verfehlung allerdings bereits bekannt war. Trotz Bullitts

Warnung, daß Welles aufgrund seiner Homosexualität erpreßbar sei, weigerte sich Roosevelt, den Diplomaten zu entlassen. Im Frühjahr 1943 tauchten Geschichten über den Zwischenfall im Zug in Washingtons Gerüchteküche auf. Am 5. Mai zitierten Roosevelt und sein Regierungssprecher Steve Early Bullitt ins Weiße Haus und beschuldigten ihn, die skandalöse Geschichte in Umlauf gesetzt zu haben. Bullitt nannte die Vorwürfe »komplette Lüge« und erklärte dem Präsidenten kategorisch: »Unsere intime Freundschaft ist zu Ende.«

Welles trat im August zurück. Roosevelt äußerte später Vizepräsident Henry Wallace gegenüber seine Meinung über Bullitts Machenschaften. Für das, was er Welles angetan habe, sagte der Präsident, »sollte Bill zur Hölle fahren«.

Es hätte keinen günstigeren Zeitpunkt für Bullitt geben können, um Karskis Sache zu der seinen zu machen. Bullitts Differenzen mit Welles hatten auch eine politische Dimension beinhaltet. Welles war Befürworter einer moderaten Politik gegenüber der UdSSR, während sich Bullitt auf eine Haltung versteifte, die William L. Shirer später als »Bullitts hysterischen Kommunistenhaß« bezeichnete. Welles war zwar inzwischen aus dem Weg geschafft, aber Bullitt befand sich nicht mehr in der Position, um Roosevelt in eine neue Richtung lenken zu können.

Und in dieses Wespennest stach Karski, als er mit seinen Geschichten von sowjetisch gesteuerten Intrigen zu Bullitt nach Hause kam (wo sich jener gerade von einem Beinbruch erholte). Die kommunistischen Agenten, berichtete er Bullitt, »sind nicht zahlreich; ihre Propaganda ist wirkungslos; wir fürchten nicht ihre Stärke, sondern ihre Methoden. Wir könnten sie problemlos eliminieren. Aber wir können dies nicht ohne Befehl der Regierung tun, und die Regierung will keinen Bruch der großen Koalition provozieren oder Argumente für Feindpropaganda liefern.«

Karski erklärte Bullitt, alles, was Polen brauche, sei sichtbare Unterstützung von seiten der Vereinigten Staaten und Großbritanniens. »Wir glauben nicht, daß die russische Regierung doktrinär imperialistisch ist«, fuhr Karski fort. Wenn die anderen Alliierten Stärke demonstrierten, würde Stalin klein beigeben.

Bullitts Reaktion stimmte Jan hoffnungsvoll.

»Junger Mann«, begann er, »Sie wissen vermutlich gar nicht, wie wichtig Ihre Mission ist und wieviel Gutes daraus erwachsen kann.« Nicht nur Polen, auch andere Länder könnten davon profitieren. Falls sich die Nachricht von der Unzuverlässigkeit der Sowjets verbreite, mutmaßte der ehemalige Botschafter, würden sich die westlichen Alliierten vielleicht veranlaßt sehen, die Eröffnung einer zweiten Front als Druckmittel gegen Moskau einzusetzen. Falls Stalin nicht einlenke, müßten England und die Vereinigten Staaten von einer Invasion in Europa absehen, um dadurch den Druck auf die Rote Armee zu erhöhen.

In seinem Protokoll über die Unterhaltung notierte Karski:

> Der Botschafter nimmt Bullitts Verlautbarung sehr ernst. Mein unparteiischer, ehrlicher Bericht ... (sowohl nach Meinung des Botschafters als auch nach der von Amerikanern wie Bullitt) ... hat vielleicht einen vollkommen überraschenden Einfluß auf die Linie der amerikanischen Regierung gegenüber den Russen und auf die Richtung der öffentlichen Meinung in Amerika.

Bullitts Unterstützung weckte in der Botschaft Hoffnungen auf einen diplomatischen Durchbruch. In einem am 24. Juli verfaßten Bericht notierte Karski, daß Bullitt »dem Präsidenten von meinen Informationen erzählt hat und ihm empfohlen hat, sich aus erster Hand davon zu unterrichten. Wir erwarten seine Reaktion.« Als sich Roosevelt schließlich dazu entschloß, den jungen Polen, auf den er von mehreren Beratern hingewiesen worden war, zu empfangen, schrieb Karski diese lang ersehnte Schicksalswendung Bullitt zu:

> Die Einladung kam unmittelbar, nachdem Herr Bullitt, ein ehemaliger US-Botschafter, den Präsidenten gesprochen hatte. Herr Bullitt hat dem Präsidenten gegenüber die besondere Bedeutung meiner Informationen betreffend der Aktivitäten kommunistischer Agenten auf polnischem Territorium betont. Am nächsten Morgen um 8 Uhr erhielt der Botschafter einen Anruf mit der Mitteilung, daß uns der Präsident um 10.30 Uhr erwarte. Vor der Audienz instruierte mich der Botschafter, wie ich meinen Vortrag gestalten und welche Punkte ich betonen sollte. Er sagte, er würde versuchen, meinen Vortrag nicht zu unterbrechen, um nicht den Eindruck zu erwecken, als dirigiere er mich,

und nur bei Sprachproblemen meinerseits oder einer sich eventuell ergebenden anschließenden politischen Diskussion mit dem Präsidenten eingreifen.

Karski und Ciechanowski wurden zum *Oval Room* (nicht zu verwechseln mit dem *Oval Office*, das in einem anderen Gebäudeflügel liegt) im zweiten Stock des Weißen Hauses geleitet. Aufgrund seiner Behinderung zog es Roosevelt vor, seine Amtsgeschäfte von diesem leichter zugänglichen, auf derselben Etage wie sein Wohnbereich gelegenen Arbeitszimmer aus zu führen. Der amerikanische Präsident saß hinter einem mit Erinnerungsstücken überhäuften Schreibtisch; an der Wand hinter ihm hingen etwa ein Dutzend Gemälde und Fotografien von Segelschiffen. Er brummte ein herzliches ›Guten-Morgen‹ und winkte seinen Gästen mit seinem Markenzeichen, der Zigarettenspitze, zu. Jan wußte zwar von der Lähmung des Präsidenten, doch auf ihn wirkte Roosevelt völlig gesund.

»Er verkörperte wahre Würde, Macht und Größe«, erinnerte sich Karski später.

Karski und Ciechanowski nahmen gegenüber dem Präsidentenschreibtisch Platz, und Jan drückte seinen Dank für die Einladung aus.

»Für diejenigen von uns, die in der Heimat kämpfen, ist die Tatsache, daß sich der Präsident der Vereinigten Staaten für uns interessiert und über uns unterrichtet werden möchte, von ungeheurer Bedeutung«, begann Jan. »Vielleicht ist Ihnen selbst gar nicht bewußt, daß Ihr Ruf in Polen den jedes anderen übersteigt. Die Menschen in Polen schauen zu Ihnen auf als dem einzigen Mann, der uns Befreiung und einen auf Gerechtigkeit und Menschenrechten basierenden Frieden bringen kann.«

Jan war noch nicht weit gekommen mit seinem einstudierten Vortrag, als der Präsident unterbrach.

»Ist die Lage in Polen tatsächlich so ernst, wie behauptet wird?« forschte Roosevelt nach.

Jan konnte viel zu diesem Thema erzählen. Er beschrieb präzise die winzigen Mengen Schwarzbrot, Marmelade und Kohle, die die Polen unter dem Rationierungssystem der Nazis zugeteilt bekamen. Und er lieferte dem Präsidenten Beispiele dafür, wie die Deutschen den Warenentzug nicht nur dazu benutzten, die polnische Bevölkerung auszuhungern, sondern sie darüber hinaus zu demoralisieren. Während einer Zuckerknappheit im September 1942, berichtete Jan, hatte der deutsche Generalgouverneur von Polen eine Rede gehalten, die über die allgegenwärtigen Lautsprecher, die die Nazis an jeder Straßenecke aufgestellt hatten, übertragen wurde. In verhöhnendem Ton dankte er der Bevölkerung dafür, daß sie der »heroischen deutschen Armee, die einen aufopferungsvollen Kampf führt, um die Polen vor dem Kommunismus, dem britischen und amerikanischen Imperialismus sowie dem internationalen Judentum zu beschützen«, Zucker zur Verfügung gestellt habe.

»Das ist verblüffend«, kommentierte Roosevelt. »Ihre Doppelzüngigkeit übertrifft wirklich jede Vorstellungskraft.«

Karski fuhr mit einer detaillierten Aufzählung der Leiden seines besetzten Landes fort. Er verglich die systematische Ausplünderung seiner Heimat mit der relativen Freigebigkeit im besetzten Frankreich und erzählte, wie er bei seiner Reise durch Europa in Paris krank geworden war:

»Nach zweieinhalb Jahren in Polen, Herr Präsident, konnte mein Verdauungssystem all die Fette, das Fleisch und den Zucker, den die Franzosen konsumieren können, nicht mehr verarbeiten.«

»Wie ist die Stimmung in Frankreich?« fragte Roosevelt.

»Ich hatte nicht viel Kontakt zu Franzosen«, erwiderte Jan, wobei er seine Worte sorgfältig zu wählen versuchte. »Aber mein allgemeiner Eindruck ist, daß die breite Masse der Franzosen einfach Ruhe und Frieden haben will.« Was er verschwieg, sprach Bände, dachte Jan. Seiner Meinung nach waren die Franzosen eine Bande wehleidiger Kollaborateure.

»Ich vermute, daß die Stimmung in Untergrundkreisen anders ist«, sagte er und ergänzte, daß die Polen in Frankreich mit der Widerstandsbewegung zusammenarbeiteten.

Der Präsident stellte eine Frage nach der anderen. Er erkundigte sich nach Enteignungen in der polnischen Landwirtschaft durch die Deutschen; nach Versuchen der Untergrundbewegung, sich mittels Bestechung von Deutschen Waffen und Ausrüstung zu beschaffen; nach dem Stand der Moral in der deutschen Armee; nach dem Wahrheitsgehalt von Gerüchten, die besagten, daß Gefangene und psychisch Kranke in Polen sterilisiert würden. Karski, der über alle diese Punkte bestens informiert war, erteilte Roosevelt erschöpfend Auskunft.

»Erzählen Sie mir von den deutschen Terrormethoden«, forderte Roosevelt Jan plötzlich auf.

»Sie unterscheiden sich von denen der Bolschewiken«, erwiderte Karski in dem Bemühen, das Thema auf die Verbrechen der Sowjets zu lenken. Die Russen hätten während der Besetzung Ostpolens Hunderttausende von Polen in die Sowjetunion deportiert, bemerkte Jan, und selbst gegenwärtig schickten sie noch »Agenten und Provokateure« mit dem Auftrag, die Untergrundbewegung zu unterwandern und zu demaskieren.

»Die Deutschen wenden andere Techniken an«, ergänzte er – Techniken des Massenterrors. »Sie entdecken in irgendeiner Kleinstadt einen Arzt, der in Untergrundaktivitäten verwickelt ist, und verhaften alle Ärzte des Ortes«, berichtete Jan. »Sie finden eine Druckpresse und verhaften alle Bewohner der umliegenden Häuserblocks.« Bei Straßenrazzien im Juli 1942 waren innerhalb weniger Tage fünfunddreißigtausend Menschen festgenommen und anschließend in Arbeits- oder Konzentrationslager deportiert worden.

Jan bezeichnete Auschwitz als das »schrecklichste Konzentrationslager«, einen Ort, an dem bereits achtzig- bis hunderttausend Angehörige der polnischen Intelligenz umgekommen waren. (Zu dem Zeitpunkt, als Jan Polen verließ, waren noch kaum Nachrichten aus dem Vernichtungslager für Juden in Auschwitz-Birkenau durchgesickert, da es später als die meisten anderen Todeslager in Betrieb genommen wurde.) Jan zählte Namen von anderen Lagern »für Polen« auf: Majdanek, Treblinka, Bełżec, Stanisławów, Dachau, Oranienburg, Mauthausen, Ravensbrück – in denen in Wirklichkeit überwiegend Juden interniert waren.

Doch Karski lenkte das Gespräch bald von den Leiden der allgemeinen Bevölkerung auf die Behandlung der Juden:

»Ich bin sicher, daß den meisten Leuten gar nicht bewußt ist, in einer welch furchtbaren Lage sich die jüdische Bevölkerung befindet. Mehr als 1 800 000 Juden sind in meinem Land bereits ermordet worden.«

Seine Bemerkungen gegenüber Schwarzbart wiederholend und eine

Unterscheidung treffend, die einige polnische Regierungsmitglieder nur schwer akzeptieren konnten, unterstrich Karski nachdrücklich, daß die Leiden der Juden nicht vergleichbare Dimensionen angenommen hätten.

»Es besteht ein qualitativer Unterschied zwischen den Systemen des Terrors gegen Polen und gegen Juden. Die Deutschen wollen den polnischen Staat als Staat vernichten und über ein seiner Elite beraubtes Volk herrschen. ... Im Fall der Juden wollen sie die biologische Substanz eines Volkes vernichten. Ich habe die offizielle Erklärung meiner Regierung, des Regierungsbevollmächtigten und des Kommandanten der Heimarmee mitgebracht. Ihre Botschaft: Falls die Deutschen ihre Methode, mit der jüdischen Bevölkerung umzugehen, nicht ändern und die Alliierten nicht eingreifen, sei es in Form von Repressalien oder anderen Aktionen, wird die jüdische Bevölkerung innerhalb einer Zeitspanne von eineinhalb Jahren nach meiner Abreise aus der Heimat aufgehört haben zu existieren.«

Amerikas bekannteste jüdische Persönlichkeit, der Gründer des Jüdischen Weltkongresses, Rabbi Stephen Wise, hatte eine Woche zuvor in demselben Büro Roosevelt die gleichen Argumente vorgetragen. Karski erzählte dem Präsidenten also nicht viel Neues. Seine Erwähnung der jüdischen Untergrundbewegung weckte allerdings Roosevelts Interesse. Er fragte nach dem Grad der Zusammenarbeit zwischen den Juden und Karskis Organisation und lauschte aufmerksam, als Jan einige der Aktivitäten aufzählte, die der Untergrund zur Unterstützung der Juden unternommen hatte. Karski betonte aber auch, daß denjenigen, die Juden halfen, einschließlich ihrer gesamten Familie, die Todesstrafe drohe und daß die Polen nur wenig tun könnten, um den Juden zu helfen. Nur Vergeltungsmaßnahmen der Alliierten konnten etwas Entscheidendes bewirken, schloß Karski.

Die Tatsachen, daß Karski Greueltaten sah und Roosevelt über die Endlösung informierte, sind in der Literatur über den Holocaust häufig in einem Atemzug genannt worden, um zu suggerieren, der polnische Kurier habe dem Präsidenten tatsächlich einen Augenzeugenbericht von dem Blutbad gegeben, das er selbst beobachtet hatte. Selbst Ciechanowski behauptet dies in seinen Memoiren. Karski selbst erwähnt in seinem damaligen Bericht nicht, Roosevelt über die Besuche im Ghetto und im Todeslager informiert zu haben. Später bestritt er, mit dem Präsidenten über seine persönlichen Erfahrungen gesprochen zu haben.

Die Unterhaltung wandte sich anderen Themen zu. Roosevelt wollte ausführlicher über Struktur und Arbeitsweisen des Untergrunds informiert werden: Wie kommunizierten die Kämpfer in Polen mit der Regierung in London? Waren die neutralen Schweden bei der Nachrichtenübermittlung behilflich? Konnten Flugzeuge aus England heimlich in Polen landen, vielleicht auf eigens hierfür präparierten Skipisten?

Anschließend sprach Roosevelt das Thema polnische Grenzen an. Das bisher zu Deutschland gehörende Ostpreussen, versicherte er den Polen, werde nach dem Krieg definitiv an Polen fallen. Es werde »keinen Korridor mehr geben«, sagte der Präsident, wobei er sich auf den vor dem Krieg umstrittenen Danziger Korridor und Polens Konflikt mit Deutschland um den Zugang zur Ostsee bezog. So beruhigend diese Garantie oberflächlich betrachtet auch klang, hatte Jan doch bereits genug ähnliche Versprechungen von britischen Offiziellen gehört, um Probleme in dem zu wittern, was unausgesprochen blieb. Roosevelt hatte die eigentliche Grenzfrage mit keinem Wort erwähnt – den Verlauf von Polens östlichen Grenzen. Karski überließ dem Botschafter das Wort, der so bald wie möglich das Thema wechselte.

Ciechanowski ergriff die Gelegenheit, um auf die Sache zu verweisen, in der (wie er und Karski annahmen) Bullitt bereits beim Präsidenten für sie interveniert hatte. Nach dem Einwurf des Botschafters, Karski besitze wichtige Informationen über kommunistische Aktivitäten in Polen, hielt Jan einen zwanzigminütigen Vortrag zu diesem Thema. Abgesehen von den Bemerkungen: »das ist eine schwierige Situation« und »der alte Joe (Stalin) treibt ein hinterhältiges Spiel« äußerte sich Roosevelt nicht dazu. Es schien, als habe der Präsident kein Interesse daran, das Thema kommunistischer Agitation in Polen zu diskutieren.

Nach einem kurzen Informationsaustausch über die Pläne des Untergrunds für die Zeit unmittelbar nach der Befreiung verkündete der Präsident mit einem Blick auf die Uhr, er habe schon eine halbe Stunde Verspätung für seine nächste Verabredung. Die Audienz hatte eine Stunde und fünfzehn Minuten gedauert.

»Ihre Geschichte ist sehr wichtig«, sagte Roosevelt, als er Jans Hand schüttelte. »Ich bin froh, daß ich sie gehört habe. Ich wünsche Ihnen viel Erfolg und eine gute Heimreise. Ich hoffe, Sie kommen wieder einmal nach Amerika.«

Karski betonte noch einmal, wie wichtig sein Besuch für »alle kämpfenden Polen« gewesen sei, und bat um die Erlaubnis, die Worte des Präsidenten vor seinen Kameraden in Polen wiederholen zu dürfen.

»Natürlich«, antwortete Roosevelt, bevor er sich bei Ciechanowski dafür bedankte, ihm Karski vorgestellt zu haben.

»Ich war wirklich ergriffen«, sagte der Präsident und dankte Jan zum Abschluß dafür, daß er ihm ermöglicht habe, mehr über »den wunderbaren Widerstand und Geist Polens« zu lernen.

Jan verließ den Raum in so großer Ehrfurcht vor Roosevelt, daß er bis zur Tür rückwärts lief. Er ging jedoch auch mit einem Gefühl der Enttäuschung. Einerseits verlangte seine Mission, daß er Roosevelt vom entschlossenen Willen und der Tapferkeit überzeugte, mit denen Polen den Nazis widerstand; und dieses Ziel hatte er zweifellos erreicht. Andererseits hatte er aber auch gehofft, Roosevelt zum Handeln zugunsten von Polen drängen zu können – nämlich, Stalin zu bremsen und die Juden zu retten. Doch nichts von dem, was er in dem Gespräch gehört hatte, deutete darauf hin, daß in dieser Richtung etwas unternommen werden würde.

Karski glaubte lange Zeit, sein Versuch, Roosevelt zur Ergreifung von Maßnahmen zur Rettung der europäischen Juden zu bewegen, sei ein Fehlschlag gewesen. Doch John Pehle, den der Präsident am 22. Januar 1944 zum ersten Direktor des *War Refugee Board* ernannte, bestand später darauf, daß Karski den entscheidenden Umschwung bewirkt habe. Laut Pehle resultierte Roosevelts Bereitschaft, den *War Refugee Board* zu gründen, als einen Versuch, die noch lebenden Juden zu retten – was auch in gewissem Maße gelang –, aus seiner tief bewegenden Begegnung mit Karski.

»Über Nacht«, so Pehle, »verwandelte sich die US-Regierungspolitik von ... allenfalls Gleichgültigkeit in aktives Handeln.«

Ciechanowski meldete nach London, daß das Treffen ein mutmachender Erfolg gewesen sei, und schrieb weiter:

Nachdem ich so häufig die Gelegenheit hatte, mich mit Präsident Roosevelts Stimmung bei Gesprächen vertraut zu machen, darf ich behaupten, daß ich ihn nie zuvor so tief interessiert, ja sogar vollkommen gefesselt erlebt habe wie bei diesem Anlaß. ... Aus seiner Reaktion war deutlich abzulesen, daß sich seine Meinung in eine für uns günstige Richtung hin entwickelt. Ich betone ausdrücklich die Tatsache, daß der Präsident, der so gerne selbst das Gespräch führt, Karski zuhörte, ohne ihn zu unterbrechen, und mit seinen Fragen wartete, bis Karski ein Thema abgeschlossen hatte. Ebenfalls besondere Aufmerksamkeit verdient die Tatsache, daß Roosevelt eine kategorische Aussage bezüglich der Angliederung Ostpreussens an Polen machte. Es war offensichtlich, wie schwer beeindruckt der Präsident von dem Bericht über den Treuebruch der Sowjets gegenüber Polen war.

Mit dieser Bewertung gelang Ciechanowski sicherlich die positivst mögliche Auslegung der Situation.

Der aus dem Besuch ihres Untergrundkuriers beim Präsidenten der Vereinigten Staaten resultierende moralische Aufschwung unter den Polen in England fiel noch Monate später einem OSS-Beobachter in London auf.

»Die Polen sind offensichtlich hoch erfreut über den ihrer Meinung nach großen Erfolg im Weißen Haus«, berichtete der Agent.

Einzelheiten von dem Treffen erreichten Polen im April 1944, als ein mit dem Fallschirm abgesprungener Kurier einen von Karski geschriebenen Bericht mitbrachte, in dem ebenfalls eine reichlich optimistische Einschätzung von Roosevelts Haltung gegenüber allen polnischen Belangen überwog.

Außenminister Cordell Hull lieferte einen Hinweis auf Roosevelts Meinung von Karski, als er einige Tage nach der Audienz Ciechanowski traf.

»Der Präsident scheint so ergriffen von dem Gespräch mit ihrem jungen Mann zu sein«, sagte Hull, »daß er von nichts anderem mehr spricht.«

Herz und Verstand
September 1943 – Juli 1945

10. Enttarnt

Wenige Stunden nach Jans Gespräch mit Roosevelt kam ein Bote aus dem Weißen Haus in die Botschaft. Der Präsident schickte eine Liste mit den Namen von Würdenträgern, die Karski seiner Meinung nach treffen sollte. Diese hilfreiche Geste kam allerdings etwas spät, da Jan einen großen Teil der darauf verzeichneten Persönlichkeiten entweder bereits kennengelernt hatte oder in Kürze mit ihnen verabredet war.

Jans Terminkalender für die letzten sechs Wochen seines USA-Aufenthalts hatte sich inzwischen ziemlich gefüllt. Dutzende von Verabredungen in vier verschiedenen Städten warteten auf ihn. Für viele, die die Gelegenheit erhielten, Polens geheimen Gesandten zu treffen, waren diese Begegnungen mit einer einzigartigen Faszination verbunden. Für Jan dagegen sollten sie zu einer ermüdenden Routine werden, zumal es, im Licht seines Treffens mit Roosevelt betrachtet, kaum eine Steigerung geben konnte.

Inzwischen hatte Jan seinen Vortrag unzählige Male wiederholt. Er hatte mehr hochrangige Persönlichkeiten getroffen, als er sich jemals hätte vorstellen können. Doch viele dieser Begegnungen waren mechanische Veranstaltungen vor gelangweiltem Publikum gewesen. Viele der Verabredungen hatte der Botschafter nur getroffen, um sich nicht dem Vorwurf auszusetzen, jemand Wichtigen ausgelassen zu haben. Zu dem Personenkreis, mit dem Karski in den Wochen vor seinem Besuch im Weißen Haus zusammentraf, gehörten Generalstaatsanwalt Francis Biddle, Kriegsminister Henry Stimson und dessen Stellvertreter John McCloy, Roosevelts Wirtschaftsberater Herbert Feis, katholische Würdenträger[1] sowie polnisch-ameri-

---

[1] Unter diesen befand sich auch der Jesuit Edmund Walsh, jener Dekan der Georgetown University, der Karski später an seiner Fakultät aufnahm.

kanische Mitglieder des Zentralbankrats und des Kongresses. Kurz nach der Präsidentenaudienz wurde Karski von Außenminister Cordell Hull empfangen, dessen starken Tennessee-Dialekt er kaum entschlüsseln konnte.

Keine dieser Begegnungen hinterließ einen tieferen Eindruck bei Jan, und keine brachte Ergebnisse, mit Ausnahme der Gespräche mit McCloy und Feis, die Polens Gesuch um eine zusätzliche Staatsanleihe in Höhe von zwölf Millionen Dollar zum Ankauf von Ausrüstung für den Untergrund gewidmet waren. Der Botschafter präsentierte Karski als leuchtendes Beispiel für den tapferen Kampf der Polen. Nach Einschätzung von Ciechanowski war der gute Eindruck, den Jan hinterließ, mitverantwortlich für die Gewährung des Kredits, der kurz vor der Audienz bei Roosevelt genehmigt wurde.

Ursprünglich war Karskis Terminplan noch gedrängter. In einem Bericht nach London erwähnte er in bezug auf »den zweiten Teil meines Amerikaaufenthalts – Durchführung einer breiten Werbekampagne mit öffentlichen Vorträgen; Kontaktaufnahme zu den Spitzen des polnischen oder amerikanischen Gesellschaftslebens.« Es ist schwer vorstellbar, wie Karski in einem so hohen Maße das öffentliche Interesse auf sich hätte lenken können, ohne seine Identität preiszugeben und damit seine geplante Rückkehr nach Polen zu gefährden. Ciechanowski sah ein anderes Problem voraus: Wenn Jan in die Öffentlichkeit trat, nachdem er führende US-Regierungsvertreter unter strenger Geheimhaltung getroffen hatte, würde er bei letzteren an Glaubwürdigkeit verlieren.

Kurz nach der Präsidentenaudienz verwarfen Karski und der Botschafter deshalb die Idee öffentlicher Auftritte wieder. Die Tatsache, daß sie in London um Erlaubnis für diese Programmänderung nachfragten, deutet darauf hin, daß jener schlecht durchdachte Plan ursprünglich von der Exilregierung stammte. London akzeptierte die Entscheidung. Danach schrieb Karski, er werde »nach Erledigung des Auftrags von der sozialistischen Gruppe« keine weiteren Verabredungen mehr treffen. Gemeint war damit der Auftrag von Leon Feiner von der sozialistischen Bundbewegung, deren amerikanische Repräsentanten Karski in Kürze in New York treffen würde. Knapp ein Jahr, nachdem ihn Feiner darum ersucht hatte, der jüdischen Gemeinschaft im Westen das ganze Ausmaß der Tragödie in Polen bewußt zu machen, fühlte sich Karski noch immer an die Erfüllung dieser Verpflichtung gebunden.

Am 6. August fuhr er nach New York, wo Konsulatsbeamte eine Reihe von Treffen mit Gewerkschaftsführern und jüdischen Organisationen für ihn arrangiert hatten.

Welche Absichten sich hinter den Veranstaltungen mit den Gewerkschaftern verbargen, ist unklar (es sind keine Unterlagen darüber vorhanden); offensichtlich hielten es die Polen jedoch für nützlich, der politisch mächtigen Arbeiterbewegung (einschließlich der darin engagierten jüdischen Funktionäre) einen Eindruck vom polnischen Untergrundkampf zu vermitteln. Die Arbeitsessen brachten Jan mit einigen der bedeutendsten Gewerkschaftsfunktionäre der USA in Kontakt, so zum Beispiel mit dem Vorsitzenden der Gewerkschaft der Textilarbeiter Sidney Hillman, der gleichzeitig ein enger Berater von Präsident Roosevelt in arbeitspolitischen Fragen war. Bei einem anderen Essen lernte Jan den Vorsitzenden der Internationalen Näherinnengewerkschaft David Dubinsky kennen, der einer der mächtigsten Männer innerhalb der organisierten Arbeiterschaft war – und aus Jans Heimatstadt Łódź stammte.

Karskis Hauptziel bei dieser Reise war es, die verschiedenen jüdischen Organisationen mit Sitz in New York, der Stadt mit der größten jüdischen Bevölkerungsgruppe der Welt, zu informieren. Aufgrund divergierender politischer – und bis zu einem gewissen Grad auch religiöser – Ansichten waren in den Jahren vor und nach dem Ersten Weltkrieg eine ganze Reihe jüdischer Interessenvertretungen entstanden; in einer Zeit, in der die Idee von der Gründung eines jüdischen Staates Formen anzunehmen begann. Einige dieser Organisationen konzentrierten sich hauptsächlich darauf, das politische Machtpotential der Juden für eine Verbesserung der Lebensqualität der amerikanischen Juden zu nutzen, andere engagierten sich für die Schaffung eines jüdischen Staates, wieder andere richteten den Schwerpunkt ihrer Arbeit auf das Schicksal der Juden im Ausland. Karski war in New York mit Repräsentanten von sieben jüdischen Verbänden verabredet: dem Jüdischen Weltkongreß, dem ihm angegliederten Amerikanisch-Jüdischen Kongreß, dem Amerikanisch-Jüdischen Komitee, dem Amerikanisch-Jüdischen Hilfskomitee, dem

Bund, der Vertretung des Polnischen Judentums und dem Amerikanischen Verband Polnischer Juden.

Ihre unterschiedlichen Standpunkte hinderten diese Organisationen nicht daran, gemeinsame Initiativen zu ergreifen, um auf die Krise des europäischen Judentums zu reagieren. Die Frustration darüber, den Holocaust machtlos aus der Ferne mitansehen zu müssen, trieb die einzelnen Gruppen allerdings fast ebenso weit auseinander wie sie sie einander näherbrachte. Feindseligkeiten zwischen Vertretern verschiedener Gruppierungen traten zum Vorschein. Während jedoch die Beziehungen zwischen den einzelnen jüdischen Organisationen allenfalls instabil waren, konnte man die der polnischen Exilregierung zu diesen Gruppen als schlecht bis miserabel bezeichnen. Die Motive, warum Karskis Treffen mit jüdischen Organisationen von offizieller polnischer Seite arrangiert wurden, sind schwer zu ermessen. Wahrscheinlich ist, daß die Exilregierung damit eine Art Versöhnungsgeste zeigen wollte. Obwohl im polnischen Nationalrat jüdische Abgeordnete saßen, von denen einer (Ignacy Schwarzbart) dem Jüdischen Weltkongreß angehörte, waren Sikorskis und Mikołajczyks Exilregierung noch stets in viele der Konflikte mit dem Judentum verwickelt, die ihre Vorgänger angezettelt hatten. Gegenwärtig verursachte der Krieg, abgesehen von dem alles überschattenden Problem der Vernichtung der polnischen Juden, neue Dissonanzen.

Es gab häufige Klagen über antisemitische Tendenzen in der polnischen Exilarmee. Man warf der Regierung vor, sie habe es versäumt, den überlebenden Juden im Nachkriegspolen gleiche Rechte zu garantieren. Es wurde kritisiert, die polnische Regierung habe ihre Informationen über die Endlösung nicht rechtzeitig weitergegeben. Und es gab trotz der Bemühungen der Regierung immer noch Beschwerden, die Polen hätten nicht genug getan, um die Alliierten zum Eingreifen zugunsten der Juden zu bewegen.

Das negative Bild erstreckte sich auch auf die polnische Botschaft in Washington – wo sich Ciechanowski tatsächlich den Ruf eines unverbesserlichen Dickkopfs erworben zu haben schien, indem er sich sowohl Polen, Amerikaner als auch Juden zu Feinden gemacht hatte. Schwarzbart hatte seine Kollegen vom Jüdischen Weltkongreß gewarnt, der polnische Botschafter habe eine negative Einstellung gegenüber Stephen Wise und Nahum Goldmann. Genau wie Retingers allgemein angenommene jüdische Herkunft ihn nicht davor bewahrt hatte, antisemitischer Äußerungen bezichtigt zu werden, halfen Ciechanowskis jüdische Wurzeln ihm nicht, die Sympathie amerikanischer Juden zu gewinnen. Bei dem Vorsitzenden des Amerikanisch-Jüdischen Komitees Morris Waldman schürte Ciechanowskis Herkunft eher noch das Feuer des Hasses gegen die polnische Regierung. Mit offensichtlichem Vergnügen schilderte Waldman in seinen Memoiren eine Begebenheit, als er auf eine Bitte Ciechanowskis um jüdische Unterstützung der Polen in ihrer diplomatischen Auseinandersetzung mit Stalin hin den Botschafter scharf zurückgewiesen und eine eindeutig prosowjetische Position bezogen habe. »Der Botschafter erbleichte, entweder aus Angst oder aus Wut, vermutlich aus beidem«, schrieb Waldman. »Ich war mir sicher, daß ich bei dem Herrn keinen freundlichen Eindruck hinterlassen hatte. Ich habe gehört, daß er konvertierter Jude ist,« ergänzte Waldman, zwar unrichtig, aber bezeichnenderweise.

Trotz dieses Hintergrunds erwartete Karski vom Ablauf der bevorstehenden Treffen keine wesentlichen Unterschiede zu den vorangegangenen: Vortrag des Standardberichts, Beantwortung von Fragen, Vermeidung von Kontroversen, Leute kennenlernen. Er hoffte jedoch, daß die Begegnungen intensiver sein würden. Wahrscheinlich würde er zum ersten Mal seit der demoralisierenden Reaktion von Felix Frankfurter wieder von dem sprechen, was er mit eigenen Augen gesehen hatte. In England hatte er diese furchtbaren Geschichten regelmäßig erzählt, obwohl es ihm nie leicht gefallen war, und Frankfurters Reaktion machte es ihm noch schwerer. Er änderte seinen »glatten« Standardvortrag in verschiedenen Punkten, als er vor dem jüdischen Publikum sprach: Er schloß einen kompletten Augenzeugenbericht seiner Erlebnisse im Warschauer Ghetto und in Izbica ein. Außerdem erwähnte er seine Aktion zur Rettung der jüdischen Familie Wertheim (ohne deren Namen zu nennen). Und er sprach vom Versagen britischer und amerikanischer Stellen, wirksame Maßnahmen zugunsten der Juden zu ergreifen, nachdem er die alarmierenden Nachrichten nach England gebracht hatte – einen Punkt, den er natürlich bei seinen Diskussionen in Washington nicht hätte vorbringen können, ohne Kontroversen zu verursachen.

Abgesehen von diesen Ergänzungen war Jans vorbereitete Rede bei der Veranstaltung am 10. August, bei der er den Vorsitzenden des Amerikanisch-Jüdischen Komitees Waldman kennenlernte, identisch mit seinen früheren Vorträgen. Einen Tag zuvor, als er vor der Vertretung des polnischen Judentums sprach, schenkte er nichtjüdischen Elementen weit weniger Aufmerksamkeit. Eine wörtliche Abschrift dieser Sitzung belegt, daß Karski dort einen wesentlich detaillierteren Bericht von der Schreckensherrschaft in Polen gab. Vielleicht ging er von der Annahme aus, eine polnische Organisation wolle mehr Einzelheiten aus der Heimat erfahren als amerikanische Gruppen.

»Wegen des tiefen Eindrucks, den der Verlust jüdischen Lebens in Polen auf mich gemacht hat«, schrieb Jan später an seine Regierung, »möchte ich den Juden mit ganzer Kraft helfen.« So sehr er sich der Sache der polnischen Juden verpflichtet fühlte, behielt Karski doch im Auge, welche Ergebnisse seine Regierung (die bei jeder Veranstaltung durch einen Konsulatsbeamten vertreten war) von den Gesprächen erwartete. Sein Auftrag lautete, Wohlwollen gegenüber Polen zu erzeugen. Schon deshalb gab es Dinge, die er unmöglich erwähnen konnte. Er durfte nicht – wie einige Monate zuvor Schwarzbart gegenüber – die Meinung äußern, daß er die Reaktion seiner Regierung auf die Nachrichten von der Endlösung für unzulänglich hielt. Er konnte ihnen nicht von seiner Auseinandersetzung mit einem polnischen Judenerpresser erzählen, und auch nicht von seiner Enttäuschung angesichts antisemitischer Untergrundschriften oder von seinem Abscheu, als er zu Beginn seiner Reise nach Frankreich im Januar 1940 im Zug beobachtet hatte, wie Polen Juden »gnadenlos« gequält hatten.

Dennoch sprach Karski offen über die Beziehungen zwischen Juden und Polen. Er gestand der Vertretung des polnischen Judentums, daß es in der Untergrundpresse antisemitische Elemente gebe, und er räumte ein, daß seine Beispiele für die Unterstützung von Juden durch polnische Bürger nicht bedeuteten, daß »alle Polen ihre Einstellung gegenüber den Juden geändert haben«. In demselben Gespräch wies er den in gewissen Armee- und Regierungskreisen populären Vorwurf zurück, die Juden seien »prosowjetisch«.

Die Reaktionen einiger jüdischer Repräsentanten waren durchaus positiv. Obwohl »fast jeder intensiv nachfragte, ob es noch immer Antisemitismus in Polen gebe«, hatte Karski das Gefühl, die Skeptiker für sich gewonnen zu haben.

»In der gegenwärtigen Atmosphäre zu Hause«, erläuterte er seinem Publikum, »wäre es für jeden Polen, unabhängig von seiner politischen Überzeugung, unmöglich, sich offen als Antisemit zu erkennen zu geben oder seine Solidarität mit den Methoden der Deutschen zu bekunden.« Rabbi Wise, der bedeutendste Repräsentant einer jüdischen Organisation, reagierte auf Karskis Vortrag mit einer Lobrede auf den Kampf des Untergrunds. »Polen wird wiederauferstehen!« proklamierte Wise und versprach seine Unterstützung für den Wiederaufbau »eines starken und unabhängigen Polen, in dem das jüdische Volk gleichberechtigt und in Freiheit leben kann«.

Neben solchen Platitüden hörte Karski auch konkrete Vorschläge. Mitglieder des Amerikanisch-Jüdischen Hilfskomitees, die versuchten, den Juden im besetzten Europa finanzielle Unterstützung zukommen zu lassen, planten, den polnischen Juden 500 000 Dollar zu schicken, und fragten Karski, auf welchem Weg das Geld am sichersten sein Ziel erreiche. Vertreter des Amerikanisch-Jüdischen Kongresses wollten eine direkte, von der Kontrolle durch die polnische Regierung unabhängige Kommunikationsverbindung zum jüdischen Untergrund etablieren. Jan überhörte das aus dieser Forderung offen hervorgehende Mißtrauen gegenüber dem polnischen Regime und erklärte statt dessen ruhig die praktischen Details eines solchen Vorhabens. Natürlich könnten die Juden ihre eigene Verbindung aufbauen, versicherte Jan. Hierfür seien folgende Schritte nötig: Zunächst müsse man vier bis fünf »kräftige, athletische junge Juden« mit guten Fremdsprachenkenntnissen finden und diese »auf legalem oder halblegalem Weg« nach Ungarn schicken – ein nicht allzu schwieriges Kunststück. Mit Unterstützung ungarischer Juden, vielleicht auch mit der von Ungarn oder dort lebenden Polen, müßten sie sich dann nach Polen durchschlagen, so wie er dies 1940 getan habe. Dort könnten sie mit Hilfe von Kontaktinformationen, die die Londoner Polen zur Verfügung stellen würden, jüdische Untergrundmitglieder finden.

»Natürlich«, ergänzte Karski, »werden aller Wahrscheinlichkeit nach drei bis vier von den vier oder fünf jungen Männern in die Hände

273

der Gestapo fallen.« Es sei äußerst wichtig, betonte Jan, daß die Kuriere »erfindungsreich und abgehärtet« seien, denn diejenigen, die gefangengenommen würden, müßten damit rechnen, daß »ihnen die Rippen gebrochen und die Zähne ausgeschlagen werden«. Nach dieser kleinen Lehrstunde, schrieb Jan, »bestanden meine Gesprächspartner nicht mehr so sehr auf ihrer Forderung nach Einrichtung einer ›direkten, von der Kontrolle durch die polnische Regierung unabhängigen Kommunikationsverbindung‹.«

Die Vertretung des Polnischen Judentums forschte nach, ob der Untergrund ausgewählten jüdischen Persönlichkeiten bei der Flucht ins neutrale Ausland behilflich sein könne. Jan unterstützte eine entsprechende Initiative, indem er versicherte, der Untergrund habe bereits Schritte eingeleitet, um einzelnen Juden zur Flucht zu verhelfen. (Dabei bezog er sich vermutlich auf die damals gerade stattfindenden Bemühungen um eine Ausschleusung von Jans Krakauer Kollegin Bronisława Langrod und ihrem Sohn in die Schweiz.) Kurz darauf präsentierte die Vertretung des Polnischen Judentums der Exilregierung eine Liste mit den Namen potentieller Flüchtlinge. Darunter befanden sich die Zionistenführer Menachem Kirschenbaum und Adolf Berman sowie der berühmte Chronist des Warschauer Ghettos, Emanuel Ringelblum. Die Rettungspläne wurden allerdings nicht verwirklicht. Was die Überweisung von Geld betraf, so schickten das Hilfskomitee und andere Gruppen zwar beträchtliche Summen an die polnische Regierung, wieviel davon die noch verbliebenen Juden in dem besetzten Land jedoch tatsächlich erreichte, ist unklar.

Karski informierte London über diese Unterredungen in einem optimistischen Bericht, in dem er die von ihm festgestellte zunehmend freundliche Gesinnung der amerikanischen Juden gegenüber Polen hervorhob. Er lieferte allerdings eine ziemlich selektive Darstellung der Ereignisse. So erwähnte er zum Beispiel nicht, daß er über die mögliche Rettung von Juden durch den Untergrund diskutiert hatte; die Regierung erfuhr von dieser Initiative erst, als die Vertretung des Polnischen Judentums ihre Liste einreichte. Er unterließ es auch, die Regierung über eine Zusage zu unterrichten, die er derselben Organisation aufgrund deren Beschwerde über antisemitische Äußerungen in einem Teil der Untergrundpresse gegeben hatte. Er hatte seinen Gesprächspartnern versprochen, er werde seine Regierung darauf aufmerksam machen, »welch schädlichen Einfluß die antisemitische Presse auf die polnische Sache ausübe«. Karski wies seine Vorgesetzten auch tatsächlich auf die entsprechende Beschwerde hin, schrieb jedoch, er habe den Juden erklärt, er könne in dieser Angelegenheit nichts für sie tun, da er »ausschließlich Berichterstatter« sei. Diese Auslassungen deuten darauf hin, daß Karski den Grad seines Engagements für die Sache der Juden verbergen wollte, um nicht in Konflikt mit bestimmten Parteien in London zu geraten, die jenes Engagement nicht teilten.

Jan verschwieg ebenfalls eine Begegnung, die sein leuchtendes Bild von den polnisch-jüdischen Beziehungen getrübt hätte, wäre sie bekannt geworden: sein Treffen mit Morris Waldman vom Amerikanisch-Jüdischen Komitee. Wenngleich sich in Karskis Berichten kein Wort über diese Unterredung findet, sprechen Waldmans Aufzeichnungen darüber Bände.

Nachdem Karski seinen Vortrag beendet hatte, hielt Waldman eine kurze Rede. Er erwähnte am Rande die Hoffnungen, die er für Polens Zukunft hege, und holte dann zu einem Generalangriff auf dessen gegenwärtige Führung aus, um, wie er sagte, Jan zu erlauben, »sich ein Urteil darüber zu bilden, wessen Schuld es ist, daß unsere Beziehungen zu Ihren Offiziellen hier sinnlos sind«. Er verfluchte verschiedene Regierungsvertreter, einschließlich Sikorski, dem er vorwarf, »eine Riesenpropaganda mit der Tragödie der europäischen Juden« betrieben zu haben, »ohne uns zumindest zu fragen, ob wir dies für klug erachten«. Außerdem behauptete Waldman, die Polen »bauen auf die Fortdauer des Krieges und die Ermordung der polnischen Juden, um auf diese Weise das Judenproblem in Polen zu lösen«. Waldman sagte, er habe bei den Mitgliedern der Exilregierung »sehr genau nach Anzeichen menschlicher Integrität geforscht«, und ließ durchblicken, keine gefunden zu haben. Am Ende dieser Einleitung machte Waldman »einen praktischen Vorschlag«: Er regte an, seine Organisation und die polnische Regierung sollten einen gemeinsamen Ausschuß ins Leben rufen, um die polnisch-jüdischen Beziehungen zu erörtern. Aus bestimmten Gründen hielt es Jan für nicht geraten, diesen Vorschlag an die Regierung weiterzuvermitteln.

In seinen unveröffentlichten Memoiren ging Waldman mit Karski ebenso scharf ins Gericht wie mit anderen Polen.

»Später schrieb er ein Buch, das positive Presserezensionen von Kritikern erhielt, die mit Osteuropa offensichtlich nicht vertraut waren«, notierte Waldman mit Bezug auf Karskis 1944 erschienenen Erlebnisbericht *Story of a Secret State*. »Ich habe Karski genau überprüft«, ergänzte Waldman, »und zuverlässige Informationen erhalten, daß einige seiner Behauptungen nicht der Wahrheit entsprachen und die Nachrichten, die er in Umlauf brachte, im Ganzen gesehen unzuverlässig waren.«

Ein Studium von Waldmans Gesprächsprotokoll offenbart tatsächlich zwei Unkorrektheiten: Wie gewöhnlich nannte Karski als seine Ankunftszeit den Februar 1943, und aus Sicherheitsgründen gab er bezüglich der (ukrainischen) Uniform, die er im Todeslager trug, bewußt eine falsche Nationalität an. Waldman gegenüber behauptete er, es habe sich um eine lettische gehandelt, einen Tag zuvor hatte er sie als estnische Uniform bezeichnet. Abgesehen von diesen beiden Faktoren kann jeder in Waldmans Protokoll aufgeführte Punkt als historisch korrekt bestätigt werden.

Waldman war vermutlich nicht der einzige jüdische Offizielle, der Karski nicht glaubte. Trotz seiner freundlichen Worte Jan gegenüber schien auch Stephen Wise gewisse Zweifel gehegt zu haben. Zwei Monate nach der Begegnung mit Karski schrieb Wise als Reaktion auf einen polnischen Bericht über die Liquidierung des Krakauer Ghettos:

»Ich glaube immer noch, daß die Meldungen der polnischen Regierung häufig auf Einbildung oder Phantasie beruhen.«

Das Krakauer Ghetto war in Wirklichkeit bereits im Februar zuvor liquidiert worden.

Karski kehrte am 12. August zu einem weiteren Gespräch mit der OSS-Spitze nach Washington zurück; dieses Mal war auch OSS-Direktor William Donovan anwesend. Wie James G. Rogers in seinem Tagebuch vermerkte, erzählte Karski »nochmal die spannende Geschichte des polnischen Untergrunds; dessen Rechtssystem – ein kompletter Geheimstaat ... Folter und Flucht«. Donovan interessierte sich hauptsächlich für Karskis Flucht aus dem besetzten Europa und nahm die Gelegenheit wahr, den Anteil seiner »Jungs« daran herauszustreichen.

Einige Tage später war Karski wieder unterwegs. Er reiste nach Chicago, Heimat einer großen, politisch aktiven polnisch-amerikanischen Bevölkerungsgruppe. Auf seinem Programm standen Informationsgespräche mit örtlichen Journalisten – darunter der mächtige Herausgeber der *Chicago Tribune*, Oberst Robert McCormick – sowie Unterredungen mit anderen einflußreichen Persönlichkeiten der Stadt. Außerdem sollte am 17. August zu seinen Ehren ein Empfang mit prominenten polnischstämmigen Amerikanern gegeben werden – nur eine diskrete kleine Soirée mit ein paar bekannten Namen in der Wohnung des polnischen Generalkonsuls von Chicago.

Karski schreckte zurück, als er das Apartment betrat. Nicht weniger als siebenundfünfzig neugierige Gäste erwarteten ihn: siebenundfünfzig begeisterte Tratschmäuler, die seine Tarnung auffliegen lassen konnten. Wütend auf den Konsul, mußte er darum kämpfen, während der fünfstündigen Veranstaltung Haltung zu bewahren. Er hielt seinen üblichen Vortrag; die polnisch-amerikanischen Chicagoer reagierten mit einer Lobeshymne auf den Mut von Jan und seinen Untergrundkollegen in dem »aufopferungsvollen« Kampf gegen den »barbarischen Eindringling«.

Am folgenden Tag traf Jan mit Samuel A. Stritch, dem Erzbischof der Diözese Chicago zusammen. Als Karski die Hoffnung ausdrückte, die wohltätigen Katholiken der Stadt würden bei der Verteilung ihrer Almosen auch die unglücklichen Polen berücksichtigen, antwortete der Erzbischof mit eisigem Blick, er bezweifle, »daß die Sozialisten und Juden, die eine so wichtige Rolle in der polnischen Regierung spielen, unsere Spenden an die ehrlichen, gottesfürchtigen Katholiken Polens weitergeben werden«. Jan reagierte geschickt auf diese provokative Aussage. Er versicherte dem Prälaten, daß Menschen jeder Überzeugung im Untergrund für Polens Unabhängigkeit kämpften, und betonte, daß er selbst gläubiger Katholik sei. Bald war nicht nur Stritchs Feindseligkeit verschwunden, sondern der Erzbischof versprach sogar, sich um eine Geldspende für Polen zu kümmern.

Karski machte eine abschließende Geste der Frömmigkeit, sei es aus rein religiösen Gründen, sei es, um die Beziehung mit dem Kirchenmann zu festigen.

»Am Ende des Gesprächs«, schrieb Karski in seinen Bericht über die Begegnung mit Stritch, »bat ich um seinen Segen für die Polen, für die katholischen Geheimorganisationen in Polen, für die im Warschauer Untergrund arbeitenden Priester und für mich selbst. Der Erzbischof spendete uns feierlich seinen Segen und empfahl uns alle inbrünstig der Obhut des Herrn.«

Nach einem kurzen Zwischenhalt in Denver, wo ein weiteres Gespräch mit Vertretern der katholischen Kirche auf dem Programm stand, reiste Karski nach New York weiter. Ein Versäumnis während seines ersten Besuchs machte einen zweiten Aufenthalt in der Stadt erforderlich. Erbost über ihre Nichtberücksichtigung auf dem Terminplan des geheimen Besuchers hatte eine Organisation polnisch-amerikanischer Journalisten einen Beschwerdebrief an Ciechanowski geschrieben. Was darin über Jans USA-Aktivitäten zu lesen war, bewies, daß die Reporter präzise Informationen besaßen. Besonders empört zeigte man sich darüber, daß es Jan gestattet worden war, sich (in Begleitung von Morris Waldman) mit einem für seine prosowjetische und antipolnische Einstellung bekannten jüdischen Journalisten zu treffen.

Da zu befürchten war, daß die polnisch-amerikanischen Zeitungsleute Schaden anrichten würden, entschied Ciechanowski, ihnen Jan zur Verfügung zu stellen. Er gab jedoch Anweisung, das Thema sowjetische Partisanen auf keinen Fall zu erwähnen und jeder Frage danach auszuweichen.

»Der Botschafter befürchtete, daß einige besonders indiskrete Journalisten ... von der Information in einer der gegenwärtigen politischen Linie zuwiderlaufenden Weise Gebrauch machen würden«, erklärte Jan.

Das letzte, was die Regierung gegenwärtig gebrauchen konnte, war Druck von rechtsgerichteten Journalisten, die ein schärferes Vorgehen gegen die Sowjetunion forderten. Von seinem üblichen, rein sachlichen Konzept abweichend, nutzte Jan das Treffen, um die Journalisten für die schädliche Wirkung der permanenten Spekulationen in der polnischen Presse über die Schwäche der Exilregierung zu schelten.

Als Karski Ende August nach Washington zurückkehrte, wartete dort eine verwirrende Überraschung auf ihn. Unter einer Handvoll Glückwunschtelegrammen aus London befand sich auch eines von Professor Kot. Auch er sprach dem Gesandten seinen Glückwunsch für die erfolgreiche Vollendung des USA-Besuchs aus, bot Karski aber gleichzeitig eine neue Aufgabe in London an:

> Es würde mich freuen, wenn Sie nach Ihrer Rückkehr nach London einen leitenden Posten im Informationsministerium annehmen würden, wo Ihre Qualifikation und Erfahrung in einem für Polen so entscheidenden Augenblick von großem Nutzen sein könnten.

Karski fragte sich, was um alles in der Welt sich der Minister dabei gedacht hatte. Er würde keine neue Aufgabe in London übernehmen; er würde dort lediglich einen Zwischenhalt einlegen, um Vorbereitungen für einen Fallschirmabsprung zu treffen. Seine Pflicht war es, nach Polen zurückzukehren.

Karskis Schiff traf am 19. September 1943 in Liverpool ein. Sofort nach seiner Ankunft in London eilte Jan in Mikołajczyks Büro.

»Herr Ministerpräsident«, sagte er, »meine Mission ist erfüllt. Wann werde ich nach Polen zurückkehren?«

»Niemals«, antwortete Mikołajczyk mit einem Griff in die Schreibtischschublade. Er holte ein Dokument hervor und reichte es schweigend an Jan weiter. Es handelte sich um die Mitschrift einer Propagandasendung des Nazirundfunks:

> In den Vereinigten Staaten treibt in letzter Zeit ein gewisser Jan Karski sein Unwesen – zumindest ist dies der Name, unter dem er auftritt. Er verschweigt seine Vergangenheit, und in Wahrheit ist er ein bolschewistischer Agent in Diensten des amerikanischen Judentums.

Jan gab das Papier an Mikołajczyk zurück.

»Ich bin enttarnt worden«, sagte er ruhig.

Damit komme eine Rückkehr nach Polen nicht mehr in Frage, erklärte Mikołajczyk.

»Man kann nicht einschätzen, was die noch alles über Sie wissen«, fuhr er fort. »Aber Sie wären in Polen mit Sicherheit ein gesuchter Mann. Ich würde Sie niemals in den sicheren Tod schicken.«

Karski machte einen schwachen Widerspruchsversuch, doch Mikołajczyks Logik war nicht zu widerlegen.

Jan sank auf einen Stuhl und vergrub sein Gesicht in den Händen. Er versuchte nachzuvollziehen, wie seine Identität aufgedeckt worden war. Es mußte ein Fehler der Amerikaner gewesen sein, denn die Sendung hatte nichts über seine Aktivitäten in Großbritannien gemeldet. Erwähnt wurden die Juden; vielleicht hatte einer von ihnen zuviel erzählt, und ein deutscher Agent hatte Wind von der Geschichte bekommen. Oder jemand aus der polnisch-amerikanischen Schar auf dem Empfang in Chicago hatte von der Begegnung mit dem Helden geprahlt. Oder vielleicht war die undichte Stelle in Washington. Wer auch immer dafür verantwortlich war, er hatte es Jan unmöglich gemacht, seine ursprünglichen Pläne weiterzuverfolgen.

Innerhalb der nächsten Tage berief Mikołajczyk eine Konferenz ein, an der Karski und mehrere Regierungsvertreter, die im Lauf der vergangenen zehn Monate mit ihm zusammengearbeitet hatten, teilnahmen. Zweck dieser Sitzung war, eine Entscheidung darüber zu treffen, was mit dem enttarnten Geheimboten geschehen solle. Karski äußerte den Wunsch, in die Armee einzutreten. Das in Schottland stationierte Zweite Korps der polnischen Exilarmee hatte sich bereits bei Einsätzen in Nordafrika und Italien einen Namen gemacht. Doch Mikołajczyk untersagte Jans Vorhaben sofort. Man diskutierte zwar auch den Vorschlag, Jan als Diplomaten an eine Botschaft zu schicken, gelangte jedoch übereinstimmend zu der Überzeugung, daß Jan der Regierung nützlicher wäre, wenn er in London bliebe und sich als lebendes Beispiel des polnisches Kampfes zur Verfügung stellen würde – also im Prinzip dasselbe, was er in den vergangenen acht Monaten getan hatte, dieses Mal allerdings auf öffentlicher Basis.

Rückblickend wird deutlich, daß die Regierung ein gewichtiges Motiv dafür hatte, Karski von der Armee – und aus demselben Grund auch von Polen – fernzuhalten: Er wußte zuviel. Zum einen bestand natürlich die Gefahr, daß er von den Deutschen verhaftet und unter Folter wichtige politische Informationen preisgeben würde. Zum anderen bestand aber die noch unmittelbarere Gefahr, daß Karski Landsleuten in der Armee oder im Untergrund erzählte, was er über die Haltung der Alliierten gegenüber der polnischen Sache erfahren hatte. Es kann nicht ausgeschlossen werden, daß die Exilregierung die angebliche Rundfunkmeldung selbst fabrizierte, nachdem sie entschieden hatte, daß Karski zuviel wisse, um in die Heimat zurückgeschickt zu werden. Es sind keinerlei Beweise für einen solchen Betrug gefunden worden, andererseits existieren aber auch keine Beweise dafür, daß die betreffende Rundfunksendung tatsächlich stattfand.

Bald gelangte die Regierung zu der Auffassung, daß Karski selbst in London ein zu großes Risiko darstellte. In einer Zeit äußerster politischer Gereiztheit, in der die Einheit, wenn nicht gar die Existenz Polens auf dem Spiel stand, konnte Karski leicht zum Spielball der Intrigen zwischen den rivalisierenden polnischen Gruppen in London werden – wie sehr er sich auch aus deren Grabenkämpfen herauszuhalten versuchte. Also plante die polnische Führung, Jan im November in die relative Isolation der Vereinigten Staaten zurückzuschicken. Als der ursprüngliche Reisegrund – ein anvisiertes Gipfeltreffen zwischen Mikołajczyk und Roosevelt – wegfiel, verschob man den Abreisetermin auf Februar. Man wollte Karski freie Hand bei der Durchführung seiner Propagandaarbeit und ein ansehnliches Gehalt anbieten. Jans Tage in London waren gezählt.

In der Zwischenzeit machten Mikołajczyk und Kot noch so gut sie konnten von Karski Gebrauch. Obwohl Jan Polen vor über einem Jahr verlassen hatte, wandten sie sich mit den verschiedensten Fragen über das Untergrundleben an ihn und suchten seinen Rat in Propagandaangelegenheiten. Anfang Oktober forderten die britischen Geschäftsführer des geheimen Radiosenders »Świt« Karski noch einmal an. Sie waren weniger daran interessiert, ihn auf Sendung gehen zu lassen, als daran, »seine Hilfe bei der Aufrechterhaltung der Moral geliehen zu bekommen« – eine Moral, die unter den Auseinandersetzungen des polnischen Personals mit den Briten über den Grad der erlaubten Kritik gegen die Sowjets schwer gelitten hatte.

Karskis persönliche Einstellung zu den Russen war, wie sich anhand von Memoranden an Regierungsangehörige beurteilen läßt, im Vergleich zu der Verbitterung vieler Polen sehr gemäßigt. Ohne das ihm bekannte Ausmaß der Niederlage, die die Polen in ihrem Kampf gegen Stalin bereits erlitten hatten, offen einzugestehen, befürwortete Karski einen versöhnlichen Kurs. Auf kurze Sicht sollte seiner Meinung nach jede Anstrengung für ein gemeinsames Vorgehen gegen die Deutschen unternommen werden. Und auf lange Sicht müsse man den legitimen Wunsch der Sowjetunion nach einem zuverlässigen und stabilen westlichen Nachbarn in Betracht ziehen. Er klärte andere Polen, wie zum Beispiel die Mitarbeiter von »Świt«, darüber auf, daß seine Auffassung die unter seinen Kollegen im Untergrund vorherrschende sei (auch wenn dies nicht unbedingt der Wahrheit entsprach). Die britischen Herren des Senders schätzten natürlich eine solche Haltung. Sie unterrichteten Mikołajczyk, daß sie Karski für »sehr hoch respektiert« beim polnischen Personal hielten und »seinen Einfluß immer als äußerst hilfreich für die Arbeit von »Świt« empfunden« hätten.

Wenn er nicht gerade mit diplomatischen oder propagandistischen Aufgaben beschäftigt war, wagte Jan seine ersten Schritte in die Öffentlichkeit. Noch vor Ende September waren ihm die ersten »offenen« Interviews mit britischen Journalisten genehmigt worden; und in den darauffolgenden Monaten war er Gegenstand zahlreicher Artikel in englischen und schottischen Zeitungen. Karski scheint jeden Journalisten mit einem anderen Leckerbissen seines Untergrundwissens gefüttert zu haben – ein Artikel konzentrierte sich auf die Untergrundpresse, ein anderer auf geheime Erziehung und die Versuche der Nazis, die polnische Jugend zu korrumpieren, wieder ein anderer auf die wagemutigen Heldentaten des Untergrunds. Karski sprach vor verschiedenen polnischen und britischen Gesellschaften, bei einem dem Thema Polen gewidmeten Parteitag der Labour Party (woraufhin ihn Londons prosowjetischer *Daily Worker* eines »Angriffs auf Rußland« bezichtigte), bei einer Zusammenkunft an Polen interessierter Parlamentsabgeordneter und bei einem Treffen des Londoner PEN-Club.

Der aus Polen emigrierte Dichter Antoni Słonimski arrangierte den Termin beim PEN-Club und stellte Jan nach seiner Ansprache einem von dessen illustersten Mitgliedern vor: dem alternden Science-fiction-Autor H.G. Wells.

»Er war ein kleiner Mann, ziemlich anmaßend«, erinnerte sich Jan später. Wells reagierte auf Jans Erwähnung der Judenvernichtung mit einem mehr als zweideutigen Kommentar:

»Herr Karski, es ließen sich sehr ernsthafte Untersuchungen zu dem Thema anstellen: Was sind die Gründe dafür, daß in jedem Land, in dem Juden leben, früher oder später Antisemitismus entsteht? Haben Sie darüber schon einmal nachgedacht?«

Von Washington aus organisierte Ciechanowski für Karski eine Verabredung mit der Journalistin Martha Gellhorn-Hemingway (der Frau des Schriftstellers Ernest Hemingway), die als Kriegsberichterstatterin des *Collier's*-Magazins nach London reiste. Der Botschafter teilte dem Außenministerium mit, er erwarte eine für das polnische Regime günstige Presse von Frau Hemingway; sie vertrete zwar »eine radikale Überzeugung«, sei jedoch »nicht unkritisch prosowjetisch«. Nach mehreren Treffen mit Karski Anfang November war die Journalistin beeindruckt genug, um dessen Abenteuer in einer groß aufgemachten Artikelserie herauszubringen (»Er war groß und dunkel«, schrieb sie, »gutaussehend, etwas zu dünn«).

In der Hauptstadt des Iran trafen sich Anfang Dezember 1943 die Regierungschefs der drei Hauptalliierten, um über Polens Zukunft zu beratschlagen.

Etwa zur gleichen Zeit veröffentlichte Karski in einem offiziellen Rundschreiben der Exilregierung einen Artikel über Entwicklung und Organisation der polnischen Untergrundbewegung. Die Reaktion des britischen Außenministeriums darauf spiegelte die Einstellung wider, mit der Churchill und Roosevelt nach Teheran gefahren waren, und lieferte einen Hinweis darauf, wie hoffnungslos die Sache eines freien Polen stand.

In dem Artikel hatte Jan ein Argument wiederholt, das er immer in Diskussionen über den Untergrund vertreten hatte: daß die Bewegung die feste Unterstützung praktisch der gesamten polnischen Bevölkerung hinter sich habe. Die Vertreter der Alliierten hatten diese Aussage in einem früheren Kriegsstadium generell akzeptiert; schließlich basierte die Bewegung auf einer breiten Koalition demokratischer Parteien, die bereits vor dem Krieg ihre Anhängerschaft hatten. Doch Stalins Propaganda, sowohl vor als auch nach dem Bruch mit Polen, hatte an dieser Überzeugung genagt und Zweifel an den wohlmeinenden Absichten der polnischen Führung gesät. Der Kommentar eines Experten des britischen Außenministeriums zu Karskis

Artikel ließ deutlich erkennen, in welchem Maß westliche Diplomaten von der sowjetischen Argumentation beeinflußt waren:

> Einen Punkt, den er übergeht (den die Russen für entscheidend halten), ist die Frage, inwieweit die Disziplin von allen Teilen der Bevölkerung freiwillig und einstimmig akzeptiert wird, oder ob diese nicht eher von der militanten, aber hervorragend gegliederten Vier-Parteien-Regierung oktroyiert wird. Es gibt Erscheinungsformen im gegenwärtigen Untergrundstaat, die einen Beigeschmack von totalitärer Diktatur haben – Zwangseinberufung in die Bewegung, Ächtung oder Exekution von denen, die sich widersetzen, durch Volkstribunale.

Es bestehe die Gefahr, ergänzte der Beamte, daß die gegenwärtige Kluft zu den Kommunisten wachse und zu noch größerer Zwietracht »oder sogar einer Zerstückelung des Landes« nach dem Abzug der Deutschen führe. Unabhängig davon, ob die der Exilregierung angeschlossene Untergrundbewegung nun tatsächlich antidemokratische Züge offenbarte, lagen die Folgerungen aus diesen Beobachtungen auf der Hand: Der sicherste Weg, ein Chaos zu vermeiden, würde eine Stützung der Position der Sowjetunion sein. Gestärkt wurde diese Argumentation durch den Kriegsverlauf. Die Deutschen wurden im Osten immer weiter zurückgetrieben; der Vormarsch der Roten Armee auf Berlin hatte begonnen. Innerhalb eines Monats würden die ersten regulären sowjetischen Truppen Polens Vorkriegsgrenzen überschreiten.

Und unter diesen Vorzeichen entwarfen in Teheran die alliierten Machthaber neue Landkarten von Osteuropa. Churchill und Eden tauschten Gedanken mit Stalin und Molotov aus. Roosevelt, der ganz und gar nicht darauf versessen war, seine Fingerabdrücke auf einem Handel zu hinterlassen, der ihm Stimmen beim polnisch-amerikanischen Wählerblock kosten könnte, saß in der Ecke und markierte den Schlafenden. Stalin bezichtigte den von London gesteuerten Untergrund der Kollaboration mit den Deutschen mit der Absicht, die von der UdSSR unterstützten Partisanen zu beseitigen. Churchill wies diesen Vorwurf nicht zurück; er änderte das Thema. Diese Reaktion belegte offenkundig, daß alle Bemühungen von Karski und der polnischen Regierung, die Briten von der Treue der Polen zu ihren Verbündeten zu überzeugen, vergeblich gewesen waren.

Am Ende der Konferenz hatten sich die drei großen Alliierten im geheimen darauf geeinigt, Polen nach Westen zu verschieben, indem sie ihm das Gebiet östlich der Curzon-Linie aberkannten und ihm dafür das ehemals deutsche Territorium östlich der Oder schenkten. Die polnische Regierung hatte an dieser Entscheidung nicht mitgewirkt. Nach Teheran drängten die Briten die Londoner Polen hinter verschlossenen Türen jedoch immer energischer dazu, Stalins Gebietsansprüche zu akzeptieren – als Vorbedingung für die Wiederaufnahme der diplomatischen Beziehungen zu der UdSSR.

Aufgrund seiner immer enger werdenden Verbindung zu Mikołajczyk konnte Jan aus nächster Nähe verfolgen, welch aussichtslosen Kampf der Ministerpräsident führte. Nach seinen Erfahrungen der letzten beiden Jahre mit offiziellen britischen und amerikanischen Stellen war Jan zu dem Schluß gekommen, daß Polen ein für allemal den Krieg verloren hatte. Er teilte diese Auffassung seinem kürzlich aus Warschau zurückgekehrten Kurierkollegen Jan Nowak[2] mit. Nowak erinnerte sich später, daß Karski »kalt, fast zynisch« über die Folgen von Teheran gesprochen habe.

»Wenn unsere Politiker den Mut hätten, der Realität ins Auge zu sehen, statt sich auf Wunschdenken zu verlassen«, erläuterte Jan seinem Kollegen, »würden sie sich zusammensetzen und einen Plan ausarbeiten, *wie* man damit umgeht, den Krieg zu verlieren.« Die Regierung solle aufhören, gegen unüberwindliche politische Hindernisse anzurennen und sich zu überlegen beginnen, »wie man unser Land auf das Unvermeidliche vorbereitet«.

Nowak lernte schließlich, Jans Analyse zu respektieren.

»Wenn ich Karskis Kommentare mit dem vergleiche, was später tatsächlich passierte«, schrieb Nowak in seinen Memoiren, »erkenne ich, daß er unsere Situation besser begriff als irgendjemand anderer, den ich zu jener Zeit in London traf.«

Mikołajczyk weigerte sich, sich in der Grenzfrage dem Druck der Briten zu beugen. Aus Verärgerung darüber würde Churchill schließlich am 22. Februar im Parlament das Wort ergreifen, um die in Teheran erzielte Einigung über die polnischen Grenzen öffentlich

---

[2]   Nowak emigrierte später in die Vereinigten Staaten und leitete jahrelang die polnische Sektion von Radio Freies Europa.

zu verkünden. Die Proteste der Exilregierung würden dann zu leeren Worten werden und die Grenzfrage endgültig geklärt sein.

Schon vor der Publikmachung hatten Churchill, Eden und deren Berater mögliche Reaktionen des Untergrunds und anderer polnischer Bevölkerungsteile auf die neuen Grenzen bedacht. Wenn die Exilregierung nicht dazu taugte, würden die Briten eben eigene Maßnahmen zur Vermeidung eines offenen Konflikts zwischen den Polen und der vorrückenden Roten Armee ergreifen müssen. Es war an der Zeit, einen von der Exilregierung unabhängigen Kontakt zum polnischen Untergrund aufzubauen – übrigens etwa demjenigen entsprechend, nach dem Karski im Dezember 1942 bei den Gesprächen mit Frank Savery seine Fühler ausgestreckt hatte.

Karski befand sich auf See, als Churchill im Parlament seine vernichtende Rede über Polen hielt. Sein Schiff in die Vereinigten Staaten war am 21. Februar in Schottland ausgelaufen. Jan hatte einen Brief von Mikołajczyk an Ciechanowski bei sich, der den Charakter seiner Mission erläuterte. Eine Passage darin gab ihm Rätsel auf, als er das Geheimdokument später zu lesen bekam – und beschäftigte ihn auch noch mehrere Jahre lang nach dem Krieg.

»Gegenwärtig«, schrieb Mikołajczyk an der betreffenden Stelle über Jan, »muß man ihn als jemanden präsentieren, der sich bis Ende des Krieges außerhalb Polens aufhält. Zu Ihrer Information sei jedoch erwähnt«, ergänzte das Schreiben, »daß noch immer die Möglichkeit besteht, ihn bald nach Polen zurückzuschicken. Vielleicht wird er früher als erwartet nach London zurückgerufen. In diesem Fall müßte er sofort alle laufenden Projekte unterbrechen.«

Wie sich die Dinge entwickelten, kehrte Karski bis Kriegsende nicht mehr nach London zurück.

Eines Nachmittags in den 50er Jahren klingelte im Büro des Assistenzprofessors für Politologie der Georgetown University Jan Karski das Telefon. Am anderen Ende der Leitung fragte ohne Einleitung und in einem Ton, als hätte er Karski gestern und nicht 1943 zum letzten Mal gesehen, Józef Retinger, ob Jan am nächsten Tag zum Mittagessen frei sei.

Bei der Ankunft im Restaurant des Washingtoner Mayflower Hotels fand Jan einen eingefallenen, gebrechlichen, inzwischen erblindeten Mann vor, der von einem jungen Assistenten geführt wurde. Retinger verschwieg den Zweck seiner Reise in die Vereinigten Staaten, und Jan wußte, daß es sinnlos war, ihn danach zu fragen. Der alte Mann und sein ehemaliger Schützling tauschten eine Zeitlang Erinnerungen aus, bis Jan schließlich Retingers Fallschirmabsprung über Polen im Jahr 1944 zur Sprache brachte, der in polnischen Exilkreisen Berühmtheit erlangt hatte.

»Pioruń, ich werde dir davon erzählen«, begann Retinger, »weil ich deine Haut gerettet habe.« Anfang 1944, erläuterte er, hätten ihn befreundete britische Regierungsangehörige um Rat gefragt, wen man als Boten nach Polen schicken könne. »Der Mann sollte unabhängig sein«, erinnerte sich Retinger, »und ein begrenztes Aufgabenfeld erhalten. Man würde ihm Zugang zu allen die internationale Rolle Polens betreffenden Dokumenten gewähren. Seine Aufgabe würde es sein, diese Informationen den höchsten Stellen des polnischen Untergrunds zu übermitteln, so daß diese erkennen könnten, in welcher Lage sich die polnische Regierung gegenwärtig befände. Die Engländer fragten mich, ob ich Karski für den geeigneten Mann für eine solche Mission hielte. Ich habe den Briten gesagt, ›Karski ist gut‹«, fuhr Retinger fort. »›Er ist vertrauenswürdig, und er besitzt große Erfahrung in Untergrundarbeit. Aber Karski hat keinen Namen als Politiker. Wenn er nach Polen kommt und der Untergrundführung die Unvermeidlichkeit einer Kompromißlösung klarzumachen versucht, werden sie ihn nicht ernst nehmen.‹«

Retinger hatte sich daraufhin selbst für diese Aufgabe vorgeschlagen, die er, nachdem er Bedenken seitens der Briten bezüglich seines Alters und seiner körperlichen Verfassung zerstreut hatte, schließlich auch ausführen durfte. Churchill persönlich hatte die entscheidende Zusage erteilt.

11. Vergeblicher Ruhm

Karskis Krieg war noch nicht zu Ende. Obwohl er nicht in sein eingeschlossenes Heimatland zurückkehren konnte und obwohl die Chancen auf ein freies, demokratisches Nachkriegspolen mit dem Vorrücken der Alliierten auf das Dritte Reich mehr und mehr sanken, hoffte Jan immer noch, sein Teil zum Kampf beitragen zu können.

Nach seiner Ankunft in New York am 27. Februar 1944 nahm Karski die schwierige Aufgabe in Angriff, in den Vereinigten Staaten für die polnische Sache zu werben. Als Propagandamittel schwebte ihm ein Projekt vor, das er der Exilregierung bereits während seines ersten USA-Besuchs vorgeschlagen hatte: ein Film über die Untergrundbewegung. In London hatte es sich Jan angewöhnt, die Zeit zwischen zwei Terminen im Kino zu verbringen, wo er in jeder beliebigen Nachmittagsvorstellung sein Nickerchen hielt. Er konnte bei jedem Stoff friedlich schlummern, selbst bei Horror- oder Kriminalfilmen.

»Es ist warm«, erklärte er einem Reporter, »und ich weiß, daß diese Dinge nicht mir passieren.«

Die Exilregierung hatte Jans Idee von einem Film, der Polens ungebrochenen Widerstand dramatisierte, gutgeheißen – besonders im Gefolge des 1943 herausgekommenen, offen prosowjetischen Films *Mission to Moscow*. Doch die Regierung war nicht bereit, Geld in eine solche Produktion zu investieren. Jan würde sich selbst um die Finanzierung kümmern müssen. Zur Vermarktung seines Konzepts hatte Jan sowohl ein von der Exilregierung gebilligtes Drehbuch als auch von ihr beglaubigte Dokumente mitgebracht, mit denen er die Glaubwürdigkeit seiner Geschichte untermauern konnte.

Jans USA-Aufenthalt sollte jedoch nicht ausschließlich der Realisierung des Filmprojekts dienen. Die Exilregierung wünschte, daß er darüber hinaus jede sich bietende Gelegenheit wahrnahm, um mittels öffentlicher Auftritte oder Pressekontakte die Aufmerksamkeit auf Polens Untergrundkampf zu lenken. Wie bereits zuvor bei seinen Geheimkonferenzen mit führenden Vertretern der Alliierten sollte Jan seine persönlichen Erfahrungen einbringen – obwohl diese inzwischen mehr als ein Jahr zurücklagen –, um sein Publikum mit der Widerstandsbewegung vertraut zu machen. Abgesehen von diesen allgemeinen Richtlinien genoß Jan für die Dauer des Krieges Handlungsfreiheit. Von der polnischen Botschaft in Washington mit einem ansehnlichen Gehalt ausgestattet, würde er selbständig entscheiden können, auf welche Weise er die Nachricht von Polens standhaftem Kampf gegen Hitler und der ungerechten Behandlung durch Stalin verbreitete. Wenngleich Jan keinerlei Anweisung von der Regierung erhalten hatte, auf die jüdische Tragödie aufmerksam zu machen, fühlte er sich verpflichtet, auch dieses Thema in der amerikanischen Öffentlichkeit anzusprechen.

Jans erster Monat in den Vereinigten Staaten war ausgefüllt mit rastloser Aktivität. Am 17. März meldete er nach London, er habe »Kontakt zu den wichtigsten Filmgesellschaften in Hollywood aufgenommen«. Doch das Projekt erwies sich als schwer verkäuflich. Filmproduzenten reagierten zurückhaltend auf das Thema Polen, weil sie befürchteten, in die polnisch-sowjetische Auseinandersetzung hineingezogen zu werden. Außerdem hatte man angesichts der Geschwindigkeit der militärischen wie der politischen Entwicklung Anfang 1944 große Bedenken, daß ein solcher Film von den Ereignissen überholt werden könnte. Und da Deutschlands Niederlage nur noch eine Frage der Zeit zu sein schien, nahmen die Produzenten an, daß das Publikum schon bald keinen Geschmack mehr an Kriegsfilmen finden würde.

In seinem März-Bericht äußerte sich Karski zwar noch optimistisch bezüglich des Filmprojekts, wandte sich unterdessen aber auch den anderen Schwerpunkten seiner Werbekampagne zu. Er hielt Vorträge in Washington und New York, gab Rundfunkinterviews, überredete die *Washington Post*, einen auf seinen Informationen basierenden Artikel über den polnischen Untergrund zu schreiben, und führte Gespräche mit den Herausgebern der Zeitschriften *Collier's*, *Time* und *Life*. (Dabei legte er den Grundstein für die *Life*-Titelgeschichte, die er ein paar Monate später schrieb.) Durch Vermittlung der polnischen Botschaft hatte Jan auch bereits Verbindung zu Werbeagenturen und Verlagsagenten aufgenommen, um über ein mögliches Alternativprojekt zu verhandeln, für den Fall, daß sich der Film nicht verwirklichen ließe: ein Buch über den polnischen Untergrund.

Noch vor Ende März hatte Karski den Mann gefunden, der bereit war, das Buch zu realisieren. Emery Reeves nannte sich selbst Agent und Verleger. In einer Zeit, in der Agenten weit weniger Einfluß und Macht ausübten als heutzutage, vertrat Reeves immerhin die Autorenrechte so prominenter Persönlichkeiten wie Winston Churchill oder Anthony Eden in Amerika. Er war jedoch weder in einem Branchenverzeichnis registriert, noch gab seine Verlagsgesellschaft jemals ein Buch heraus. Im Prinzip war Reeves ein Unternehmer, der in Sachen Ruhm Geschäfte machte. Karski wollte ins Rampenlicht treten; Reeves konnte ihm helfen, dieses Ziel zu erreichen.
Bei ihrem ersten Treffen erklärte Reeves, wenn er erst einmal einen Verleger für Karski gefunden habe, könne das Buch als Schlüssel zur Verwirklichung aller seiner Pläne dienen. Bei professioneller Ausführung werde es die Türen zu Zeitschriftenverlagen öffnen, so daß Karski in Zukunft Artikel für die großen Magazine schreiben könne. Falls das Buch ein Erfolg werde, bestehe zumindest eine gewisse Chance, einen Filmproduzenten für den Stoff zu finden, während Karskis gegenwärtige Versuche, Hollywood dafür zu interessieren, nach Reeves' Meinung hoffnungslos waren. Und im Verlauf der Werbekampagne für das Buch würde der Autor weit mehr Aufmerksamkeit in den Medien erhalten und dadurch ein viel breiteres Publikum erreichen können als im Augenblick. Reeves verriet auch, warum er seinerseits das Geschäft für lohnenswert hielt.
»Er glaubt, daß das Buch eine Sensation wird«, telegraphierte Jan an Professor Kot nach London.
Davon abgesehen diktierte Reeves Karski natürlich seine Bedingungen für die Zusammenarbeit. Für Anfänger gelte eine finanzielle Regelung von 50 zu 50. Die Hälfte aller Einnahmen aus dem Projekt würde also in Reeves' Tasche fließen. (Die damals übliche Beteiligung für Agenten lag bei zehn Prozent.) Darüber hinaus habe sich Karski strikt an die festgelegte Marschroute zu halten. Da das

Buch wertlos sei, wenn es nicht so schnell wie möglich auf den Markt gebracht werde, müsse er jede Woche eine bestimmte Anzahl Manuskriptseiten abliefern. Außerdem sollte der Inhalt den Vorstellungen seines Agenten entsprechen. Reeves wollte die Geschichte von Karskis Abenteuern, keine trockene Abhandlung über die Struktur der Untergrundbewegung und auf keinen Fall etwas, das den polnisch-sowjetischen Streit zusätzlich anheizte. Kein amerikanischer Verleger würde seinen Namen für ein offensichtliches Propagandawerk einer ausländischen Regierung hergeben. Karski müsse dies von vornherein begreifen, machte Reeves unmißverständlich klar.

Karski stimmte allen Bedingungen begeistert zu. Er war nicht so völlig blauäugig in Gelddingen, wie Reeves dies angenommen haben mag.

»Ich habe für mich sehr nachteilige finanzielle Bedingungen akzeptiert«, berichtete er der Exilregierung und ergänzte, dies mit Absicht getan zu haben. »Ich möchte meinem Agenten unbedingt einen finanziellen Anreiz bieten«, erläuterte Karski in einem Brief nach London, »damit er dem Buch ein Maximum an Publizität gewährleistet. Ich gehe davon aus, daß der Werbeeffekt wichtiger ist als ein paar hundert Dollar mehr für den ›Autor‹.«

Kot signalisierte aus London seine Einwilligung zu dem Handel, auch wenn er noch immer an der Filmidee hing und Karski aufforderte, in dieser Richtung weiterzuverhandeln, um vielleicht wenigstens einen kurzen Dokumentarfilm über die Untergrundbewegung durchzusetzen. Doch bis Anfang April 1944 hatte Jan alle anderen Aktivitäten aufgegeben, um sich ganz auf die naheliegende Aufgabe zu konzentrieren. Er besaß die Unterstützung der polnischen Botschaft und deren New Yorker Propagandabüro, das ihm eine zweisprachige Sekretärin zur Verfügung stellte und ihm in einem Hotelzimmer in Manhattan ein Büro einrichtete. Dort begann Karski jeden Morgen in aller Frühe mit dem Diktieren seiner Erinnerungen.

»Es war ungeheuer viel Arbeit«, schrieb er kurz nach Beendigung seines ersten Entwurfs in einem Bericht an die Exilregierung. »Ich habe im wahrsten Sinne des Wortes Tag und Nacht gearbeitet, von einer Pause zur nächsten und bis zum Schlafengehen. ... Ich war nie in meinem ganzen Leben so überarbeitet und müde wie im Augenblick. Die letzten drei Monate kommen mir jetzt wie ein Alptraum vor.«

Wie erschöpft die Stenotypistin gewesen sein muß, ist leicht vorstellbar. Innerhalb weniger Wochen tippte sie ungefähr tausend Seiten Text, der ihr teils in Englisch, teils in Polnisch diktiert wurde, wobei sie simultan vom Polnischen ins Englische übersetzte, während Jan sprach. Da ihr Englisch besser war als das von Jan, formulierte sie seine Sätze um, wenn er in dieser Sprache diktierte.

In den ersten Monaten ging das Projekt reibungslos voran. Karski lieferte seinen Text fristgerecht bei Reeves ab, und der Agent zeigte sich sogar positiv überrascht von der schriftstellerischen Qualität des Werkes. Ursprünglich hatte Reeves geplant, das Buch gemeinsam mit dem freiberuflichen Redakteur William Foster nach detaillierten Informationen von Karski selbst zu gestalten. Doch nach den ersten Proben von Jans Arbeit änderten Reeves und Foster ihr Konzept.

»Als sie mein Manuskript lasen«, berichtete Jan stolz seinen Vorgesetzten in England, »gelangten sie zu der Überzeugung, daß es eine gewisse Frische sowie einen ›lesefreundlichen‹ Aufbau besitze, daß es mit literarischer Begabung geschrieben sei und sich nach ein paar Übersetzungskorrekturen ... und etwas ›Bearbeitung‹ zur Veröffentlichung eigne.«

Bald erkannte Jan jedoch, daß die von den Amerikanern beabsichtigte »Bearbeitung« nicht unbedingt seinen Interessen, bzw. denen der polnischen Regierung, förderlich war. Zum ersten Streit kam es über ein Kapitel, das sich mit den schändlichen Aktivitäten kommunistisch gesteuerter Provokateure in Polen befaßte. Karski vertrat zwar einen für polnische Begriffe gemäßigten Standpunkt in der Frage der Beziehungen seines Landes zur UdSSR, wollte den amerikanischen Lesern aber dennoch ein Bild von den Schwierigkeiten vermitteln, denen die Untergrundbewegung aufgrund der kommunistischen Aktivitäten ausgesetzt war. Reeves lehnte dieses Kapitel kategorisch ab. Das Thema sei nicht nur umstritten, begründete er seine Entscheidung, sondern Karski weiche damit auch von der vereinbarten Erzählweise in der ersten Person ab, da er kommunistische Provokateure nicht persönlich erlebt habe.

Jan erachtete diesen Streitpunkt für so wichtig, daß er Mikołajczyk ein Telegramm mit der Bitte um Entscheidungshilfe schickte. Der Ministerpräsident und seine Berater kamen überein, daß man, »falls ein Buch wie dieses nur um den Preis der Ausklammerung der Ostproblematik machbar ist, dies notgedrungen akzeptieren muß, statt das gesamte Projekt scheitern zu lassen«. Schließlich räumte Karski in einem sehr versöhnlichen Nachwort zu dem Buch ein, daß in Polen auch antideutsche Elemente aktiv seien, die ihre Befehle aus Moskau erhielten.

Auch in anderen Fällen entstanden Interessenkonflikte zwischen Reeves und Karski. Jan beklagte sich darüber, daß sein Agent dazu neige, »meine Rolle und Bedeutung zu übertreiben und den sensationellen statt den politisch-ideologischen Aspekt der Geschichte zu betonen«. Gleichzeitg fiel es Reeves jedoch offensichtlich schwer, einige der abenteuerlichen Episoden zu glauben.

»Ich hatte größte Schwierigkeiten, meinen Agenten davon zu überzeugen, daß das Buch ausschließlich auf authentischen Informationen basiert«, berichtete Karski später. Nachdem Jan einen Brief von Mikołajczyk vorgelegt hatte, in dem sich die Exilregierung für Karskis Wort verbürgte, äußerte Reeves weniger Bedenken.

Trotz seiner Beteuerungen war vieles von dem, was Karski schrieb, weit davon entfernt, korrekt zu sein – selbst bevor Reeves und Foster mit der »Bearbeitung« des Textes begannen. Natürlich zwangen ihn Sicherheitsbedenken dazu, zahlreiche Details zu verändern. So nannte er keinen der erwähnten Untergrundführer beim richtigen Namen und verfälschte sowohl seinen eigenen Lebenslauf als auch bestimmte logistische Aspekte seiner Mission.

»Ich mußte vorsichtig sein, damit sie mich nach dem Krieg nicht wegen Geheimnisverrats hängen konnten«, erklärte Karski später, ohne damit ganz aufrichtig zu sein. Denn manche Fakten verzerrte er auch, um den Untergrundgeschichten mehr Dramatik zu verleihen. So ließ er seinen Freund Tadeusz Pilc – im Buch »Tadeusz Kilec« – nicht im KZ Buchenwald sterben, sondern durch öffentliche Hinrichtung an einem auf dem Marktplatz von Lublin aufgestellten Galgen nach dem heroischen Versuch, einen Zug entgleisen zu lassen.

»Ich habe niemals wesentliche Aspekte der Realität verändert«, schrieb Karski in einem Bericht, in dem er zu der »Bearbeitung«

seines Manuskripts Stellung bezog. Diese Aussage ist zumindest fragwürdig. Natürlich ging es Karski in erster Linie darum, ein positives Bild von der Widerstandsbewegung zu vermitteln; dies war der eigentliche Zweck des Buches. Er erwähnte zwar die internen politischen Grabenkämpfe zwischen den einzelnen Fraktionen, verschwieg jedoch seine persönliche Abneigung gegen die realitätsfremden Vorurteile in gewissen Teilen der Untergrundpresse. Er brachte auch nicht den scharfen Widerstand rechtsgerichteter Gruppierungen gegen jede Form der Entspannungspolitik gegenüber der Sowjetunion zur Sprache. Der Text enthielt außerdem keinerlei Hinweis auf den polnischen Antisemitismus, den Jan selbst erlebt hatte. Nachdem es Reeves im Sommer gelungen war, den in Boston ansässigen Houghton-Mifflin-Verlag als Herausgeber des Buches zu gewinnen, folgten weitere »Bearbeitungen«. Karski berichtete der Exilregierung von einer dieser Verbesserungen:

> Meine Verleger legen besonderen Wert darauf, den jüdischen Teil des Buches auszubauen. Ich soll über den Kampf im Warschauer Ghetto schreiben (über den Aufstand, der fünf Monate nach Karskis Ankunft in England stattfand), obwohl ich im Prinzip der Meinung bin, daß dieses Thema nicht zum Gesamtkonzept des Buches paßt. Sie glauben, daß diese Ergänzung einerseits vorteilhaft für Polen wäre und anderseits das Interesse der amerikanischen Leserschaft erhöhen würde. Vielleicht werde ich diesen Vorschlag aufgreifen – nicht nur aus oben genannten Gründen, sondern auch, weil ich die furchtbare Tragödie des polnischen Judentums umso stärker empfinde, je mehr zeitlichen und räumlichen Abstand ich zu den Schrecken in der Heimat habe.

In der Endversion des Buches erzählen der Bund-Vorsitzende und der Zionistenführer bei dem Treffen in Warschau Karski von den Plänen für den Ghettoaufstand. Jan mag dieses Detail, das sich nicht mit den später bekannt gewordenen Ursprüngen der Revolte deckt, durchaus als Reaktion auf Houghton Mifflins Vorschläge ergänzt haben.

Der Verleger wollte auch noch einen anderen inhaltlichen Aspekt stärker berücksichtigt haben. Im Spätsommer war Karski zu einem Abendessen mit dem Seniorchef des Verlags Edward O. Houghton nach Boston eingeladen. Houghton zeigte sich begeistert von dem Manuskript, beugte sich dann jedoch vertraulich zu seinem Gast hinüber und sprach ihn auf einen Mangel des Buches an.

»Herr Karski, wir glauben, daß Ihr Buch eine breite Leserschaft finden kann«, begann Houghton. »Das amerikanische Publikum hat allerdings gewisse Erwartungen an ein solches Buch. Unsere Leser werden bestimmt bemerken, was auch meinen Angestellten und mir bei Ihrem Manuskript aufgefallen ist. Herr Karski, Sie schildern hier vier Jahre Ihres Lebens, aber Sie verlieren kaum ein Wort über ihr Privatleben. Haben Sie sich während dieser ganzen Zeit denn niemals verliebt? Da muß es doch etwas gegeben haben!«

Jan schüttelte lächelnd den Kopf.

Houghton kicherte verschämt, bevor er fortfuhr:

»Sicher – und dabei spreche ich nur aus Sicht meiner Leser – sicher wollen Sie doch nicht den Eindruck erwecken, als hätten Sie etwas zu verbergen, zum Beispiel, daß Sie keine Frauen mögen?«

»Herr Houghton, ich gebe Ihnen mein Ehrenwort«, wehrte Karski ab, »es gibt kein derartiges Geheimnis. Ich hatte einfach keine Zeit für Liebesaffären. Lesen Sie das Manuskript! Ich war die ganze Zeit unterwegs, abgesehen von der Zeit in Rußland oder der in Gestapogefangenschaft; ich war in Krakau, in Warschau, in London, in Washington. Da war nichts!«

Houghton schlug die Augen nieder. »Schade«, sagte er bedauernd.

Jans Unschuldsbeteuerungen waren vergeblich. Dezente Hinweise auf eine Romanze zwischen ihm und Danuta Slawik (im Buch »Danuta Sawa«) wurden geschickt in den Text eingebaut.

Karskis ursprüngliche Motivation für das Buch war, Polens Image in den Vereinigten Staaten aufzuwerten. Sein Agent und sein Verleger wollten Bücher verkaufen. Es ist durchaus möglich, daß keine der beiden Parteien besonderen Wert auf historische Genauigkeit legte und daß das Buch von keiner Seite jemals als umfassende Dokumentation von Karskis Kriegserlebnissen gedacht war. Was offensichtlich niemand voraussah, war, daß sich Jahrzehnte später Wissenschaftler auf *Story of a Secret State* (so der vom Verlag gewählte Titel des Buches) als wichtige Quelle für die Geschichte der Endlösung und anderer Kriegsthemen stützen würden, ohne sich der Lücken und »Bearbeitungen« bewußt zu sein.

Als die Alliierten am 6. Juni 1944 die Strände der Normandie stürmten, saß Jan in der Empfangshalle von *Blair House*, der Residenz für ausländische Staatsgäste in Washington, und wartete auf Mikołajczyk. Präsident Roosevelt hatte dem polnischen Ministerpräsidenten endlich eine Audienz bewilligt, nachdem er ihn acht Monate lang hingehalten hatte. Mikołajczyk war am 5. Juni zu seinem Staatsbesuch eingetroffen. Er hatte Jan gebeten, sich ihm zur Verfügung zu halten, ohne ihn jedoch mit speziellen Aufgaben zu betrauen oder sich von ihm zu offiziellen Terminen begleiten zu lassen. Botschaftsbeamte hatten Jan lediglich mitgeteilt, er solle sich jeden Morgen um halb neun in *Blair House* melden und auf die Anweisungen des Ministerpräsidenten warten.

Mikołajczyks Besuch fand zu einem für die polnisch-sowjetischen Beziehungen entscheidenden Zeitpunkt statt. Die inzwischen von allen früheren Verbündeten isolierte polnische Exilregierung stand unter enormem Druck, Stalin gegenüber eine Geste der Versöhnung zu zeigen. Mikołajczyk war zu gewissen Zugeständnissen bereit. Er wollte Roosevelt und andere Amerikaner mit bescheidenem, vernünftigem Auftreten beeindrucken und hoffte, daß der amerikanische Präsident im Gegenzug bei Stalin intervenieren würde, um eine Annäherung der beiden verfeindeten Nationen herbeizuführen.

Mikołajczyks Unterredungen mit Roosevelt schienen erfolgversprechend zu verlaufen. Beide Seiten äußerten vorsichtigen Optimismus bezüglich eines absehbaren Durchbruchs bei den festgefahrenen Verhandlungen zwischen Polen und der Sowjetunion. Der polnische Ministerpräsident entlockte Roosevelt das Versprechen, daß er »bei allen Bemühungen um eine für beide Seiten befriedigende Übereinkunft mit der Sowjetunion mit der moralischen Unterstützung der Regierung der Vereinigten Staaten rechnen könne«, wie es Außenminister Cordell Hull formulierte. Sobald Mikołajczyk jedoch auf eine Konkretisierung dieser Zusage drängte, nahm Hull wieder Abstand von seiner Verlautbarung. Diplomatische Beobachter schätzten das Ergebnis von Mikołajczyks Staatsbesuch als eher unbedeutend ein. »Er mag seinem Volk einen Dienst erwiesen und ihm in Washington einen Teil der verlorenen Sympathie zurückerobert haben, indem er den Eindruck vermittelte, daß es durchaus vernünftige Polen gibt«, kommentierte ein Bericht der britischen Botschaft an das Außenministerium in London, »er scheint jedoch keinerlei konkrete Zusagen vom Präsidenten erhalten zu haben.«

Als sich Jan am letzten Tag des neuntägigen Staatsbesuchs in die Schlange der Polen einreihte, die ihrem Ministerpräsidenten zum Abschied die Hand schütteln wollten, nahm ihn Mikołajczyk beseite. »Der Präsident wird uns verteidigen«, flüsterte er, offenbar bemüht, angesichts Roosevelts vager Versprechen sein Gesicht zu wahren. »Wir sollten nicht darüber reden.«

Zwei Tage nach Abreise des polnischen Ministerpräsidenten informierte Roosevelt Stalin über den Besuch. Er war sichtlich darum bemüht, etwaige Zweifel des sowjetischen Führers an Amerikas Bündnistreue zu zerstreuen und nicht den Eindruck entstehen zu lassen, die Vereinigten Staaten würden gemeinsame Sache mit den Polen gegen Stalins Gebietsansprüche machen. »Ich versichere Ihnen«, schrieb der Präsident, »daß kein konkreter Plan oder Vorschlag diskutiert wurde, der die polnisch-sowjetischen Beziehungen in irgendeiner Weise beeinflußt.«

Jan erklärte seinen Vorgesetzten in London entschuldigend, daß er kaum Zeit gefunden habe, in der Öffentlichkeit für die polnische Sache zu werben, und daß er sich diesbezüglich auch bewußt zurückgehalten habe, um bei Houghton Mifflin nicht den Eindruck zu erwecken, er verfolge bloße Propagandazwecke. Für ein paar öffentliche Auftritte hatte er sich allerdings doch Zeit genommen und vor verschiedenen Interessengruppen in New York City, Utica, Pittsburgh, Detroit und Washington »mehrere umfangreiche Vorträge zum Standardthema gehalten«.

Organisiert hatte diese Termine der prominente Veranstalter Clark H. Getts, zu dessen Kunden auch der Prediger Dale Carnegie gehörte. Reeves hatte Karski im April 1944 mit Getts bekannt gemacht und damit eine Beziehung angeknüpft, die Jan im Laufe von eineinhalb Jahren mehr als zweihundert öffentliche Auftritte einbrachte, die mit fünfhundert Dollar pro Veranstaltung stattlich honoriert wurden.

In Wirklichkeit verlor Karski bei seinen Vorträgen jedoch Geld. Er hatte mit Getts einen Vertrag abgeschlossen, der fast ebenso unvorteilhaft für ihn war wie der mit Reeves. Reeves verlangte zusätzlich einen Anteil an Jans Vortragshonoraren, da er den Kontakt zu Getts vermittelt hatte. Auf diese Weise verlor Karski von jedem Gehaltsscheck 40% an Getts und 20% an Reeves – vor Abzug seiner Unkosten, die er komplett aus eigener Tasche bezahlen mußte. In dem Maße, wie sich sein Terminkalender füllte – mit häufig weit voneinander entfernten Auftritten, die hohe Ausgaben für Flugtickets und Hotels verursachten –, summierten sich auch seine Verluste. Jan verbuchte schließlich ein Gesamtdefizit von dreitausend Dollar bei seinen Vortragsreisen.

Zumindest erfüllten Reeves und Getts ihren Teil der Verträge. Von Anfang September an brachte Reeves Vorabdrucke aus dem Buch oder auf Karskis Erlebnissen basierende Artikel in so bedeutenden Zeitschriften wie *The American Mercury*, *Collier's* und *Harper's Bazaar* unter. Jan selbst hatte im Sommer Reportagen für *Life* und das *Jewish Forum* geschrieben. Alles in allem konnte er sich über seine finanzielle Situation kaum beklagen. Neben seinem monatlichen Gehalt von der Regierung in Höhe von fünfhundert Dollar kassierte Jan Schecks für seine Artikel und von Houghton Mifflin Vorschüsse für das Buch. Im Oktober landete Karski einen unverhofften Glückstreffer, als der Buch-des-Monats-Club *Story of a Secret State* zu seiner Hauptempfehlung wählte. Insgesamt verdiente Jan mit seiner Schriftstellerei allein im Herbst 1944 über achttausend Dollar.

Auch Getts erfüllte Jans Erwartungen. Kurz vor Erscheinen des Buches arrangierte der Veranstalter eine Reihe von hochkarätigen Vortragsterminen für Karski. Falls Jan jemals Angst davor gehabt hatte, in einer Fremdsprache (mit starkem Akzent) vor großem Publikum zu sprechen, so überwand er sie schnell bei Veranstaltungen wie dem jährlichen »Baumeister-der-Welt-von-Morgen«-Forum der *New York Herald Tribune*. Eine riesige Menschenmenge hatte sich im Tanzsaal des Waldorf-Astoria Hotels zu dem Symposium versammelt, das Mitte Oktober stattfand. Vor Karski trat die Schauspielerin Shirley Temple auf; das Pech, direkt nach ihm reden zu müssen, hatten der Kongreßabgeordnete J. William Fulbright und ein junger Luftwaffenausbilder namens Harris L. Wofford – beides spätere Mitglieder des Senats der Vereinigten Staaten.

Jan hielt vor den Besuchern des *Harald-Tribune*-Forums seine Standardrede.

»Es ist das Unglück unserer Geschichte«, begann er seinen Vortrag, »daß seit 150 Jahren die Kraft jeder polnischen Generation nicht zum Bau von Straßen, Eisenbahnen, Fabriken genutzt werden kann, sondern für den Kampf um Polens Unabhängigkeit geopfert werden muß.« Er fuhr fort, indem er den Aufbau der Untergrundbewegung und seine eigene Rolle darin skizzierte. Er erzählte von seiner Gefangennahme in der Slowakei und der anschließenden Flucht, von seiner Propagandaarbeit in Krakau und dem Besuch im Todeslager. »Ich würde nichts lieber tun, als diese Erinnerungen aus meinem Gedächtnis zu verbannen«, kommentierte er letztere Erfahrung, »und vergessen, daß solche Dinge jemals geschehen sind.«

Verfolgt von Erinnerungen, nahm Jan jede Gelegenheit wahr, um auf die Tragödie der Juden aufmerksam zu machen. Während einer kurzen Rundreise durch Kanada war er in Montreal bei einer polnischen Familie namens Brzezinski zum Abendessen eingeladen. Ein Junge saß schweigend bei Tisch und starrte Karski mit ungläubigen Augen an, als der vom Ausmaß von Hitlers Völkermord an den Juden berichtete.

»Wollen Sie damit sagen, daß es in Polen keine Juden mehr gibt, daß die kleinen Städte, in denen so viele Juden gelebt haben, jetzt buchstäblich ›judenfrei‹ sind?« fragte der Vater des Jungen.

»Ja«, antwortete Jan knapp und ohne weitere Erklärungen.

Fünfzig Jahre später erinnerte sich der US-Sicherheitsberater Zbigniew Brzezinski an jenen Austausch über dem Abendessenstisch seiner Familie als »einen jener Augenblicke, in denen sich etwas tief ins Gedächtnis einprägt, wie eine Narbe, und dort für immer haften bleibt«.

Angesichts der Anzahl der aus Europa durchgedrungenen Berichte über Hitlers systematische Vernichtungskampagne gegen die Juden mag es aus heutiger Sicht schwer vorstellbar sein, wie gutinformierte Menschen das Schicksal der Juden noch immer nicht begriffen haben konnten. Jan war bei weitem keine einsame Stimme; Ende 1944 hatten Zeitungen in alliierten und neutralen Ländern bereits seit zwei Jahren regelmäßig über den Holocaust berichtet. Dennoch ergab eine im Dezember 1944 durchgeführte Umfrage, daß nur 27% der Amerikaner bereit waren einzugestehen, daß die Juden in Europa einem systematischen Genozid ausgeliefert waren. Nur 4% glaubten, daß bereits mehr als fünf Millionen Juden ermordet worden waren.

Vielleicht anspielend auf diesen Mangel an Einsicht, erzählte Jan einem Reporter der *New York Post*, er sei bestürzt über das Verhalten vieler Amerikaner, denen er begegnet sei.

»Sie denken nicht an den Krieg«, sagte er, »und sie glauben nicht viel von dem, was geschehen ist. Wenn jene Menschen dort all diese Dinge durchgemacht haben, dann ist es doch das mindeste, was die anderen tun können, ihnen wenigstens zu glauben.«

Jans in den letzten Monaten des Jahres 1944 gewachsener Bekanntheitsgrad machte ihn anfällig für die Kritik von Polen und polnischstämmigen Amerikanern, die der Exilregierung ablehnend gegenüberstanden. Sein schlechter Ruf breitete sich bis über den Ozean aus, wie er in einem Brief an einen Regierungsminister erläuterte:

Zwei meiner Freunde haben mir aus London geschrieben, daß man mich dort einen ›Pessimisten‹ genannt hat und mich vielleicht sogar für ›prorussisch‹ hält in bezug auf unsere gegenwärtigen politischen Probleme. Diese Meinung, wenn sie denn tatsächlich existiert, hat mich schwer erschüttert. Ich konnte nächtelang nicht schlafen. Selbstverständlich kann ich meine Treue gegenüber den legalen Vertretern der Untergrundbewegung und der Regierung nicht öffentlich verteidigen, aber ich denke, daß ich während dieses Krieges genügend Nachweise erbracht habe – bis zuletzt, bis zur buchstäblich letzten Minute und bis in den Tod –, um beweisen zu können, daß ich dazu fähig bin, meinen Auftraggebern und meiner Regierung zuverlässig und treu zu dienen.

Karski glaubte immer noch fest an Ministerpräsident Mikołajczyks Fähigkeit, eine Verhandlungslösung für die scheinbar ausweglose Krise mit der Sowjetunion zu finden. Obwohl Jan ahnte, daß deren Ergebnis für Polen schmerzhaft sein würde, erachtete er einen Kompromiß in der Territorialfrage für notwendig, um die Unabhängigkeit des Landes zu wahren. Realistisch betrachtet, war Stalin kaum daran zu hindern, Polen zu einer weiteren Sowjetrepublik zu machen. Doch indem Jan öffentlich sein Vertrauen in die Londoner

Regierung äußerte, schuf er sich Feinde in weiten Kreisen der Exilpolen.

Die gegensätzlichen Standpunkte führten zu einer scharfen Auseinandersetzung zwischen Karski und dem ehemaligen Piłsudski-Legionär und Vorkriegsminister Henryk Floyar Rajchman, der während des Krieges in den Vereinigten Staaten lebte. Rajchman war ein leidenschaftlicher Gegner der Politik von Sikorski und seinem Nachfolger Mikołajczyk. Jan schrieb an den ehemaligen Regierungsangehörigen, nachdem er von einem Freund gehört hatte, daß ihn Rajchman vor einem polnischen Publikum in Detroit als »einen Schuft, einen Scheindiplomaten, der in Luxus lebt und zu Polens Schaden agiert«, bezeichnet hatte. Karski äußerte seine Empörung darüber, versuchte sich zu rechtfertigen (etwas unaufrichtig: er erwähnte seine bescheidenen Lebensverhältnisse, aber nicht seine hohen Einkünfte) und verlangte eine Erklärung.

Rajchman antwortete mit einem Brief, in dem er seine Vorwürfe ausweitete. Er beschuldigte Karski, in seinen Reden »die Losung für eine Kapitulation vor der Sowjetunion zu verbreiten«. Weiter schrieb Rajchman:

> Sie wissen, daß die Regierung Mikołajczyk nicht nur den Willen unseres Landes nicht vertritt, sondern diesem Willen auch noch zuwiderhandelt. Diese Regierung fälscht bewußt jede Meldung aus der Heimat, die ihre Politik gegenüber der Sowjetunion kritisiert. ... Unser Land verlangt einen kompromißlosen Standpunkt von der Exilregierung.

Ein paar Wochen nach Empfang dieses Briefes erfuhr Jan, daß Rajchmans Ansicht die in London vorherrschende war. Am 24. November 1944, nur Tage vor dem Erscheinen von *Story of a Secret State*, trat Mikołajczyk als Ministerpräsident der Exilregierung zurück. Stalin hatte ein Angebot von ihm zurückgewiesen, das den Sowjets praktisch alle geforderten Gebiete zuerkannte, mit Ausnahme der Stadt Lwów. Drei der vier im Kabinett vertretenen Parteien hatten diesen letzten verzweifelten Kompromißversuch abgelehnt. Gemeinsam mit Mikołajczyk verließen andere gemäßigte Politiker die Regierung. Das Folgeregime, das von Befürwortern eines harten Kurses gegen die Sowjetunion beherrscht wurde, verlor jeglichen Einfluß in den Gremien der Alliierten und wurde im wesentlichen die erste einer ganzen Reihe von machtlosen, symbolischen Exilregierungen, die bis 1989 die Fahne eines freien Polen hochhielten.

Jan hegte immer noch einen Hoffnungsschimmer, daß Mikołajczyk einen Weg finden würde, um Polen vor dem Joch kommunistischer Herrschaft zu bewahren. Sein Glaube in den abgesetzten Ministerpräsidenten war so stark, daß er alle anderen Verpflichtungen sofort aufgegeben hätte, um nach Polen zurückzukehren, wenn Mikołajczyk ihn darum gebeten hätte, einer von ihm gebildeten Koalitionsregierung mit den Sowjets zu dienen[1].

Die Entwicklungen in London versetzten Karski in die groteske Lage, eine Werbekampagne durchzuführen, deren Nutznießer nicht eindeutig identifizierbar waren. Innerlich vertrat er nicht die neue Regierung, deren Angehörige er entweder nicht kannte oder nicht mochte, bezog aber über die Botschaft in Washington weiterhin ein Gehalt von ihr. Er fühlte sich persönlich noch immer seinem ehemaligen Ministerpräsidenten und dem Botschafter Ciechanowski verbunden, der trotz oppositioneller Haltung zum neuen Regime im Amt verblieben war. Und er sprach weiterhin im Namen der polnischen Untergrundbewegung oder dem, was nach dem katastrophalen Scheitern des Warschauer Aufstands von ihr übriggeblieben war[2].

Als Jan in einem Augenblick, da die Sache eines freien Polen an allen Fronten verlorenging, noch nach der für ihn passenden Rolle suchte, erkannte er, daß er mit der Veröffentlichung seines Buches Polens größten Propagandacoup während des Krieges gelandet hatte. Es war ein wertloser Sieg.

Vom Augenblick seines Erscheinens am 28. November 1944 an übertraf der Erfolg von *Story of a Secret State* die kühnsten Träume von Karski und seinen Vorgesetzten. Schon nach Tagen wurde deut-

---

[1] Als Mikołajczyk schließlich tatsächlich nach Polen zurückkehrte, um als Alibi-Nichtkommunist einen untergeordneten Posten in der von Stalin kontrollierten Regierung zu übernehmen, folgte Karski ihm nicht. Nachdem sein Leben bedroht war, floh Mikołajczyk 1947 in einem Lastwagen der amerikanischen Botschaft aus Polen.

[2] Nachdem die Kämpfer, trotz Stalins Blockade alliierter Hilfssendungen für das belagerte Warschau, dreiundsechzig Tage durchgehalten hatten, hatten sie sich am 2. Oktober 1944 den Deutschen ergeben.

lich, daß das Buch ein breiteres Publikum erreichen würde, als die Polen jemals für möglich gehalten hatten, als sie Jan zehn Monate zuvor nach Amerika schickten. Positive Kritiken erschienen in *Time*, *The New Yorker*, der *New York Times Book Review*, der *Washington Post*, der *Los Angeles Times* und in über hundert weiteren Zeitungen und Zeitschriften. In einem Interview mit dem Autor lobte Bennet Cerf in seiner New Yorker Radioshow das Buch als »eine der leidenschaftlichsten und unvergeßlichsten Erzählungen, die ich jemals gelesen habe«. In einer in mehreren Zeitungen erschienenen Kolumne nannte Ed Sullivan Karskis Werk eine »phantastische Geschichte«, durch die sich die Leser »näher am Zeitgeschehen fühlen« würden. Die *Saturday Review of Literature* pries es als »eines der besten aus dem Zweiten Weltkrieg hervorgehenden Bücher«.

Nur eine Minderheit von Kritikern störte sich an Schwächen des Texts. Ein Journalist in Omaha, der damit unwissentlich eher die Nachbesserungsversuche der verschiedenen Lektoren des Buches als Karskis eigene Arbeit kritisierte, nannte es »konstruiert« und »eintönig« und kommentierte: »Herr Karski ist so entschlossen ›literarisch‹, daß er eine Geschichte ausschmückt, die keine Schnörkel nötig hat.«

Ein anderer Kritiker empfand den Stil als »teilweise prosaisch«, meinte allerdings, »der Inhalt macht den Mangel wett«.

Edward Weeks vom *Atlantic Monthly* schrieb: »Die Geschichte von Polens Leiden und Untergang sollte zu den Epen unserer Zeit gehören, aber dieser graue, verschleierte, fragmentarische Bericht läßt mich kalt.«

Stimuliert von einer »riesigen Werbekampagne«, wie es *Publisher's Weekly* nannte, lief der Verkauf des Buches an. Houghton Mifflins Erstauflage von 50 000 Exemplaren war in kürzester Zeit vergriffen, ebenso die 350 000 für den Buch-des-Monats-Club gedruckten Exemplare. Bald fand Reeves Verleger in Großbritannien, Frankreich, Norwegen und Schweden, die die ausländischen Rechte an dem Buch erwarben, sowie einen Verlag für eine später erscheinende Taschenbuchausgabe. Obwohl *Story of a Secret State* niemals auf einer Bestsellerliste auftauchte, wurde es so häufig verkauft, daß es Karski allein 1945 100 000 Dollar Tantieme einbrachte – die er mit Reeves teilen mußte.

Am 1. Dezember begann eine ausgedehnte Lesereise, die Jan für die nächsten sechs Monate fast ohne Unterbrechung quer durch die Vereinigten Staaten führte. Städte zogen verschwommen an ihm vorbei: Galveston, Topeka, Oklahoma City, New Orleans, Charlotte, Rochester, Hartford, Indianapolis, Toledo und so weiter. An einem Tag sprach er vor einer Gruppe von Beamten, am nächsten vor einer Handelskammer, am übernächsten in einer Kirche oder Synagoge und in der folgenden Woche in einem Buchklub. Er war, wie er es später gerne nannte, zu einem »professionellen Helden« geworden. Es war ein einsamer Kampf.

Doch Karski war nicht so allein, wie er dachte. Da er immer stärker das Interesse der Öffentlichkeit auf sich zog, wurde auch die Ausländerabteilung des *Office of Strategic Services* auf ihn aufmerksam.

Das OSS war noch nicht mit dem Gesetz belastet, das seiner Nachfolgeorganisation, der CIA, Überwachungen innerhalb der Vereinigten Staaten untersagte. Die einzige Aufgabe der von einem rechtsgerichteten Republikaner namens DeWitt Poole geleiteten Ausländerabteilung bestand darin, die Aktivitäten von Personen (ungeachtet dessen, ob sie amerikanische Staatsbürger waren) und Organisationen mit Verbindungen zu einem bestimmten ethnischen Hintergrund zu kontrollieren. Ein Stab von Mitarbeitern analysierte an Emigranten gerichtete und fremdsprachige, in den Vereinigten Staaten produzierte Publikationen. Ein Netz von Informanten kümmerte sich um Aktivitäten, an denen Ausländer oder Amerikaner mit ausländisch klingenden Namen beteiligt waren.

Die Beamten der Ausländerabteilung, die Karski nachspürten, schienen nicht gewußt zu haben, daß er bei seiner Geheimmission von 1943 Kontakt zu allen Spitzenkräften der OSS hatte. Die Abteilung hatte sich bereits vor Karskis Abreise aus England im Februar 1944 für den Zweck seines USA-Besuchs interessiert – und von der OSS-Zentrale in London die Auskunft erhalten, man wisse nichts über die Reisepläne. Nach der Veröffentlichung seines Buches nahm man die Spur zu Karski wieder auf und setzte Agenten auf ihn an, die über mindestens zwei seiner Auftritte Berichte anfertigten. Die Dossiers enthielten offene Wertschätzungen seines rhetorischen Stils und seiner politischen Argumentation und warfen damit Licht auf Aspekte von Karskis Öffentlichkeitsarbeit, die in Zeitungsberichten weniger zum Vorschein kamen.

Über einen Vortrag vor polnisch-amerikanischem Publikum in Chicago notierte ein Agent, Karski habe »eine lange Ansprache gehalten, der manche Zuschauer wegen seines unzulänglichen Englisch nur schwer folgen konnten. Sie mochten die lebhafte Darstellung aber dennoch«, ergänzte er. Der Agent fügte seinem Überwachungsbericht auch einen Protestbrief von Karski bei, den dieser an die *Chicago Sun* geschrieben hatte, nachdem ihn die Zeitung in einem Artikel als »selbsternannten Kopf des polnischen Untergrunds« bezeichnet hatte. Karski hatte daraufhin den *Sun*-Reporter der Unloyalität gegenüber den alliierten Kriegsanstrengungen bezichtigt.

Zwei Wochen später kamen in Cleveland ungefähr tausend Besucher zu einem Vortrag von Jan. Der Agent der Ausländerabteilung, der diesen Auftritt überwachte, hielt es für wichtig zu notieren, daß »eine ganze Menge Neger anwesend waren«. Er fand Karski »einen zurückhaltenden, aber wirkungsvollen Redner«. Einen »zurückhaltenden« Eindruck zu erwecken, dürfte Jan am Abend jenes 12. Februar 1945 nicht leicht gefallen sein – dem Tag, an dem die Alliierten die Ergebnisse der Konferenz von Jalta bekannt gemacht hatten. Man hatte der UdSSR alle von ihr beanspruchten Gebiete Ostpolens zuerkannt. Polen waren zu den Verhandlungen nicht zugelassen.

Der amerikanische Beobachter in Cleveland registrierte, Karski habe »einen erheblichen Teil seiner Zeit der ›jüdischen‹ Sache gewidmet« und scheine unbedingt »jeden davon überzeugen zu wollen, daß die polnische Exilregierung nicht antisemitisch ist«. Der Bericht fuhr fort:

> Karski erklärte, daß es auch unter den Polen viele Opfer gegeben habe, daß aber von 3,5 Millionen polnischen Juden 3 Millionen umgekommen seien. Er erzählte seinem Publikum, daß die polnischen Juden die volle Unterstützung der Amerikaner verdienten; daß die Amerikaner den hiesigen Vertretern des Judentums glauben sollten, wenn diese von den Leiden der Juden in Polen berichten; daß er, Karski, sich wundere, daß manche Amerikaner den Hilferuf der Juden nicht begriffen. Tatsächlich glaubt er, daß die jüdischen Wortführer hier nicht das gan-

ze Bild des Schreckens vermitteln von dem, was mit den Juden in Polen passiert.

Das »ganze Bild des Schreckens« war von den Sowjets, die bereits solche Stätten des Massenmords wie Majdanek und Auschwitz befreit hatten, noch nicht enthüllt worden. Es begann erst deutlich zu werden, als britische und amerikanische Truppen im April 1945 auf deutsche Lager wie Bergen-Belsen und Dachau stießen. Eine Welle des Entsetzens lief danach durch England und die Vereinigten Staaten und dämpfte die unbeschwerte Freude über den bevorstehenden Sieg. Zeitungen und Politiker zeigten sich schockiert darüber, daß solche Dinge im zwanzigsten Jahrhundert hatten passieren können. Jan war nicht schockiert.

In dieser Zeit bitterer Nachrichten wanderte er durch ein fremdes Land und verfolgte – in den Tageszeitungen – die letzten Akte eines Trauerspiels, das sowohl für Polen als auch für das jüdische Volk in einer totalen Katastrophe endete. Jan setzte seine Vorträge fort; er wußte nicht, was er sonst hätte tun sollen. Aber wann immer er ein paar Tage frei hatte, versuchte er, der Wirklichkeit zu entfliehen.

In Manhattan, wo er ein Apartment gemietet hatte, konnte sich Karski in zahllose Zerstreuungen stürzen. Er fand immer einen unterhaltsamen Weg, um sich von einem Teil seines Wohlstands zu trennen. Jan frönte seiner Leidenschaft für Musik und Tanz, indem er sich am Samstag nachmittag für ein paar Stunden in der Metropolitan-Oper verlor oder die Aufführung eines Broadway-Musicals bestaunte. Dort gab es wenigstens ein Happy-End.

Jans Lieblingsshow, die er seit der Premiere im April 1944 bereits mehrmals besucht hatte, war *Fancy Free*, ein Ballett über drei Matrosen, die beim Landgang in New York auf einer Zechtour drei Mädchen kennenlernen. Jan, den Musik und Choreographie der Produktion begeisterten, war entzückt, in der Nähe der Carnegie Hall ein kleines Bistro zu entdecken, das der nächtliche Treffpunkt des Ensembles war. Bald besuchte er die Künstlerkneipe regelmäßig, wenn er sich in New York aufhielt. Er stellte sich dem Komponisten und dem Choreographen der Show vor – beides junge, unbekannte Künstler im Rausch des ersten Erfolgs.

Jan verbrachte viele deftige Abende in ihrer Gesellschaft, und obwohl er sich durchaus bewußt war, daß die beiden ihn hauptsächlich deshalb tolerierten, weil er ihre Drinks bezahlte, machten ihm ihr respektloses Benehmen und ihre obszönen Scherze Spaß. Noch lange, nachdem er den Kontakt zu ihnen verloren hatte, behielt er Jerome Robbins und Leonard Bernstein, die beiden Saufkumpane, in deren Gesellschaft er ein paar Augenblicke des Vergessens gefunden hatte, in liebevoller Erinnerung.

Mit dem Kriegsende in Europa im Mai 1945 begann Karskis Erfolgskurve zu fallen. Reeves und Getts betrachteten ihn zunehmend als Geschäftsrisiko, da sein öffentliches Profil immer deutlicher antikommunistisch wurde. Dies war ein unvermeidlicher Wandel, nachdem die sowjetischen Besatzer im »befreiten« Polen sechzehn Untergrundführer verhaftet hatten, die sie zuvor zu Verhandlungen eingeladen hatten. Angesichts dieses Verrats und des anschließenden Schauprozesses in Moskau gegen die einzigen politischen Kräfte, die in der Lage gewesen wären, sich Stalins Herrschaft in Polen zu widersetzen, konnte Jan unmöglich schweigen. Seine Agenten empfanden seine Verlautbarungen allerdings nur als lästige Störung der allgemeinen Siegeseuphorie.

Eine feindselige Rezension von *Story of a Secret State* in der Zeitschrift *Soviet Russia Today* ließ Jans Marktwert weiter sinken. Ein von Amerikas Verbündetem finanziertes Organ besaß durchaus Gewicht in der öffentlichen Meinung, auch wenn viele Amerikaner bereits schwere Zweifel an diesem Verbündeten hegten. Der Artikel nannte Karski einen Aristokraten mit mangelndem Bewußtsein für den Arbeiter und unterstellte ihm sogar, Antisemit gewesen zu sein, da er in Verbindung mit polnischen Nationalisten gestanden habe. Ihn als »falsch informiert« und »naiv« bezeichnend, schloß der Artikel, nicht ganz unrichtig: »Er ist jetzt nur noch ein Instrument des Propagandaapparats der Londoner Exilregierung.«

Die Zahl von Karskis öffentlichen Vorträgen ging sofort zurück. »Es hat mich verrückt gemacht«, erinnerte er sich später. Ironischerweise ließ der polemische Angriff gleichzeitig sein Ansehen in antikommunistischen Kreisen steigen. Wochenlang erhielt er eine Flut von Einladungen zu eleganten Abendessen mit zahlreichen Gästen bei Prominenten mit so berühmten Namen wie Dupont und Vanderbilt.

Aber dort predigte er zu den Bekehrten; die oberen Zehntausend ergriffen natürlich Partei für die Polen – oder zumindest gegen die Kommunisten.

Über eine Begegnung bei einem dieser Empfänge amüsierte sich Karski noch Jahre später. Eine ältere Dame mit blond gefärbtem Haar, deren Finger, Handgelenke und Dekolleté Gold und Rubine zierten, wandte sich während eines exquisiten Banketts an Jan. »Oh, Herr Karski, ich lese gerade Ihr Buch«, sagte sie. »Welch ein Buch! Ich bin gerade an der Stelle, wo die Gestapo Sie foltert. Was für eine wunderbare, wunderbare Szene!«

Karskis Einnahmequelle aus öffentlichen Auftritten versiegte schließlich ganz. Was übrig blieb, war eine rätselhafte Fülle von Einladungen zu hochkarätigen Cocktailparties. Erst nachdem er einige von ihnen besucht hatte, wobei er gewöhnlich allen Gästen vorgestellt und anschließend sich selbst überlassen wurde, begriff er, wie das System funktionierte. Die feinen Leute der Ostküste ließen sich Partytalente etwas kosten. Jede Gastgeberin, die ein erlesenes Publikum anziehen wollte, sicherte sich die Dienste eines charmanten, ins Exil verbannten europäischen Adligen. Am Ende des Abends steckte die Gastgeberin ein paar große Scheine in die Manteltasche der angeheuerten Koryphäe. Doch bald sprach sich in den vornehmen Kreisen herum: statt einen staatenlosen Prinzen oder Baron zur Ausschmückung der Party zu mieten, konnte man Karski umsonst bekommen. Er war vermutlich sogar der bessere Plauderer.

Mitten in dieser Zeit entmutigender (wenn auch teilweise erheiternder) Erfahrungen bot sich Karski eine Gelegenheit, seine Talente sinnvoll zu nutzen. Im Mai 1945 sprach ihn Hugh Wilson an, ein ehemaliger amerikanischer Botschafter in Deutschland, der aus dem Ruhestand zurückgekehrt war, um während des Krieges für das *Office of Strategic Services* zu arbeiten. Wilson wollte Karski für ein Projekt gewinnen, das auf einer Idee des früheren republikanischen Präsidenten der Vereinigten Staaten Herbert Hoover basierte.

Hoover vermutete, daß die kürzlich von der Roten Armee »befreiten« Länder für lange Zeit unter sowjetischer Herrschaft stehen und während dieser Zeit alle denkbaren Anstrengungen unternommen würden, um die Kriegsgeschichte zu verfälschen. Es drohte darüber hinaus die Gefahr, daß alle Dokumente, die die wahre Geschichte der Exilregierungen und Untergrundbewegungen jener Länder enthüllten, mit Absicht oder durch Nachlässigkeit verloren gingen. Es gab keine Chance, in den betroffenen Ländern selbst Unterlagen vor der Vernichtung zu retten; aber überall in der Welt wurden in Konsulaten und Botschaften Kopien von Schlüsseldokumenten aufbewahrt. Hoover wollte diese Papiere sammeln und an einen sicheren Ort bringen: in das *Hoover Institution on War, Revolution and Peace* an der Stanford University in Palo Alto, Kalifornien.

Nach einem Treffen mit dem ehemaligen Präsidenten unterstützte Karski die Idee von ganzem Herzen. »Die Sammlung dieses Materials ist aus historisch-politischer Sicht sehr wichtig für uns«, argumentierte er in einem im Juni 1945 verfaßten Bericht an die Behörden in London, denen er nominell immer noch diente. Er drängte die Exilregierung, seine geplante Reise zu billigen und ihm zu erlauben, alle bei den polnischen Vorposten in London, Paris, Rom und anderen Orten verfügbaren Dokumente nach Kalifornien zu schicken. Die Zustimmung der Regierung voraussetzend, machte Jan Pläne für eine viermonatige Europareise, die im Juli beginnen sollte.

Es sollte eine erfolgreiche Jagdexpedition werden, in deren Verlauf es Jan gelang, die meisten polnischen Dokumente, die er suchte, zu beschaffen, ebenso Papiere aus estnischen und litauischen Büros in mehreren europäischen Ländern.

Die Hoover-Mission erhielt eine besondere symbolische Bedeutung durch ein Ereignis, das wenige Tage vor Jans Abreise nach London stattfand. Am 5. Juli 1945 ging das lange Siechtum der legitimen polnischen Regierung zu Ende. Die Vereinigten Staaten entzogen der Londoner Exilregierung die Anerkennung zugunsten der von den Sowjets gestützten, inzwischen fest installierten Regierung in Polen. Karski, der sich zu diesem Zeitpunkt in Ciechanowskis Privatwohnung in Washington aufhielt, begleitete den Diplomaten zur Botschaft. Der Botschafter rief seine Mitarbeiter zusammen und erläuterte die neue Situation. Trotz Entzugs der Anerkennung, sagte er, sei es allen Botschaftsangehörigen freigestellt, auf ihren Posten zu bleiben, wenn sie bereit seien, für die neue »Regierung der nationalen Einheit« zu arbeiten. Er selbst werde sein Amt zur Verfügung stellen. Anschließend bat Ciechanowski seine Mitarbeiter um ihre

Entscheidung. Alle Polen, einschließlich Karski, traten einzeln vor und erklärten, dem Beispiel des Botschafters folgen zu wollen. Die einzigen Ausnahmen bildeten zwei Angestellte in nichtpolitischer Funktion.

Ciechanowski wartete nicht, bis die Vertreter der neuen Regierung seinen Platz forderten. Er nahm die Schlüssel der Botschaft, fuhr zum Außenministerium und verlangte, einen Vertreter der amerikanischen Regierung zu sprechen. Er wurde von Elbridge Durbrow empfangen, jenem jungen Beamten der Osteuropaabteilung, der zwei Jahre zuvor Stalins Absichten gegenüber Polen so exakt vorausgesagt hatte. Ungeachtet seiner persönlichen Sympathien war Durbrow dazu verpflichtet, die Politik der Vereinigten Staaten zu vertreten. Er enthielt sich jeden Kommentars, als der Botschafter zunächst eine Erklärung verlas und dann die Schlüssel auf den Tisch fallen ließ.

»Ich übergebe hiermit unsere Botschaft«, verkündete Ciechanowski, »an die Leute, die dafür verantwortlich sind, was mit meinem Land passiert ist.«

Als Jan in das befreite Europa aufbrach, um Papierfetzen zu sammeln, die die Souveränität der Regierung bezeugten, der er uneingeschränkt gedient hatte, war er ein Mann ohne Heimatland geworden.

Epilog

Schweigen gelobt, Schweigen gebrochen

Man gerät leicht in Vergessenheit. Als Karski Ende 1945 in die Vereinigten Staaten zurückkehrte, war er aus dem Brennpunkt des öffentlichen Interesses verschwunden. Inmitten des dröhnenden Chaos des Nachkriegs-Amerika war er einer von vielen europäischen Flüchtlingen geworden, wenn auch ein ziemlich wohlhabender. Die Leute, die ein Jahr zuvor zu seinen Vorträgen geströmt waren, hatten inzwischen anderes zu tun – Wohnungen suchen, Kinder bekommen, unterbrochene Leben fortsetzen.

Jan wollte vergessen sein. Er stürzte sich wieder ins New Yorker Gesellschaftsleben, wohnte in einem eleganten Apartment in Manhattan und hatte, wie all die Amerikaner um ihn herum, das Bedürfnis, den Krieg hinter sich zu lassen. Unter der äußerlichen Unbekümmertheit wurde Karski von Verbitterung über die Vergeblichkeit seines Kampfes verzehrt. Er bewältigte seine unterdrückte Wut und das Trauma, das das erlebte Grauen hinterlassen hatte, durch einen Willensakt: Er verbannte die Vergangenheit aus seinem Bewußtsein. Jan schwor sich, nie mehr über den Krieg zu sprechen, es sei denn, es gäbe einen zwingenden Grund, und für immer darüber zu schweigen, was er vom Holocaust gesehen hatte.

»Zu jener Zeit haßte ich die ganze Menschheit«, erinnerte sich Karski später. »Ich hatte mit der Welt gebrochen.« Wenn er in einer anderen Zeit und an einem anderen Ort gelebt hätte, meinte er, wäre er ins Kloster gegangen.

Wie so viele andere Überlebende der Katastrophe wandte sich auch Jan Heim und Herd zu. Kurz nach seiner Rückkehr aus Europa wurde er der Tochter eines südamerikanischen Diplomaten vorgestellt. Bald entwickelte sich eine Beziehung, und die beiden heirateten. Die Ehe scheiterte jedoch bereits nach weniger als zwei Jahren.

Im Alter von vierunddreißig Jahren wieder allein, begann Jan, nach einem neuen Lebensinhalt zu suchen. Er wandte sich an seinen alten Mentor, den früheren Botschafter Ciechanowski, um sich von ihm in beruflichen Dingen beraten zu lassen. Alle drei Vorschläge, die Ciechanowski machte, hatten mit Kontakten aus Jans Kriegsjahren zu tun. Jans erste Wahl war, für das Außenministerium zu arbeiten. Schließlich hatte er immer Diplomat werden wollen. Vielleicht konnte er diesen Wunsch in Diensten der Vereinigten Staaten verwirklichen, die er als letztes Bollwerk gegen den scheinbar unaufhaltbaren Sowjetkommunismus sah.

Charles Bohlen, einer der ersten amerikanischen Staatsbeamten, die Jan bei seiner Reise 1943 getroffen hatte, stellte ihm eine Beschäftigung bei der Osteuropaabteilung des Außenministeriums in Aussicht. Doch da gab es ein Hindernis: Als Bürger eines inzwischen kommunistischen Staates war Karski laut Gesetz nicht qualifiziert für die höchste Stufe der Sicherheitsüberprüfung. Da führende Positionen der höchsten Geheimhaltungsstufe unterlagen, würde Jan nur eine untere Ebene des Auswärtigen Dienstes erreichen können. Die Aussicht auf einen Posten ohne Aufstiegschancen in der Regierungsbürokratie sagte ihm nicht zu.

Als zweites auf Jans Liste stand eine Karriere bei den Vereinten Nationen. Auch dort würde er seine Diplomatenausbildung einsetzen können. Er rief Helen Rogers Reid an, Vizepräsidentin der *New York Herald Tribune*, die ihn 1944 im Waldorf-Astoria Hotel den Teilnehmern am Symposium ihrer Zeitung vorgestellt hatte. Reid, eine Topmanagerin mit zahlreichen Freunden in einflußreichen Positionen, versicherte Jan, sie könne ihm einen Posten bei den Vereinten Nationen vermitteln. Er müsse als Gegenleistung für die Stelle nur eine kleine Geste des Entgegenkommens zeigen. Da er als polnischer Bürger rein formal von der polnischen Regierung ernannt werde, erfordere es die Höflichkeit, daß er zur polnischen Botschaft gehe und dem Botschafter des kommunistischen Regimes für seine Unterstützung danke. Als sich Jan kategorisch weigerte, Kontakt zu Vertretern des stalinistischen Regimes aufzunehmen, zog Reid ihr Angebot zurück.

Schließlich suchte Karski Pater Edmund A. Walsh auf, Dekan der Schule für den Auswärtigen Dienst an der Georgetown University und einer der leidenschaftlichsten Antikommunisten, die Jan bei seiner Reise 1943 kennengelernt hatte. Jan hatte schon vor dem Krieg mit dem Gedanken gespielt, in Politikwissenschaft zu promovieren, und zog die Möglichkeit einer akademischen Karriere jetzt gerne wieder in Betracht. Walsh gab ihm die schlechte Nachricht zuerst: Jans Examen von der Jan-Kazimierz-Universität in Lwów war in Amerika wertlos. Er müsse das gesamte, für den Magistergrad vorgeschriebene Studium absolvieren, bevor er überhaupt mit der Promotion beginnen könne.

Doch Walsh wußte, wie sehr der Krieg Jan bestraft hatte. Er fand in dem jungen Polen eine verwandte Seele: einen frommen Katholiken (wenn auch inzwischen etwas weniger als vor dem Krieg) und Antikommunisten wie er selbst. Walsh bot Jan ein Stipendium an, das die gesamten Studienkosten an der Schule für den Auswärtigen Dienst deckte, und einen monatlichen Zuschuß von zweihundert Dollar zu den Lebenshaltungskosten. Dieses Stipendium war so großzügig bemessen, daß es Jan sogar gelang, seine Ersparnisse damit zu vermehren. (Zum Vergleich: Versorgungsberechtigte Ex-Soldaten erhielten damals nur fünfundsechzig Dollar pro Monat.) Jan begann sein Studium im Frühjahr 1949.

Seine finanzielle Situation war zu jenem Zeitpunkt nicht gerade rosig. Der aufwendige Lebensstil der letzten Jahre hatte an dem Notgroschen gezehrt, den Jan von den Bucheinkünften zurückgelegt hatte. 1949 opferte er seine letzten Ersparnisse für eine Geste brüderlicher Pflicht. Jadwiga und Marian Kozielewski waren 1946 aus Polen entkommen, allem Anschein nach mit amerikanischer Hilfe. Jan hatte seine Kontaktpersonen im Außenministerium darum gebeten, seinem Bruder zur Flucht zu verhelfen, da ein Mann des rechten Flügels wie Marian im sowjetisch beherrschten Polen mit Sicherheit verfolgt würde. Die Kozielewskis erhielten tatsächlich Fluchthilfe, der verschlossene, wortkarge Marian verriet jedoch niemals von wem und auf welche Weise.

Jan wurde von seinem nach der Flucht zunächst in Paris lebenden Bruder mit einer Flut von Briefen überschüttet, in denen jener auf der Überzeugung beharrte, die Rote Armee würde bald ganz Westeuropa überrollen. Marian wollte unbedingt nach Amerika kommen. Da die Flüchtlingsquote erfüllt war, gab es für einen Polen nur eine Möglichkeit, sich in Nordamerika niederzulassen: eine Lücke im kanadischen Einwanderungsgesetz, die Ausländern die Ansiedlung dort unter der Bedingung gestattete, daß sie Ackerland besaßen und bearbeiteten. Jan kaufte außerhalb von Montreal einen Bauernhof mit zwanzig Hektar Land, zwei Kühen, einem Pferd und ein paar Dutzend »hysterischen Hühnern«, wie Jan sie nannte. 1949 ließen sich Warschaus ehemaliger Polizeichef und seine großstädtische Frau in dieser ländlichen Idylle nieder.

Der Bruder, den Jan wie einen strengen Vater liebte und fürchtete, und die Schwägerin, an der er immer sehr gehangen hatte, siedelten später nach Washington um. Marian wurde Nachtwächter in einem Kunstmuseum. Es gelang ihm niemals, sich an das Leben in den Vereinigten Staaten zu gewöhnen, einem jener Länder, das seiner Ansicht nach Polen an die Kommunisten verraten hatte. Die Verbitterung über sein Schicksal und das seines Heimatlandes begann Marian zu verzehren. 1964 nahm er sich das Leben. Jan sorgte für Jadwiga bis zu ihrem Tod im Jahre 1989.

Als Dr. Jan Karski von seiner Promotionsfeier heimkehrte, wartete dort eine Nachricht auf ihn. Dekan Walsh bot ihm eine Dozentenstelle an der Georgetown University an. Von diesem Augenblick im Jahre 1953 bis zu seiner offiziellen Pensionierung, und danach noch mehrere Jahre zeitlich begrenzten Engagements, widmete Karski sein Berufsleben der Universität.

Er »entwickelte sich zu einem der wirklich großen Professoren in Georgetown«, wie es Peter F. Krogh, seit 1970 Dekan der Schule für den Auswärtigen Dienst, formulierte. Indem er sein natürliches Kommunikationstalent nutzte, um ein gutes Verhältnis zu seinen Studenten aufzubauen, wurde er einer der beliebtesten Professoren der Hochschule. Wie viele Universitätsangehörige seiner Zeit legte er größeres Gewicht auf die Lehre als auf Forschung und wissenschaftliche Veröffentlichungen. Seine Fachkenntnis und seine lebendige Art der Wissensvermittlung machten ihn, laut Krogh, zu einem »virtuosen Interpreten im Hörsaal«.

Seine Seminare ›Vergleichende Regierungsformen‹ und ›Theorie des Kommunismus‹ waren jedes Jahr ausgebucht.

Die meisten von Professor Karskis Studenten wußten wahrscheinlich wenig oder gar nichts von seiner Vergangenheit. *Story of a Secret*

State war vergriffen, er selbst sprach nicht über seine Kriegserlebnisse, und auch seine Fakultätskollegen hatten im allgemeinen nur eine vage Ahnung von den Dingen, die er während des Krieges getan hatte. Ab und zu drängten ihn Studenten, die in der Bibliothek ein Exemplar von *Story of a Secret State* entdeckt hatten, Geschichten aus jener Zeit zu erzählen; doch Karski ließ sich nur widerstrebend dazu überreden.

Während der fünfziger Jahre erwähnte er seine Vergangenheit nur aus einem speziellen Grund: um den Kommunismus anzuprangern. Er stellte sich im Hörsaal und bei gelegentlichen Vorträgen als ehemaligen Gefangenen der Sowjets dar, der miterlebt hatte, wie sein Heimatland von Stalin gestohlen worden war.

Des Professors Wettern gegen die »Rote Gefahr« brachten ihm bei seinen Studenten den Spitznamen »McCarthski« ein; Karski trug ihn mit Humor und ein wenig Stolz. Er war tatsächlich in einige Aktivitäten am Rande der Kommunistenjagd der fünfziger Jahre verwikkelt, jedoch in nichts, wofür er sich später schämte. Ein Busenfreund von Senator Joseph McCarthy, der Abgeordnete Charles Kersten, beschlagnahmte einen Artikel, den Karski 1954 geschrieben hatte und in dem er prokommunistische Entwicklungen in der polnischen Geschichte kritisierte. Kersten nahm diesen Artikel zum Anlaß, den Autor und die *Harvard University Press* als Handlanger des Kommunismus zu verurteilen. Später im gleichen Jahr erschien Karski auch vor Kerstens Untersuchungsausschuß, und zwar als Dolmetscher für Józef Swiatlo, einen bekannten polnischen Kommunisten, der sich kurz zuvor vom Kommunismus losgesagt hatte. In keinem einzigen Fall nahm Karski jedoch selbst an McCarthyschen Aktivitäten teil.

1954 wurde Jan Bürger des Landes, dem er sich jetzt verpflichtet fühlte. Seine Naturalisierung berührte einen wunden Punkt: seinen Namen. Theoretisch hatte er gegen das Gesetz verstoßen, als er 1943 unter dem Falschnamen Jan Karski ein amerikanisches Visum beantragt hatte. Nazi-Kriegsverbrecher waren (und wurden auch in Zukunft) wegen desselben Vergehens aus den Vereinigten Staaten ausgewiesen worden. Karski wandte sich besorgt an Freunde im Außenministerium, die ihm bürokratische Schwierigkeiten wegen des Falschnamens vermeiden halfen. Als er dann aber beim Einwanderungs- und Naturalisierungsamt angab, er wolle unter seinem echten Namen eingebürgert werden, weigerte sich die Behörde. Nach all den Hindernissen, die er wegen der Namensaffäre zu überwinden gehabt habe, belehrte ihn ein Beamter, sei dies wirklich zuviel verlangt. Und warum wollte er überhaupt einen so schwer aussprechbaren Namen wie Kozielewski annehmen?

Karski sah seine Einbürgerung unter dem Aspekt der Assimilierung. Wenngleich er seinen starken polnischen Akzent nicht verbergen konnte, arbeitete er hart daran, das Bild eines echten Amerikaners zu kultivieren. Er blieb zwar mit Exilpolen in den Vereinigten Staaten, Großbritannien und Frankreich in Kontakt, hielt sich jedoch von den unaufhörlichen politischen Intrigen und persönlichen Feindschaften antikommunistischer polnischer Kreise fern. Seine Loyalität galt jetzt den Vereinigten Staaten.

Zu Beginn seiner Hochschullaufbahn entdeckte Jan eine Möglickeit des Geldverdienens, die großen Anstoß erregt hätte, wenn er Professor an einer Universität in Polen gewesen wäre. Er kaufte, renovierte und verkaufte alte Häuser in dem immer begehrter werdenden Wohnviertel südlich des Washingtoners Capitols, wobei er ständig von einem Haus zum nächsten umzog. Während der Sommerferien und der drei Tage pro Woche, in denen er nicht unterrichtete, griff Karski zum Werkzeug. »Andere Lehrer gingen angeln«, erinnerte er sich mit einer gewissen Genugtuung.

Er lernte zimmern, Leitungen verlegen und andere handwerkliche Fertigkeiten beim Renovieren. Er lebte in einer der Wohnungen, in die er die Reihenhäuser aus dem 19. Jahrhundert unterteilte, Marian und Jadwiga in einer anderen. Marian tadelte ihn heftig dafür, daß er im hellen Tageslicht Fenster putzte und Dachrinnen strich, weil er solche Tätigkeiten für eines Professors unwürdig hielt. Doch Jans von alten europäischen Wertvorstellungen unbelastete amerikanische Kollegen lobten sein schweres Arbeiten und seinen Unternehmungsgeist – besonders, als sie hörten, wieviel Gewinn Jan jedesmal machte, wenn er ein Haus verkaufte und zum nächsten weiterzog.

Karskis missionarischer Eifer gegen den Kommunismus beeindruckte Beamte des Außenministeriums, die dem neuen Bürger 1955 vorschlugen, als Botschafter des »American way of life« zu fungieren. Nachdem er bei der Universität einen außerplanmäßigen Urlaub durchgesetzt hatte, brach Karski im September 1955 zu einer vom Informationsdienst der Vereinigten Staaten finanzierten viermonatigen Vortragsreise durch Asien auf, die ihn nach Südkorea, Südvietnam, Thailand, Kambodscha, Ost- und Westpakistan, Indien, Ceylon, Burma, den Philippinen und in die Türkei führte.

Mit 140 Vorträgen in englischer Sprache vor bis zu siebentausend Zuhörern leistete Karski seinen Beitrag im Ringen der Vereinigten Staaten um Herz und Verstand der Menschen in für den Kommunismus anfälligen Ländern. Er führte seine eigene erfolgreiche Einwanderungsgeschichte als Beweis für die Überlegenheit des Kapitalismus an und stellte den sowjetischen Verrat, der Polen und andere Länder ihrer Freiheit beraubt hatte, als Gegenbeispiel dar. Karskis Vorträge zogen eine große Menschenmenge an, wenn einige Zuhörer seine Argumente auch als imperialistisch empfunden haben mochten. Ein amerikanischer Konsul in Ostpakistan (dem heutigen Bangladesch) beschrieb Karskis Wirkung auf die Menge in der Kleinstadt Jagganath:

»Als Dr. Karski das Rednerpult verließ, folgte ihm ein Schwarm von Studenten nach draußen, um mit ihm weiterzudiskutieren. Inmitten einer riesigen Menschentraube, in der man ihn kaum noch entdecken konnte, setzte er das Gespräch fort.«

Die US-Behörden beurteilten die Mission als erfolgreich. Elf Jahre später luden sie Karski zu einer noch längeren Vortragsreise ein. Er sprach über dieselben Themen, sah sich dieses Mal allerdings einem wesentlich skeptischeren Publikum gegenüber, das ihm kritische Fragen zum Vietnamkrieg stellte. Die Reise führte ihn sechs Monate lang durch Asien, Afrika und den Mittelmeerraum. Zwischen September 1966 und Februar 1967 hielt er Vorträge in englischer und französischer Sprache in Japan, Südkorea, Singapur, Südvietnam, Nepal, Ost- und Westpakistan, Indien, dem Libanon, der Türkei, Griechenland, Tunesien, Algerien, dem Kongo, in Kamerun und im Senegal. Auch dieses Mal erachtete das Außenministerium Karskis Bemühungen als sehr erfolgreich; Botschaftsbeamte beschrieben seine Auftritte als »brillant«, »beeindruckend« und als »eines der großen intellektuellen Ereignisse des Jahres«.

Diese Öffentlichkeitsarbeit war nicht das einzige Betätigungsfeld für Karski, um seinen patriotischen Impulsen nachzugehen. Angesichts seiner konservativen außenpolitischen Ansichten, seiner Erfahrung in Geheimoperationen aus dem Krieg und der Verflechtung von Amerikas akademischer Welt mit dem Nachrichtendienstapparat überrascht es nicht besonders, daß Karski Verbindungen zur CIA und zu anderen Geheimdienststellen der Vereinigten Staaten unterhielt. Seine Kontakte gingen auf das Jahr 1945 zurück, als ihn das FBI einlud, vor Beamten der Spionageabwehr einen Vortrag über die subversiven Methoden von Untergrundbewegungen zu halten. Diese Verbindung wirkte auch in seine Karriere in Georgetown hinein: Sein erstes Seminar dort hielt er im Auftrag des Pentagon; das Thema: Psychologische Kriegsführung.

Mit Beginn des Kalten Krieges nahmen amerikanische Propagandaaktivitäten sprunghaft zu; zwischen 1948 und 1953 stiegen die vom Kongreß bewilligten Mittel für »Informationsprogramme« von 20 Millionen auf 133 Millionen Dollar. Karski erhielt in den 50er Jahren die Gelegenheit, in diesem expandierenden Gewerbe mitzuwirken, als ihm das Verteidigungsministerium einen Spitzenposten im Apparat für psychologische Kriegsführung anbot. Da es sich dabei jedoch um ein direkt an den Präsidenten gebundenes Regierungsamt handelte, lehnte Jan ab, was er später folgendermaßen begründete:

»Ich wollte Georgetown nicht für diese Stelle aufgeben und diese Stelle dann wieder verlieren, wenn die Regierung wechselt. Vielleicht würde mich Georgetown anschließend nicht mehr nehmen und ich müßte Zimmermann werden.«

Dies blieb jedoch nicht das einzige Regierungsangebot. 1956 übernahm er ein Untersuchungsprojekt, das direkt oder indirekt von der CIA in Auftrag gegeben worden war. Im Oktober und November 1956 erlebten Ungarn und, in geringerem Maße, Polen eine Welle des Widerstands, die in Polen einen Wechsel der kommunistischen Führung zur Folge hatte und in Ungarn in dem Volksaufstand gegen die sowjetische Herrschaft gipfelte. Im gerade angelaufenen Präsidentenwahlkampf in den USA ließen Aussagen aus verschiedenen Richtungen auf ein militärisches Eingreifen amerikanischer Truppen zur Unterstützung der ungarischen Revolutionäre gegen die

Rote Armee schließen. Doch Präsident Eisenhower, der keinen Dritten Weltkrieg auslösen wollte, mischte sich nicht ein, als sowjetische Truppen den seit 1945 ernstesten Angriff auf die russische Vorherrschaft in Osteuropa brutal niederschlugen.

In der unmittelbaren Folge des Desasters in Ungarn wurden von ungarischer, aber auch von anderer Seite, schwere Vorwürfe gegen Radio Freies Europa erhoben – einen angeblich unabhängigen »befreiungsorientierten« Rundfunkdienst, dessen Finanzierung durch die CIA eines der bestgehüteten Geheimnisse in Washington war. Es wurde behauptet, in den ungarischen Sendungen von Radio Freies Europa sei der Widerstand gegen die Sowjets angeheizt und der falsche Eindruck erweckt worden, die Vereinigten Staaten würden militärisch eingreifen, um die Ungarn gegen die Rote Armee zu verteidigen. Präsident Eisenhower zeigte sich persönlich daran interessiert, den Vorwürfen auf den Grund zu gehen, und ordnete eine unabhängige Untersuchung der Rolle des Senders beim Aufstand in Ungarn an.

Gewisse Kreise – deren Identität er niemals enthüllte – beauftragten Karski, alle Manuskripte des Senders aus der Zeit kurz vor und während des gescheiterten Aufstands zu analysieren und das Ergebnis in einem schriftlichen Bericht festzuhalten. Der Bericht, den Karski später beschrieb, entspricht von Umfang und Inhalt her einem Dokument, das CIA-Direktor Allen Dulles am 20. November 1956 ins Weiße Haus schickte. Ob es sich dabei tatsächlich um Karskis Bericht handelte, ist nicht mit hundertprozentiger Sicherheit zu klären. Der Autor gelangte zu dem Schluß, daß Radio Freies Europa »die Ungarn nicht zur Revolution aufgerufen« und auch »keine falschen Hoffnungen bezüglich einer zu erwartenden amerikanischen Militärhilfe geweckt« habe. Der Sender habe allerdings seine Kompetenzen in einigen wenigen Fällen überschritten, indem er sich »offen mit den patriotischen Zielen der Ungarn identifizierte und taktische Ratschläge erteilte«.

Immer darauf bedacht, Geheimnisse zu wahren, sprach Karski in seinem späteren Leben nur sehr vorsichtig über diesen Auftrag, und auch dies erst, nachdem er erfahren hatte, daß die Geheimhaltungsstufe der betreffenden Dokumente aufgehoben war. Es gibt Hinweise darauf, daß Karski auch an anderen verdeckten Operationen im

Bereich der Propaganda mitwirkte, er selbst machte jedoch keinerlei konkrete Aussagen hierzu.

Als Karski in die mittleren Jahre kam – er wurde 1954 vierzig – nahmen seine zahllosen Aktivitäten in der Nachrichtendienst-, Immobilien- und Universitätsbranche keineswegs seine ganze Aufmerksamkeit in Anspruch. Eines Abends Mitte der 50er Jahre besuchte er eine Tanz-Performance in einer Washingtoner Synagoge. Angelockt hatte ihn das Plakat der Künstlerin, einer Tänzerin, die er 1938 während seiner Diplomatenlehrzeit in London zum ersten Mal gesehen hatte. Diese Tänzerin war Pola Nirenska.

Die 1910 als Pola Nirensztajn geborene polnische Jüdin machte sich schon in jungen Jahren einen Namen als Avantgarde-Tänzerin. Ihr Vater, ein orthodoxer Jude, war entsetzt über den Berufsweg seiner Tochter; in seinen Augen war ihr barfüßiger Tanzstil ebenso skandalös wie Prostitution. Aber Pola setzte sich durch und hatte es bis zu den späten 30er Jahren geschafft, überall in Europa aufzutreten. Als der Krieg ausbrach, blieb sie in England. Ihre Eltern entkamen nach Palästina; doch die meisten ihrer Geschwister fielen dem Holocaust zum Opfer.

Pola hatte in England während und nach dem Krieg kaum Chancen, ihren Lebensunterhalt zu verdienen. 1949 siedelte sie von London nach New York um. Bei ihrer Ankunft besaß sie nichts weiter als zwanzig Dollar und einen Koffer. Sie nahm eine Stelle als Tellerwäscherin in einem italienischen Restaurant an, wo sie soviel von den täglichen Resten essen durfte, wie sie wollte. In den nächsten beiden Jahren ernährte sie sich fast ausschließlich davon. In ihrem späteren Leben lehnte sie zwei Dinge kategorisch ab: Geschirrspülen und italienisches Essen.

Schließlich sprach sich ihr Talent in New York herum, und Pola profitierte von der Gunst wohlhabender Kunstmäzene, die sie wegen ihrer ärmlichen Lebensverhältnisse bedauerten. Sie begann, in New York Tanzunterricht zu geben, und zog später nach Washington um, wo sie schließlich genügend Geld zusammenkratzte, um ein eigenes Ballettstudio zu eröffnen. Als Karski sie kennenlernte, schlug sie sich mit einem treuen Anhang von Schülern, aber kleinem Einkommen mühsam durchs Leben.

Jan fand Polas Adresse und schrieb ihr einen Brief, nachdem er sie in der Synagoge tanzen gesehen hatte. Er drückte seine Bewunderung für ihre Darbietung aus und ließ seinen Wunsch nach einer Verabredung durchblicken. Er erhielt keine Antwort. Nach ein paar Wochen fand er ihre Telefonnummer heraus, rief sie an und lud sie zum Abendessen ein. Sie akzeptierte seine Einladung – allerdings nur eine zum Mittagessen.

1956 trafen sie sich dann schon regelmäßig, trotz ihrer total entgegengesetzten Standpunkte im Präsidentenwahlkampf jenes Jahres. Jan warb in polnischen Kreisen für Präsident Eisenhower, wobei er ständig eine »I-Like-Ike-Plakette« an seinem Revers trug. Pola unterstützte den Demokraten Adlai Stevenson. Sie machte Jan klar, daß sie in einer faschistoiden, rassistischen Gesellschaft wie der amerikanischen keinen Schritt weiter nach rechts rücken könne als bis zu Stevenson – jeder noch konservativere Politiker müsse ein Faschist sein.

Die beiden warteten mit dem Heiraten bis 1965 und richteten sich dann ein harmonisches Eheleben ein. Sie sprachen zu Hause Englisch, wenn Pola auch das polnische »Jan« oder »Jasiu« der von Jans Kollegen benutzten Anrede »John« oder »Johnny« vorzog. Karski war ein hingebungsvoller Ehemann und unterstützte Polas immer erfolgreichere Karriere als Tanzlehrerin und Choreographin, wo er nur konnte. Nach einigen Ehejahren zogen sie in ein geräumiges Haus in der Nähe des Universitätsgeländes um, dessen Wände geschmackvolle moderne Kunstwerke (meist von persönlichen Freunden wie Felix Topolski) zierten und in dessen Kellergeschoß ein Ballettstudio mit beheiztem Fußboden für Pola und ihre Tanzschüler eingerichtet wurde.

Bis zu den 70er Jahren war Karski eine bekannte Größe in Georgetown geworden. Wenn er mit seiner allgegenwärtigen Zigarette über das Universitätsgelände schlenderte, »gab er eine sehr würdevolle Figur ab«, erinnerte sich Peter Krogh. Er ging zu Fuß oder fuhr mit dem Bus zur Arbeit – als echter Städter hatte Jan niemals eine Vorliebe fürs Autofahren entwickelt.

Karski hatte noch einen bis dahin unverwirklichten beruflichen Traum, von dem nur Pola und seine engsten Fakultätsmitarbeiter wußten: Er glaubte, daß Bedarf bestand an einer umfassenden Geschichte von Polens Beziehungen zu mächtigeren Staaten, die zu allen Zeiten das Schicksal des Landes bestimmt hatten. 1974 erhielt Karski ein Fulbright-Stipendium, um dieses Projekt verwirklichen zu können. Seine Arbeit führte ihn zum ersten Mal seit dem Krieg nach Polen zurück – zu einer siebenmonatigen Forschungsreise. Er verbrachte einen denkwürdigen Abend mit Józef Cyrankiewicz, eine Begegnung, die beide, den antikommunistischen amerikanischen Professor und den ehemaligen Ministerpräsidenten des kommunistischen Polens, mit gemischten Gefühlen zurückgelassen haben muß. Die Männer tauschten bis um drei Uhr morgens herzlich, wenn auch vorsichtig, Erinnerungen aus.

Karski arbeitete weitere zehn Jahre lang an dem umfassenden Werk, das schließlich 1985 unter dem Titel *The Great Powers and Poland: 1919 -1945* (»Die Großmächte und Polen: 1919 -1945«) erschien und dem Autor allgemeine Anerkennung in Fachkreisen einbrachte. Während Jan unterrichtete und sich methodisch durch die Dokumente für sein Buch arbeitete, schuf sich seine Frau einen immer besseren Ruf in der Welt des Tanzes. Das Ehepaar verbrachte Urlaube in der ganzen Welt und genoß seinen bescheidenen Reichtum zu Hause. Es machte Jan Freude, Pola ein materiell angenehmes Leben bieten zu können, nach allem, was sie um ihrer Kunst willen in der Vergangenheit ertragen hatte. Es herrschte eine Art von bürgerlicher Normalität in ihrem Leben, fast so, als hätte der Krieg ihre Existenz niemals berührt.

Doch die Vergangenheit blieb nicht begraben. Als diejenigen, die den Holocaust erlebt hatten, alt wurden und ihre Kinder alt genug wurden, um das Unfaßbare begreifen zu wollen, brachen immer mehr Überlebende ihr Schweigen. In den 70er und 80er Jahren erschien eine wachsende Fülle von Büchern, die jüdisches Leben und Sterben unter der Nazi-Schreckensherrschaft analysierten und erinnerten.

Ende der 70er Jahre hegte Karski nicht mehr Begeisterung dafür, über seine Erfahrungen zu sprechen, als in all den Jahrzehnten davor. Doch die Beharrlichkeit eines jüdischen Filmemachers aus Frankreich sollte ihn schließlich veranlassen, sein Schweigegelübde zu brechen. Claude Lanzmann wandte sich 1977 zum ersten Mal mit der Idee an Karski, ihn in seinen geplanten Dokumentarfilm einzubeziehen, der die Geschichte des Holocaust so erzählen sollte, wie sie noch nie zuvor erzählt worden war, nämlich ausschließlich auf Aussagen von Zeugen, Opfern und Tätern basierend. Über ein Jahr lang versuchte Lanzmann in Briefen und Telefongesprächen, Karski zur Mitwirkung zu überreden, ohne dessen Weigerung »zurückzukehren« – wie der Professor es häufig bezeichnete –, der grausamen Vergangenheit ins Auge zu sehen und seine Wunden vor der Kamera zu zeigen, zu aktzeptieren.

In einem Brief von 1978 sprach Lanzmann das Thema polnischer Passivität gegenüber der Durchführung der Endlösung an. Der Ton des Schreibens läßt vermuten, daß der Filmemacher – nicht wissend, daß Karski kein polnischer Chauvinist war – unbedingt betonen wollte, daß er keinerlei antipolnische Vorurteile hege. Lanzmann schrieb:

> Der offizielle polnische Standpunkt zu diesem Thema – mit dem ich persönlich völlig übereinstimme – ist: Falls sich jemand der unterlassenen Hilfeleistung für bedrohte Personen schuldig gemacht hat, so liegt diese Schuld weit mehr im Verhalten der westlichen Welt als in dem der Polen. Ich war sehr beeindruckt, als ich bei meinen Nachforschungen in Polen feststellte, wie viele Polen ihr Leben riskierten, um Juden zu helfen. Wie Sie wissen, wird die Frage der Rettung eines der zentralen Themen meines Films sein, und deshalb kommt ihrem Zeugnis auch so große Bedeutung zu.

Lanzmann versprach Karski außerdem, ihn nicht in politische Diskussionen zu verwickeln oder zu Aussagen über Gebiete zu drängen, die er vermeiden wolle. Diese Zusicherungen und Lanzmanns Beharren darauf, daß Karski eine historische Verantwortung habe, in dem Film Zeugnis abzulegen, überredeten Jan schließlich zur Mitarbeit. Lanzmann und sein Team drehten im Oktober 1978 zwei Tage lang in Karskis Haus. Der Film zeigt Karski in einem Zustand extremer mentaler Erregung, selbst vor Beginn des eigentlichen Interviews. »Jetzt gehe ich fünfunddreißig Jahre zurück«, sagte er zu Lanzmann mit scheinbar ruhiger Stimme. »Nein«, brach es dann mit tränenerstickter Stimme aus ihm heraus. »Ich gehe nicht zurück.« Er erhob sich zögernd und floh in die Diele.

Nachdem er zurückgekehrt war, befragte ihn Lanzmann in erschöpfender Länge – vier Stunden am ersten Tag und vier Stunden am zweiten Tag. Pola, die die Spannung nicht ertragen konnte, verließ das Haus.

1985 brachte Lanzmann seinen Film *Shoah* schließlich heraus; der Titel ist der hebräische Begriff für den Holocaust. Mit mehr als neun Stunden Länge wurde er wahrhaftig ein Epos. Der Zusammenschnitt aus den Interviews mit Karski nimmt in der Endversion vierzig Minuten Zeit ein. Das einzige Thema, das in dieser Zeit zur Sprache kommt, ist Karskis Besuch im Warschauer Ghetto. Lanzmann strich fast alles, was Karski über seine Versuche, die Welt aufzurütteln, erzählte. Tatsächlich erwähnte die Dokumentation den Punkt polnischer Hilfe für Juden so gut wie gar nicht. Die »Frage der Rettung« war nicht, wie Lanzmann Karski versprochen hatte, ein »zentrales Thema« des Films, sondern nicht einmal ein Nebenthema. *Shoah* war im Gegenteil voll mit Beispielen polnischen Antisemitismus', einschließlich Interviews mit polnischen Bauern, die sich an die Vernichtung der Juden in ihrer Mitte ohne Gewissensbisse erinnerten oder sogar ihre Zufriedenheit über das Geschehene äußerten.

Viele Polen und polnischstämmige Amerikaner reagierten mit Empörung. Der Polnisch-Amerikanische Kongreß warf dem Film vor, er zeichne »ein enges, einseitiges Bild von den Polen als Antisemiten, und zwar in einem Ausmaß, daß man sie kaum noch von den deutschen Nazis unterscheiden kann«. Im Lauf der folgenden Monate wurden in der Presse erbitterte Debatten über *Shoah* geführt.

Die Kontroverse versetzte Karski in eine schwierige Lage. Wie widerstrebend und wie unwissentlich auch immer, er hatte in einem Film mitgewirkt, dem man vorwarf, das polnische Volk zu diffamieren. Und dennoch bewunderte er Lanzmanns Werk aufrichtig. Zu einer Zeit, als viele seiner Freunde und Anhänger in polnischen Exilkreisen in der Presse scharfe Kritik an Lanzmann äußerten, schrieb Karski einen Artikel, in dem er *Shoah* den »fraglos bedeutendsten Film über die Tragödie der Juden« nannte.

In dem Artikel, der in Englisch, Französisch und Polnisch veröffentlicht wurde, schrieb Karski, er verstehe, warum der »strenge Aufbau« des Films Lanzmann dazu gezwungen habe, sich ausschließlich auf den direkten Vernichtungsprozeß zu konzentrieren. Er begreife, daß Lanzmann zeigen wollte, daß »der jüdische Holocaust *einmalig* und *unvergleichbar* war«. Karski machte deutlich, daß er es bevorzugt hätte, wenn auch die Teile des Interviews, die sich mit seiner Aufgabe im Westen befaßten, gezeigt worden wären. Er verurteilte den Film jedoch nicht, sondern verlangte einen »ebenso großartigen, ebenso wahrheitsgetreuen« Film, der »eine zweite Realität des Holocaust« enthüllt, »... nicht um der zu widersprechen, die Lanzman zeigt, sondern um diese zu ergänzen«.

Lanzmann war nicht der einzige Holocaust-Forscher, der Karski »entdeckte«. Elie Wiesel, Auschwitz-Überlebender und einer der bekanntesten Schriftsteller über Themen des Nazi-Völkermords, bereitete 1980 in Washington eine Konferenz über den Holocaust vor, als er zufällig erfuhr, daß es an der Georgetown University einen Jan Karski gab. Sein Anruf bei dem Professor setzte eine Serie von Ereignissen in Bewegung, die Karski in den folgenden Jahren noch weiter ins Rampenlicht der Öffentlichkeit rückten.

Im Oktober 1981 brachte die von Elie Wiesel koordinierte und vom *United States Holocaust Memorial Council* finanzierte Internationale Konferenz der Befreier ehemalige Soldaten aus den Vereinigten Staaten, Großbritannien und der Sowjetunion zusammen, die an der Befreiung von Konzentrationslagern teilgenommen hatten. Hohe Regierungsfunktionäre aus mehreren Ländern waren ebenfalls anwesend. Doch der »Star« der Veranstaltung war Karski, der zum ersten Mal seit 1945 öffentlich über seine jüdische Mission sprach.

»Es wurde gelacht, als er Roosevelt imitierte, und es flossen Tränen, als er das Elend im Warschauer Ghetto beschrieb«, erinnerte sich Wiesel später. »Er erhielt Ovationen, als er von seinem damals geleisteten Schwur sprach, niemals etwas von dem vergessen zu wollen, was er gesehen hatte.« Wiesel faßte seinen Eindruck von Karski in knappen Worten zusammen: »Karski: ein mutiger Mann?« fragte er sich. »Besser: ein aufrechter Mann.«

Am Ende seiner Ausführungen offenbarte Karski Gefühle, die er drei Jahrzehnte lang verdrängt hatte. Er machte deutlich, daß er nun bereit sei »zurückzugehen«, um sich mit der Erinnerung auseinanderzusetzen:

Der Herr hat es mir bestimmt, während des Krieges zu reden

und zu schreiben, wenn dies – wie es schien – denn helfen sollte. Es half nicht.

Als der Krieg zu Ende ging, mußte ich erfahren, daß die Regierungen, die Mächtigen, die Wissenschaftler, die Schriftsteller nicht einmal wußten, was mit den Juden geschehen war. Sie waren überrascht. Der Mord an sechs Millionen Unschuldigen war ein Geheimnis. ...

Dann wurde ich Jude. Wie die Angehörigen meiner Frau – die alle in den Ghettos, den Konzentrationslagern, den Gaskammern zugrunde gegangen sind –, so wurden alle ermordeten Juden meine Familie.

Aber ich bin ein christlicher Jude. Ich bin praktizierender Katholik. Obwohl ich kein Ketzer bin, sagt mir mein Glaube, daß die Menschheit den zweiten Sündenfall begangen hat: durch Handeln oder Unterlassen, durch absichtliche Ignoranz oder Gefühllosigkeit, durch Egoismus, Feigheit oder herzlosen Pragmatismus.

Diese Sünde wird die Menschheit bis ans Ende ihrer Tage verfolgen.

Sie verfolgt mich. Und ich will, das sie es tut.

Nach der Rede stellten sich Karski zwei Israelis vor. Der eine war Gideon Hausner, Hauptankläger im Eichmann-Prozeß, der andere Yitzhak Arad, Direktor des ›Yad Vashem Archivs zum Gedenken der Märtyrer und Helden‹, Israels offizieller Holocaust-Gedenkstätte.

»Professor Karski«, sagte Hausner, »Sie müssen nach Israel kommen.«

Jan und Pola reisten im Juni 1982 nach Jerusalem, gerade in dem Augenblick, als Israels Krieg mit dem Libanon ausbrach. Das Ehepaar Karski war von der israelischen Regierung zu einem dreiwöchigen Besuch eingeladen worden. In der Allee der Gerechten, die zur Yad Vashem Gedenkstätte führt, pflanzte Karski einen Baum, der seinen Namen trägt. An der Gedenkstätte auf einem Hügel, von dem aus man die ganze Stadt überblickt, sprach Karski von seiner Vergangenheit und der besseren Zukunft, die der Staat Israel repräsentiere. In Anerkennung seiner Verdienste um die Juden erhielt er eine Medaille, die ihn als einen der »Gerechten unter den Völkern«

auswies. Eingraviert in diese Medaille sind die Worte aus dem Talmud, aus dem Buch Sanhedrin: »Derjenige, der ein Leben rettet, rettet die Menschheit, ebenso, wie ein Mörder das Prinzip Leben zerstört.«

In den folgenden Jahren sammelte Karski noch eine Fülle von Auszeichnungen. In einer Geschwindigkeit, die der seiner Buchtournee von 1945 ähnelte, reiste er durch die Vereinigten Staaten, Kanada, Großbritannien, Polen, Schweden und Dänemark, sprach vor einer großen Gemeinde von Bewunderern und wurde hoch dekoriert. Er erhielt die Ehrendoktorwürde von drei amerikanischen Universitäten, den Papst-Pius-XI-Preis von B'nai B'rith und der Erzdiözese Washington, die Eisenhower-Befreiungs-Medaille des *U.S. Holocaust Memorial Council*, die Amerikanische Freiheitsmedaille des Amerikanisch-Jüdischen Komitees und zahllose weitere Auszeichnungen. Selbst nachdem er sich 1991 geschworen hatte, keine öffentlichen Termine mehr wahrzunehmen, ließ er sich noch einmal umstimmen: 1993, im Alter von 79 Jahren und behindert von schmerzhafter Arthritis, reiste er zweimal nach Polen und einmal nach Australien, dem letzten Kontinent, den er noch nicht besucht hatte.

Pola, die noch immer unter dem Schicksal ihrer Familie während des Holocaust litt, behagte der neue Ruhm ihres Gatten gar nicht; sie konnte es nicht ertragen, ihn über die Vergangenheit sprechen zu hören. Sie mochte es nicht, wenn er auf Vortragsreisen ging. In ihrer unverwechselbar rauhen, aber liebevollen Art pflegte sie Jan zu sagen:

»Du hast getan, was du konntest. Jetzt halte den Mund. Du bist ein Schauspieler geworden, ein noch schlechterer als Reagan.«

Es geschah größtenteils aus Rücksicht auf Pola, daß sich Jan Ende der 80er Jahre aus der Öffentlichkeit zurückzuziehen begann. Obwohl er sein Lebtag lang stark geraucht hatte, erfreute er sich einer verhältnismäßig guten Gesundheit. Pola allerdings litt seit den 70er Jahren unter Herzproblemen und anderen chronischen Beschwerden. Sie brauchte Jans Unterstützung. Immer noch der hingebungsvolle Ehemann, fuhr er mit ihr in europäische Bäder und unternahm alles, damit sie sich wohlfühlte. Sie steckte einen großen Teil der ihr verbliebenen Kraft in eine Choreographie, wodurch es ihr über das Medium Tanz schließlich doch noch gelang, sich mit ihren Gefühlen zum Holocaust auseinanderzusetzen. Die Aufführungen erhielten begeisterte Kritiken.

Pola Nirenska Karski starb im Juli 1992. In ihrem Andenken und als ihr Vermächtnis stiftete Karski aus seinen Ersparnissen zwei jährlich verliehene Preise – einen für begabte Tänzer und einen für Autoren, die den Beitrag von Juden zur Kultur und Wissenschaft Polens darstellen.

Nach dem friedlichen Zusammenbruch von Polens kommunistischer Regierung übergab die Exilregierung ihre Hoheitsrechte offiziell an Präsident Lech Wałesa. Endlich konnten alle Polen in der ganzen Welt ein Regime in Polen als legitime Regierung des polnischen Volkes anerkennen.

1991 kehrte Karski zum ersten Mal in ein von fremden Mächten freies Polen zurück, wo er die Ehrendoktorwürde der Universität Warschau verliehen bekam und noch einmal im Auftrag des US-Außenministeriums Vorträge hielt. Er genoß die Reise, hegte aber keine tieferen Gefühle: Er war seit langer Zeit Amerikaner. Und dennoch muß er eine gewisse Befriedigung darüber empfunden haben, daß seine Leistungen während der Kriegsjahre endlich auch im Land seiner Geburt anerkannt wurden.

Er selbst vertrat zu jenem Einsatz und dem gesamten Untergrundkampf inzwischen einen unorthodoxen Standpunkt.

»Haben wir nicht zuviel verlangt vom Volk, von uns selbst?« fragte er in seiner Rede in der Universität Warschau. Welchen Nutzen habe es gebracht, daß drei Millionen Polen ihr Leben geopfert hätten durch striktes Festhalten am Prinzip der Nichtkollaboration mit dem Feind? »Ungarn, Rumänien, die Slowakei, Kroatien – sie alle kämpften Seite an Seite mit dem Dritten Reich«, bemerkte er, und es sei ihnen nicht schlechter ergangen als Polen. »In jedem anderen Land, das die Deutschen besetzt hatten, gab es eine Regierung, die sich ihnen unterwarf; aber das waren auch Regierungen, die versuchten zu retten, was zu retten war«, argumentierte Karski. Er führte das Beispiel von Frankreichs Entscheidung an, Paris nicht gegen den Überfall der Nazis zu verteidigen, um die Stadt nicht der Zerstörung auszusetzen.

Karski verglich Paris, das »in seiner ganzen Pracht wiedererstanden ist«, mit Warschau, das »unter Hunger und Ruinen zusammengebrochen ist. Alle Ehre den Helden von Warschau, die für seine Befreiung kämpften«, fuhr Karski fort. Aber gehörte das alte Warschau allein seinen Bewohnern und Verteidigern? »Warschau wurde von zehn Generationen erbaut, und diese Generationen hatten auch ein Recht, ihre Meinung zu äußern«, dozierte der Professor. »Hätte Warschau der Zerstörung ausgeliefert werden sollen? Unglücklicherweise konnten jene Generationen nicht sprechen. In Frankreich haben sie gesprochen.«

Das frühere Untergrundmitglied äußerte Zweifel an der revolutionären Tradition seines Geburtslandes:

»Jeder polnische Aufstand im 19. Jahrhundert war ein Desaster. Und doch fängt jede neue Generation wieder eine neue Revolution an. Sie wachsen auf, um Polen vor einer Germanisierung zu bewahren, um es vor einer russischen Infiltration zu bewahren. Das slowakische Volk stand tausend Jahre lang unter ungarischer Herrschaft. Die Tschechen wurden vierhundert Jahre lang von Österreich regiert. In Serbien, Bulgarien und Rumänien herrschten vierhundertfünfzig Jahre lang die Türken. Und doch hat keine dieser Nationen ihre Identität verloren, und alle haben überlebt. Warum hatten wir soviel Angst, daß Polen seine nationale Identität verlieren würde? Die Geschichte beweist, daß es unmöglich ist, einem Volk, das in seinem eigenen Land lebt, seinen Nationalcharakter zu nehmen. Ein Volk umzubringen, seine Städte, Kirchen, Bibliotheken und Schulen zu zerstören – das ist möglich. Dies«, schloß Karski, »war Polens Schicksal.«

Im April 1993 kehrte Karski noch einmal nach Warschau zurück, um in Begleitung des amerikanischen Vizepräsidenten Al Gore an den Gedenkfeiern zur fünfzigsten Wiederkehr des Warschauer Ghettoaufstands teilzunehmen. Mit tränenerfüllten Augen ging Karski durch das Viertel, in dem früher das Ghetto untergebracht war. Er saß auf einem Ehrenplatz, als ein Denkmal für Szmuel Zygielbojm eingeweiht wurde, der sich aus Verzweiflung über die Judenvernichtung in Polen das Leben genommen hatte. Präsident Wałesa hob Karski in seiner Ansprache mit einer besonderen Erwähnung hervor.

Martin Perez, der Herausgeber der Zeitschrift *The New Republic*, gehörte ebenfalls zu der Delegation von Gore. Während der Rede von Lech Wałesa beobachtete er die Reaktionen der polnischen und jüdischen Teilnehmer an der Gedenkfeier.

»Karski ist einer der ›Gerechten unter den Völkern‹«, schrieb Perez, »und als Wałesa erwähnte, daß er unter uns weilte, spürte man am Raunen der Menge, daß die Leute wußten, wir befanden uns in Gesellschaft eines jener Besessenen, dessen Besessenheit ihn zugleich mutig und gut macht.«

Am 12. Mai 1994 wurde Jan Karski bei einer Zeremonie in der israelischen Botschaft in Washington die Ehrenbürgerschaft des Staates Israel verliehen.

Nachbemerkung

Wir haben versucht, die Geschichte von Jan Karskis Erlebnissen während des Zweiten Weltkriegs auf eine Weise zu erzählen, die allen Aspekten des Lebens dieses außergewöhnlichen Mannes gerecht wird. Unser Ziel war es, das Aufregende und die moralische Stärke von Jan Karskis Aktivitäten zu vermitteln und gleichzeitig einen klaren, dokumentarischen Bericht jener Erlebnisse vorzulegen. Ein wesentlicher Teil dieses Buches basiert auf Jan Karskis persönlichen Erinnerungen, die von den beiden Autoren unabhängig voneinander, in englischer und polnischer Sprache, aufgezeichnet wurden. Professor Karski gestattete jedem von uns zahlreiche Besuche in seinem Haus und widmete sich mit unerschöpflicher Geduld der Beantwortung unserer Fragen. Die von uns auf Band aufgenommenen Erinnerungen – insgesamt über vierzig Stunden – stellen für sich alleine eine wertvolle mündliche Geschichtsquelle dar. Das erstaunliche Gedächtnistalent, das Karski bereits während des Krieges entfaltet hatte – oft zur Verwunderung derer, die seine ausführlichen mündlichen Berichte empfingen –, erwies sich auch für uns als äußerst nützlich.

Trotz Karskis uneingeschränkter Kooperationsbereitschaft widmeten wir uns intensiv der Suche zusätzlicher Informationsquellen bezüglich seiner Lebensgeschichte während des Krieges. Wir spürten so viele Menschen wie möglich auf, die Karskis Erinnerungen bestätigen oder ergänzen konnten. Zu den von uns befragten Zeitzeugen gehören Vertreter der Außenministerien der USA und Großbritanniens, die Karski 1943 trafen, polnische Untergrundmitglieder, die ihm zur Flucht aus der Gestapogefangenschaft verholfen hatten, und der inzwischen verstorbene jüdische Untergrundkämpfer David Landau, den wir rein zufällig in Melbourne entdeckten, als Karski 1993 zu einem Vortrag nach Australien eingeladen war.

Ergänzend zu diesen Interviews suchten wir in Bibliotheken und Archiven in den Vereinigten Staaten, England und Polen nach Quellen mit Bezug auf Karskis Aktivitäten. Außerdem ließen wir uns Dokumente aus dem ›Yad Vashem Archiv zum Gedenken der Märtyrer und Helden‹ in Jerusalem schicken. Unsere Nachforschungen erbrachten weit mehr Material, als wir für möglich gehalten hatten. Karski stand mit so vielen verschiedenen Organisationen und Regierungen in Kontakt und hinterließ bei den meisten Menschen einen so tiefen Eindruck, daß Verweise auf ihn selbst an den unwahrscheinlichsten Orten auftauchen.

Bei der Verwendung wörtlicher Rede im Text stützen wir uns entweder auf die Aussagen von Professor Karski und anderer Interviewpartner oder auf Zitate aus Zeitdokumenten. Es gibt keine konstruierten Dialoge in diesem Buch. Nach mehr als fünfzig Jahren kann man zwar niemals ganz sicher sein, wir glauben jedoch, den Inhalt jedes hier geschilderten Gespräches wahrheitsgetreu wiedergegeben zu haben.

Professor Karski hat die zahlreichen über ihn kursierenden Legenden nicht selbst zu verantworten. Es ist weder seine Schuld, daß der Historiker Falconi behauptet, Karski habe sich 1944 mit dem Papst getroffen, noch, daß der deutsche Dramatiker Hochhuth ihm eine Affäre mit Churchills Sekretärin andichtet (in dem Stück »Soldaten«), noch, daß es in einer 1982 erschienenen Biographie Arthur Koestlers (Hamilton: *Koestler: A Biography*) heißt, daß »Karsky (sic!) aus Verzweiflung über seine Unfähigkeit, das Gewissen der Welt aufzurütteln, ... Selbstmord beging«.

Professor Karski überarbeitete das Manuskript dieses Buches. Die Autoren profitierten ungeheuer von der Klugheit dieses Mannes, der seine eigenen Erfahrungen durch ein Prisma vierzigjähriger wissenschaftlicher Beschäftigung mit polnischer Geschichte betrachtet. Karski schlug geringfügige Korrekturen oder Präzisierungen vor, bewahrte uns davor, auf verschiedene Fehlinformationen hereinzufallen, und erweiterte unsere Perspektive. Dabei versuchte er niemals, uns zu einer unkritischen Interpretation seiner Motive und Taten zu verleiten. Er bat uns kein einziges Mal darum, einen bestimmten Aspekt zu streichen oder zu beschönigen, weil dieser vielleicht sein Ansehen trüben könnte. Karski blickt auf seine Vergangenheit aus distanzierter, ironischer Perspektive zurück, ohne die geringste Unsicherheit über seinen Platz in der Geschichte zu zeigen.

Ein Buch wie dieses kann das explosive Thema polnisch-jüdischer Beziehungen während des Zweiten Weltkriegs nicht ausklammern. Wir haben bestimmte Aspekte dieses Verhältnisses notwendigerweise gestreift, wohl wissend, daß ein außerordentlicher Grad von Bitterkeit den historischen Dialog zwischen Polen und Juden oftmals vergiftet hat.

Es wäre vermessen von uns, für unsere Arbeit den Anspruch absoluter Objektivität erheben zu wollen. Geschichte ist und sollte bewertbar sein. Kein denkendes menschliches Wesen kann sich mit jener Ära auseinandersetzen, ohne eigene Schlüsse über Schuld und Unschuld, Schande und Ehrenhaftigkeit, richtig und falsch zu ziehen. Wir können Karskis Geschichte nicht erzählen, ohne einige problematische Punkte anzusprechen. Es ging uns jedoch immer um die Aufzeichnung jener Geschichte und nicht darum, Schuld zuzuweisen oder Polemik zu erzeugen.

Wie Walter Laqueur 1981 in seiner Studie »Das schreckliche Geheimnis« (*The Terrible Secret*) bemerkte: weder die »rechtfertigende Literatur« einiger Nachkriegsschriftsteller – die Polens Ehre in der Regel durch die Überbewertung von polnischer Hilfe für die Juden zu verteidigen suchen –, noch »pauschale Anklagen wegen Unterlassung«, wie sie von bestimmten jüdischen Kreisen gegen Polen gerichtet werden, lassen die »Endlösung« begreifbarer werden. »Auf der Suche nach Sündenböcken«, kommentierte Laqueur, »kommen vermutlich nur wenige ungeschoren davon.«

Über eine Zeit solch unvergleichbaren Schreckens zu schreiben bedingt, sich besonderer Feinfühligkeit gegenüber Juden, Polen und allen Opfern zu verpflichten. Wir hoffen, dieser Verantwortung gerecht geworden zu sein. Jan Karski hat einen großen Teil seines Lebens der Förderung des Verständnisses zwischen Juden und Polen gewidmet. Wir hoffen, mit diesem Rechenschaftsbericht seiner Sache dienen zu können.

Einige Anmerkungen zu Namen: Wir sollten zunächst erwähnen, daß Karski während des Krieges verschiedene Namen führte. Geboren als Jan Kozielewski, nahm er im Untergrund mehrere Pseudonyme an. Seine Mitstreiter kannten ihn als »Witold«. Auf seinen Reisen in den Westen als Geheimbote des Untergrunds benutzte er eine Vielfalt falscher Identitäten. Unter einem dieser Namen, nämlich »Jan Karski«, beantragte er 1943 ein Visum für die Vereinigten Staaten. Als er sich nach dem Krieg entschloß, in den USA zu bleiben, behielt er aus Angst vor möglichen Folgen seiner falschen Angaben den Namen bei und wurde unter diesem schließlich amerikanischer Staatsbürger.

Für die Namen einiger im Text genannter jüdischer Funktionäre existieren unterschiedliche Schreibweisen. Ignacy Schwarzbart erscheint zum Beispiel gelegentlich als Yitshak oder Szwarcbart; der Vorname seines Kollegen in der Polnischen Nationalversammlung, Szmul Zygielbojm, wird in verschiedenen Dokumenten auch Szmuel oder Shmuel buchstabiert. Im Zweifelsfall haben wir uns für die Schreibweise entschieden, unter der der Betreffende laut anderer historischer Quellen während des Krieges am besten bekannt gewesen zu sein scheint.

Viele Menschen halfen uns bei der Verwirklichung dieses Buches. Wir erhielten ein außergewöhnliches Maß an Unterstützung von Wissenschaftlern, Archivaren, Interviewpartnern, Freunden und Familienangehörigen in sieben Ländern. Auf die Gefahr hin, jemanden zu übergehen, möchten wir uns doch bei so vielen hilfreichen Geistern wie möglich bedanken. Die Erwähnung in dieser Liste schließt natürlich nicht notwendigerweise die Billigung unserer Interpretation seitens der Gegenpartei ein.

Wir stehen in der Schuld einer Reihe von Wissenschaftlern, deren Arbeiten über polnische und jüdische Erfahrungen während des Zweiten Weltkriegs für uns von unschätzbarem Wert waren. Die Schriften von Martin Gilbert, David Engel, Lucjan Dobroszycki und Walter Laqueur haben unsere Einschätzung von Karskis Zeit und Umgebung besonders beeinflußt. Stefan Korbońskis detaillierte Berichte über das Leben im polnischen Untergrund waren ebenso hilfreich. Die Werke von Richard Breitman, Władysław Bartoszewski, Reuben Ainsztein, Israel Gutman, Bernard Wasserstein, Raul Hilberg, Will Brownell und Richard N. Billings erweiterten unser Verständnis auf entscheidende Weise. Und natürlich müssen wir die wissenschaftliche Arbeit von Professor Karski in unseren Dank einschließen. Unabhängig von seinem Status als Subjekt unserer Forschungen lieferte Professor Karski eine wertvolle Nebenquelle mit seiner umfassenden Studie »Die Großmächte und Polen 1919-1945: Von Versailles bis Jalta« (*The Great Powers and Poland, 1919-1945: From Versailles to Yalta*).

Für Unterstützung bei der Forschung, Expertenrat, konstruktive Kritik oder eine Kombination dieser Hilfsleistungen stehen wir in der Schuld vieler Menschen, einschließlich einiger der bereits erwähnten Wissenschaftler. Unser Dank für persönliche Mitwirkung gilt den Professoren Bill Brands, *Texas A&M University*; Richard Breitman, *American University* in Washington D.C.; Lucjan Dobroszycki, *Yivo Institute for Jewish Research*; David Engel, *New York University*; Louis Gerson, *University of Connecticut*; Martin Gilbert, *Oxford University*; Susan Pedersen, *Harvard University*; Joachim Rusek, *Jagiellonian University*; Michael Scammell, *Cornell University* sowie Piotr Wandycz, *Yale University*; außerdem Dr. Zbigniew Brzeński; Januusz Cisek vom *Józef Piłsudski Institute of America*; Nicholas Coney vom *Public Record Office*; Bill Carey; William Carnell vom *National Security Archive*; Whit Forehand; Oberstaatsanwältin Helga Grabitz von der Hamburger Staatsanwaltschaft; Leo Greenbaum vom *Yivo Institute for Jewish Research*; Dr. Abraham Peck von den *American Jewish Archives*; Harry Porter; Kirk Porter; Wendell Smith; Andrzej Suchcitz vom *Polish Institute*; Derek Tangye; John E. Taylor von den *National Archives* sowie Michael Tregenza. Der Archivar Zbigniew Stańczyk von der *Hoover Institution* ging bei der Unterstützung unserer Forschungen weit über seine üblichen Pflichten hinaus. Hierfür möchten wir uns ganz besonders bedanken.

Der amerikanische Autor genoß in Polen die großzügige Gastfreundschaft und wertvolle Hilfe von Ela und Andrzej Mrowiec, Żdzisław Spaczyński, den Professoren Tadeusz Radzik, Zygmunt Mankowski und Jozef Marszalek von der *Curie-Sklodowska*-Universität in Lublin sowie der Familie seines Mitautors Stanisław M. Jankowski.

Während anderer Reisen profitierte derselbe Autor von Ruhestätten, Wochenendhäuschen oder Computern, die von Steve Altemeier,

George und Lavenia Carpenter, Audrey Duff, Sean Gentry, Frank und Micki Pendleton, Matthew und Rosalind Porter, Richard Quest, Lenka und Karel Varhanik, David Wood sowie Don und Mary Jo Wright wohlwollend zur Verfügung gestellt wurden.

Der polnische Autor empfindet besondere Dankbarkeit gegenüber seinen Freunden Zbigniew Wojnar und Walter Poznański aus New York, die ihm bei seinen Studien in den Vereinigten Staaten jede erdenkliche Unterstützung gewährten.

Aufschlußreiche Einblicke in die Wunder der Verlagswelt erhielten wir durch Madison Smartt Bell, Kevin Drury, Barbara Enkema, Morgan Entrekin, Charles Flowers, Kath Hansen, Polly Law, Ann Shayne, Steve Wood und unseren Agenten Henry Dunow von der Kanzlei Harold Ober. Unseren Dank aussprechen möchten wir auch der Lektorin Hana Umlauf Lane vom Verlag John Wiley und Söhne, ohne deren Zuversicht dieses Buch möglicherweise niemals das Tageslicht erblickt hätte.

Besonders bedanken möchten wir uns auch bei Gay Block für die Genehmigung zum Wiederabdruck des von ihr aufgenommenen Fotos von Professor Karski aus dem 1992 von ihr und Malka Drukker herausgegebenen Buch: »Retter: Porträts moralischer Stärke während des Holocaust« (*Rescuers: Portraits of Moral Courage in the Holocaust*). Unser Dank gilt ebenfalls dem Künstler Stanisław Westwalewicz aus Tarnów, der uns die Veröffentlichung seiner Skizze von dem Gefangenenlager, in dem er und Karski 1939 nach ihrer Festnahme durch die Rote Armee interniert waren, erlaubte. Der Fotograf Jan Zych reproduzierte diese Skizze für uns. Außerdem danken wir der Grafikerin Diane Nottingham, die die in diesem Buch enthaltenen Landkarten erstellte.

Unsere hohe Anerkennung zollen wir der Übersetzungshilfe von Dina Abramowicz vom *Yivo Institute for Jewish Research*, Kryzsztof Krakowiak, Aleksander Kuśnierz, Jan Piekło, Piotr Pieńkowski und Brigitte Porter.

Außerdem möchten wir uns bei allen bedanken, die sich für Interviews zur Verfügung stellten: Humphrey Burton, Elbridge Durbrow, Dean Peter F. Krogh, David John Landau, Józef Łaskowik, Jan Morawski, Dr. Janina Prot, Sir Frank Roberts, Zbigniew Ryś, Zofia Ryś, Dr. Jan Słowikowski und Wanda Załuska.

Zum Schluß einige persönliche Anmerkungen. Der polnische Autor möchte seiner Frau Krystyna für ihre Unterstützung und ihre Geduld seinen innigsten Dank ausdrücken. Der amerikanische Autor wiederum ist seinen Eltern Nancy und Steve Wood und seiner Frau Nicki Pendleton Wood zu tiefstem Dank dafür verpflichtet, daß sie ihn von Beginn dieses Projektes an in seinem Bemühen bestärkt haben.

Die geduldige Kooperation von Professor Karski und seiner Frau Pola Nirenska ermöglichte dieses Buch. Professor Karski öffnete nicht nur sein privates Archiv für uns, ertrug viele ganztägige Befragungen und überprüfte das Manuskript gewissenhaft, sondern seine Frau und er gewährten uns bei zahlreichen Gelegenheiten auch großzügig Unterkunft und Verpflegung. Wir bedauern aufrichtig, daß Frau Karski das Erscheinen dieses Buches nicht mehr erleben durfte. Die Autoren widmen ihre Arbeit von ganzem Herzen und mit großer Bewunderung Professor Jan Karski und der Erinnerung an Pola Nirenska Karski.

E. Thomas Wood   **Stanisław M. Jankowski**

Nashville und Krakau
Januar 1994

Namensglossar

Angers. Stadt in Frankreich. Von Oktober 1939 – Juni 1940 Sitz der polnischen Exilregierung.

Bartoszewski, Władysław. Junger Untergrundkämpfer, den Karski 1942 Zofia Kossak vorstellte; wurde führender Aktivist in Kossaks »Konrad-Żegota-Komitee«, das sich der Unterstützung von Juden widmete. Nach dem Krieg schrieb Bartoszewski mehrere historische Werke, die sich mit der Reaktion der Polen auf den Holocaust auseinandersetzten. Präsident Wałesa ernannte ihn später zum polnischen Botschafter in Österreich.

Beck, Józef. Polnischer Außenminister in den Jahren vor der deutschen Invasion von 1939. Karski arbeitete während seiner Amtszeit im Außenministerium. Becks überzuversichtliche Außenpolitik wurde nach dem Blitzkrieg heftig kritisiert.

Bełżec. Stadt in Ostpolen, die Karski 1940 besuchte, und in der er sich später, laut eigenem Bericht, in ein Todeslager der Nazis einschleusen ließ. Es gab tatsächlich ein Vernichtungslager in Bełżec, in dem mehr als 500 000 Juden zugrunde gingen; das Lager, das Karski im August 1942 mit eigenen Augen sah, befand sich jedoch in **Izbica Lubelska** und fungierte als Auffanglager für Juden vor deren Weitertransport nach Bełżec.

Biddle, Anthony J. Drexel, Jr. Amerikanischer Botschafter in Polen bis September 1939; anschließend Botschafter bei der polnischen Exilregierung. Traf Karski im Februar 1943 in London und vermittelte vermutlich dessen USA-Reise.

Bielecki, Tadeusz. Vorsitzender der polnischen Nationalpartei im Exil. Karski überbrachte ihm 1940 und 1942 Nachrichten aus Polen, trotz persönlicher Bedenken bezüglich deren rechtsgerichteten Inhalts.

Bund. Sozialistische jüdische Bewegung, die eine wichtige Rolle beim Aufbau des Widerstands im Warschauer Ghetto spielte; wurde während des Krieges in Polen von Leon Feiner, im Exil von Szmuel Zygielbojm geleitet.

Ciechanowski, Jan. Polnischer Botschafter in den Vereinigten Staaten während des Krieges. Arrangierte Karskis Besuchsprogramm in den USA.

Cyrankiewicz, Józef. Während des Krieges Vorsitzender der Sozialistischen Partei in Krakau. Organisierte Karskis Flucht aus der Gestapo-Gefangenschaft in Nowy Sącz; Karski arbeitete später in Krakau eng mit ihm zusammen. Cyrankiewicz wurde 1942 festgenommen; überlebte die Haft in Auschwitz. In den 50er Jahren war er Ministerpräsident des kommunistischen Polen.

Donovan, William J. (»Wild Bill«). Direktor des amerikanischen *Office of Strategic Services* (Büro für strategische Aufgaben; OSS), einem Vorläufer der CIA. Traf Karski im August 1943.

Durbrow, Elbridge. Polenexperte im US-Außenministerium; traf Karski in Washington.

Easterman, A.L. Britischer Vertreter des Jüdischen Weltkongresses, der bei der britischen Regierung auf Ergreifung von Vergeltungsmaßnahmen drängte, nachdem er Karskis Bericht über die Judenvernichtung gelesen hatte.

Eden, Sir Anthony (später Lord Avon). Britischer Außenminister während der Kriegsjahre; traf 1943 zweimal mit Karski zusammen. In den 50er Jahren britischer Premierminister.

Feiner, Leon. Vorsitzender der Bund-Bewegung; traf sich 1942 mit Karski und arrangierte dessen Besuche im Warschauer Ghetto und im Todeslager von Izbica.

Frankfurter, Felix. Richter am Obersten Gerichtshof der USA; Sohn emigrierter Juden aus Österreich. Traf Karski 1943 in Washington.

Gollancz, Victor. Britischer Verleger und jüdischer Aktivist. Als er Anfang 1943 durch Karski von der Judenvernichtung in Polen hörte, erlitt er einen Nervenzusammenbruch.

Heimarmee (*Armia Krajowa; AK*). Streitkräfte der polnischen Untergrundbewegung; vor 1942 unter dem Namen »Union für den bewaffneten Kampf« bekannt.

Hoover, Herbert. 31. Präsident der Vereinigten Staaten (1929 – 1933). Engagierte Karski nach Kriegsende dafür, in Europa Dokumente für das *Hoover Institution on War, Revolution and Peace* (Hoover-Institut für Krieg, Revolution und Frieden) der Stanford University zu sammeln.

Hull, Cordell. US-Außenminister bis 1944; traf Karski kurz 1943.

Jüdische Kampforganisation (*Żydowska Organizacja Bojowa; ŻOB*). Hauptkampftruppe im Warschauer Ghetto; zu der Zeit von Karskis Besuch im Ghetto noch nicht voll einsatzfähig.

Jüdische Militärunion (*Żydowska Związek Wojskowy; ŻZW*). Bewaffnete jüdische Kampftruppe im Warschauer Ghetto, aufgebaut von ehemaligen jüdischen Revisionisten; leisteten logistische Unterstützung bei Karskis Ghettobesuchen im August 1942.

Kanicki, Jan. Pseudonym von Karski bei seiner Frankreich-Reise von 1940.

Karski, Jan. Falschname, den Jan Kozielewski zum ersten Mal 1940 gebrauchte; wurde sein »Hauptpseudonym« nach seiner Ankunft in England 1942. Da Karski unter diesem Namen 1943 ein Diplomatenvisum für die Vereinigten Staaten erhalten hatte, fühlte er sich verpflichtet, ihn auch nach dem Krieg zu benutzen, und wurde unter dem Namen Karski 1954 amerikanischer Staatsbürger.

Katyń. Der bekannteste von mehreren Orten, an denen polnische Offiziere und Zivilisten von der sowjetischen Geheimpolizei auf Befehl Stalins erschossen wurden. Über 20 000 als »bourgeoise Feinde« des Kommunismus klassifizierte Polen wurden im Frühjahr 1940 in der UdSSR ermordet.

Kawałkowski, Aleksander. Leiter der polnischen Untergrundbewegung in Frankreich; half bei der Vorbereitung von Karskis geheimer Reise durch Frankreich im Oktober und November 1942.

Kirschenbaum, Menachem. Vorsitzender der Allgemeinen Zionistischen Partei und eines der wenigen Mitglieder dieser Partei, die sich in der Untergrundbewegung des Warschauer Ghettos engagierten. Kirschenbaum war wahrscheinlich der Begleiter von Leon Feiner bei dem Treffen mit Karski.

Koestler, Arthur. Deutschstämmiger jüdischer Schriftsteller zahlreicher bekannter Romane. Traf Karski 1943 in London und verfaßte ein Rundfunkskript und einen Roman, die auf Karskis Erlebnissen basierten.

Komorowski, Tadeusz (Pseudonym »Bór«). General der polnischen Heimarmee, der Karskis Flucht aus der Gestapo-Gefangenschaft in Nowy Sącz mitorganisierte. Später Kommandant der Heimarmee; führte den gescheiterten Generalaufstand des Warschauer Untergrunds vom August – Oktober 1944.

Korboński, Stefan. Vorsitzender der Bauernpartei im polnischen Untergrund; wurde dort Leiter des für das Rechtssystem verantwortlichen Direktorats für Zivilen Widerstand. Korboński traf mit Karski 1940 und vor dessen Mission von 1942 zusammen. Emigrierte später in die USA; lebte in Washington, wo er mehrere Bücher über die Untergrundbewegung schrieb.

Kossak, Zofia. Katholische Schriftstellerin, deren Werke vor dem Krieg Weltruhm erlangt hatten. Trotz ihrer antisemitischen Haltung vor dem Krieg gründete sie die projüdische Organisation »Front für die Wiedergeburt Polens« und engagierte sich im »Konrad-Żegota-Komitee« zur Rettung von Juden. Sie überlebte die Internierung in Auschwitz. Kossak übte starken geistigen Einfluß auf Karski aus, der ein Mitglied ihrer Front war.

Kot, Professor Stanisław. Während des Krieges Innenminister, für die Sowjetunion zuständiger Botschafter und Informationsminister der polnischen Exilregierung. Kot war 1940 in Angers Karskis direkter Vorgesetzter und überwachte nach seiner Ernennung zum Informationsminister im Juli 1943 Karskis Aktivitäten in den Vereinigten Staaten.

Kozielewski, Jan. Geburtsname von Jan Karski.

Kozielewski, Marian. Achtzehn Jahre älterer Bruder von Jan Karski. Marian nutzte seinen Einfluß als Spitzenfunktionär des polnischen Vorkriegsregimes, um die Karriere seines Bruders zu fördern. Nach Kriegsbeginn machte er Jan mit führenden Vertretern des Untergrunds bekannt. Marian wurde 1940 verhaftet, war sieben Monate lang in Auschwitz interniert und arbeitete nach seiner Entlassung aus dem Lager wieder im Untergrund. Im Laufe des Krieges entzweiten sich die Brüder über politischen Differenzen. Nach dem Krieg verhalf Jan seinem Bruder zur Flucht aus Polen, zunächst nach Kanada, dann in die USA.

Kucharski, Witold. Echter Name von Karskis Freund aus Lwów, der kurz nach Kriegsbeginn nach Frankreich entkam; von Karski 1940 als Falschname adaptiert. »Witold« wurde sein Standardtarnname im Untergrund.

Landau, David John (»Dudek«). Mitglied der Jüdischen Militärunion. Führte Karski durch einen unterirdischen Tunnel ins Warschauer Ghetto.

Lanzmann, Claude. Französischer Filmemacher, dessen Ende der 70er Jahre gedrehte neuneinhalbstündige Dokumentation *Shoah* 1985 Kontroversen über Polens Rolle während des Holocaust auslöste. Karski spricht in dem Film ungefähr vierzig Minuten lang.

Law, Richard. Parlamentarischer Staatssekretär in Churchills Regierung; erhielt Karskis Bericht über die Nazigreueltaten im November 1942 und traf später mit Karski zusammen.

Makowiecki, Jerzy. 1941-1942 Karskis direkter Vorgesetzter im Büro für Information und Propaganda des polnischen Untergrunds; engagierte sich aktiv für die Rettung von Juden. 1944 von antisemitischen Polen ermordet.

Mikołajczyk, Stanisław. Innenminister und von Juli 1943 bis November 1944 Ministerpräsident der polnischen Exilregierung in London. Karski arbeitete eng mit ihm zusammen.

Nirenska, Pola. Zweite Frau von Jan Karski; war von 1965 bis zu ihrem Tod 1992 mit ihm verheiratet. Die geborene Pola Nirensztajn, Tochter polnischer Juden der Mittelschicht, interessierte sich schon früh für modernen Tanz und erlangte vor dem Krieg in europäischen Künstlerkreisen Bekanntheit. Mehrere ihrer Brüder und Schwestern kamen im Holocaust um. Nachdem sie die Kriegsjahre in England verbracht hatte, emigrierte sie 1949 in die Vereinigten Staaten, wo sie als Tellerwäscherin in einem New Yorker Restaurant arbeitete. Innerhalb von zehn Jahren gründete sie ihr eigenes Tanzstudio in Washington D.C., wo sie bis zum Ende ihres Lebens lehrte, tanzte und choreographierte.

Nowak, Jan (geb. Zdzisław Jeziorański). Kurier, der nach Karskis Ankunft in England Missionen von und nach Polen durchführte. Nach dem Krieg emigrierte er in die Vereinigten Staaten, wurde amerikanischer Staatsbürger und leitete jahrelang die polnische Sektion von Radio Freies Europa.

Piłsudski, Marschall Józef. Polnischer Revolutionsführer, dessen Personenkult die polnische Politik zwischen den Weltkriegen dominierte; starb 1935. Karskis Kindheit war von der Verehrung seiner Familie für den Marschall geprägt.

Raczkiewicz, Władysław. Nominelles Staatsoberhaupt der polnischen Nation im Exil. Karski überbrachte ihm die Bitte der polnischen Juden, er möge sich an Papst Pius XII um Hilfe für die Juden wenden.

Raczyński, Count Edward. 1941-1943 polnischer Botschafter bei der britischen Regierung und geschäftsführender Außenminister der Exilregierung; von allen polnischen Politikern am meisten geschätzt bei den Alliierten. Er starb 1993 im Alter von 102 Jahren.

Retinger, Józef. Mysteriöser, aber zuverlässiger Berater von General Sikorski; wurde Karski bei dessen Londoner Gesprächen als offizieller Begleiter zugeteilt.

Roosevelt, Franklin D. 32. Präsident der USA. Empfing Karski am 28. Juli 1943 zu einem längeren Gespräch im Weißen Haus.

Rowecki, Stefan. Kommandant der Heimarmee des polnischen Untergrunds von deren Gründung als »Union für den bewaffneten Kampf« im Jahre 1940 bis zu seiner Gefangennahme in Warschau am 30. Juni 1944. Im August 1944 im Konzentrationslager Sachsenhausen hingerichtet als Vergeltung für den Aufstand in Warschau.

Schwarzbart, Ignacy. Jüdisches Mitglied der polnischen Nationalversammlung, dem Parlament der Exilregierung; außerdem als Beauftragter des Jüdischen Weltkongresses in England zuständig für polnisch-jüdische Angelegenheiten. Traf Karski 1942 und 1943.

Selborne, Lord (Roundell Cecil Palmer, Third Earl of Selborne). Unter dem offiziellen Titel eines Ministers für ökonomische Kriegsführung war er Leiter der für Geheimeinsätze zuständigen *Special Operations Executive* (Abteilung für Spezialeinsätze; SOE). Außenminister Eden machte Karski 1943 mit Selborne bekannt.

Sikorski, General Władysław. Von November 1939 bis Juli 1943 Ministerpräsident der Exilregierung und Oberbefehlshaber der polnischen Streitkräfte im Exil. Kam am 4. Juli 1943 bei einem Flugzeugabsturz über Gibraltar ums Leben. Karski erstattete ihm bei seinen Besuchen in Frankreich 1940 und in England 1943 Bericht.

Sosnkowski, General Kazimierz. Rechtsgerichteter polnischer Militärkommandant im Exil; trat im Juli 1941 aus der Exilregierung zurück, wurde aber nach Sikorskis Tod zum Oberbefehlshaber der polnischen Streitkräfte ernannt. Karski überbrachte ihm 1940 eine Botschaft seines Bruders.

Starzyński, Stefan. Zu Beginn des Krieges Bürgermeister von Warschau; entschied sich dafür, unter deutscher Besatzung im Amt zu bleiben, statt in den Untergrund zu gehen. Er wurde im Oktober 1939 verhaftet und starb in deutscher Gefangenschaft.

Świt. Geheime Rundfunkstation, die von England aus nach Polen sendete, dabei jedoch den Eindruck erweckte, sie sei in Polen selbst stationiert. Karski arbeitete während seines Englandaufenthaltes als freier Mitarbeiter für den Sender.

Walsh, Father Edmund. Jesuit; Dekan der Schule für den Auswärtigen Dienst an der Georgetown University (die inzwischen seinen Namen trägt), als Karski dort seine akademische Laufbahn begann.

Wiesel, Elie. Überlebender von Auschwitz, der zahlreiche Werke über den Holocaust geschrieben hat; erhielt 1986 den Nobelpreis für Literatur. Wiesel half, Karski 1981 dazu zu überreden, nach vielen Jahren des Schweigens wieder an die Öffentlichkeit zu treten.

Wise, Rabbi Stephen. Gründer des Jüdischen Weltkongresses; traf Karski im August 1943 in New York.

Zygielbojm, Szmuel. Vorsitzender der sozialistischen jüdischen Bund-Bewegung im Exil. Nach seinem Gespräch mit Karski in London drängte er bei den Alliierten verstärkt auf Ergreifung von Maßnahmen zugunsten der Juden. Aus Verzweiflung über das Versagen des Westens beging er am 12. Mai 1943 Selbstmord.

Verwendete Literatur

Hinweis betreffend Karski, Jan: *Story of a Secret State* (Boston, 1944):
Karskis eigener Erlebnisbericht ist eine wertvolle, stellenweise aber auch unzuverlässige Quelle. Aus Sicherheitsgründen mußte Karski Details weglassen, einige Ereignisse verfälschen und Fehlinformationen bezüglich seiner eigenen Identität und die anderer Personen des Untergrunds geben. Auch diplomatische Erwägungen beeinflußten das Buch, da Karski die Namen einiger Kontaktpersonen in London und Washington nicht nennen durfte. Zur Befriedigung der propagandistischen Interessen der polnischen Exilregierung und der kommerziellen Interessen seiner amerikanischen Verleger ließ Karski einen gewissen Grad an Dramatik in seine Aufzeichnungen einfliessen. Die Autoren dieses Buches haben Informationen aus *Story of a Secret State* nur benutzt, wenn deren Wahrheitsgehalt mit Hilfe anderer Quellen bestätigt werden konnte.

1. Herbst der Flucht
The Dark Side of the Moon (London, 1946)
Gilbert, Martin: *The Holocaust* (New York, 1986)
Kamiński, Jan Bronislaw: Unveröffentlichtes Tagebuch (Katyń-Institut, Krakau)
Karski, Jan: *The Great Powers and Poland: 1919-1945* (Bethesda, 1985)
Karski, Jan: Interviews mit den Autoren, 1987-1993
Karski, Jan: *Story of a Secret State* (Boston, 1944)
Katyń-Institut, Krakau: Sowjetische Flugblätter
Korboński, Stefan: *The Polish Underground State, 1939-1945* (New York, 1978)
Paul, Allen: *The Untold Story of Stalin's Polish Massacre* (New York, 1991)
Szceśniak, Andrzej Leszek: *Zmowa (Verschwörung)* (Warschau, 1990)
Tarczynski, Marek (Hrsg.): *Zbrodnia katynska – droga do prawdy (Die Verbrechen von Katyń – Der Weg zur Wahrheit)* (Warschau, 1992)
Taylor, James u. Shaw, Warren: *The Third Reich Almanac* (New York, 1987)
Zawisza, Jerzy: Interview mit Nikita Petrow in: *Memorial* (Moskau, April 1993)
Zbrodnia katyńska w świetle dokumentów (Die Verbrechen von Katyń im Licht der Dokumente), Bd. 3 (London, 1963)

2. Lehrzeit im Untergrund
Byko, Major Bolesław: Zeugenaussage vor einer polnischen Untersuchungskommission, 1946 (Archiv des Außenministeriums, Warschau)
Eisenbach, Artur: *Hitlerowska polityka zaglady Żydów (Die Nazipolitik der Judenvernichtung)* (Warschau, 1961)

Engel, David: *In the Shadow of Auschwitz: The Polish Government-in-Exile and the Jews, 1939-1942* (Chapel Hill, 1987)

Karski, Jan: Interviews mit den Autoren, 1987-1993

Karski, Jan: Bericht ohne Titel, datiert: »zweite Hälfte Februar 1940« (im Folgenden »Bericht von 1940« genannt)

Karski, Jan: *Story of a Secret State*

Korboński, Stefan: *The Polish Underground State*

Lerski, Jerzy: *Emisariusz »Jur« (Geheimbote »Jur«)* (London, 1984)

3. Abseits des Scheinkrieges

Engel, David: »An Early Account of Polish Jewry Under Nazi and Soviet Occupation Presented to the Polish Government-in-Exile, February 1940« in: *Jewish Social Studies* (Winter 1983), S. 1-16

Karski, Jan: Interviews mit den Autoren, 1987-1993, einschließlich Karskis Erinnerungen an die Äußerungen von Józef Cyrankiewicz aus dem gemeinsamen Gespräch von 1974

Karski, Jan: Bericht von 1940

Karski, Jan: Bericht ohne Titel über Aspekte der Untergrundbewegung, April 1943 (im Folgenden »Bericht von 1943« genannt)

Karski, Jan: »Raport z misji Jana Karskiego w r.1940« (»Bericht über Jan Karskis Mission von 1940«), 17. Februar 1944

Karski, Jan: *Story of a Secret State*

Korboński, Stefan: *Bohaterowie polskiego państwa podziemnego jak ich znalem (Helden des Polnischen Untergrunds, wie ich sie kannte)* (New York, 1987)

Korboński, Stefan: *W imieniu Rceszypospolitej (Im Namen der Republik)* (Paris, 1954)

Kunert, Andrzej Krzystof: *Słownik biograficzny konspiracij warszawskiej 1939-1944 (Biographisches Wörterbuch der Warschauer Verschwörung, 1939-1944)*, Bd.2 (Warschau, 1991)

Pużak, Kazimierz: »Wspomienia 1939-1945« (»Erinnerungen 1939-1945«) in: *Zeszyty Historyczne (Historische Blätter)* (1978)

4. Aufopferung

Bienik, Józef: »Chłopski kurier« (»Bauernkurier«) in: *Wrocławski tygodnik katolików (Wroclawer Katholische Woche)*, 5. Mai 1971 (Bericht über Karskis Gefangennahme, basierend auf einem Interview mit seinem Führer Franciszek Musiał)

Karski, Jan: Interviews mit den Autoren 1987-1993

Karski, Jan: »Notatka dla Rządu polskiego: Dotycząca misji Jan Karskiego w Londynie« (»Notat für die Polnische Regierung: Betrifft Jan Karskis Mission in London«), 30. November 1942

Karski, Jan: »Report on the Mission of Jan Karski in 1940«

Karski, Jan: Rede im Waldorf-Astoria Hotel, New York 1944, in: *Builders of the World Ahead* (New York, 1944)

Karski, Jan: *Story of a Secret State*

Komorowski, Tadeusz: *The Secret Army* (New York, 1951)

Laskowik, Józef (einer der bestochenen Polizisten): Interview mit dem Autor, Januar 1987

Morawski, Jan (Mitglied des Befreiungskommandos): Interview mit dem Autor, Februar 1986

Ryś, Zbigniew u. Zofia (auch Zofia Rysiówna): Interview mit dem Autor, März 1986

Ryś, Zofia: Brief an Jan Karski, ohne Datum (wahrscheinlich September 1993) (Privatarchiv Jan Karski)

Słowikowski, Jan: Interview mit dem Autor, März 1986

Wnuk, Wlodzimierz: *Walka podziemna na szczytach (Der Untergrundkampf auf seinem Höhepunkt)* (Warschau, 1965)

5. Kaltgestellt

Bartoszewski, Władysław u. Lewin, Zofia: *Righteous Among Nations* (englische Übersetzung von *Ten jest z ojczyzny mojej)* (London, 1969)

Dobroszycki, Lucjan: »The Jews in the Polish Clandestine Press, 1939 -1945« in: *The Jews in Poland* (Hrsg.: Andrzej K. Paluch), Bd.1, S. 289-296 (Krakau, 1992)

Falconi, Carlo: *The Silence of Pius XII.*

Karski, Jan: Interviews mit den Autoren, 1987-1993

Karski, Jan: »Notatka dla Prof. Kota« (»Notat für Prof. Kot«), 13. April 1943

Karski, Jan: »Note for the Polish Government: Concerning the Mission of Jan Karski to London«

Karski, Jan: »Report on the Mission of Jan Karski in 1940«

Karski, Jan: *Story of a Secret State*

Kossak, Zofia: »Manifesto of Front for the Rebirth of Poland« in: *Wiadomości polskiej misji katolickiej w Londynie (Nachrichten der Polnischen Katholischen Mission in London),* Juni 1943; Privatarchiv Jan Karski

Kossak, Zofia: »Protest« der Front für die Wiedergeburt Polens

Lewandowska, Stanislawa: »The Authentication Activities of the Polish Resistance Movement During the Second World War« in: *Acta Poloniae Historicae* (1984), S. 181-218

Michalski, Czeslaw: *Wojna warszawsko – niemiecka (Der Krieg der Deutschen in Warschau)* (Warschau, 1974)

Prot, Janina: Interview mit dem Autor, Oktober 1993

Schwarzbart, Ignacy: Tagebuch (Yad Vashem Archiv, Jerusalem)

Slawik, Lucjan: Brief an Karski, 27. Mai 1973; (Privatarchiv Jan Karski)

Szapiro, Paweł: *Wojna żydowsko – niemiecka: Polska prasa konspiracyna 1943-1944 o powstaniu w getcie Warszawy (Der jüdisch-deutsche Krieg: Polnische Untergrundpresse 1943-1944 über den Aufstand im Warschauer Ghetto)* (London, 1992)

Tangye, Derek: *The Evening Gull* (London, 1991)

Vertretung des Polnischen Judentums: Protokoll der Sitzung vom 9. August 1943 in New York, in Anwesenheit von Karski, in: *Archives of the Holocaust* (Hrsg.: Abraham J. Peck), Bd. 8, S. 287-294 (New York, 1990)

Załuska, Wanda (Sozialistin, die mit Karski in Krakau zusammenarbeitete): Interview mit dem Autor, Januar 1989

6. Augenzeuge

Ainsztein, Reuben: *Jewish Resistance in Nazi-Occupied Eastern Europe* (London, 1974)

Bartoszewski, Władysław: »Lata wojenne Stanisława Herbsta« (»Die Kriegsjahre des Stanisław Herbst«) in: *Na drodze niepodleglosci (Auf dem Weg zur Unabhängigkeit)* (Paris, 1987)

Bartoszewski, Władysław u. Lewin, Zofia: *Righteous Among Nations*

Bund Archiv: Yivo Institute (New York, Akte ME40-11)

Dawidowicz, Lucy: *The War Against the Jews, 1933-1945* (New York, 1986)

Engel, David: *Facing a Holocaust: Polish Government-in-Exile and the Jews, 1943-1945* (Chapel Hill, 1993)

Engel, David: »The Western Allies and the Holocaust: Jan Karski´s Mission to the West, 1942-1944« in: *Holocaust and Genocide Studies* (1990), S. 363-380

Feiner, Leon: »Berezowski« – Brief an Szmuel Zygielbojm, 31. August 1942

»The Ghetto Speaks«: Rundschreiben der amerikanischen Zweigstelle der Allgemeinen Jüdischen Arbeitergewerkschaft Polens (1. März 1943)

Grabitz, Helga, Oberstaatsanwältin (Staatsanwaltschaft beim Landgericht Hamburg): Brief an den Autor (25. August 1993)

Hilberg, Raul: *Perpetrators, Victims, Bystanders* (New York, 1992)

Karski, Jan: Interviews mit den Autoren, 1987-1993

Karski, Jan: »Note for the Polish Government: Concerning the Mission of Jan Karski to London«

Karski, Jan: Rede vor der Washington Hebrew Congregation (Washington D.C., 29. März 1987) (Privatarchiv Jan Karski)

Karski, Jan: *Story of a Secret State*

Klugman, Alexander: »Kurier z getta« (»Kurier aus dem Ghetto«) *Nowiny Kurier* (Tel Aviv, 21. Juni 1974) (Privatarchiv Jan Karski)

Korboński, Stefan: *Heroes of the Polish Underground As I Knew Them*

Kossak, Zofia: »Protest« der Front für die Wiedergeburt Polens

Kozłowski, Maciej: »The Mission that Failed« (Interview mit dem Autor) in: *Dissent* (Sommer 1987), S. 326-334

Landau, David John: Interviews und Briefwechsel mit dem Autor (Oktober 1993)

Lanzmann, Claude: *Shoah: An Oral History of the Holocaust* (Textbuch zum Film) (New York, 1985)

Laqueur, Walter: *The Terrible Secret*

Marszałek, Józef: Brief an den Autor (Oktober 1993)

Neustadt, Meilech: *Khurbn un oyfstand fun di yidn in varshe (Zerstörung und Aufstand: Das Epos der Juden in Warschau)* Bd.2 (Tel Aviv, 1948)

Pawlik, Adam (Klempner in der Region Krasnystaw, der zwischen 1940 u. 1943 oft durch Izbica fuhr): Zeugenaussage vom 1. März 1946 (Zentrale Stelle der Landesjustizverwaltungen Ludwigsberg)

Ratajski, Delegate Cyryl (»Wrzos«): Telegramm an »Stem« (Innenminister Stanisław Mikołajczyk) (3. September 1942)

Smakowski, Jakub: Tagebuch in: *Pamietniki z getta Warszawskiego (Tagebücher aus dem Warschauer Ghetto)* (Warschau, 1988)

Vertretung des Polnischen Judentums: Protokoll der Sitzung vom 9. August 1943

7. Kurierdienst

Bartoszewski, Władysław u. Lewin, Zofia: *Righteous Among Nations*

Bartoszewski, Władysław u. Lewin, Zofia: *Ten jest z oczynzy: Polacy z pomocą Żydom 1939-1945* (Krakau, 1969)

Eden, Anthony: Telegramm an den Vicomte Halifax, Britische Botschaft Washington, 7. Dezember 1942

Engel, David: »The Western Allies and the Holocaust: Jan Karski´s Mission to the West, 1942-1944«

Falconi, Carlo: *The Silence of Pius XII.*

Feiner, Leon: »Berezowski« – Brief an Szmuel Zygielbojm, 31. August 1942

»The Ghetto Speaks«: Rundschreiben der amerikanischen Zweigstelle der Allgemeinen Jüdischen Arbeitergewerkschaft Polens

Gilbert, Martin: *Auschwitz and the Allies* (New York, 1981)

The Goebbels Diaries: (Hrsg.: Louis P. Lochner) (New York, 1971)

Henderson, Ian L.: Notat vom 5. Dezember 1942

Hinsley, F.H. u. Simkins, C.A.G.: *British Intelligence in the Second World War,* Bd. 4 (New York, 1990)

Karski, Jan: Interviews mit den Autoren, 1987-1993

Karski, Jan: »Note for the Polish Government: Concerning the Mission of Jan Karski to London«

Karski, Jan: »Note for Prof. Kot«

Karski, Jan: *Story of a Secret State*

Laqueur, Walter: *The Terrible Secret*

Law, Richard: (Parlamentarischer Unterstaatssekretär im Außenministerium) Memorandum, 26. November 1942

Office of Strategic Services: »The Franco-Spanish Frontier« (ohne Datum, wahrscheinlich Frühjahr 1943)

Office of Strategic Services: »Progress Report: Spain« (28. Juli 1942)

Penkower, Monty Noam: *The Jews Were Expendable: Free World Diplomacy and the Holocaust* (Detroit, 1988)

Perlzweig, Maurice: Brief an A. L. Easterman, 17.Mai 1943

Perlzweig, Maurice: Notat für A.L. Easterman, 17.Dezember 1942

Raczkiewicz, Präsident Władysław: Tagebuch (Sammlung Raczkiewicz)

Raczyński, Edward: *In Allied London* (London, 1962)

Ravel, Aviva: *Faithful Unto Death* (Montreal, 1980)

Roberts, Frank: Interview mit dem Autor, August 1993

Roberts, Frank: (Auswärtiges Amt) Memoranden vom 1. u. 5. Dezember 1942

Roberts, Frank: Memorandum vom 14. Dezember 1942

Schwarzbart, Ignacy: Tagebuch

Schwarzbart, Ignacy: Terminkalender 1942

Schwarzbart, Ignacy: Telegramm an den Jüdischen Weltkongreß, 1. Dezember 1942

Sikorski, Gen. Władysław: Brief an Lord Selborne, 26. August 1942

Siudak, Paweł: Memorandum vom 25. November 1942

Studium Polski Podziemnej: (Polnischer Fonds für Untergrundstudien) London (SPP) Geheimdepeschen zwischen der polnischen Untergrundbewegung in Warschau, der polnischen Untergrundbewegung in Frankreich und der polnischen Exilregierung in London

Wasserstein, Bernard: *Britain and the Jews of Europe, 1939-1945* (Oxford, 1979)

Wilkinson, Col. Peter: Brief an Frank Roberts, 5. Januar 1943

Wise, Stephen: *Challenging Years: The Autobiography of Stephen Wise* (New York, 1949)

Younger, Maj. K. G. (MI 5): Brief an J. G. Ward, 22. Dezember 1942

Zabiello, Stanisław: Telegramm an Stanisław Mikołajczyk, 23. Oktober 1942, mit einem Memorandum des polnischen Geheimdienstes (Division II) vom 6. November 1942

8. In offiziellen Kreisen

Bartoszewski, Władysław u. Lewin, Zofia: *Righteous Among Nations*

Joseph Conrad: Life and Letters (Hrsg.: G. Jean – Aubrey), Bd. 2 (New York, 1927)

Eden, Anthony: Bericht an das Kriegskabinett über das Gespräch mit Karski, 17. Februar 1943

Edwards, Ruth Dudley: *Victor Gollancz: A Biography* (London 1987)

Engel, David: *Facing a Holocaust: The Polish Government-in Exile and the Jews, 1943-1945*

Engel, David: *In the Shadow of Auschwitz: The Polish Government-in-Exile, 1939-1942*

Engel, David: »The Western Allies and the Holocaust: Jan Karski's Mission to the West, 1942-1944«

Foreign Relations of the United States, 1943 (Washington, 1963)

Garliński, Józef: *Poland, S.O.E. and the Allies* (London, 1969)

Gutman, Israel: *The Jews of Warsaw, 1939-1943: Ghetto, Underground, Revolt* (Bloomington, 1982)

Karski, Jan: Interviews mit den Autoren, 1987-1993

Karski, Jan: »Notatka o rozmowach Jana Karskiego z politykami i publicystami angielskimi« (»Anmerkungen über das Gespräch von Jan Karski mit englischen Politikern und Publizisten«) ohne Datum, wahrscheinlich Mai 1943 (im folgenden »Bericht vom Mai 1943« genannt)

Karski, Jan: »Notaka w sprawie rozmów odbytych przez J. Kwaśniewskiego z osobistościami angielskimi i amerykańskimi w Londynie« (»Anmerkungen über ein Gespräch zwischen Jan Karski und englischen sowie amerikanischen Persönlichkeiten in London«) 25. März 1943

Karski, Jan: »The Polish Question, 1940-1945: The Secret Diplomacy of Churchill and Roosevelt« *Polish Affairs* (1987) S. 1-12

Karski, Jan: *Story of a Secret State*

Koestler, Arthur: *Arrival and Departure* (New York, 1943)

Koestler, Arthur: Brief an Karski, 12. Oktober 1943 (Privatarchiv Jan Karski)

Laqueur, Walter: *The Terrible Secret*

Lerski, Jerzy: *Emisariusz »Jur«*

Lerski, George (Jerzy): *Poland's Secret Envoy, 1939-1945* (New York, 1988)

Librach, Jan: »Notatka dla Pana Prezesa« (»Notat für den Premierminister«) 10. Februar 1943 (bezieht sich auf das Treffen mit Richard Law, bei dem Librach Karski begleitete) (Archiv Jana Librach)

Osborne, Harold: Brief an Mikołajczyk, 10. Januar 1943

Raczyński, Count Edward: *In Allied London* (London, 1962)

Savery, Frank: Gesprächsprotokoll mit Karski (von Savery an Frank Roberts geschickt, 30. Dezember 1942)

Schwarzbart, Ignacy: Tagebuch

Selborne, Lord Roundell Cecil Palmer: Fragmentarische Denkschrift in: Selborne Papers (Oxford)

Sikorski, Gen. Władysław: Tagebuch (Terminkalender)

Tangye, Derek: *The Evening Gull*

Tangye, Derek: *The Way to Minack* (London, 1975)

Topolski, Feliks: *Fourteen Letters* (London, 1988)

9. Pyrrhussieg

Adelman, Ken.: »Seeing too much« (Interview mit Karski) *Washingtonian, Juli 1988*, S. 61-67

Berle, Adolf: Tagebuch

Biddle, Anthony J. Drexel: Bericht an Präsident Franklin D. Roosevelt, 2. Juni 1943

Brownell, Will u. Billings, Richard N.: *So Close to Greatness: A Biography of William C. Bullit* (New York, 1987)

Ciechanowski, Jan: *Defeat in Victory* (New York, 1947)

Ciechanowski, Jan: Brief an Adolf Berle, 3. Juli 1943

Ciechanowski, Jan: Bericht an das Außenministerium, »Wykorzystanie pobytu w USA p. Jana Karskiego« (»Auswertung des Jan-Karski-Besuchs in den USA«) 5. August 1943

Cox, Oscar: Brief an Walter Lippmann, 6. Juli 1943

Cox, Oscar: Memorandum an Harry Hopkins, 6. Juli 1943

Durbrow, Elbridge: Interview mit dem Autor, 8.Juli 1992

Foreign Relations of the United States, 1943 (Washington, 1943)

Frankfurter, Felix: Tagebuch

Frankfurter, Felix: Privatakte über Antisemitismus

Goldmann, Nahum: Memorandum, 6. Oktober 1942

»Holocaust Still Haunts Messengers Who Failed«: (Associated Press, 29. Oktober 1981)

Karski, Jan: Diplomatenpaß (Privatarchiv Jan Karski)

Karski, Jan: Interviews mit den Autoren, 1987-1993

Karski, Jan: »Notatka z rozmowy z Prezydentem F.D. Roosevelt'em w środe, 28/VII.1943r.« (»Anmerkungen zu einem Gespräch mit Präsident F. D. Roosevelt am Mittwoch, dem 28. Juli 1943«)

Karski, Jan: »The Polish Question, 1940-1945: The Secret Diplomacy of Churchill and Roosevelt«

Karski, Jan: »I Raport p. Karskiego z pobytu w USA« (»Bericht Nr. 1 von Herrn Karski über seinen Besuch in den USA) (24. Juli 1943)

Karski, Jan: »II Raport Jana Karskiego z pobytu w USA« (»Bericht Nr. 2 von Jan Karski über seinen Besuch in den USA) (August 1943)

Karski, Jan: »Raport Znamirowskiego – Karskiego z jego podróży do Stanów Zjednoczonych« (»Bericht von Znamirow – Karski über ihre Reise in die USA) (5.Oktober 1943)

Karski, Jan: *Story of a Secret State*

Mikołajczyk, Stanisław: Brief an Ciechanowski, 8. Juni 1943 (Privatarchiv Jan Karski)

Mikołajczyk, Stanisław: Telegramm an den Regierungsdelegierten in Polen, 22. Juni 1943

Mitkiewicz, Leon: Unveröffentlichte Memoiren (New York, 1967)

Office of Strategic Services/Foreign Nationalities Branch: Memorandum von »Major Morris« an Philip Horton, 8. Oktober 1943

Office of Strategic Services/Foreign Nationalities Branch: Bericht über ein Gespräch mit Ciechanowski, 17. Juni 1943

Raczyński, Edward: Brief an Ciechanowski, 9. Juni 1943 (Privatarchiv Jan Karski)

Raczyński, Edward: Telegramm an Ciechanowski, 5. Mai 1943 (Visagesuch für Karski)

Rogers, James Grafton: *Wartime Washington: The Secret OSS Journal of James Crafton Rogers* (Frederick, 1987)

Scaife, Maj. Alan M. (OSS): Memorandum an DeWitt Poole (Chef der Ausländerabteilung des OSS) 29. Dezember 1943

Vertretung des Polnischen Judentums: Protokoll einer Sitzung in Anwesenheit Karskis, 9. August 1943

Waldman, Morris (Amerikanisch-Jüdisches Komitee): Protokoll eines Treffens mit Karski, 10. August 1943

Wilson, Hugh (OSS): Memorandum, 12. Mai 1943 (erwähnt das Visagesuch für Karski)

Wise, Stephen: *Challenging Years: The Autobiography of Stephen Wise*

10. Enttarnt

Allen, D.: Notat vom 31. Dezember 1943

Babinski, Witold: Telegramm an Karski, 25. August 1943

Ciechanowski, Jan: Bericht an das Außenministerium, »Rozmowa z Sekretarzem Stanu Cordell Hull dnia 21/VII.43« (»Gespräch mit Außenminister Hull am 21. Juli 1943«)

Ciechanowski, Jan: Bericht »Utilization of Karski's visit to USA«

Ciechanowski, Jan: Telegramm an das Außenministerium, 18. Oktober 1943

Ciechanowski, Jan: Telegramm an Stanisław Mikołajczyk, 5. August 1943

Dalton, Hugh: *Second World War Diary of Hugh Dalton* (Hrsg.: Ben Plimott) (London, 1981)

Engel, David: *Facing a Holocaust: The Polish Government-in Exile and the Jews, 1943-1945*

Gellhorn-Hemingway, Martha: »Three Poles« in: *Collier's,* 18. März 1944, S.17

Karski, Jan: »Czwarty raport J. Karskiego z pobytu w USA« (»Vierter Bericht von Jan Karski über seine Reise in die USA«) kein Datum, wahrscheinlich September 1943

Karski, Jan: Diplomatenpaß

Karski, Jan: Interviews mit den Autoren, 1987-1993

Karski, Jan: Bericht vom Mai 1943

Karski, Jan: »Notaka dla Pana Premiera« (»Notat für den Premierminister«) irrtümlich datiert auf den 11. September 1943 (korrektes Datum wahrscheinlich der 11. Oktober. Laut Diplomatenpaß kam Karski nicht vor dem 19. September in England an)

Karski, Jan: »Notes from a conversation with President F. D. Roosevelt on Wednesday, July 28, 1943«

Karski, Jan: »The Polish Question, 1940-1945: The Secret Diplomacy of Churchill and Roosevelt«

Karski, Jan: »Raport p. Karskiego: Spostrzezenia i wnioski« (»Bericht von Herrn Karski: Beobachtungen und Schlußfolgerungen«) 22. August 1943

Karski, Jan: »Report #2 of Jan Karki on his visit to the United States«

Karski, Jan: »Raport Nr. 3 J. Karskiego z pobytu w USA: Sprawy zydowskie« (»Bericht Nr.3 von Jan Karski über seinen Besuch in den USA: Jüdische Angelegenheiten«) kein Datum, wahrscheinlich August 1943

Karski, Jan: »Report of Znamirowski – Karski on his trip to the United States«

Karski, Jan: »Sprawozdanie z działalności propagandowej Jana Karskiego o sprawach krajowych w okresie 10.43r.-1.II.44r.« (»Bericht über die Propagandaaktivitäten Jan Karskis bezüglich der Lage in der Heimat, Oktober 1943 – 1. Februar 1944«)

Karski, Jan: *Story of a Secret State*

Kochanowicz, Tadeusz: *Na wojennej emigracij (In die Kriegsemigration)* (Warschau, 1975)

Kot, Prof. Stanisław: Telegramm an Kraski, 17. August 1943

McLaren, Moray: Brief an Mikołajczyk

Mikołajczyk, Stanisław: Brief an Ciechanowski, 20. Februar 1944 (Privatarchiv Jan Karski)

Nowak, Jan: *Kurier z Warszawy (Kurier aus Warschau)* (London, 1978)

Ripa, Karol (Generalkonsul in Chicago): Bericht an das Außenministerium, 20. August 1943

Rogers, James Grafton: *Wartime Washington: The Secret OSS Journal of James Grafton Rogers*

Rollyson, Carl: *Nothing Ever Happens to the Brave: The Story of Martha Gelhorn* (New York 1990)

Romer, Tadeusz: Telegramm an Jan Ciechanowski, 7. August 1943

Scaife, Maj. Alan M.: Memorandum an DeWitt Poole, 29.Dezember 1943

Schwarzbart, Ignacy: Brief an Stepehen Wise, 12. August 1941

Strakacz, Sylwin: Brief an das Außenministerium, 21. September 1943

Strakacz, Sylwin: Bericht an das Außenministerium, 12. August 1943

Tartakower, Arieh (Jüdischer Weltkongreß): Memorandum an Stephen Wise, 21. Juli 1943 (kündigt Karskis bevorstehenden Besuch an)

Waldman, Morris: Protokoll einer Sitzung mit Karski, 10. August 1943

Waldman, Morris: Unvollständiges Manuskript der Memoiren

Wise, Stephen: *Challenging Years: The Autobiography of Stephen Wise*

Wise, Stephen: Memorandum vom 8. Oktober 1943

Wise, Stephen: Memorandum an Arieh Tartakower, ohne Datum

Yolles, Piotr P. u. Kołodzieczyk, K. (Verband Polnischer Verleger und Journalisten): Brief an Ciechanowski, 19. August 1943

Vertretung des Polnischen Judentums: Protokoll einer Sitzung in Anwesenheit von Jan Karski, 9. August 1943

Vertretung des Polnischen Judentums: Protokoll der Vollversammlung, 16. September (Diskussion des Karski-Besuches)

11. Vergeblicher Ruhm

Banaczyk, Władysław (Innenminister): Notat an Ciechanowski, 19. Februar 1944 (Privatarchiv Jan Karski)

Brzezinski, Zbigniew: Brief an den Autor, 13. Oktober 1993

Burton, Humphrey (Biograph von Leonard Bernstein): Interview mit dem Autor, Oktober 1993

Drohojowski, Jan: Telegramm an das polnische Informationszentrum New York Karskis bevorstehende Ankunft betreffend, 21. Februar 1944

Foreign Relations of the United States; 1944 (Washington, 1964)

Grot, Eve: »Not the Whole Story« in: Soviet Russia Today (März 1945)

Naomi, Jolles: Interview mit Karski in: New York Post (4. Januar 1945)

Karski, Jan: Diplomatenpaß

Karski, Jan: Befreiungserklärung, abgelegt unter Registrierungsbeschluß für ausländische Agenten beim US-Justizministerium

Karski, Jan: Interviews mit den Autoren, 1987-9193

Karski, Jan: Brief an Henryk Floyar Rajchman, 16. August 1944 (Privatarchiv Jan Karski)

Karski, Jan: Brief an den »Herrn Minister« (ohne Namen, wahrscheinlich an Prof. Stanisław Kot über Anfangskontakte zu Film und Presse), 17. März 1944

Karski, Jan: Brief an den »Herrn Minister« (ohne Namen, wahrscheinlich an Prof. Stanisław Kot über Fortschritte bei der Buch- und Aufgabe der Filmidee), 30. Juni 1944

Karski, Jan: Brief an den »Herrn Minister« (ohne Namen, wahrscheinlich an Prof. Stanisław Kot über Fortschritte beim Buchprojekt und andere Arbeit; Verteidigung einer pessimistischen Haltung), 24.August 1944

Karski, Jan: »Raport o książce« (»Bericht über das Buch«), 15.Januar 1945

Karski, Jan: »Report of Mr. Karski: Observations and Conclusions«

Karski, Jan: Presseartikelsammlung (Privatarchiv Jan Karski)

Karski, Jan: »Sprawozdanie z działałności« (»Bericht über Aktivitäten«), 6. Juni 1945 (Privatarchiv Jan Karski)

Karski, Jan: Telegramm an Prof. Kot, 23. März 1945

Karski, Jan: Rede im Waldorf-Astoria, 17. Oktober 1944

Kot, Prof. Stanisław: Telegramm an Karski, 5. April 1944

Kot, Prof. Stanisław: Telegramm an das polnische Informationszentrum New York (erlaubt Karski, alle anderen Projekte fallen zu lassen und sich auf das Buch zu konzentrieren), 6. April 1944

Laughlin, Henry A.: An Informal Sketch of the History of Houghton Mifflin Company (Cambridge, 1957)

Mikołajczyk, Stanisław: Brief an Ciechanowski, 20. Februar 1944

Office of Strategic Services/Foreign Nationalities Branch: Bericht über Karskis Chicago-Besuch, 30. Januar 1945

Office of Strategic Services/Foreign Nationalities Branch: Bericht über Karskis Cleveland-Besuch, 20. Februar 1945

Polnisches Konsulat, New York: Telegramm an den Informationsminister, 1. Dezember 1944

Polnisches Informationsministerium: Telegramm an das polnische Konsulat New York, 11. Dezember 1944

»Pre-Reviews of Story of a Secret State: in: Buch-des-Monats-Club (Sammlung ohne Datum; Ende 1944)

Rajchmann, Henryk Floyar: Brief an Karski, 26. Oktober 1944 (Privatarchiv Jan Karski)

Romer, Tadeusz (polnischer Außenminister): Brief an Ciechanowski, 25. Januar 1944

Washington Despatches 1941-1945: Weekly Political Reports from the British Embassy (Hrsg.: H.G. Nicholas) (London, 1981)

Yahil, Leni: *The Holocaust: The Fate of European Jewry, 1932-1945* (Oxford, 1990)

Epilog: Schweigen gelobt, Schweigen gebrochen

Berenbaum, Michael: Ansprache beim Diner der *Perspective*-Preisverleihung, 11. Juni 1983, in: *Perspective* (polnisch-amerikanische Zeitschrift) (September/Oktober 1983)

Central Intelligence Agency: Memorandum über Radio Freies Europa, 20. November 1956

Foreign Relations of the United States, 1952-1954 (Washington, 1984)

Howland, Harold E.(Außenministerium): Brief an Brian A. McGrath an der Georgetown-Universität, 25.Oktober 1955 (betrifft Karskis Vortragsreise in Asien)

Karski, Jan: Interviews mit den Autoren, 1987-1993

Kersten, Hon. Charles J.: »Professor Sharp's Book Aids the Enemy« in: *Congressional Record,* 14. April 1954

Korboński, Stefan: *The Jews and the Poles in World War II.* (New York, 1989)

Krogh, Peter F. (Dekan der Edmund-A.-Walsh-Schule für den Auswärtigen Dienst an der Georgetown-Universität): Interview mit dem Autor, November 1993

Lanzmann, Claude: Brief an Karski, 7. Juli 1978 (Privatarchiv Jan Karski)

O'Brien, William P. (Außenministerium): Brief an Gerard J. Campbell an der Georgetown-Universität, 1. Juni 1967 (betrifft Karskis Vortragsreise Asien-Mittelmeerraum-Afrika)

Peretz, Martin: »Warsaw Diarist« in: *The New Republic* (10.Mai 1993)

»Polish Ex-Spy Tells of Red Doublecross« in: *Milwaukee Sentinel* (22. Oktober 1954)

Trump, Christopher: »Far East Journey« in: *The Foreign Service Courier* (Georgetown, 31. Mai 1956)

Wiesel, Elie: »A Survivor Remembers Other Survivors of *Shoah*« in: *New York Times* (3. November 1985) Teil 2, S. 1 u. 20

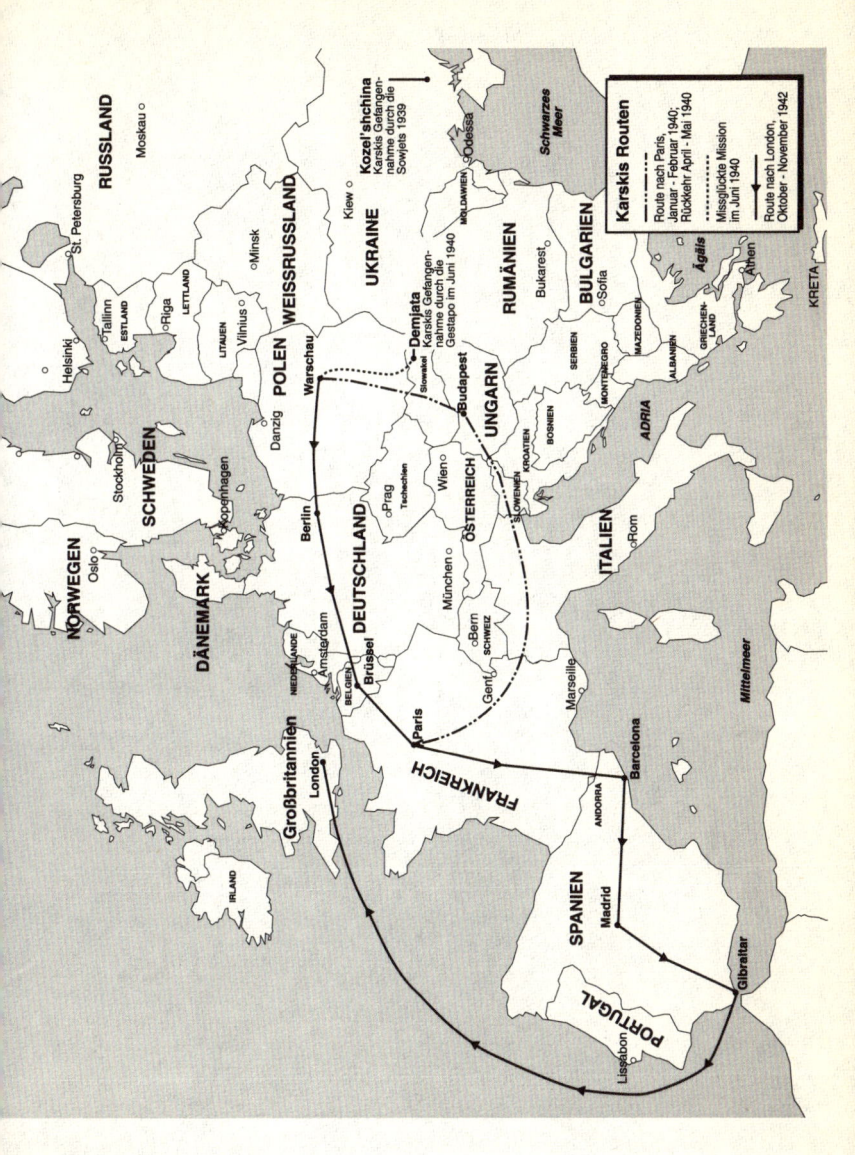

Karskis Routen

Route nach Paris,
Januar - Februar 1940;
Rückkehr April - Mai 1940

Missglückte Mission
im Juni 1940

Route nach London,
Oktober - November 1942

Kozel'shchina
Karskis Gefangen-
nahme durch die
Sowjets 1939

Demjata
Karskis Gefangen-
nahme durch die
Gestapo im Juni 1940

RUSSLAND · Moskau
St. Petersburg
Helsinki · Tallinn · ESTLAND
SCHWEDEN · Riga · LETTLAND
Stockholm · Vilnius · LITAUEN
Kiew · Minsk
Oslo · WEISSRUSSLAND
NORWEGEN · Danzig · POLEN · Warschau
Kopenhagen · UKRAINE
DÄNEMARK · Berlin · Odessa
Schwarzes Meer
NIEDERLANDE · DEUTSCHLAND · Prag · Tschechien · Slowakei
Amsterdam · München · Wien · Budapest
Brüssel · BELGIEN · Bern · SCHWEIZ · ÖSTERREICH · UNGARN
Großbritannien · Gent · SLOWENIEN · KROATIEN · RUMÄNIEN
London · Paris · Marseille · Bukarest
FRANKREICH · ITALIEN · BOSNIEN · SERBIEN · BULGARIEN
IRLAND · Rom · MONTENEGRO · Sofia
ANDORRA · ADRIA · MAZEDONIEN
Barcelona · ALBANIEN
SPANIEN · Madrid · GRIECHEN-LAND · Athen
PORTUGAL · Gibraltar · Ägäis
Lissabon · Mittelmeer
KRETA

Elisabeth Endres

Edith Stein

*Chistliche Philosphin und jüdische
Märtyrerin. 309 Seiten mit
12 Abbildungen. SP 2704*

»Elisabeth Endres ist eine ex-
zellente Biographie gelungen,
sehr anschaulich geschrieben,
mit bemerkenswert breiter
Sachkompetenz. Mit intellek-
tueller Brillanz und Anmut
erreichte sie hier das Einfache, das (deshalb) so hoch-
kompliziert in der Bewälti-
gung ist.«
Münchner Merkur

»Die Geschichte einer Frau
aus einer preußisch-jüdischen
Familie, die, hochbegabt, sich
der Philosophie zuwendet,
zum Christentum konvertiert,
in ein Kloster eintritt, nach
Holland ausweicht, aber von
den Schergen des Dritten Reiches erreicht und in Auschwitz
ermordet wird. Es ist auch die
Geschichte einer besonderen
philosophischen Begabung,
der aber Habilitation und akademische Karriere verwehrt
bleiben: die Geschichte einer
doppelten Diskriminierung,
als Jüdin und als Frau.«
Neue Zürcher Zeitung

Ruth Elias

Die Hoffnung erhielt mich am Leben

*Mein Weg von Theresienstadt und
Auschwitz nach Israel.
Mit einem Nachwort zur
Taschenbuchausgabe.
342 Seiten mit acht Abbildungen.
SP 1286*

Ruth Elias hat in diesem Buch
nach Jahrzehnten des Schweigens die Geschichte ihres
Überlebens in Theresienstadt
und Auschwitz erzählt, aufge-
schrieben für ihre Enkel. Nach
dem deutschen Einmarsch in
ihrer mährischen Heimat als
Jüdin verfolgt, wird sie zunächst nach Theresienstadt deportiert, 1943 nach Auschwitz,
wo es nur noch um das nackte
Überleben geht. Sie sieht, wie
Tausende ihrer Mitgefangenen
verhungern, zu Tode gequält,
vergast werden. Hier bringt sie
ein Kind zur Welt – und tötet
es, als der KZ-Arzt Dr. Men-
gele Experimente an ihm
durchführen will. Viele haben
versucht, Auschwitz – »das
Unverständliche, das niemand
verstehen kann« (Elias) – zu
schildern, es »anderen« nahe-
zubringen. Soweit dies überhaupt möglich ist, ist es in diesem Bericht gelungen.

SERIE PIPER

Politik und Zeitgeschichte

Enzyklopädie des Holocaust

Die Verfolgung und Ermordung der europäischen Juden. Hauptherausgeber: Israel Gutman. Herausgeber der deutschen Ausgabe: Eberhard Jäckel, Peter Longerich, Julius H. Schoeps. Vier Bände in Kassette. Zusammen 1912 Seiten. SP 2700

In über 1000 Stichworten wird der Versuch unternommen, die Hintergründe, Abläufe und Auswirkungen des Holocaust zu untersuchen. Neben der gesetzlich verankerten Rassenideologie des NS-Staates und den Maßnahmen der Ghettoisierung, Deportation und Ermordung der Juden wird den Verfolgten im nationalsozialistisch beherrschten Europa breiter Raum gewidmet. Die Haltungen der Menschen sowohl in den besetzten Ländern als auch in den freien Demokratien zu den Juden werden ebenso untersucht wie die Auswirkungen des Holocaust.

»Wer immer sich ins Studium dieser Schreckensgeschichte vertiefen will, findet hier eine unerschöpfliche Quelle für biographische Details, wissenschaftliche Skizzen oder lexikalische Informationen.«
Frankfurter Rundschau

»Eine Fundgrube für jeden zeitgeschichtlich Interessierten.«
Frankfurter Allgemeine

Hans-Günter Richardi

Schule der Gewalt

Das Konzentrationslager Dachau. 331 Seiten. SP 2057

Hans-Günter Richardi gibt einen dokumentarischen Bericht der beiden ersten Jahre des Konzentrationslagers Dachau. Sein Buch ist nicht nur ein Standardwerk zur Geschichte dieses Lagers. Es leistet auch einen entscheidenden Beitrag zur historischen Erforschung des Dritten Reiches, denn in Dachau wurden die Weichen gestellt für die Entwicklung des Systems der nationalsozialistischen Konzentrationslager. Dachau war das Vorbild aller Konzentrationslager.

Politik und Zeitgeschichte

Joachim C. Fest
*Das Gesicht
des Dritten Reiches*
*Profile einer totalitären
Herrschaft. 516 Seiten.*
SP 1842

Joachim C. Fests psychologisch-biographisch angelegte Porträts der führenden Figuren des Dritten Reiches sind längst zum Standardwerk geworden. Das Buch beabsichtigt nicht die umfassende, systematische Erläuterung von Herrschaftsstrukturen: vielmehr zielt es, ausgehend vom individuellen Hintergrund, auf die Exponenten des nationalsozialistischen Deutschland, geht jedoch in zwei Richtungen über eine reine Geschichte der Personen hinaus: Immer nämlich sind diese Personen ja auch Repräsentanten ihrer sozialen Herkunft, der Motive, Affekte und Verhaltensweisen der sozialen Schicht, der sie entstammen: zum anderen stehen sie für einen bestimmten Bereich der Politik des Nationalsozialismus. So beleuchtet zum Beispiel die Studie über Ribbentrop auch die Außenpolitik, die über Goebbels auch die Propaganda dieser Periode der deutschen Geschichte. Fest ergänzt seine Darstellung durch Gruppenporträts über das Offizierskorps, über die Intellektuellen und die Rolle der Frauen im Dritten Reich.

Das Dritte Reich im Überblick

Chronik · Ereignisse · Zusammenhänge. Herausgegeben von Martin Broszat und Norbert Frei in Verbindung mit Wolfgang Benz, Manfred Funke, Hermann Graml, Lothar Gruchmann, Ludolf Herbst, Hartmut Mehringer, Günter Plum, Werner Röder, Albrecht Tyrell.
335 Seiten. SP 1091

Dieser Band ist Nachschlagewerk und Gesamtdarstellung in einem: in zwölf prägnanten Essays beschreiben ausgewiesene Sachkenner die einzelnen Phasen und die wichtigsten Aspekte des nationalsozialistischen Herrschaftssystems, seine Zielsetzungen, die Innen- wie die Außenpolitik. Kernstück des Buches ist eine ausführliche Chronik aller wesentlichen Daten und Fakten des Dritten Reiches.

SERIE
PIPER

Friedemann Bedürftig

Taschenlexikon Bismarck

240 Seiten. SP 2593

Hundert Jahre nach dem Tod des »Eisernen Kanzlers« hat seine Figur nichts an Faszination verloren. Freilich stellen wir Bismarck nicht mehr auf den Sockel, wie es zu seiner Zeit üblich war. Und doch bewundert jede Generation erneut Weitsicht, Energie und politisches Gespür dieses Geschichte-Machers. Seine Gestaltungskraft, sein souveränes Jonglieren mit den Mächten, aber auch sein entschiedener Wille zum Frieden sichern ihm ungebrochenes Interesse. Und selbst sein Scheitern an der sozialen Frage – da war er ganz Junker mit allen Vorurteilen seines Standes – entbehrte nicht der Größe. Nicht einmal seine erbittertsten Gegner, wie der Arbeiterführer August Bebel, versagten ihm den Respekt.

Taschenlexikon Dreißigjähriger Krieg

261 Seiten. SP 2668

Dieses neu konzipierte Nachschlagewerk bietet übersichtlich alles Wissenswerte über die Geschichte des Dreißigjährigen Krieges, seine Ursachen und seine Folgen

Taschenlexikon Drittes Reich

400 Seiten. SP 2369

In diesem Nachschlagewerk werden auf zuverlässige und verständliche Weise alle wichtigen Begriffe, Personen und Ereignisse der Geschichte des Nationalsozialismus behandelt.

»Großes Lob verdienen die etwa tausend Artikel über Begriffe und Namen von ›Abessinien‹ bis ›Zyklon B‹. Der Text ist sachlich und klar, für lexikalische Sprache geradezu lebendig und immer zuverlässig. Fazit: ein hilfreiches, wichtiges Buch, das nachdrückliche Empfehlung verdient – an alle erreichbaren Altersgruppen.«
Frankfurter Allgemeine

Taschenlexikon Deutschland nach 1945

Mit einem Vorwort von Kurt Sontheimer. 459 Seiten mit zahlreichen Abbildungen. SP 2495

Brigitte Hamann

Hitlers Wien
Lehrjahre eines Diktators.
652 Seiten. SP 2653

Brigitte Hamann auf Spurensuche in Hitles Wien. Niemand hat bisher eine derartige Fülle von zeitgenössischen Quellen ausgewertet. Die Autorin ist damit zu *der* Expertin für Hitlers frühe Jahre in Wien geworden. Ihr Buch ist die umfassendste Biographie des jungen Hitler und zugleich das Porträt einer Stadt, die ihm verhaßt war und in die er 1938 als Triumphator zurückkehren sollte.

»Die Lektüre des Buches ist ein erstaunliches Erlebnis. Unbewußt ertappt sich der Leser zunächst dabei, Verständnis für das schmächtige Bürschchen aufzubringen, das sich mittellos in einer Großstadt wie Wien durchs Leben schlagen muß, einer Stadt, die der Einwanderung aus dem Osten kaum Herr wird – die Ernüchterung bleibt aber nicht aus. Brigitte Hamann entfaltet das Soziogramm der Habsburg-Metropole, beschreibt die Bevölkerungsschichten (Österreicher, Deutsche, Slawen, Ungarn, Ruthenen, Böhmen u. a.), eruierte die Mietpreise und Lebenshaltungskosten, sogar Hitlers Monatseinkommen, führt uns das Leben in dieser Stadt plastisch vor Augen. Als deprimierendes Fazit bleibt der Gedanke, daß nichts, aber auch gar nichts von Hitlers politischen Wahnvorstellungen ein Eigenprodukt war. Nicht nur in diesem Sinne war Hitler der größte Betrüger dieses Jahrhunderts.«
Süddeutsche Zeitung

»Dieses Buch wird unentbehrlich sein für die künftige Hitlerforschung, die nun überhaupt erst richtig einsetzen kann – eine Herausforderung nicht nur für Zeithistoriker, sondern ebenso für Soziologen, Politologen und Psychologen.«
Karl-Heinz Janßen, Die Zeit

SERIE
PIPER

Bücher zum Thema Holocaust

Aleksander Kulisiewicz
Adresse: Sachsenhausen
Literarische Momentaufnahmen aus dem KZ
Hrsg. von Claudia Westermann
Aus dem Polnischen von Bettina Eberspächer
183 Seiten, 10 s/w-Abbildungen
Gebunden, mit Schutzumschlag
ISBN 3-88350-731-8

»Dieser Band vereint Gedichte aus dem Lager
sowie Texte zu Situationen, unter denen sie entstanden:
Folter, Augenblicke von Menschen vor dem Krematorium,
Hungerhalluzinationen, Morde. Ein kluges Nachwort der
Herausgeberin und Übersetzerin (hier hätte man ihr mehr
Mut gewünscht). Eine Bibliographie und Diskographie sowie
Bilder von Häftlingen. Ein erschütterndes Dokument des
Schrecklichen, bewahrter Menschlichkeit und Mahnung.«
ekz-Informationsdienst

⚹

Nechama Tec
Bewaffneter Widerstand
Jüdische Partisanen im Zweiten Weltkrieg
Aus dem Amerikanischen von Anna Kaiser
332 Seiten, 13 s/w-Abbildungen
Gebunden
ISBN 3-88350-036-4

Nechama Tec schildert die Geschichte der
Bielski-Partisanen, der größten bewaffneten jüdischen
Armee zur Rettung von Juden.
Erstmals wird in allen Einzelheiten gezeigt, daß in den
Wäldern Weißrußlands Partisanen lebten, die den
deutschen Besatzern erbitterten Widerstand leisteten.

Erhältlich in Ihrer Buchhandlung.

Bleicher Verlag

70826 Gerlingen · Postfach 10 01 23